구약 읽기

내비게이션

이애실 지음

구약읽기
내비게이션

지 은 이 ｜ 이애실

1판 1쇄 발행 ｜ 2015. 8. 20.
1판 20쇄 발행 ｜ 2024. 3. 15.
등록번호 ｜ 제 2009-000093호
등록된 곳 ｜ 경기도 하남시 미사강변한강로 135, 5층 제다526호
                    (망월동, 미사강변스카이폴리스지식산업센터)
발 행 처 ｜ (주)글로벌에듀포올피플 Global Edu for All People / 성경방

책값은 뒷표지에 있습니다.
ISBN 979-11-955437-4-8

독자의 의견을 기다립니다.
ahaja2006@hanmail.net

「이 도서의 국립중앙도서관 출판예정도서목록(CIP)은 서지정보유통지원시스템 홈페이지(http://seoji.nl.go.kr)와
 국가자료공동목록시스템(http://www.nl.go.kr/kolisnet)에서 이용하실 수 있습니다. (CIP제어번호: CIP 2015021479)」

(주)글로벌에듀포올피플/성경방은 주님께서 분부한 성경을 가르쳐 지키게 하는 일(마태
복음 28:20)에 핵심가치를 두고 전 세계 주님의 교회가 창세기로부터 요한계시록까지
흐르는 하나님 나라를 발견하도록 도움으로 인종을 넘어, 지역을 넘어 열방까지 하나님
의 왕 되심을 선포하는 교회의 사명을 수행하도록 돕는 데 출판으로 헌신한다.

구약읽기

이애실 지음

내비게이션

Global Edu for All People

성경방

아하~, 내비게이션을 달아드리자!

'어? 성경이 읽어지네!' 읽기표를 보고 있노라면 늘 마음이 불편했습니다. 막상 그 대로 본문을 읽다 보면 그 어딘가에서는 또 막힐 수밖에 없겠구나…… 하는 염려를 떨칠 수 없었기 때문입니다.

'그 어딘가' 가 어딘가?
예언서들이었습니다. 이사야, 예레미야, 에스겔, 다니엘……
세세한 왕들의 역사와 포로시대에 얽힌 예언서를 읽는다는 것은 힘들 수밖에 없습니다. 목사도 아니고, 신학자도 아닌 평범한 성도들에게는 거의 불가능한 일일겝니다. 17권이나 되니 분량도 얼마나 많습니까? 그래서 중도에 포기하셨을지도 모를 그런 분들의 얼굴이 자꾸 떠 올랐습니다.

당황해 하는 얼굴도 떠올랐습니다.
강의를 듣거나 책을 훑어보면 성경이 금세 쫙~ 읽혀질 것 같았는데, 막상 성경본문은 쉽사리 이해되지 않아 실망하는 그 얼굴들 말입니다. 그래도 결심하고 성경일독 좀 해 보겠다고 시작했는데 그 소원이 또 무너져 낙담하셨을테니 말입니다.

고민하다가 섬광처럼 스쳐가는 아이디어에 무릎을 탁, 쳤습니다.

"아하~, '내비게이션'을 달아드리자!"

"그러고는 성경 속으로 함께 들어가 보자! 타임머신을 타고 창조 순간까지 올라가자. 그리고 거꾸로 시간을 타고 흘러 내려오자! 내비게이션이 이렇게, 저렇게, 조곤조곤, 옆에서 가이드해 드리면 되지 않겠나!!"

"아하~, '과(科)'로 나눠드리자!"

"그러면 주~욱 성경여행을 하면서도 어떤 주제 속에 들어있는지 현 주소를 알고 여행을 하실테니까!", "한 대목, 한 대목, 울타리 쳐 놓은 '과' 제목만 따라 가도 구약이 한 눈에 보이도록 안심을 시켜드리자!"

평생 가보지 못한 곳에 발을 내딛을 때 헉~ 하고 느끼는 것이 여행의 기쁨 아닙니까? 성경도 구석구석 신기한 곳이 많답니다. 그저 제가 깨달은 만큼만이라도, 쪼~끔이라도, 함께 나누려고 이 부족한 책을 쓰게 되었답니다.

그런데 걱정이 생겼습니다. 함께 삼삼오오 모여서 성경일독을 하자는 아이디어로 일찍이 '성경방'이라는 이름을 써 왔는데 그러다 보니 ○○○가 의식되는 겁니다. 혹시, "어? 저 사람들 모여서 성경공부하는 것 보니 ○○○ 아닐까?" 하는 오해를 할까봐 한국교회, 이민교회 중 관문교회 담임 목사님들의 보증을 받아야겠다고 생각했습니다. 그랬더니 많은 목사님들께서 추천의 글도 써 주셨습니다.

"이애실 사모가 쓴 '내비게이션'의 가이드를 받으며 성경을 읽는 소그룹 공부는 안전하다!" 이렇게 격려해 주시고 응원해 주셨습니다.

그러니 ○○○ 때문에 위축되지 마시고 오히려 더욱더 '성경방', '성경방', '성경방'으로 모여 함께 격려하며 성경을 읽으십시오. 성경을 혼자 읽으면 지치지만, 함께 으쌰으쌰 어깨동무하며 읽어나가면 훨씬 끝까지 완독하기가 좋습니다.

　자, 이제 당신의 성경에도 내비게이션을 달아보십시오!

　그리고 **'성경방'을 창업**하십시오!

　됩니다!

추천의 글

《 서울 》

| **홍정길 목사** 남서울 은혜교회 원로목사, 전주대학교 이사장 |

이런 스타일의 성경읽기 안내서는 사상 처음이라고 생각합니다.

한국교회 성도들이 성경을 읽느라 TV가 재미없어지는 새 시대가 열릴 것 같습니다.

내비게이션을 달고 성경 여행을 시작하십시오.

| **이동원 목사** 지구촌교회 원로목사, 지구촌 미니스트리 네트워크 대표 |

오늘의 한국교회는 천박한 피상성에 대한 비판에 직면해 있습니다.

그런데 비판은 무성해도 대안은 부재합니다. 그런데 여기 정말 굿 뉴스가 있습니다.

이애실 대표님의 '성경읽기 사역' 은 우리가 갈망하는 깊은 곳으로 우리를 안내합니다.

그 깊은 곳에서부터 다시 일어날 때 우리는 성숙한 내일의 꿈을 나누게 될 것입니다.

감사와 기쁨으로 한국교회에 이 『신구약읽기 내비게이션』을 적극 추천합니다.

| **이영훈 목사** 여의도 순복음교회 담임목사 |

크리스천들이 성경의 중요성을 알면서도 일반적으로 '성경을 이해하기 어렵다, 때로는 지루하다' 고 생각하며 성경을 가까이하지 못하는 모습을 발견하게 됩니다.

이 책은 그 같은 선입견을 완전히 뛰어 넘어서 성경을 누구든지 아주 친숙하게 그리고 쉽게 이해하고 늘 가까이할 수 있도록 도와 줍니다.

이 책이 널리 보급되어 성경을 늘 가까이하고 성경을 볼 때마다 살아계신 하나님을 만나는 귀한 은혜가 있기를 간절히 소원합니다.

| **이재훈 목사** 온누리교회 담임목사 |

이애실 사모의 『어? 성경이 읽어지네!』는 성경통독 운동을 일으킨 책입니다. 깊이있는 성경의 흐름과 주제들을 쉽고 명쾌하게 가르쳐서 많은 이들이 성경에 눈을 뜨게 되었습니다. 이번에 나온 『신구약읽기 내비게이션』은 전작의 업그레이드 버전입니다.

크리스천 독자들을 성경의 세계로 탁월하게 안내해 줄 책입니다. 일독을 권합니다.

| **이찬수 목사** 분당 우리교회 담임목사 |

이 책으로 한국 초기 교회사 속에 나오는 권서인(勸書人 : 성경을 권해서 읽게 하는 사람)과 같은 성도들이 많이 일어나기를 바랍니다.

| **한홍 목사** 새로운교회 담임목사 |

세상의 책을 모두 모은다 해도 성경 한 권이 갖는 파워와 감동과 지혜를 따라가지 못한다. 말씀의 세계는 바다처럼 거대하고 신비해서 확실한 길라잡이가 없이는 그 엄청남에 압도되어 감히 깊이 들어갈 수가 없다. 이런 맥락에서 이애실 사모의 『신구약읽기 내비게이션』은 우리 시대의 한국교회에게 주신 하나님의 특급 축복이다. 그 분의 실제상황 강의는 청중을 순식간에 말씀의 뜨거움 속으로 끌어들이는 흡인력이 있는데, 책장을 넘기면 바로 그 강의들이 살아서 꿈틀거리는 활자체로 우리에게 다가온다. 단순한 지식정보 전달이 아니라, 성경 전체를 뚫고 있는 '하나님 나라의 영광' 이라는 핵심주제가 파도처럼 계속 우리의 심장을 때린다. 말씀에 대한 목마름이 있는 모든 사람에게 무조건 강추다.

| **라준석 목사** 사람살리는교회 담임목사 |

이애실 사모의 『신구약읽기 내비게이션』은 정확하고 쉬우며 가슴 찡한 감동까지 있습니다. 탁월한 성경통독의 길잡이가 될 것입니다.

| **홍민기 목사** 브리지임팩트사역원 대표 |

세상이 어지럽고 교회마저 능력을 잃어가는 이 시대에 필요한 것은 말씀입니다.
하나님의 말씀이 회복과 치유를 행하십니다.
이단과 사이비들과의 싸움도 말씀으로만 승리할 수 있습니다.
체계적으로 그리고 재밌게 말씀을 훈련하는 『신구약읽기 내비게이션』이 나옴을 기쁘게 생각합니다.
이 내비게이션으로 가야할 길을 마땅히 찾아가시길 기도합니다.

| **김영길 총장** 한동대학교 총장 |

이애실 사모께서 한동대학교에서 '성경일독' 집회를 가진 바 있습니다. 한동대학교의 학생, 교수 등 약 3천여 명이 효암채플을 꽉 채우는 성황을 기록했습니다.
성경을 시대 순에 따라 창세기부터 요한계시록까지 일목요연하게 재배치하여 그 시대에 맞는 지도를 참조하며 쉽게 읽어나갈 수 있는 '특별한 성경읽기 방법'을 소개하였습니다.

그런데 이번에 또다시 『구약읽기 내비게이션』에 이어 『신약읽기 내비게이션』이 출판된 것에 대해 진심으로 축하를 드립니다.

믿음생활을 하시는 분이라면 누구나 이 가이드 북을 옆에 두고 성경을 읽어보실 것을 권하고 싶습니다. 성경을 새로운 각도에서 쉽게 읽을 수 있게 하는 지침서입니다. 적극적으로 추천합니다.

| 박성민 목사 CCC 한국 대표 |

좇아가기도 힘들게 바뀌고 있는 세상, 상대성의 바다 속에서 길을 잃고 헤매는 사람들, 그 속에서 힐링(healing)을 찾고 있는 우리 사회! 영원히 변치 않는 진리로서 하나님과의 관계를 통해 진정한 치유를 경험케 하시는 성경에 찾는 답이 있습니다. 누구에게나 필요한 그 정답을 찾아가는 데 있어서 귀한 『신구약읽기 내비게이션』을 주저 없이 추천합니다.

| 성주진 교수 前 합동신학대학원대학교 총장 |

저자는 생장점이 터지는(생터) 성경사역원을 통해 성경을 가르쳐 지키게 하는 일(마 28:20)에 헌신하여 지금까지 많은 성경공부 교재 출간과 강의를 통하여 한국교회와 성도들을 섬기는 귀한 사역자이다.

이번에 출간되는 『신구약읽기 내비게이션』은 저자의 책들이 그러하듯 특유의 친근감 있는 문체로 함께 앉아 이야기를 나누는 듯한 느낌으로 쉽고 재미있게 성경의 배경지식을 전달한다.

이 책을 통해 성경을 읽는 일에 도움을 얻어 하나님의 말씀을 보다 깊이 이해하고 깨달아 더욱 성숙한 하나님의 나라 백성으로 거듭나게 되길 바란다.

| 정일웅 신학박사 前 총신대학교 총장 |

저자 이애실 사모님이 저술한 『신구약읽기 내비게이션』은 이 시대의 우리가 성경을 쉽게 읽고 이해하는 일에 큰 도움을 주는 책이다. 열정적으로 만든 이 책의 의도를 살펴보면 크게 두 가지가 주목된다. 첫째, 성도들, 자녀들, 구도자들, 친구들과 삼삼오오 모여 성경을 통독하는 데 도움을 주기 위해 만들어진 책이며, 둘째, 평신도들이 최소한 알아야 할 성경 신학적 관점들을 짚어가며 창세기에서 요한계시록까지 읽을 수 있도록 해놓았다는 점이다. 가이드의 깃발이 높이 보이기 때문에 안심하고 따라갈 수 있는 책으로 여겨진다. 독자들의 일독을 권한다.

◀ 부산 ▶

│ 정필도 목사 수영로교회 원로목사 │

우리 수영로교회에서도 이애실 사모의 성경일독 프로그램으로 성경을 읽었습니다. 구약 1주일, 신약 1주일 계획으로 4000명 가량이 성경을 읽었습니다. 이번에 발간되는 『신구약읽기 내비게이션』은 강의를 듣지 않아도 성경 속으로 자세히 안내해 줄 것입니다.

│ 박성규 목사 부전교회 담임목사 │

신앙의 근간은 성경입니다. 성경읽기, 아무리 강조해도 지나치지 않습니다. 우리교회는 성경방에서 이 내비게이션으로 성경읽기가 한창입니다. 『구약읽기 내비게이션』에 이어 출간되는 『신약읽기 내비게이션』을 통해 한국교회에 성경의 새바람이 불 것입니다. 성경읽기 종결판입니다.

│ 안용운 목사 온천교회 담임목사 │

이제, 한국교회의 '성경공부' 걱정은 없어질 것 같습니다.
'샘터 성경방'은 이단에 대한 적극적인 처방입니다.
'성령의 검'으로 무장된 승리하는 그리스도인을 양육할 것입니다.

◀ 해외 ▶

│ 김형균 목사 미국 시카고 펠로십교회 담임목사 │

우리교회는 『어? 성경이 읽어지네!』로 평신도들을 훈련하고, 성경읽기를 힘들어 하는 분들을 세워주고 있다. 그런데 이제는 성경본문을 한 절 한 절 읽을 수 있는 가이드, 『신구약읽기 내비게이션』이 출판되었으니 더욱더 성경 읽는 바람이 불 것이라 소망해 본다. 힘든 이민 생활 속에서도 성경은 버팀목이 되어 줄 것이다.

│ 한기홍 목사 미국 남가주 은혜한인교회 담임목사 │

영적으로 혼탁한 이 시대에, 부흥을 갈망하는 모든 교회와 성도들에게 주신 최고의 선물, 성경이 읽어지도록 탁월하게 가이드해 주는 책이 『어? 성경이 읽어지네!』였습니다. 그런데 더욱 구체적으로 안내해 주는 『신구약읽기 내비게이션』이 출간되어 드디어 성경책에 내비게이션을 달게 되었습니다. 이는 큰 은혜이기에 하나님의 말씀을 사랑하는 모든 분에게 강력하게 추천합니다.

여기 저기서 비공식적으로 성경을 공부하는 무리 중에는 성경을 잘못 가르치는 이단들이 있습니다.
성경을 제대로 배우기 원하는 성도들에게 필요한 것은 건전한 가이드입니다.
이애실 사모님의『신구약읽기 내비게이션』은 성경을 이해하는 데 있어서 아주 건전한 가이드가 될 것입니다. 안심하고 읽으시기 바랍니다.

『신구약읽기 내비게이션』을 가지고 교우들과 성경통독을 하면서 자연스러운 흐름에 따라 말씀의 은혜를 깊이 경험했습니다. 역사서와 함께 읽는 시편을 통해서 땀냄새 배어있는 다윗의 고백을 들을 수 있었고, 예언서들에서는 선지자들의 애끓는 간절한 외침과 하나님의 안타까워하는 마음을 느낄 수 있었습니다. 그리고 갈릴리와 유대 지경을 밟는 예수님의 발자취를 따라가며 예수님 사역을 역동적으로 느낄 수 있었습니다. 사도행전과 함께 읽는 사도바울의 편지들을 통해서 저자의 생생한 호흡을 경험할 수 있었습니다.
하나님의 말씀인 성경을 쉽고 흥미롭게, 그리고 살아 숨쉬듯 생동감 있게 읽을 수 있도록 큰 도움을 주는『신구약읽기 내비게이션』을 추천합니다.

이제까지의 선교가 땅 끝을 향한 선교였다면, 앞으로의 선교는 땅 끝과 다음 세대가 되어야 할 것입니다. 하나님이 흩으신 전 세계 디아스포라 한인교회들은 열방 끝까지 복음을 증거하는 것과 다음 세대를 향한 믿음의 전수를 위해 강력한 말씀의 컨텐츠가 필요합니다.
'쉐마 디아스포라'는 저희 교회에게 주신 하나님의 메시지입니다. 중국 북경에 흩어진 한인이 이 세대와 다음 세대에 하나님의 말씀을 증거하라는 명령입니다. 북경에서 세워지고 있는 성경방은 쉐마 디아스포라의 명령을 순종하는 가장 소중한 실천으로 이어지고 있습니다.
'성경방 운동'의 확산을 가속시킬『신구약읽기 내비게이션』은 영적 해갈의 생명수와 같습니다. 생명수의 근원되신 예수님을 증거하는 진리의 마중물을 퍼 올리는 두레박이 될 것입니다.

『어? 성경이 읽어지네!』로 성경을 읽는 분들이 많습니다. 비즈니스의 도시 상해를 통해 중국 전 지역에 '성경읽기'도 퍼져 나가기를 바랍니다.『구약읽기 내비게이션』에 이어 나오는,『신약읽기 내비게이션』은 중국의 나아갈 길을 인도하는 영적인 내비게이션이 될 것입니다.

| **신현우 목사** 베트남 한인교회 담임목사 |

호치민에는 『어? 성경이 읽어지네!』로 성경을 연구하고 읽는 '성경방'이 활발합니다. 샘터 성경사역원 강사들이 호치민까지 와서 강의해 주고 성도들을 격려해 주시기 때문입니다. 이번에 『신구약읽기 내비게이션』이 나왔다니 정말 기쁩니다. 이애실 사모님의 저서들을 늘 기대하고 있었습니다.

한베문화교류가 활발한 이 때에 『어? 성경이 읽어지네!』가 베트남어로도 번역되고 있다니 앞으로 베트남 사람들을 통해 베트남의 언어로 성경이 가르쳐지는 때가 올 것을 확신합니다.

| **김기홍 목사** 말레이시아 KL 열린교회 담임목사 |

이 『신구약읽기 내비게이션』으로 인생의 방향을 찾아나가십시오. 성경은 인생의 진정한 내비게이션입니다. 이애실 사모의 '성경방 운동'을 응원합니다.

| **최진기 목사** 인도네시아 자카르타동부교회 담임목사 |

제목 그대로 이 책은 그야말로 "성경의 내비게이션" 입니다. 참 재미있는 표현과 현장 적용이 뛰어나며 현대감각에 맞추어 읽도록 해줍니다. "아하!", "아하!" 하고 무릎을 치게 될 것입니다. 구약의 원형이요, 실체이신 예수그리스도를 알고 영접하여 믿도록 독자의 세계관과 본질을 변화시켜주는 정말 좋고 유익한 책입니다. 모든 성도들이 이 내비게이션을 통해 성경의 지름길로 가시는 기쁨을 누리면 좋겠습니다.

| **김용섭 목사** 태국 한인교회 담임목사 |

태국은 조용한 나라입니다. 하지만, 한쪽에서 『어? 성경이 읽어지네!』로 성경을 연구하는 열기가 뜨겁습니다. 이제 『신구약읽기 내비게이션』이 나와서 태국이 더욱더 성경연구 열풍으로 뜨거워질 줄 믿습니다!

| **권혁선 목사** 캄보디아 선교마을 대표 |

캄보디아에서 복음을 전하며 학교를 세우고, 선교마을을 이루고 살면서, 늘 이곳 교인들에게 성경을 제대로 가르쳐주고 싶었습니다. 이제 『신구약읽기 내비게이션』으로 캄보디아의 한인들은 물론이고, 현지인 교회에도 성경읽기와 성경연구 운동이 퍼져나가 모든 마을이 성경마을로 변화되길 기원합니다.

목 차

Check
☑️

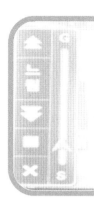

구약읽기 내비게이션
사용 방법

☞ 우리 내비게이션도 쓰는 방법이 있답니다. 그 방법만 익히면 돼요.

7.4

1️⃣ 그날 읽을 분량에 해당하는 '내비게이션'이 아래와 같이 탁! 뜹니다. 그 안에 '과(科) 제목'이 표시되어 있습니다. 전문강사들이 소그룹 성경방에서 가르칠 때 사용하는 『성경방 워크북』에 나오는 12과 제목입니다. 또, 'Day'가 표시되어 있습니다. (학생용 『성경방 워크북(신구약)』(도서출판 성경방)은 서점에서 구매할 수 있음.)

예를 들면 'Day 12', '6. 모델이 되라고 나라를 만들었는데 쯧쯧쯧…엉망이구나!' 이렇게 말입니다. 또 '창, 출, 민, 수……' 등 성경목록을 표시하는 글자가 그날 읽을 부위에서 흰색으로 변합니다. 아래 도표를 보십시오. '삿'이 흰색이지요?

예)

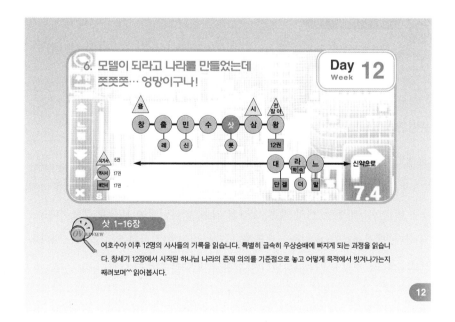

② 『구약읽기 내비게이션』은 『어? 성경이 읽어지네!』의 강의 내용과 연결되어 있다는 것 아시지요? '창, 출, 민, 수, 삿, 삼, 왕, 대, 라, 느'를 따라 흐르는 이야기를 하루 분량씩 읽으시라고 끊어 놓았습니다. 그런데 아무데서나 끊을 수 없었습니다. 기계적으로 20장이면 20장씩 딱, 딱, 못 잘라 낸다 이 말이죠. 내용 때문입니다. 그러다 보니 어떤 날은 분량이 많기도 하고, 어떤 날은 적습니다. 그러나 대충 20장 안팎입니다.

예)

→ 분량이 적다

→ 분량이 많다

③ 먼저 그날 하루에 읽을 범위를 확인합니다. 『구약읽기 내비게이션』은 매일매일 **날짜 별로 그 날 읽을 범위를 요약해 놓았습니다.** 먼저 그것을 읽으십시오. 그 다음 당신의 성경책을 여십시오. 그리고 페이지를 넘겨가면서 성경책 속에 있는 그 범위 소제목들을 슬쩍슬쩍 찜하면서 확인해 놓습니다.

예) 〈 하루 읽을 분량 〉

인류 일반역사인 창 1-11장을 읽습니다. 그리고 그 이후 이스라엘 국사가 시작되는 창 12장으로 넘어갑니다. 아브라함을 불러내신 이후 소돔과 고모라 사건까지 읽습니다.

〈 이 분량 안에 있는 당신 성경책의 소제목들 〉

* 표준새번역의 경우

천지창조, 에덴동산, 사람의 불순종…… 가인과 아벨, 아담의 자손……홍수가 그치다, 노아가 제사를 드리다……바벨탑, 셈의 자손, 데라의 자손, 하나님이 아브람을 부르시다……아브람이 롯을 구하다, 멜기세덱이 아브람을 축복하다, 하나님이 아브람과 언약을 맺으시다……소돔의 죄, 롯이 소돔을 떠나다, 소돔과 고모라가 멸망하다, 모압과 암몬의 기원

④ 『구약읽기 내비게이션』은 성경 각 권을 지나가면서 운전하기 때문에 성경목록 하나하나를 통과할 때마다 간단하게 설명합니다. 예를 들어, 창세기가 끝나고 출애굽기로 넘어갈 때는 '출애굽기'를 설명합니다. 그 성경목록 한 권만 문제가 아니라 앞에서 흘러온 이야기가 어떻게 이 성경목록과 이어지는가가 중요하기 때문입니다.

언제나 잊지 말 것은 구약이 흐르는 가운데 그 성경목록이 현재 어떤 역할을 하는가입니다.

창,출,민,수,삿,삼,왕,대,라,느 실제역사 목록들은 '창.세.기.' 이런 식으로 표기했습니다. 그러나 끼어들어가는 성경목록들은 '(예레미야) 끼워 읽기', 이런 식으로 표기했습니다.

예) # 창. 세. 기.

성경은 이스라엘 역사로 시작하지 않습니다. 인류발생의 근거가 되는 물리적, 생물적 환경부터 의식하고 있습니다. 빅뱅을 일으킨 덩어리가 저절로 있었고(자존했고), 폭발했고, 거기서부터 생명체가 자연발생하여 사람으로까지 진화되었다고 말하지 않습니다.

(예레미야) 끼워 읽기   - 서론 -

자, 드디어 예레미야서를 읽을 차례네요. 큰 산 예레미야서를 정복하려면 심호흡을 깊이 해야 합니다. 소위 예레미야서도 이사야서, 다니엘서, 에스겔서와 함께 대선지서입니다. 내용이 많아요. BC 8세기에 이사야가 있었다면 BC 7세기에는 예레미야가

⑤ 그렇게 각 권 생김새를 읽고 나면 그 다음에는 큰 범위와 함께 '큰 제목'이 나타납니다. 먼저 그 제목으로 틀을 잡아놔야 하기 때문입니다. 어떤 때는 열 장 내외이기도 하구요, 어떤 때는 하루 범위 이상을 넘어가는 분량이기도 하구요.

자, 이런 제목이 나타나면 그 제목에 포함된 분량이 어디부터 어디까지인지 먼저 감 잡고 있으셔야 합니다. 꼭!입니다. 다음날로 넘어가는 경우에도 정신을 차리고 있어야 합니다. 앞에 달아놨던 그 범위와 제목을 여전히 붙들고 계셔야 합니다. 그래야 지금까지 읽어 온 구약 전체의 흐름이 있어서 든든하고 또 앞으로 걸어갈 길도 또렷이 보인답니다.

예)

창 1–11장   인류 일반역사, 메소포타미아 문명의 뿌리

인류 일반역사 부분입니다. 우리 생터성경일독학교에서는 '일.일.일'(창 1–11장)이라고 특별히 지칭했던 부분입니다. ……

[6] 자, 이제야 비로소 구체적으로 읽을 성경 범위가 나타납니다. 몇 개의 더 작은 항목으로 구절구절 나누어 놓은 것이지요. 당신은 바로 이 항목을 단위로 해서 쭉쭉 읽으시는 겁니다. 이 때 이 작은 항목 밑에 붙어있는 설명을 먼저 읽으십시오. 그러면 아주 재미있게 읽을 수 있답니다. "에이~ 그까짓 것 뭐 그렇게 일일이 읽어야 하나, 그냥 성경 읽고 말지!" 하면 안 됩니다. 그러다 보면 또 성경이 재미없어지거든요. 이번에는 꼭 성경을 일독해 보려고 내비게이션을 달았는데 정성과 시간을 투자합시다. 이렇게 읽는 것에 재미만 붙으면 그냥 끝까지 가게 되어 있습니다!

예)

창 1:1 – 1:25

이과과목으로 시작되는 성경   ⇨   자연과학(自然科學) 창조

참 이상한 게 있다. 성경은 이과(理科)과목으로 시작된다는 사실이다. ……

[7] '큰 제목'들이 없는 성경목록들도 있습니다. 끼어들어가는 목록들이 대체적으로 그렇습니다. 그런 목록들은 각 권을 설명할 때 간단히 틀을 설명해 놓았습니다. 그것을 참고하면 된답니다. 실제 읽을 분량을 표시해 놓은 항목에 조금씩 달아놓은 설명을 읽으면서 따라가면 됩니다.

예)

(아 1–8장)

(BY Franz Julius Delitzsch)

● (아 1:2–2:7) : 사랑하는 두 관계의 애정
● (아 2:8–3:5) : 갈망하여 찾아감
● (아 3:6–5:1) : 신부를 데려와 결혼식을 함
● (아 5:2–6:9) : 사랑이 멸시를 받으나 승리함
● (아 6:10–8:4) : 아름답고 겸손한 술람미 여인
● (아 8:5–14) : 그녀의 집에서 사랑의 언약을 맺음

⑧ 역사서 종속 목록, '**레위기, 신명기, 룻기, 에스더서**'가 발생하는 때를 주목하십시오. 역사서 17권 안에 있으면서도 이 네 권은 중심줄기 역사가 아닙니다. 출애굽기 중심줄기에서 **레위기가 발생**했고, 민수기 중심줄기에서 **신명기가 발생**했고, 사사기 중심줄기에서 **룻기가 발생**했으며, 에스라서 역사 시간 안에 **에스더서도 발생**했기 때문입니다. 물론 이 네 권은 중심줄기 역사를 읽어내려가다가 끼워 읽어야 하지요. 이럴 때 다음과 같은 표기를 해드렸습니다.

예)

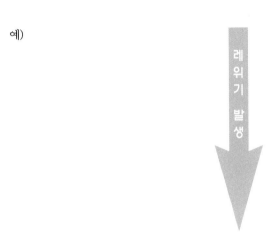

⑨ '끼어들어가는 종속목록'은 『어? 성경이 읽어지네!』에 설명해 놓은 대로, (   )표시입니다.

예)

⑩ 중간중간에 제(이애실 사모)가 나타납니다. 길 잃어버릴 것 같은 조바심이 날 때 불쑥불쑥 나타난답니다.

예)

잠깐!! **욥이 이즈음 살고 계시네요.**

꼭 만나야 할 사람이 있습니다. 사실 창세기 무대에 등장하지는 않지만 바로 이 시대에 살았던 사람 **욥**입니다. ……

⑪ 행로가 필요한 곳에는 '지도'를 표기해 놓았습니다. 지도를 따라 성경의 주인공들이 어디서 어디로 이동했는지 우리도 함께 따라붙어야 합니다.

예)
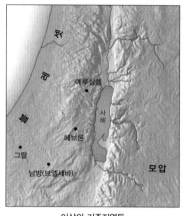
지도를 보면서 함께 따라가 보기

브엘세바 ⇨ 헤브론 ⇨ 브엘세바

이삭의 거주지역들

⑫ 그날그날 분량을 읽고 나면 그때마다 목차에 있는 체크상자 ☐에 표시를 하세요. 그러면 시간이 지나면서 전체 중 어디까지 읽었는지 한 눈에 알 수 있습니다.

예)
Check
☑

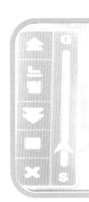

신구약읽기 내비게이션 활용 방법

7.4

① '60' 이라는 숫자를 자유자재로 이용합시다.

▶ day 1로 쓸 경우, 60일에 완독함

하루에 약 20장 정도씩 디자인되어 있는 대로 읽으시면 됩니다. 단기 코스죠. 48일 만에 구약을, 12일 만에 신약을 완독하게 됩니다.

▶ week 1로 쓸 경우, 60주에 완독함

20장 분량을 하루에 3장씩 7일간 읽습니다. 1주일에 20장 정도를 읽는 셈이지요. 그러면 1년에 신구약을 완독할 수 있어요. 장기 코스입니다. 성경방(구역, 속, 다락방, 순, 셀, 목장, 가정교회) 단위로 1년을 계획하고 함께 읽어나갈 수 있습니다. day 1 끝에 마련된 [내 노트]를 기록했다가 1주일에 한 번씩 구역예배(성경방 나눔터)에서 서로 나누는 데 활용하면 좋습니다.

② 내 노트 ┃ 깊. 이. 새. 내. 기.를 활용해 봅시다.

하루(1주) 분량을 읽으면서 당신은 많은 생각을 하게 됩니다. 사실 그것을 위해서 성경을 읽는 거지요. 읽으면서 깨닫는 것도 있고, 이해 안 되는 것도 있고, 새로 배우는 것도 있고, 나도 그렇게 하고 싶다는 생각도 들고, 기도하고 싶은 제목도 찾게 된다 이 말이죠. 그것을 정리해 보십시오.

- **깊**이 깨닫고 나니 다른 사람과 나누고 싶은 내용

사람이 뭔가를 새로 깨달으면 그것을 나누고 싶어합니다. 진리를 깨달으면 밀어내는 에너지가 생긴다는 거죠. 그것을 전도(도를 전한다)라고 합니다. 억지로가 아니라 밀어내는 힘입니다. 이런 식으로 나눈 내용은 감염의 위험성(?)이 있다는 거 아시죠? 퍼지지 말라고 해도 퍼져나갑니다.

- **이**해가 되지 않는 부분

성경을 읽다 보면 여전히 이해가 되지 않는 내용이 많아요. 압축해서 기록해 놓은 사실기록이라 거두절미하고 쓰여진 것이 많기 때문이기도 합니다. 원본으로 읽지 않아서 그런 것도 있구요. 이성으로만 읽기 때문일 수도 있습니다. 그러나 대부분 당신의 지식이 짧아서 이해하기 어려운 것입니다.
한 번 읽었을 때 모르던 것이 두 번째 읽을 때는 이해되고, 세 번째 읽을 때는 울게 되고, 이런 식으로 발전해 나갈 것입니다.

- **새**로 배운 내용

정보(지식)가 많아지는 겁니다. 깨달아진다는 차원이 아니라 새로 입수한 정보입니다. 성경을 읽으면서 정보가 차곡차곡 쌓일 것입니다. 정보가 많아지면 이해가 잘 되는 거죠.

- **내**가 실천하고 싶은 원리

정보를 새로 얻게 되면, 깨닫게 되고, 깨달으면 나누고 싶고, 그러다 보면 그대로 살아보고 싶은 욕구도 생기게 됩니다. 진리를 깨달으면 내 삶에서도 그 일이 일어나면 좋겠다는 거룩한 욕심이 솟구치는 겁니다. 당신이 실천해 보고 싶은 원리들이 당신을 자꾸 찔러대면 찔러댈수록 당신은 '모델 사람'이 될 것입니다. 이상적인 사람 말입니다. 리더 말입니다. 당신의 그림자 안에 사람들이 고일 것입니다.

- **기**도제목

실제로 그런 사람이 되고 싶은데 힘은 없지…… 그러니 기도하게 되지요. 하나님 앞에서 한숨이 나오고, 탄성이 나오면서 무릎 꿇게 됩니다. 하나님과 할 말이 생깁니다. 성경에 써 있는 객관적인 원리를 당신의 삶 속에서 주관적으로 체험하려면, 그 분과 함께 가야 하기 때문이죠. 하나님은 당신이 기도하는 것을 좋아하십니다.

③ 매년 한 번씩 정리한다면 굉장한 재산이 되겠죠?

앞에 써 있는 방법대로 내 노트를 1년에 한 번씩이라도 정리한다면 당신의 성경 실력은 대단해질 것입니다. 이 노트 위에 내년에 또 한 번 다른 색깔로 써 나갑니다. 일독할 때 써 놓았던 내용을 비교해 보면서 다시 그 길을 처음부터 또 내비게이션을 달고 갑니다.

두 번째 가는 길은 좀더 쉽고, 세 번, 네 번 가는 길은 더 익숙해집니다. 체질이 되지요.

④ 〈성경방 나눔터〉도 가봅시다.

나눔터는 '성경방 모임'을 위해서 마련해 놓았답니다. 혼자 이 책으로 공부하는 분도 계시겠지만 대체적으로 '성경방'으로 모여서 으싸으싸 읽으실 텐데 이 때 활용할 수 있습니다.

구역예배로 모여서 1년 동안 읽게 되는 '성경방'도 있을 텐데 구역예배 나눔으로도 좋습니다. 또 1:1로 성경을 읽고 계신 분도 계실 텐데 그것도 좋습니다. 다른 사람들은 똑같은 본문을 어떻게 깨달았는지 서로 다름을 알게 될 것입니다.

특히 나눔터에 써 있는 논제들이 있습니다. 여러분이 깨닫고 나눌 내용 말고도 이런 주제들을 갖고 나누면 어떨까 해서 수록해 놓았답니다. 진지하게 토의하면 좋겠습니다. 그래서 한국교회와 전 세계 180개 나라에 흩어져 나그네로 살고 있는 한인 디아스포라교회와 선교지에서도 이런 주제들을 갖고 함께 기도하면 좋겠습니다. 하나님이 우리 한국사람들을 통해 어떻게 일하고 계시는지 역사적인 감각을 갖고 하나님 나라에 쓰임받자는 것입니다.

⑤ 생터 성경사역원에서 인도자 과정을 정식으로 수료한 인도자와 함께 '성경방' 소그룹 모임에서 읽고 계십니까?

1주일에 한 번씩 인도자와 함께 배우고 나서 이 메뉴얼을 따라 읽으시는 분들도 계실 겁니다. 이럴 경우는 12과 진도를 나가면서 읽어오라는 범위를 받을 것입니다. 배우고 나서 그 범위를 읽고, 또 배우고 나서 그 범위를 읽기 때문에 금방 배운 내용이 나와서 복습이 될 것입니다.

1. 구약목록, 이야기로
확~ 꿰뚫어라!

구약을 이야기로 풀기, Day 1을 위한 워밍업

【 구약읽기? 어렵지 않답니다. 이야기로 풀면…… 】

왜냐구요? 말 그대로 '구약은 이야기' 이기 때문입니다. 드라마, 영화, 뮤지컬…… 다 얘기잖아요. 우린 이야기에 빠져 살고 있습니다. 드라마든, 영화든, 누군가 얘기를 꾸며냅니다. 그러면 듣고 보고 읽는 사람들이 있죠. "와~ 이럴 수가~ 그렇구나~ 재밌네! 그 다음은 어떻게 될까? 다음 편이 궁금하네. 빨리 다음 주말이 오면 좋겠다~! " 하면서 드라마 속 이야기에 빠져서 그들과 함께 사는 겁니다.

그렇습니다. 성경도 사실 얘기거든요. 그래서 이야기로 뚫어내면 주말 연속극처럼 흥미진진하게 흘러가지 않겠습니까? 그렇게 한 번 이야기로 확~ 꿰어보자는 겁니다. '아~니!? 성경목록이 각각 다른데…… 주인공도 다르고…… 기록한 사람도 다르고…… 그런데 어떻게 죽~~ 흘러갈까? 1600년 동안 40여 명의 저자가 각각의 시대를 살면서 썼는데 한 개의 스토리라고?' 이런 생각나시죠?

맞습니다. 성경목록 39권이 하나하나 모여서 구약성경이 되었는데도 그게 된다는 겁니다. 바로 그것이 『어? 성경이 읽어지네!』였습니다. 그 내용을 중심으로 성경본문을 읽어야 하는데 여기서 먼저 '구약목록을 이야기로 확~ 꿰뚫어 놓고 출발해 보자' 는 작전을 펴는 것이지요. 퍼즐처럼 맞춰서 이야기 하나로 좌.르.르.륵……

그렇습니다. 바로 이것이 성경이 진리임을 말해 주는 묘미입니다.
이것을 깨달으면 성경이 기가 막히게 재미있어진다~ 이 말이죠.
뿐만 아니라 이제 성경이 쭉쭉 읽어진답니다.

자~^^ 구약 한 통, 아주 간단한 결을 따라 톡톡 끊어서 요리해 보실까요? 귤도, 석류도, 두리안 도, 망고스틴도 주머니 한 개 속에 결을 따라 나눠져 있어요. 한 덩어리가 너무 크니까 먹기 좋게 따로따로 되어 있는 거죠. 소 한 마리도 마찬가지입니다. 부위별로 결이 달라서 장조림용, 국거리용, 불고기용, 주물럭용이 따로 있지만, 그래도 한 마리인 것 아시죠?

▎ 간단히 풀어낸 구약 중추신경 스토리

창세기

① 창조, 인류 일반역사가 시작되다 (창 1–11장).

② 하나님 나라 이스라엘의 국사도 시작된다. 아브라함, 이삭, 야곱의 후손 70명의 식구가 팔레스타 인 땅에서 사는 이야기다. 이집트로 이민 가면서 끝난다 (창 12–50장). ─────▶ 〈 욥기 발생 〉

출애굽기

③ 이집트에서 400년간 아브라함의 후손들이 번성한다. 하나님 나라 국민이다. 그러나 노예 상태다.

④ 이때 모세가 등장한다. 정치적인 문제로 이집트에서 쫓겨나 시내광야로 망명하게 된다.

⑤ 시내산에서 신 경험을 한다. 이후 이집트로 가서 10가지 재앙을 통해 백성을 해방시키고 다시 시 내광야로 들어온다. 시내광야에서 국법을 주신다. ──────────▶ 〈 레위기 발생 〉

⑥ 아직은 시내산, 여기서 인구 조사 명령이 떨어진다. 국방부 병력 조사다.

⑦ 드디어 시내산에서 이동한다. 목표지점은 바란광야다.

⑧ 바란광야 가데스에 도착하자마자 가나안 정복을 위해 정탐꾼을 보내라는 명령을 받는다.

⑨ 명령을 받은 1세대, 가나안 정복을 포기한다. 그 결과 38년을 가데스에서 살게 된다. 1세대는 여기서 죽는다.

⑩ 드디어 광야 2세대가 성인이 되었다. 이제 그들은 38년을 살았던 가데스를 떠나 요단 동편을 점령한다. 광야 2세대를 위한 요점정리 교육 교재(?)가 발간된다. ──────▶ 〈 **신명기** 발생 〉

여호수아

⑪ 모세가 죽은 후 여호수아가 가나안 땅을 정복한다. 하나님 나라 백성에게 영토가 생겼다. 지파별로 분배한 후 정착한다.

사사기

⑫ 여호수아가 죽자 땅을 빼앗긴 원주민들이 역침입을 한다. 전쟁의 사이클이 계속된다.

⑬ 사사들이 나타나 방어를 하곤 했지만 백성들은 왕을 기다린다.

⑭ 사사 기드온 시절에 다윗 왕의 증조할머니 나오미(룻의) 가정 이야기가 등장한다.

──────────────────────────────▶ 〈 **룻기** 발생 〉

사무엘 상 · 하

⑮ 백성의 소원대로 왕이 다스리기 시작한다. 1대 왕 사울 등장. 그 이후 다윗이 2대 왕이 된다 (사무엘상).

⑯ 하나님의 대리 통치자 다윗 왕은 이스라엘의 모델 정치를 한 왕이다. 성전 건축 프로젝트는 그의 업적에서 클라이맥스다 (사무엘하).

⑰ 성전에서 드려질 제사문화의 컨텐츠를 개발한다. 신앙을 정리한 글들이 문헌으로 남게 된다.

———————————————————————————————➤ 〈 **시편** 발생 〉

열왕기 상 · 하

⑱ 다윗의 아들 솔로몬이 다윗의 유언을 따라 성전 건축을 완성한다.

⑲ 또한 다윗의 문화를 배경으로 잠언, 전도서, 아가서와 같은 문건도 발행한다.

———————————————————————➤ 〈 **잠언, 전도서, 아가서** 발생 〉

⑳ 그런데…… 솔로몬은 결국 배교한다.

㉑ 솔로몬의 아들 르호보암 때 나라가 분열되더니

㉒ 남북으로 나뉘어 흘러가는 역사의 성격은 우상도 섬기고, 하나님도 섬기는 혼합주의다.

㉓ 결국 멸망을 향해 흐르는 왕들의 역사 속에 선지자들이 나라의 미래를 예언한다.

———————————————————➤ 〈 **오바댜, 요엘, 아모스, 요나, 호세아**

이사야, 미가, 나훔, 스바냐, 예레미야(애가), 하박국, 예언서 12권 발생 〉

㉔ 그러다가 북이스라엘은 앗수르에 망하고, 남유다는 바벨론에 망한다. 이 때 예레미야는 본국 예루살렘(무대 A)에서 망국의 과정을 함께 걷는다.

㉕ 한편, 같은 시기에, 바벨론(무대 B)에 포로로 잡혀간 다니엘과 에스겔은 포로 공동체를 이끌어가는 리더로 활동한다. ———————————————➤ 〈 **다니엘서, 에스겔서** 발생 〉

㉖ 예언자들, 특히 예레미야의 예언대로, 70년이 지나자 포로들이 정말 본국으로 귀환한다.

㉗ 예루살렘에서 성전을 재건하기 시작한다.

㉘ 그러나 사마리아인들의 방해로 중단된다. 이 때 '학개, 스가랴' 선지자의 격려로 결국 완공된다.

———————————————————————————————▶ 〈 학개서, 스가랴서 발생〉

㉙ 그러고 나서 큰 사건이 바벨론 땅, 페르시아 제국에서 터진다. 에스더 사건이다.

———————————————————————————————▶ 〈 에스더서 발생〉

㉚ 바로 이때 페르시아에서 에스라가 모세오경 학자로 부상한다.

㉛ 에스라는 조국 유다로 돌아와 포로귀환 백성을 말씀으로 훈련시킨다. 이 때 가르친 내용이 **역대상 · 하**이다. 그러면서 한편, 포로귀환 역사를 정리한다. 이 문헌이 **에스라서**다.

㉜ 이 즈음 **느헤미야**도 페르시아에서 돌아온다. '국방 강화' 라는 프로젝트에 필이 꽂힌 그는 전쟁 때 무너졌던 성벽을 개축한다. 에스라와 함께 포로귀환 백성을 지도한다.

㉝ 구약의 마지막 선지자 말라기도 이 상황에서 메시지를 받는다. 크고 두려운 여호와의 날이 임할 때 엘리야를 보낼 것이라는 예언이다. 구약은 엘리야를 기다리며 큰 커튼을 닫는다.

———————————————————————————————▶ 〈 말라기서 발생〉

【 그래서 만들어진 구약읽기 내비게이션 도표 】

어떠세요? 목록을 누비면서 이야기가 흐르는 것 맞죠? 한 권 한 권이 따로따로 있는 것 같지만 한 통이죠. 그러면서 부속목록들이 툭툭 떨어졌습니다. **역사**를 따라 흐르는 성경목록만 모아봤더니 **창, 출, 민, 수, 삿, 삼, 왕……대, 라, 느**이고요, 나머지 성경목록들은 그 **역사**가 흐르는 동안 **발생**한 거랍니다. 간단하죠? 구약이 이렇게 단숨에 확~ 정리된답니다. 그랬더니 아래와 같은 **도표가** 나온 겁니다. 『어? 성경이 읽어지네!』에서 이 도표 보셨지요?

앞으로 이 도표를 따라 매일매일 구약을 읽으실 것입니다. 이 도표가 바로 구약을 이야기로 꿰뚫게 하는 내비게이션 내용이죠. 그런데 내비게이션이 뜰 때마다 읽을 부위가 다르기 때문에 이 도표도 달라진답니다. Day 1, Day 2, Day 3……. 시간이 지나가면서 어떻게 달라지는지 눈여겨 보십시오.

이 도표와 위의 33개 항목을 연결해서 다시 한 번 비교해 보세요. 그리고 익숙해질 때까지 몇 번씩이고 이 메뉴얼을 읽어보세요. 내비게이션을 사서 달 때도 사용 방법을 알아야 하는 것처럼 이 『구약읽기 내비게이션』도 마찬가지입니다.

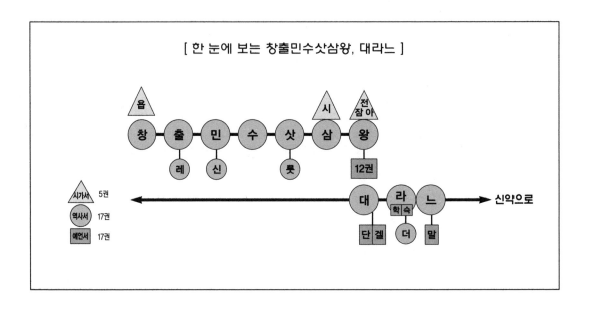

【 더 쉽고 간단하게 12과 제목이 흘러가게 만들어 보았습니다. 】

이 33개 항목을 다음과 같은 12개의 제목으로 줄일 수 있었습니다. **앞으로 이 12과 제목이 구약 전체를 흘러갈 것입니다.**

제목만 읽어도 구약이 한 눈에 꿰어지죠? 맞습니다. 이 제목을 염두에 두시고 따라오셔야 합니다. 이 제목 안에서 어떤 이야기가 흘러가고 있는지 기억하십시오. 어떤 본문을 읽든 이 제목을 명찰처럼 달아놓고 읽으셔야 합니다. 그러면 방향을 잃지 않고 중추 신경을 따라 의미있게 구약을 읽게 됩니다. (이 12과 제목은 『성경방 워크북(신구약)』(도서출판 성경방) 목차와 동일합니다.)

1. 구약목록, 이야기로 확~ 꿰뚫어라! (지금 우린 여기에 있구요, 구약 전체 요약입니다.)

2. 아담, Ph. D 논문으로 왕 되다! (창조, **창**)

3. 그렇지만 진짜 왕은 나다! (선악과, **창**)

4. 세계사 속에 내 나라 이스라엘을 세우겠다! (**창**)

5. 국민을 만들었으니…법도 제정하고 영토도 주겠다! (**출. 민. 수**)

6. 모델이 되라고 나라를 만들었는데 쯧쯧쯧…엉망이구나! (**삿**)

7. 그런데 다윗, 너는 내 마음에 합한 모델 왕이다! (**삼**)

8. 다윗의 길로 안 가고 여로보암의 길, 아합의 길로 가는 왕들아! (**왕**)

9. 내가 예언하는데, 너희는 결국 앗수르, 바벨론에게 망한다! (**왕-예언서**)

10. 그렇다고 너 바벨론, 으스대지 마라. 너도 결국은 망한다! (**왕-예언서**)

11. 그런데 예루살렘 성전은 재건되고, 성경공부 부흥이 일어나는 것을 보라! (**대. 라. 느**)

12. 앞으로 하나님의 나라(천국)가 가까이 올 것 같은 예감이 들지 않는가? (**대. 라. 느**)

 Day 1, '아담 ph. D 논문으로 왕 되다!(창조)' 안으로 들어가기 위한 워밍업

자, 이제 우리는 Day 1, 창 1장을 읽어야 합니다. '창조'입니다. 그런데 아무 준비 없이 창 1:1을 읽을 수 없답니다. 이 **창조**가 믿어지지 않으면 그 뒤에 이어지는 내용이 모두 허상이 되어버립니다. 이렇게 중요한 이 '창조' 주제부터 시작해서 11장 바벨탑 사건까지를, 그래서 성경의 '생장점' 부분이라고 저는 명명합니다. '생장점이 터지는 성경일독'을 하려면 11장까지의 내용을 역사로, 과학으로, 현실로 받아들여만 합니다. 처음에서 걸리면 치명타입니다. **여기부터 탁,**

클릭되어야 합니다. '성경책'에 오늘의 당신을 붙들어 매고 출발해야 하는데 여기가 그 자리입니다. 신화가 아니라, 허구가 아니라 현실 말입니다.

우선 많은 사람이 **창조를 믿지 않습니다.** 노자 같은 사람은 창조주가 인격자라고 믿지 않는 사람입니다. 인격자 하나님 대신 '**도(道)**'라고 하는 '**개념**'을 하나님으로 이해했습니다. 서양 철학자들은 '**궁극적인 기반**'이니, '**제일 원인**'이니 하는 용어로 대치했습니다. 과학자들은 '**원물질**'이 스스로 존재해서 빅뱅이 일어났다고 설명합니다. '**인격자**'냐 '**도**'냐, '**인격자**'냐 '**기(氣)**'냐, '**인격자**'냐 '**원리**'냐, '**인격자**'냐 '**원소기호**'냐, 어느 쪽을 선택하느냐에 따라 이 질문은 **엄청난 부속 개념들을 낳습니다.**

창세기 초두를 읽어보면 우주만물의 기원(origin)뿐만 아니라, 인격, 영혼, 정신, 언어, 가정, 역사, 사회, 사랑 등 소위 인간의 **형이상학적인 실존**을 설명합니다. 날카롭고 완벽한 다이아몬드 각도처럼 정확하게 말입니다. 만약 이 창조 부분을 신화라고 믿는다면 '**나**'라는 존재는 신화의 인물이 되고 맙니다. 만약 과학자들이 얘기하듯 빅뱅이 나의 근원이라면 내 영혼, 정신, 사랑 등 우리가 목매고 있는 눈에 보이지 않는 가치들을 설명할 길이 없습니다. '**나**'라는 사람의 근원, 기원을 회색지대에 두면 안 됩니다. 애매해집니다. 사람의 기원 문제는 풀어도 되고 안 풀어도 되는 문제가 아닙니다. 반드시 규명해야만 하는 문제입니다. 나의 존재론적 출발지점입니다.

그뿐만 아니라 인류의 정체성과 그 역사 전체를 규명하는 우주적인 진리를 배태하고 있습니다. **영적인 DNA입니다.** 해독할 수 있어야 합니다.

【 물질을 창조하신 하나님(창 1장) ──── 하나님은 자연과학자 】

우리 주변에 실재하는 우주공학, 물리학, 기계공학, 화학, 생물학, 미생물학, 유전공학, 생명공학, 컴퓨터 엔지니어링, 수의과, 산부인과, 외과, 내과, 심장내과, 안과, 비뇨기과, 치과, 정형외과, 이비인후과를 있게 하신 **자연과학자 하나님을 인정해야 합니다.**

내가 마시는 산소는 대기권 안에서만 가능합니다. 지구가 속해 있는 태양계 별들, 수성, 금성, 지구, 화성, 목성, 토성, 천왕성, 해왕성 등의 간격이 바늘 끝만한 오차가 있어도 다 휘말려 엉겨붙습니다. 내가 딛고 서 있는 이 지구가 오늘도 이렇게 있어 주는 것은 그 분이 붙들고 계시기 때문임을 숨쉴 때마다 인정해야 합니다. 내가 먹는 것마다 주물러서 운동해 주는 '내 위장', 내 눈으로 보지 못하지만 내가 죽기까지 하루에도 10만 번이나 펌프질해 주는 '내 심장', 수도 없는 내 몸의 핏줄들, 이런 수많은 기관들이 날 위해 일해 주는 것…… **흙으로 아담을 창조하신 그 순간, 그렇게 되도록 하신 것입니다.** 창 1장의 창조 기사와 내가 사는 삶의 과학적 환경을 따로따로 생각하는 이중적인 생각의 틀을 깨야 합니다.

여자의 몸은 한 달에 한 번씩 달과 지구의 운동원리를 읽어냅니다. 한 달이 되었는지 정확하게 알아냅니다. 우주를 해독하는 여자의 몸, 생각해 보면 경이로운 일입니다. 아담의 몸에서 꺼낸 재료로 **그 날 만드실 때 그렇게 하셨습니다**(창 2:22). 남자의 몸에 있는 정자(精子)는 또 어떻습니까? '화학무기 탄두(난자의 벽을 용해시킬 수 있는 효소)를 장착하고 인공지능을 갖춘 가공할 만한 초현대적인 0.006mm짜리 미사일' 입니다. 사람의 몸만 해도 하나하나 얘기하자면 우주의 비밀처럼 대단합니다. 불과 몇 십 년 전만 해도 몰랐던 사실입니다.

사람의 몸은 그저 겉모습뿐인 줄 알았습니다. 하나님이 얼마나 위대하고 정교하게 만물을 창조하셨는지는 유전공학을 통해 이제야 드러나고 있습니다. 그러니, '태초에 하나님이 천지를 창조하시니라' 하는 말 따로, '나' 라는 존재 따로, 생각할 일이 정말 아닙니다. **'흙으로 사람을 지으셨다'** 를 읽으면서 **'아담의 세포 안에 인류의 DNA를 다 입력해 놓으셨다'** 라고도 읽어야 합니다.

현대 과학이 이제야 찾아낸 기가 막힌 유전정보의 현상들, 그 분의 작품입니다. 나폴레옹의 몸에도 DNA가 있었습니다. 세종대왕의 몸에도 게놈의 지도가 있었습니다. 그러나 그들은 모르고 살았습니다. 인간은 이제야 그것을 알아냈을 뿐입니다. 앞으로도 발견될 신비로운 자연과학의 원리들, 그 속에 숨겨져 있는 믿어지지 않는 유전공학의 세계들…… 발견하면 발견할수록 창세기 말씀이 생각나야 할 것입니다. 오늘날 이 세상에 존재하는 모든 자연과학 원리, 그것이 곧 창 1:1부터 시작된 하나님 사역의 결과임을 분명히 현실적 감각으로 매치시켜야 합니다.

과학, 물리적인 세계는 하나님을 반대하는 요소가 절대로 아닙니다. 하나님은 그것들을 창조하신 분입니다. 과학은 하나님을 찬양합니다. 자연과학 교과서가 말하는 원리들은 **성경책의 부록일 뿐입니다. 자연과학은 정직합니다.** 창조하셨던 그 순간부터 지금까지 100% **절대순종** 하고 있기 때문입니다. 자연과학자 하나님은 우주만물을 프로그래밍해 놓으신 **법칙** 으로 **통치** 하십니다. 만유인력의 법칙, 질량불변의 법칙, 탄성의 법칙, (멘델의) 유전법칙, 염색체 배열, DNA 구조, 게놈의 지도를 창조하신 하나님, 다 법칙에 의해 그것들을 유지합니다.

그럼 이런 자연과학 분야는 무엇 때문에 창조하셨습니까? **사람 하나** 때문입니다. 그럼 사람을 주인공으로 만들어 존재케 하시는 **이유가** 무엇입니까? 왜 이 어마어마한 **투자를** 하십니까? 당신은 **이 어마어마한 우주가 나 하나 유지시키려고 존재한다는** 감격 속에서 사십니까? 이렇게 사셔야 합니다. 나라는 존재는 **유지비가 많이** 드는 위대한 존재입니다.

【 사람 하나를 창조하심(창 2:7, 1:26) → 하나님은 사회과학자 】

영혼, 정신, 지성, 감정, 사랑, 양심, 법, 도덕, 윤리, 가정, 언어, 사회, 정치, 경제, 교육, 철학, 문화, 역사, 예술……을 사람에게 주신 **사회과학자 하나님을 인정해야 합니다.**

하나님이 창조하신 자연과학 원리는 '아담' 하나 때문이었습니다. 아담이 주인공입니다. 그런데 이 아담은 그저 마구 만드신 것이 아닙니다. 물론 흙으로 만드실 때 위에서 말한 모든 **자연과학 원리를 그 몸 안에 모두 프로그래밍하셨습니다.** 다른 동물과 다를 바 없는 아미노산 구조배열이라는 시스템을 갖고 있는 흙으로 만든 존재입니다. **그러나 그것이 전부가 아니었습니다.** 샘플이 있었습니다. 그 샘플은 바로 **하나님**이셨습니다.

우리의 형상을 따라, **우리의 모양**대로 만드셨기 때문입니다. 기가 막힌 자연법칙으로 육의 몸을 창조해 놓으셨을 뿐만 아니라 그 안에 영혼, 정신, 지성, 감정, 사랑, 양심, 법, 도덕, 윤리, 가정, 언어, 사회, 정치, 경제, 교육, 철학, 문화, 역사, 예술…… 이 모든 것을 또한 장착시켜 놓으셨습니다. **하나님의 형상이 그 원본**이라는 것입니다.

사람을 대상으로 하는 학문 영역을 **사회과학 영역**이라고 합니다. 자연이 아니라 **사람이 대상인 학문입니다. 우리는 여기서 한 가지 질문을 해야 합니다.** '자연과학 영역에 절대불변의 법칙을 두셔서 물질세계를 유지하시는 질서의 하나님이, 사람을 대상으로 하는 **사회과학 영역에도 절대불변의 법칙을 두셔서 사람의 세계를 유지하는 것이 당연하지 않겠는가?**'

눈송이도 다 다르게, 그러나 반드시 육각형으로 디자인하셔서 질서를 유지하시는 하나님이신데, 하물며 피조물의 클라이맥스인 사람의 영적 세계에 그 기막힌 법칙이 없겠습니까? 인간이 산다고 하는 것이 그리 쉽겠습니까? 밥만 먹으면 되는 그런 물질적인 존재겠습니까?

그렇습니다. '하나님의 형상'을 가진 사람을 유지하고 관리하기 위해서도 **절대불변의 법칙을** 따르셨습니다. **사회과학 법칙입니다.** 그것이 무엇인지 아십니까? 바로 '**우리의 형상과 모양(창 1:26)**'입니다. '**쩰렘(형상, image)**'은 '**사물이나 인격체의 속성들이 겉으로 드러난 총합**'이라는 의미이고, '**드뭇(모양, likeness)**'은 '**그 형상이 존재하는 양식, 혹은 양태(mode)**'라는 의미입니다. 인간에게 적용되어야 할 사회과학 법칙의 원조가 이 형상과 모양입니다. 인간에게 적용되어야 하는 사회과학 법칙은 소위 성경을 경전으로 쓰고 있는 '**기독교도**'에게만 적용되는 원리가 **아닙니다.** 사실은 **이 세상 모든 사람에게 다 적용되는 원리입니다.** 창조주이신 여호와 하나님은 이 세상 모든 사람에게 적용되는 사회과학 법칙을 창조시에 사람의 몸 안에 두셨습니다.

> ▌성경이 말하는 사회과학 법칙 1
> ## 인간의 존재의의는 무엇인가? → 하나님의 영광이다!

아담은 하나님을 반영(**영광**, 실체를 그대로 반사함)하기 위해 창조된 존재입니다. 우리의 형상을 **따라**…… 우리의 모양**대로**……라는 말씀입니다. '……**따라**'와 '……**대로**'입니다.

이 말씀은 **아담(인간)의 존재의의가** 무엇인지를 말하고 있습니다. 창조자가 무엇 때문에 사람을 만드셨는지를 눈치채라는 것입니다. 만약 하나님이 사람을 창조하셨다고 말만 하시고 **왜 창조하셨는지를** 말씀해 주시지 않으셨다면 우리는 답답할 것입니다. 그런데 말씀해 주셨습니다. '우리의 (무엇)을 따라, 우리의 (무엇)대로'입니다. 무슨 뜻입니까? '**우리(하나님)**'를 반사하라는 것입니다. 사람이 존재하는 제일의 목적은 '우리'의 형상과 모양을 그대~로 반사하는 것입니다(소요리문답 제1조). 이것이 인간의 '**최고의 영광**'입니다. 그렇습니다. 말 그대로 **영광**입니다.

성경에서 말하는 '영광'이라는 말의 원조는 세상 사람이 보통 말하는 높임받다만의 뜻이 아닙니다. **하나님을 그대~로 정확하게 반영해 내는 것입니다.** 더도 말고, 덜도 말고, 우리의 형상을 따라, 모양대로, 반사해 내기만 한다면 그것이 곧 하나님을 '**영광**'하게 하는 일입니다. 만약 **아담이 하나님의 형상과 모양을 '반사'해 내기만 한다면 그것은 곧 아담에게도 '영광'이 됩니다. 쌍방 간의 기가 막힌 상호작용입니다.**

우리는 '하나님의 영광을 위해서⋯⋯' 라는 말에 중독되어 있습니다. 다른 말로 하면 무감각해져 있습니다. 또 어떤 사람은 반대로 하나님께만 영광 돌리기 위해 사는 것이 인간 삶의 목표라면 '우린 꼭두각신가?' 라고 불만을 표합니다. 그런데 그럴 일이 아닙니다. 지금까지 생각해 왔던 '영광' 이라는 말을 우리는 이 시점에서 **재해석합시다**. '하나님께 영광을 돌린다' 는 말은 하나님만 높이고 인간은 어떻게 되든 상관없다는 뜻이 아닙니다. **나는 없어지고 하나님만 올려 드리라는 말이 아닙니다. '나' 라는 정체성을 통해서 하나님을 투영시키는 삶을 살아보라는 뜻입니다.** 반사시켜 보라는 것입니다. "쟤는 지 아빠랑 붕어빵이야!" 하는 말은 '쟤는 지 아빠의 영광이다' 라는 말입니다.

이와 같이 하나님을 그대로 반사해 내도록 하기 위해서 **사람 하나**(아담)를 창조하셨습니다. 그렇기 때문에 사람은 그렇게 할 때만 **행복**하게 되어 있습니다. 나를 통해 하나님이 드러나면 그것이 인간 지고의 행복입니다. 형상대로 되도록 하셨기 때문입니다. 물질을 많이 가졌다고, 즉 나 자신을 유쾌하게 한다고 해서 행복해지지 않는 것은 바로 그 때문입니다. 인간이 삶 속에서 하나님의 형상과 모양을 투영시킨다면, 그 사람에게서는 하나님이 보이는 것입니다. **영광**입니다. 그대~로 반사시키기만 하면 됩니다. **인간은 위대하신 창조자를 반사해 낼 때 최고의 가치를 부여받는 존재입니다.**

그러므로 '하나님께 영광을 돌린다' 는 말은 '하나님' 이 나를 통해 반사되어 나온다는 말이요, 그 '반사된 것' 은 반드시 '가치' 라는 말입니다. 하나님 본체의 영광이 반사된 것만 가치라는 말입니다. 바로 그 순간 '이 가치는 하나님으로부터 온 가치' 라고 하며 그 원인을 하나님께 되돌려 드리며 인정해야 한다는 것입니다. 이것이 **사람 하나**(아담)가 존재론적으로 취해야 할 **하나님께 대한 태도**입니다.

이 '태도' 가 바로 워십(worship)입니다. 이 단어는 'worth' 에서 유래되었습니다. 인간에게 유일한 가치가 있다면 하나님뿐입니다. 워십의 대상에게 '당신이 영광의 원천입니다' 라고 예우하는 것입니다. 그러므로 인간사회의 제일 법칙은 하나님을 하나님 되게 하여 그에게 예배하는 것입니다. 이 때 인간에게도 최고의 가치가 부여됩니다. 인간도 그럴 때 행복한 것입니다.

인간은 창조자 하나님께 대해 이런 존재론적 태도를 견지해야 합니다. 이런 의미에서 볼 때 인간사회 속에 '종교' 라는 카테고리를 만들어 인간 삶의 일부분처럼 여겨 온 것은 잘못입니다. 인간이 인간이려면 하나님에 대한 이 태도를 견지하며 인생 전부가 예배여야만 합니다. 시간을 정해 놓고 하는 것이 예배가 아니라 삶을 거룩한 산 제사로 드리는 것이 진정한 예배개념입니다. **예배의 당위성이 창조원리에 있습니다.** 종교 따로, 삶 따로가 아닙니다. 인간의 생존 전체가 예배여야 하는 것은 바로 이런 이유 때문입니다.

　인간 (人間 : **사람 집단**, 즉 사람 하나가 아닌, 사람과 사람 사이) 간의 질서는 여러 사람이 생기면서부터 시작됩니다. 그러나 그 이전에 '**사람 하나(아담)**'는 창조자를 반사해 내서 그를 예배해야 하는 존재론적 목적을 먼저 갖는 것입니다. 그럼 사람은 하나님의 '**무엇을 반사**' 해 내야 할까요? 막연한 개념이 아닙니다. **하나님이 어떤 분인지 그 정체**를 반사하라는 것입니다. 그럼 하나님의 정체를 우리가 어떻게 알 수 있을까요? **우리의 형상과 모양**이라는 표현을 주지하십시오. 특별히 '**우리**'라는 용어를 눈여겨 보십시오.

성경이 말하는 사회과학 법칙 2
하나님의 정체성, 하나님이 존재하시는 양식 → 단일복수개념의 사회성

　우리의 형상을 따라……, 우리의 모양대로…… 자기 형상, 곧 **하나님의 형상대로 사람을 창조하시고……**라는 말씀이 주는 의미는 매우 중요합니다. 여기 특이한 표현이 있습니다. **복수로 계시면서 단수이신 하나님**(단일복수형, unitedplurality)**의 존재 양태입니다.**

　사람의 본(원형)은 하나님입니다. 그래서 우리는 하나님을 그대로 반사시켜야 하는 것입니다. 그런데 '**우리**'라는 말이 좀 이상합니다. '사람의 본체이신 하나님'의 **존재 양태**가 여간 헷갈리는 게 아닙니다. 하나님의 존재 방법이 **복수로 계시면서도 단수로 계신다는 점**입니다. 하나님 당신을 지칭하실 때 **우리, 그, 자기**……, 이런 표현들을 모두 섞어서 쓰시기 때문입니다. 이해하기 어렵습니다.

　그러나 여기서 우리는 중요한 사실을 인정해야 합니다. 하나님 존재는 **수(數)에 갇혀 계신 분이 아니십니다.** 이 신비로운 하나님의 존재 양식을 완전히 깨달을 수는 없지만, 한 가지 분명한 것은 복수용어니, 단수용어니 하는 것을 사용한 것은 우리 사람들 때문이라는 점입니다. 하나님 존재를 이해하도록 하기 위해서 우리의 눈높이에 맞춰 문자와 단어라는 표현양식을 빌리신 것입니다. 영원하신 하나님을 문자로 표현해야 했기 때문입니다. **하나님을 인간화**(anthropomorphism)**하는 방법**을 써서 설명해야 했기 때문입니다. 그래야 인간이 어느 정도 이해할 수 있으니까요. (그래도 다 이해는 못하지만……)

사실 하나님은 복수라고도, 단수라고도 말할 수 없는 존재십니다. 수(數) 자체는 피조물이기 때문입니다. 창조자는 피조물 안에 갇혀 계실 분이 아닙니다. **공간에 제약받지 않으시고, 시간을 초월하신다**는 것과 마찬가지 원리입니다. 그럼에도 불구하고 성경은 우리를 위해 쓰여진 책이기 때문에, 하나님을 의인화해서 표현하는 방법인 앤트로포모피즘을 사용하는 것입니다. **성경은 이렇게 문자에 제한을 받습니다. 우리가 이해할 수 있는 방법 안에 하나님이 스스로 갇혀서 제한받으며 당신을 설명하신다는 사실을 받아들여야 합니다.** 성경이 신화 같다느니 이상하다느니 할 일이 아닙니다.

'**우리**의 형상을 따라, ……**우리**의 모양대로……' 라는 하나님의 존재 양태의 계시는 이제 요한계시록까지 흘러가는 성경 전체 속에서 **성부와 성자와 성령 하나님**이라는 모습으로 확정됩니다. 우리는 기록된 계시를 통해서 **하나님 존재는 그런 분이시라고 양태화하는 것뿐입니다.** 하나님의 속성은 '한 분 안에서 세 인격으로 계시는 하나님(God in three person in one)', '성부와 성자와 성령의 세 품위(稟位)로 계시면서 또한 단수형으로 한 분이신 하나님!' 이렇게 **표현할 뿐입니다.** 사람이 다 이해하지 못하니 하나님 아닙니까?

하나님 존재를 다 이해해서 삼위일체를 완전히 소화했다고 말할 일도 아니고, 다 이해하겠다고 욕심부릴 일도 아닙니다. 그저 성경에 나타난 모습 그대로를 받아들이는 것이 유한한 피조물의 정직한 태도이며 반듯한 양심입니다. 다 이해하지 못하는 것이 얼마나 자연스럽습니까? 얼마나 편안합니까?

그렇다면 우리가 이해하기도 힘든데 왜 이런 신비한 존재 방식을 나타내 보이시려 하실까요? 무엇을 드러내시려는 것일까요? 내용이 무엇일까요? '**관계**' 라는 **개념**입니다. 이 세 위는 분명히 서로 **관계**하며 존재하십니다. 여기서 '관계' 란 무슨 뜻입니까? '**사랑**'으로만 서로 코이노니아하시는 분이라는 뜻입니다(요 14:10, 요 15:9). **하나님의 사회성입니다. 하나님의 사회적 성격은 오직 사랑이라는 말입니다. 사랑으로만 관계하시는 분입니다. 하나님은 '사랑이라는 사회성으로 존재하신다'** 는 말입니다.

여기까지 얘기를 듣고 보면 '**사회성**'이라는 말은 곧 '**사랑**'이라는 의미와 동일시해도 될 것 같지 않습니까? 그렇습니다. 이것이 하나님의 **관계원리**입니다. 하나님의 속성 가운데 '**사랑**'이 라는 속성의 본질입니다. 흔히 우리가 사용하는 '사랑하다'라는 동사의 의미보다는 **존재 본질 그 자체가 사랑**이라는 말입니다(요일 4:8, 요 15:9-10, 17:24). 이렇게 하나님은 세 품위로 계시면서도 또한 동시에 단수로 계시는 양태를 가지신 존재이십니다. 이런 하나님이 '**우리의 형상대로, 우리의 모양대로**' 사람을 창조해야겠다고 하신 것입니다.

그러니 이 사실은 인간에게 대단히 중요한 원리가 됩니다. 왜냐하면 이제 **이 하나님의 존재론적 속성을 따라 인류역사도 사회성을 갖는 공동체로 발전해 나갈 것을 암시하기** 때문입니다. 그래서 성경의 역사도 가만히 보면 처음부터 개인의 구원을 설명해 가면서도 '**국가**'라는 공동체 **사회를 지향해 가며** 얽혀있습니다. 인류는 왜 서로 얽혀 사는 사회인이 되어야 할까요? 왜 성경이 나라 간의 얘기들로 틀이 짜여있는 것일까요? 성경은 그 이유를 말합니다. 하나님은 사회성을 가진 존재라는 것입니다.

그렇다면 이런 기가 막힌 존재 양태를 어떻게 '사람 창조'에서 표현해 낼 수 있습니까? 어떻게 하면 이 단수이면서도 복수로 존재하게 하며 사랑으로 교감하도록 사람을 창조할 수 있겠습니까? 가능할까요? 어떻게 이 하나님의 신비로운 형상을 **영광**할 수 있을까요? 그의 형상대로, 모양대로 어떻게 드러낼 수 있느냐, 그것이 문제입니다.

성경이 말하는 사회과학 법칙 3

사람도 사회성을 가짐 → 결혼. 가정의 출현(창 2:18-25)

그래서 사람 하나(아담)가 독처하는 것이 좋지 못하다고 한 것입니다,

아담은 하나님을 그대로 반영해야 하는 존재입니다. 그렇다면, **복수로 계시면서 단수로 거하시는 하나님의 존재론적 속성을 '독처하는 아담' 형상 하나로 다 드러낼 수 있을까요?** 없습니다. 영광할 수 없습니다. '독처한다'는 말은 외롭다는 생각을 하게 합니다. 물론 그렇습니다. 그러나 그런 의미보다 더 근본적인 존재론적 의미는 '아담 하나의 형상으로는 하나님의 양태를 다 드러내지 못한다'는 것입니다. 하나님의 창조 사역이 더 계속될 것이라는 말입니다. 아직은 아니며, 아직은 만족하지 않으신다는 뜻입니다. 그래서 하나님이 어떻게 하셨을까요?

하와를 창조하신 것입니다.

하나님의 지적인 활동, 거룩하신 활동, 의지적인 활동 등 심오한 인격적인 활동을 어떻게 아담 혼자 다 드러낼 수 있겠습니까? 하나님의 인격은 코이노니아가 이루어지는 관계성 속에서 드러나는 속성으로 존재하시는데 말입니다. 그렇다면 여기서 필연적으로, **사람도 하나님처럼 단수로 존재하되, 하나의 이름 아래, 복수로도 존재하는 형상**이 필요합니다.

이것이 **결혼의 법칙**입니다. '우리의 형상을 따라 우리의 모양대로 우리가 **사람**을 만들자(26절)' 하시고, '하나님이 자기 형상 곧 하나님의 형상대로 사람을 창조하시되 **남자와 여자**를 창조하시고' (27절)라는 말씀입니다.

우리말 성경에는 사람, 남자로 되어 있어서 다른 것 같지만 '아담'과 '사람'은 똑같은 단어입니다. 그러므로 사람=사람+여자입니다. 사람 안에 여자가 들어있었습니다. '남자(사람) = 남자(사람) + 여자' 입니다. 남자를 잠들게 하시고 그 몸에서 재료를 꺼내 여자를 만드셨으므로 여자는 남자 속에 이미 있었던 존재가 되는 셈이 되고 그러면 남자=남자+여자가 되는 것입니다.

당신 자신을 '우리'라고 지칭하신 하나님이 남자와 여자를 창조하시되, '우리'이시면서 '나'라고 할 수 있게 창조하신 것입니다. 하나님 닮은 **또 하나의 실재**를 만드신 것입니다.

그러면 여자라는 존재 하나를 더 만드신 이 창조는 여자가 만들어진 그것 자체로 끝입니까? **여자의 창조는 시너지 효과**가 생깁니다.

┃ 성경이 말하는 사회과학 법칙 4
┃ 아담의 가정은 인류 공동체로 변환된다 (창 1:28)

하와의 창조는 '생육하고 번성하라. 땅에 충만하라. 땅을 정복하라'는 축복의 명령을 낳습니다. 이 명령은 또한 '사람은 단독아로서가 아니라 사회아로서 완성된다'는 명제를 낳습니다. 이제 아담은 '사람(아담)' 하나가 아닌 **인간(人間)**이 될 것이라는 말입니다. 그러고 보니 **이상한 등식**이 생깁니다. 이건 수학이 아닙니다. 수(數)로 설명할 수 없는 개념입니다.

$$1=1+1=(1+1)+1=(1+1)+1+1+1\cdots\cdots=(1+1)+1+1+\cdots(1+1)+1+1\cdots+(1+1)\cdots\cdots=세계인구=1$$

무슨 말인지 눈치채시겠습니까? 더 자세히 하면 아래와 같습니다.

1+1=1 → 남자+여자=남자 ─────────→ 아담+하와=아담

1+1=2 → 남자+여자=남자, 여자 ──────→ 아담+하와=아담, 하와

1+1=3 → 남자+여자=남자, 여자, 자식(1) ──→ 아담+하와=아담, 하와, 자식(1)

1+1=4 → 남자+여자=남자, 여자, 자식(1), 자식(2)

이렇게 자꾸 나가면 또다시 가정이 출현합니다. 자식들이 장성해서 결혼을 하는 것입니다.
즉 (1+1)이라는 표시는 (가정)이라는 말입니다. 그러면 어떻게 됩니까?

1+1=(1+1)+(1+1)+(1+1)…… → 남자+여자=(남자+여자)+(남자+여자)+(남자+여자)
…… = 인류

이 복잡해 보이는 표지는 결국 무엇을 말할까요? 바로 이것이 '우리의 형상을 따라, 우리의 모양대로 지음받은 **인간의 존재론적 양태**인 것입니다. **하나님의 단수이면서도 복수이신 영광스러운 존재 양태를 우리는 '인간(人間)'이라는 말로 받아 누리게 된 것입니다.** 인간이라는 말은 사람 인(人), 사이 간(間)을 합친 말입니다. 사람 사이입니다. 관계입니다. **더불어 같이 살아가야 하는 존재론적 법칙을 삶의 틀로 안고 살아가는 존재입니다. 사회**를 이루어갈 것을 암시하며, 그래서 인간은 **사회적 속성**이 있는 것입니다. 이것이 복(28절)이었습니다.

이제 이 말은 '사람은 **혼자** 완벽하게 수행하거나 득도하여 창조된 목적을 이루는 존재가 아니라는 사실'을 증거합니다. **성경의 사상은 '한 개체만의 완성은 완성이 아니다'라고 선언합니다. 개인완성의 추구에 있지 않다**는 것입니다. 아무도 없는 산 속에 올라가 혼자 수행하고 득도하는 것이 끝이라면 인간으로서 의의가 없는 삶이라고 선언하는 것입니다.

원불교가 산 속에 있지 않고 내려온 것은 그것을 깨달은 것입니다. 성경적 원리입니다. 지지고 볶으며 사는 인간의 삶을 교회가 껴안고 함께 존재하는 것이 성경적 원리입니다. 교회는 사람 없는 산 속으로 들어가 단독아로서 수행하라고 말하지 않습니다. 힘들어도 인간사회에서 함께 가는 것입니다. 하나님 앞에서는 **단독아(사람)**로 있지만 인간(사람, 사람 사이)으로서는 **사회아**로 있으라는 것입니다. 이런 의미를 많이 씹어 보십시오. 성경이 말하는 사회적 법칙입니다.

그러므로 사람 하나로 출발된 하나님의 창조 사역은 **공동체 개념**을 목표하고 있다는 사실을

깨달아야 합니다. 인간이 인간이기 위해서는 '나'를 벗어나야 합니다. '사람 하나', '아담 하나'는 하나님 보시기에 완성이 아닙니다. 내가 하나님과 무슨 존재론적 관계가 있는지를 깨달았다면 이제 그 다음은 이웃이요, 옆사람들로 나아가야 한다는 원리입니다. **구약의 십계명 원리나 신약의 산상수훈의 뿌리는 바로 이 원리에 닿아있습니다.** 위로 하나님, 옆으로 이웃, 이것이 존재의 틀입니다. 자기만을 위한 삶은 함께 살아가야 하는 삶을 어렵게 합니다. 함께 살아가는 것이 유기적인 공동체 원리입니다.

교회의 머리가 예수님이시며 우리는 몸을 이룬다는 개념도 생각나야 합니다. 사도 바울은 이것을 깨닫고는 무릎을 치며 '이 비밀이 크도다'고 했습니다. 그 원형은 창조원리인 부부관계에 있다고 한 것이 이 말입니다(엡 5:21-33). 이 원형을 좇아 부자, 모자, 부녀, 모녀, 형제자매, 삼촌, 사촌, 오촌, 육촌……일가친척, 씨족 공동체, 부족 공동체, **국가**, 온 인류로 발전되어 나갈 것입니다. 하나님의 창조의 완성은 아담에게서 끝나는 것이 아니라 **하와를 창조하심으로 인류 공동체를 바라보신 것입니다.** 즉 **하와를 만드시며 보신 완성은 인류 공동체였습니다.** '하나의 아담 형상'을 창조하시고는 그 속에 배아처럼 들어있는 인류 공동체를 바라보시는 하나님의 안목입니다.

'우리'라는 말, 위대한 말입니다. '이웃'이라는 말, 위대한 말입니다. 인류라는 말, 위대한 말입니다. **하나님이 세상을 보시는 각도에 앉아 있는 사람에게만 보이는 개념입니다.** 늘 쓰는 말이지만 사각지대에 있는 말, 껍질로만 쓰여지는 말이 '다른 사람', '우리', '인류'……그런 말입니다.

우리는 신약의 하나님과 구약의 하나님은 다른 하나님이라고 생각하기 쉽습니다. 그러나 그렇지 않습니다. 구약의 하나님은 율법적이고 신약의 하나님은 사랑의 하나님이라는 공식은 오해입니다. 또 인간의 이런 사회적 속성을 진화론자들은 설명해 낼 수 없습니다. 종교 진화론자들처럼 하나님도 점점 그 사상이 진화되어 갔다고 말하면 절대로 안 됩니다. 창조원리에 들어있습니다. 이미 처음부터 선포하고 시작된 원리입니다. **이 사회성을 지닌 '인간의 관계원리'를, '모르겠다(불가지론)'고** 성의없이 대답하기에는 우리의 인생은 너무나도 **현실입니다.** 부부 간, 고부 간, 자녀 간, 이웃 간……우리에게는 **현실입니다.**

사회를 유지할 유일한 법 → 인간관계, 사랑으로만 하라

그런데 문제가 있습니다. 그렇다면 잘 하는 '인간관계'의 노하우는 무엇입니까? 대답이 있습니까? 인간을 대상으로 하는 학문인 사회과학에도 법칙으로 적용될 수 있습니까? 성경의 하나님이 육의 몸을 창조하셨다면 이 인간이 어떻게 살아야 하는지도 말씀하셨습니까? 그리고 그 대답은 구약이나 신약이나 동일합니까? 성경에 그 원리가 있습니까? 대답은 'yes!'입니다.

정답은 분명합니다. **'하나님처럼'**입니다. 다시 성경으로 돌아갑니다. **우리의 형상을 따라…… 우리의 모양대로…… 하나님의 세 품위가 코이노니아를 이루되 하나되어 완벽하게 유기적인 사랑의 관계를 가지는 것처럼, 그렇게 관계하라는 것입니다.** 사랑으로만 관계하라는 것입니다. 쉽게 말하면 '나는 너고, 너는 나이니 무얼 구분하리요!'입니다. '네 이웃을 네 몸과 같이 사랑하라'는 예수님의 말씀이 그 말씀입니다. 신약에 와서야 하신 말씀이 아닙니다. 사랑이라는 계명, 갑자기 생긴 계명이 아닙니다.

왜 사랑이 계명이어야 합니까? 하나님의 여러 속성 중 왜 사랑입니까? 믿음 소망 사랑 중 왜 사랑입니까? 사랑은 하나님의 존재론적 관계성을 설명하는 절대원리이기 때문입니다. **사랑의 계명, 법칙입니다. 사회법칙입니다.** 옛부터 있어온 법칙입니다. 창 12장 이후 이스라엘 사람에게만 주신 계명이 아닙니다. 신약시대에 나타난 계명이 아닙니다. 오늘을 살고 있는 한국사람, 중국사람, 일본사람, 미국사람, 남미사람, 인도사람……모든 인류가 아담 안에서 창조주 하나님으로부터 똑같이 받은 계명입니다. 인류 모두가 한 사람 아담 안에 있을 때, 그 첫 사람 속에 두셨던 법칙입니다. **창조원리**였습니다.

여럿이 있어도 사실은 '하나'라는 개념, '우리'라는 개념입니다. 단일복수개념입니다. '사랑'으로만 유지되는 관계입니다. '남을 나처럼 여긴다. 이웃을 내 몸처럼 사랑한다.' 이런 말은 액자로 만들어 벽에만 붙여놓을 말씀이 아닙니다. **인간의 근본 존재원리입니다. 벽에서 내려와야 합니다. 그것이 왕 노릇해야 합니다.** 하나님이 온 세상 전 인류를 사랑하신다는 당위성이 여기에 있습니다. **선교의 뿌리가 닿아 있는 진원지입니다.**

그래서 성경의 역사는 이스라엘이라는 한 국가의 출현에 초점을 맞추지만, 그렇게 하는 이유는 이스라엘 때문이 아닙니다. 선민사상이 아닙니다. 그 국가에 초점을 두는 이유는 전 세계 열방을 향하기 위해서 준비하는 것뿐입니다. 이것이 바로 '4과 세계사 속에 내 나라 이스라엘을 세우겠다!'와 같은 제목으로 세계사를 설정한 이후 이스라엘 역사가 흘러가게 될 수밖에 없는 당위성을 낳는 이유입니다.

우리는 인간을 대상으로 하는 학문을 **사회과학**이라 부른다고 했습니다. 그렇다면 여기서 한 가지 힌트를 찾을 수 있습니다. 사회과학의 **근간은 사랑이어야만 한다**는 것입니다. 그러므로 사회과학이라는 단어는 **사랑과학**이라 해도 될 것 같습니다. 그렇습니다. 이 원리를 오늘날 모든 사회과학에 적용해 보십시오. 사랑이 열쇠입니다. 어떤 사회가 참 하나님이신 창조주 하나님의 존재를 모르고 산다 해도, 자기들도 모르는 사이에 이 원리 안에서 살아가는 것입니다. 아무리 무신론자라 해도 이 세상은 하나님이 내신 사랑의 법칙이 정도(正道)라는 사실을 증명해 내는 삶을 살고 있습니다.

사실 '자연과학'이라는 말은 성경적이지 않습니다. '자연(自然)'이란 스스로 자, 그러할 연이라는 말입니다. 창조자를 인정하지 않는 용어입니다. 그러나 사회과학이라는 단어를 일반 학문 용어로 채택한 것은 매우 성경적인 것 같습니다. 인간이 사회적이라는 개념은 이와 같이 성경에서 그 해답을 찾을 수 있기 때문입니다. **절대진리가 없다고 말하는 포스트모더니즘의 가치관은 틀린 것입니다.** 인간 존재를 규명하는 엄숙한 창조 현장에서 분명히 선포하시는 이런 사회과학 원리, 법칙입니다. 그래서 그렇게들 사랑, 사랑하는 것입니다.

하나님에게서 출발된 사랑입니다. 성경이 말하는 하나님 말입니다. 사람의 기원을 말하고 있는 성경의 하나님 말입니다. 창조의 클라이맥스인 사람의 창조 안에 이런 신비한 사회과학 원리를 DNA 유전정보처럼 차곡차곡 놓아두신 여호와 하나님 말입니다. **하나님은 우리가 그것을 해독해 내기를 원하십니다. 그래서 기록으로 남기신 것입니다. 이것이 바로 우리가 지금 읽으려고 하는 성경입니다.**

성경이 말하는 사회과학 법칙 6
정복하라 → 창조 사역, 문화 사역을 하며 살아라 (창 1:28, 2:15)

인간이 사랑만 하고 앉아 있으면 되겠습니까? 사람과의 관계는 사랑으로 유지하되, 인간은 **할**

일이 있는 존재라는 것입니다. **사명**입니다. '맛있는 것을 먹는 일'만 일이라면 인간이 얼마나 무의미하겠습니까? 얼마나 한심한 일입니까? 인간은 하나님의 형상대로 살아야 하는 존재입니다. 우리가 지금 본문으로 쓰고 있는 부분에서 하나님은 무얼 하고 계십니까? 그렇습니다. **창조하시는 중입니다.** 우주, 물리, 화학, 생물, 지질, 유전공학 등 우리가 현재 알아낸 것이 티끌만큼밖에 안 되는데 하나님이 만드신 모든 피조세계는 얼마나 어마어마합니까? 이 창조하신 물질세계만 다 알아내려고 해도(영적인 것은 고사하고라도) 무한대입니다. 그 분이 하신 일입니다.

우리 인간은 그 분의 형상대로 창조되었고 또 그 분처럼 살아야 하는 존재입니다. **그러므로 우리도 창조하는 일을 해야 합니다. 창조 사역, 우리의 할 일입니다. 인간의 사명입니다.** 이미 만들어 놓으신 피조세계를 잘 관찰해서 법칙들을 찾아내야 합니다. 정말 말 그대로 인간은 그 창조 비밀 중 모래알맹이만큼은 찾아냈습니다. 그런데 그 도구가 무엇인지 아십니까? 인간의 **이성**(理性)이었습니다.

인류역사는 '계몽주의'라는 철학사상을 낳았습니다. 인간이 신앙에 묶여서 인간 본래의 모습을 찾지 못하고 있으니 인간의 이성을 풀어주어 해방시켜야 한다는 것이었습니다. **진리를 깨닫는 도구도 이성**이라는 것입니다. **이성의 합리화 작용만 유일한 가치**라는 것입니다. 이 사상은 오늘날 **과학의 발전과 함께 하나님을 대적하는 영역**으로 기세를 떨치고 있습니다. **진화론**이 그렇습니다. **과학만능주의**가 그렇습니다.

그런데 사실 이것이 얼마나 오해입니까? **인간의 이성**(理性)**은 하나님께로부터 온 것입니다.** 이 이성은 하나님이 창조해 놓으신 만물을 예리하게 파헤치고 그 비밀과 법칙들을 찾아낼 때 쓰라고 주신 선물입니다. 하나님의 형상입니다. 창조 사역을 하면서 즐기라는 것입니다. 그러면서 결국은 그 하나님을 알아가라는 것입니다. 알아갈 때마다 '하나님을 영광' 하며 즐거워하라는 것입니다. 그러면 인간도 아주 행복할 것이라는 말입니다. 그러면 그곳이 에덴이라는 것입니다. 하나님의 영광을 만물 가운데서 발견해 내고 엔조이하라는 것입니다. 그를 즐거워하라는 것입니다. **이성과 과학은 절대로 하나님을 대적하는 영역이 아닙니다.** 주신 이성을 가지고 만드신 만물의 원리를 발견해 내야 만물을 정복하지요. 이성은 이렇게 하나님을 드러내는 데 꼭 필요한 도구입니다. **창조 사역은 이성과 과학을 주신 하나님의 명령이었습니다. 인간의 사명이었습니다. 정복하라고 말입니다.** 법칙과 원리를 알아내서 **정복**하라고 말입니다.

그래서 인간은 문명화되어 왔습니다. 도구를 만들어냈습니다. 배, 비행기도 만들고, 철광석에서 자동차를, 석탄, 물, 공기를 재료로 나일론을, 우유를 짜내서 치즈를, 콩으로 두부를 만들어냈습니다. 누에고치에서 실을 뽑아 실크 옷을 만들었습니다. 눈에는 보이지 않는데 전기의 원리도 찾아냈습니다. 인공지능을 닮은 컴퓨터도 만들어냈습니다. 하나님이 창조하신 물질을 가지고 그 분처럼 계속해서 무엇이든 창조해 내며 문명화했습니다. **창조공학입니다. 정복**해 온 것입니다. **정복하라는 명령, 마땅한 것이었습니다.**

그런데 이런 일을 해 나갈 때 반드시 조직적으로 해야 함을 가르쳐 주신 것이 일곱 번째 법칙입니다. **다스림, 관리입니다. 매니지먼트입니다.**

성경이 말하는 사회과학 법칙 7

다스리라 — 매니지해야 된다. 정치 시스템

지금 우리가 얘기하고 있는 핵심을 놓쳐서는 안 됩니다. 아담 하나의 형상만으로(독처)는 하나님의 그 무궁한 속성을 다 드러낼 수 없다는 하나님의 아이디어를 붙잡고 있습니다. 공동체를 지향하시는 하나님의 시각입니다. 하나이지만 또 인류 전체인 유기적인 공동체를 보시는 시각입니다. 사람 각각에 독특한 탤런트와 사명을 두서서 이 창조 사역을 하게 하십니다. 혼자는 다 못하므로 함께 해 내라는 것입니다. 여럿이 사니까 사랑으로 관계하면서 말입니다.

오케스트라가 각자의 악기로 연주해도 하나이듯이, 퍼즐이 각각 달라도 결국은 하나이듯이, 눈 코 입이 각각이어도 결국은 한 몸을 이루듯이, 그리고 피, 뼈, 심장, 간 등도 각각인 것 같아도 그 속으로 들어가 보면 100조 개나 되는 세포가 유기적으로 서로 관계되어 있듯이, 그렇게 살아가는 공동체입니다. 사람의 몸도 100조 개의 다양한 세포가 어우러져서 한 몸을 이루는데 하물며 하나님의 그 풍성함을 영광하기 위해서는 얼마나 유기적으로 하나가 되어야겠습니까?

오고가는 인류 한 사람이 모두 각각 독특한 역할을 하며 전체가 하나가 되어 하나님을 즐기고 하나님의 영광스러운 품성을 드러내기 원하셨다는 것입니다. **이것이 하나님의 공동체입니다. 하나님 나라입니다.**

사람마다 독특한 정체성을 가지면서도 그 한 사람 한 사람이 어우러져서 기가 막힌 하나님의 속성을 반사(영광)해 내면서 하나님의 통치를 받으며 사는 그런 공동체를 지향하신 것입니다. 창조하실 때부터 이것이 하나님의 나라였고, 사람이 타락해서 하나님을 떠난 공동체가 되어 간다 해도 하나님은 이 하나님의 나라를 결단코 완성하십니다. 하나님의 나라입니다.

하나님의 매니지먼트입니다. 하나님은 그렇게 다스리는 분이심을 증명하는 말입니다. 너도 다스려라, 매니지해라. 공동체를 유지하려면 **매니지먼트의 원리**가 있어야 한다는 하나님의 생각입니다. **다스리라**는 것입니다.

사람이 다스려야 할 대상은 둘입니다. 하나는 **다른 피조물들**이고 또 하나는 **사람**입니다.
첫째, 왜 다른 피조물을 다스려야 합니까? 하나님이 만드신 다른 피조세계가 잘 유지되도록 보호해야 할 책임이 인간에게 있기 때문입니다. 관리하고 보호하려면 그 대상물을 알아야만 합니다. **본질을 알아야만** 합니다. 만물의 속성을 터득해야 합니다. 그러고는 앞선 사람들이 해 놓은 것을 이어받아 계속 발전시켜 나가야 합니다. 미션입니다. 그래서 사람은 공부를 해야 하는 것입니다. 앞선 사람들이 해 놓은 것을 기본으로 발전시켜 나가야 하기 때문입니다. 그래서 사람에게는 **교육**이라는 틀이 필요하게 된 것입니다. 인류가 그동안 발견하고 창조해 낸 것들을 계속 유지하고 발전시켜야 하니까요. 그래서 지적 권리를 주장하기도 하고 보호하기도 합니다. 조직적으로 하는 것입니다. 하나님이 만드신 것을 잘 쓰기 위해서입니다.

이렇게 피조물 가운데 최고 통치자는 아담이라는 사실을 규명하시면서 실제로 그것을 확증하게 한 것이 아담으로 하여금 **이름을 짓게 한 것**이었습니다. 각 생물들의 본질을 파악해야만 이름을 지어줄 수 있습니다. 이름을 지어주면 **그 사람에게는 권리**가 생깁니다. copyright입니다. 특허권리도 생기고, 인세도 받습니다. 이렇게 열심히 파낸 사람이 권리가 생기면 거기서 밥이 나옵니다. 직업입니다. 여기에 경제 원리도 있습니다.

그렇기 때문에 그 본질을 파악한 사람의 이름을 붙여 남이 건드리지 못하게 하는 것입니다. 본래 하나님 것이지만…… 오늘날도 위대한 과학자가 무엇인가를 발견해 내면 그 사람의 이름을 붙여 설명합니다. 뉴턴의 만유인력 법칙도 하나님이 만드셨지만 그 원리를 발견해 낸 뉴턴의 이름을 붙입니다. 만유인력의 본질을 파악하고, 본질을 규명했기 때문입니다. 본질을 알았으므로 이제 그 사람은 그것을 다스릴 권리가 있다는 것입니다. 본질을 모르면 다스리지 못합니다. **아담은, 그리고 그 후손들은 계속 만물을 다스려 나가라**는 것입니다. **경영**입니다.

둘째, 그런데 사람과 사람 사이는 어떻게 해야 합니까? 사람끼리는 어떻게 다스려야 합니까? 누가 다스려야 합니까? **정치**라는 개념이 등장합니다. 정치는 꼭 필요합니다. 그렇다면 정치개념은 언제부터 출발합니까? 둘이 되면 필요합니다. 누군가가 해야 합니다. **질서를 유지하기 위해서입니다.** 그런데 사람끼리 아무나 무대포로 다스리게 하셨다면 얼마나 혼란스럽겠습니까? 법칙이 있어야 하지 않을까요? 다스릴 권리가 있는 자가 해야 합니다. 맞습니다. **주권자가 있어야** 합니다.

그러면 하나님이 그것도 분명히 하셨습니까? 그렇습니다. 본질을 규명하는 행위는 이름을 짓는 일로 나타난다고 했습니다. 역시 아담의 사역에서 계속 찾아낼 수 있습니다. **하나님은 아담 속에서 하와를 꺼내신 후 이 이름 짓는 사역을 마무리하게 하십니다**(창 2:18-25). 아담은 '내 뼈 중의 뼈요, 살 중의 살이라'고 고백함으로써 그 본질을 알아냈습니다. **하와는 곧 자기 자신이라**는 것입니다. 얼마나 위대한 고백입니까? 그리고 '이쉬'에게서 취하였은즉 '이샤'라 칭하리라(20-23절)고 이름을 줍니다.

이제야 아담이 **사물의 본질을 파악하고 이름 짓는 일을 마친 것입니다.** 사역을 마무리합니다. 아담은 창조되고 나서 많은 일을 했습니다. 이 일을 통과한 이후 하나님은 아담에게 통치권을 이양하셨습니다. 하나님이 지으신 만물을 **통치하는 존재로 임명**하신 것입니다. **대리통치자입니다.** 이제 가정이라는 공동체로 발전해 나가기 시작하는 초입에 하나님은 **남자를 가장으로 세우셨습니다. 잘 통치하라는 것입니다. 잘 다스리라는 것입니다.** 그렇다면 하와는 아담에 비해 열등할까요? 요즈음 여성신학의 이슈처럼 하나님은 남성우월주의자일까요? 성경이 말하는 여자는 저등한 존재일까요? 남자 머릿수만 세는 성경은 성차별의 선봉자인가요?

▌성경이 말하는 사회과학 법칙 8
아담의 통치권리는 사랑으로만 다스리는 권리이다 (창 2:23)

여기서 한 가지 꼭 짚고 넘어가야 할 것이 있습니다. **'다스린다, 통치한다'**라는 말에 대한 오해입니다. 우리는 그동안 역사 속에서 또 우리 삶의 실제 경험 속에서, 그 누구든 **'통치권을 가진 사람'**의 행세를 보아왔습니다. '통치자'하면 얼른 '폭군', '자기 배를 위하는 사람' '힘으로 약한 사람을 누르는 사람' 등과 같은 이미지가 떠오릅니다. '다스리는 자!'했을 때, '아! 나를 사랑하는 자!', '자기 목숨을 버릴지라도 나를 보호할 자!' '힘과 능력을 가진 이유는 오직 나를 사랑으로 보호하기 위해서야!……' 라는 이미지는 거의 떠오르지 않습니다. 만약 이런 식의 얘기가 있다면 당장 드라마감입니다. 영화로 만듭니다. 그 '**힘 있는 다스리는자!**', 그는 **영웅입니다.**

그런데 바로 이것이 오해입니다. 이게 영화의 주인공이 되면 안 됩니다. 모든 **다스리는 자**는 '**그 다스림받는 자를 위해 목숨을 내 놓는 사랑으로 다스려야 한다**'고 성경은 말합니다. **이것이 사람끼리 다스리는 사회법칙이어야 합니다.** 이것이 무슨 원리입니까? **정치입니다.** 이것만이 다스리는 자의 근본 원리여야 합니다. 인간 사회가 유지되려면 정치가 필요한데 다스리는 자는 반드시 이렇게 하라는 것입니다. 섬기라는 것입니다.

하나님은 인간에게 왜 이런 요구를 하실까요? **하나님이 그렇게 하시기 때문입니다.** 주(主), 즉 통치권자지만 섬김으로 다스리십니다(요 13:14). 나처럼 하라는 것입니다. **나를 반영하는 존재 아니냐는 것입니다.** 나를 영광해야 하는 존재가 인간이 아니냐는 것입니다. 그러니 작은 사회든, 큰 사회든 사람을 매니지해야 될 때는 자기 목숨을 줄 만한 사랑을 지불하는 사람이 그 **통치 권리**를 가질 수 있다는 말입니다. 하나님의 대리통치자로서 하나님이 하시는 방식대로 해야 한다는 말입니다. 하나님도 아담을 그렇게 통치하시기 때문입니다. **하나님의 통치방식이 사랑이기 때문입니다.**

인간에게 통치개념이 필요합니까? 누군가 통치하려면 자기 목숨을 줄 만한 사랑을 가지고 해야 합니다. 아담을 창조한 하나님도 아담을 사랑으로 통치하시니 사람들 사이에서도 그렇게 해야 합니다. **사랑으로 통치하는 왕**이시라는 말입니다.

그렇습니다. 하나님 앞에서 하와는 아담에 비해 결코 차등한 존재가 아닙니다. 다만 아담은 하나님의 대리통치자로 질서상 세워진 **하나님을 대표하는 사람일 뿐입니다.** 이 권리가 얼마나 무서운 권리인 줄 알아야 합니다. 그것도 모르고 남편들이 다만 우월한 줄 알고 엉뚱한 권리를 주장할 일이 아닙니다. 위험한 일입니다. 흔히 아버지 학교에서 제창하는 '주님, 제가 아버지입니다!', 이 말은 쉽게 할 말이 아닙니다. 하나님이 아담을 사랑으로 다스리듯이 아담도 하와를, 그리고 가정을 하나님처럼 사랑해야 하는 부담을 안고 선언하는 말입니다.

그러니, '아내들이여, 자기 남편에게 복종하기를 주께 하듯 하라(엡 5:22)'는 말씀을 여자들이

기분 나빠 할 일이 아닙니다. **남성 우월 사상이 아니기 때문입니다.** 남편은 하나님이 아담을 대하듯 사랑으로 다스리는 것을 전제로 합니다. 영화에 나오는 그 영웅입니다. **이 사랑의 통치 앞에 여자가 할 수 있는 태도는 한 가지뿐입니다. 받아들이는 것입니다.** 그 사랑을 수용하고 **복종**해야 합니다. 거절할 이유가 없습니다.

이런 사랑으로 **가정**을 유지해야 합니다. 식구가 많아져도 이 사랑으로 다스려야 합니다. 역사가 흘러 인류 공동체로 발전해 나가도 사랑으로 다스려야 합니다. 필요에 따라 질서를 위해 다스려야 할 존재가 필요하다면 그는 반드시 '**사랑으로 통치해야 합니다.**' 하나님이 그렇게 하시는 것처럼 말입니다. 이것이 **성경이 말하는 사회법칙**입니다.

아무리 역사가 흘러가도, 아무리 과학이 발전해도 만고불변의 인간 사회법칙이요, **통치원리**입니다. 우리가 늘 들었던 '생육하고 번성하고 땅에 충만하여, 정복하고 다스리라'는 간단한 성경 말씀 속에 이런 엄청난 사회과학 진리들이 차곡차곡 접혀있습니다. 사회과학 유전정보입니다. 사회과학 법칙의 DNA입니다.

이 원리를 시경과 서경에서는 천명사상(왕권신수 사상)에 근거한 '성왕(聖王)', '철왕(哲王)'이라는 개념으로 설명합니다. 이런 왕들은 그야말로 '수신제가 천하통일(修身諸家 天下統一)'을 하는 성왕이요, 철왕이라는 것입니다. 이런 자라야 사람을 다스릴 자격이 있다는 것이지요. 그러나 춘추전국 시대로 들어오면서 힘의 논리로 패자들이 등장하게 되자, 공자는 옛날 요, 순, 문, 무 시대와 같은 사회로 되돌아가서 인간다운 사회를 건설하자고 외쳤습니다. 맹자는 이런 이상적인 정치 시스템을 **왕도정치**라고 명명했습니다. 그리고 힘으로 통치하는 군주들을 패도라고 불렀습니다. **패도정치**라고 했습니다. 이런 정치 형태를 최초로 꿈 꾼 사람이 바로 가인입니다. 창세기 시작 부분은 이렇게 그 이후의 모든 인류 일반역사의 성격을 배태(胚胎)하고 있습니다.

유교라는 이름으로 오늘날까지도 받아들여지고 있는 이 인간 사회법칙의 원리는, 사실 창세기 앞부분에서 분명한 하나님의 법칙으로 이미 명시하던 하나님의 법칙을 비슷하게 깨달은 원리입니다. 맹자나 공자가 후에 이 원리를 발견했을 뿐입니다. 구원을 얻는 진리를 완벽하게 깨닫지는 못했어도 맹자나 공자는 하나님의 일반은총의 영역에서 찾아낸 것입니다. 부분적인 진리를 발견한 것입니다.

성경은 이와 같이 정말 위대한 하나님의 말씀입니다. 우리의 생명입니다. 우리를 유지하게 하는 위대한 생명입니다. 하나님이 하시는 말씀은 곧 생명인 줄 알아야 합니다. 우리를 창조하신 하나님이 오고가는 인류가 공통적으로 꼬~옥 알아야 되겠기에 기록하신 '하시고 싶으신 말씀'이라고 생각해야 합니다. 그냥 책이 아닙니다. **그 말씀으로 통치를 받아야 하는 그의 백성이라는 사실을 전제해야 성경이 읽어집니다.**

지금 우리에게나 아담에게나 모두 적용되는 똑같은 원리가 바로 성경의 내용입니다. 아담 첫 사람은 성경책은 없었으나 이런 위대한 내용이 성경에 있는 것으로 보아 그 내용이 아담에게 전해졌던 것이 분명하고, 그 내용이 구전으로 흘러 모세 시대에 와서는 성문화되어 기록된 말씀으로 남게 되었을 것입니다.

그렇습니다. **아담은 왕이었습니다.** 이 모든 내용을 섭렵해야 한다는 것은 요즘식으로 말하면 '아담은 ph. D 논문을 쓸 만큼의 컨텐츠를 깨달아야 하는 왕' 이었습니다. 아담은 자연과학, 인문 사회과학을 섭렵하는 왕으로 출발합니다.

 Day 1, '그렇지만 진짜 왕은 나다!(선악과)' 안으로 들어가기 위한 워밍업

성경이 말하는 사회과학 법칙 9

선악과를 두심 → 왕은 나다! 내가 너를 다스린다. 창조주니까 (창 2:16-17)

아무리 아담이 왕이라 해도 진짜 왕은 하나님이십니다. 하나님으로부터 나온 이런 사회과학 법칙을 깨달았다 해도 아담은 하나님의 **통치**를 받아야 하는 존재론적 위치에 있습니다. 하나님은 이 사실을 **증거물을 두어서라도 규명**하고 싶으셨습니다. 그래야 아담이 행복하기 때문입니다. 창조주 하나님의 사랑의 통치 아래 있어야만 아담이라는 존재가 생명을 유지할 수 있기 때문에 하나님은 그 사실을 아담에게 꼭 교육하고 싶으셨습니다. **'그렇지만 아담아 진짜 왕은 나다! 내가 네 왕이다! 나는 왕이다! 너는 나의 다스림을 받아야 한다!'** 이 말씀을 꼭 하고 싶으셨던 것입니다. **얼마나 중요하면 계약까지 하자고 하셨겠습니까? 영수증**을 받아놓으신 것입니다. 사인까지 해서 늘 잘 보이는 곳에 두셨습니다. 그것이 **선악과**입니다.

하나님은 이 사실을 아담과 더불어 **공증**하고 싶으셨습니다. 하나님의 지혜입니다. 그 증거물로 제시된 영수증이 선악과나무였습니다.

사람은 하나님을 형상화한 존재입니다. '우리의 형상을 따라……우리가 사람을 만들고(창 1:26)'라는 말씀이 그 말씀이라고 했습니다. 사람 이외의 어떤 것으로도 하나님은 당신을 형상화하지 않으셨습니다. 그렇기 때문에 **사람이 사람으로서 제자리에 있지 않으면 사람은 곧, 신(神)으로 변신해 버릴 수 있는 위대한 존재입니다. 하나님의 형상이기 때문입니다.** 굉장히 조심스러운 말입니다. 즉 인간 위에 자기를 창조하신 존재가 계신다는 이 중요한 사실을 거부하면, 그 즉시 자동적으로 인간은 하나님 자리에 앉게 되는 셈입니다.

하나님이 만드신 산소와 물을 마셔야만 살면서도, 하나님이 만드신 쌀과 생선을 먹으면서도, 하나님이 없다고 말하는 것입니다. 그래야 맘대로 살 수 있기 때문입니다. **통치를 받지 않아도 된다고 생각하게 됩니다.** 참치를 만들지 않았는데도 참치를 먹게 되면 고마운 줄 알아야 하는데, 돈을 내고 먹으면 그만이라고 생각하는 겁니다. 돈으로 사면 자기 것입니까? 그렇지 않습니다. 그래서 하나님은 먹을 때마다 그 생각이 나라고 먹는 것 가지고 물증을 삼으셨습니다.

사람은 **하나님의 형상**이기 때문에 이 물증을 볼 때마다 그것을 상기시켜 주고 싶으셨습니다. 하나님은 창조주와 피조물 간의 존재론적 서열을 분명히 하고서 **관계를 시작하셔야만 했습니다. 그것이 선악과를 매개로 한 계약이었습니다. 사람에게는 안전장치였습니다.**

사람은 선악과를 볼 때마다 '**하나님이 하신 말씀**'을 기억해야 했습니다. **말씀이 생명이었습니다.** 첫 사람 아담은 선악과 계약으로 하나님과 커뮤니케이션을 한 것입니다. 하나님은 '**말씀하심**'이란 방법으로 사람과 교제하신 것입니다. 아직 하와를 만드시기도 전에 먼저 창조자와 '말씀'으로 관계하는 코이노니아를 배우게 하신 것입니다. 아담은 하와에 대해, 그리고 그 자식에 대해 **선지자적인 영적인 대표자**로 서 있는 것입니다. 아담은 하나님의 말씀을 놓고 그 분과 커뮤니케이션을 하되 그 결과 하나님이 아담의 주권자임을 인정하게 하신 것입니다. 그러고 나서 가족들의 영적인 책임이 있는 권리자로 아담을 임명하신 것입니다.

하나님이 첫 사람 아담에게 가르치신 것은 이와 같이 두 가지 관계입니다. 하나님과 사람 사이입니다. 두 가지 사회법칙입니다. **위로는 '마음을 다하고 성품을 다하고 힘을 다하여 네 하나님 여호와를 사랑하는 것(십계명 중 1-4계명)'**이고, **옆으로는 '사람을 사랑(십계명 중 5-10계명)하라는**

법'이었습니다. 그리고 신약에 와서도 똑같이 말씀하십니다. '네 마음을 다하고 목숨을 다하고 뜻을 다하여 주 너의 하나님을 사랑하라 하셨으니 이것이 크고 첫째 되는 계명이요 둘째도 그와 같으니 네 이웃을 네 자신과 같이 사랑하라 하셨으니 이 두 계명이 온 율법과 선지자의 강령이니라(마 22:37-40)'고 하셨습니다.

아담은 이 사실을 알고, 하나님의 대리통치자로 다스려 나가야 할 책임이 있는 왕이었습니다.

2과, 아담, ph. D 논문으로 왕 되다!
3과, 그렇지만 진짜 왕은 나다!

지금까지 우리는 이 두 과를 생각해 본 것입니다. 이제 드디어 본문으로 들어갈 수 있습니다!

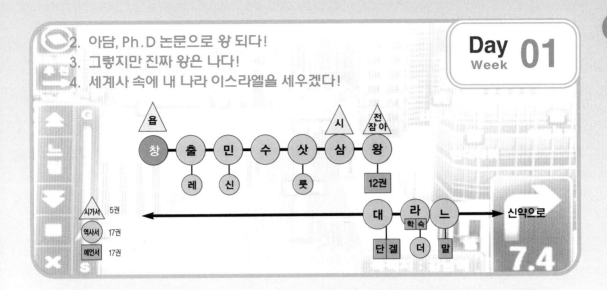

Day Week **01**

2. 아담, Ph.D 논문으로 왕 되다!
3. 그렇지만 진짜 왕은 나다!
4. 세계사 속에 내 나라 이스라엘을 세우겠다!

창 1-19장

OVERVIEW

인류 일반역사인 창 1-11장을 읽습니다. 그리고 그 이후 이스라엘 국사가 시작되는 창 12장으로 넘어갑니다. 아브라함을 불러내신 이후 소돔과 고모라 사건까지 읽습니다.

창. 세. 기.

성경은 이스라엘 역사로 시작하지 않습니다. 인류발생의 근거가 되는 물리적, 생물적 환경부터 의식하고 있습니다. 빅뱅을 일으킨 덩어리가 저절로 있었고(자존했고), 폭발했고, 거기서부터 생명체가 자연발생하여 사람으로까지 진화되었다고 말하지 않습니다.

하나님이 자존하셨고, 우주만물을 디자인하셔서 만들어내셨다고 말합니다. 그 이후 인류가 번성해 가며 어떤 역사를 창출해 내는지 정확하게 정보를 제시합니다.

자연과학과 인문사회과학을 또렷이 의식하며 서술해 내려가고 있습니다.

창조 시대 X파일입니다.

굳이 안 밝혀도 되셨을 텐데 밝히기를 기뻐하셨습니다. 하나님은 오고 오는 인류를 바라보시고 열어 보여주고 싶으셨습니다. 때가 되자 모세를 성문(成文) 기록자로 사용하십니다. BC 1500년 시대의 용어와 문법과 과학과 철학 등의 환경이 비록 미흡했어도 사용하십니다. 오고 오는 인류가 찾아낼 자연과학, 사회과학 원리로 역추적할 수 있도록 정확한 파일로 정리해 놓으셨습니다. 당신이 창조주라는 사실을 밝히고 싶으셨던 것입니다. 대상은 전 세계 모든 인류입니다.

이렇게 시작하는 창세기는 두 부분으로 나누어져 있습니다. **인류 일반역사(세계사)**와 **히브리민족의 국사**입니다. 인류 일반역사는 창세기 1-11장으로, 메소포타미아 문명 발생까지입니다. 이스라엘 나라 이야기는 12-50장까지 이어집니다. 아브라함, 이삭, 야곱으로 이어지는 한 가문의 이야기지요.

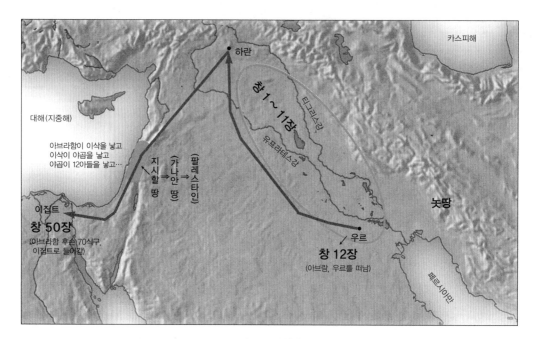

창세기 지도

창 1-11장　인류 일반역사, 메소포타미아 문명의 뿌리

인류 일반역사 부분입니다. 우리 생터성경일독학교에서는 '일.일.일' (창 1-11장)이라고 특별히 지칭했던 부분입니다. 생장점 포인트가 가장 많은 부분이지요. 창조, 선악과, 가인과 아벨, 5장의 족보, 노아 홍수, 노아의 족보, 바벨탑 사건, 니므롯의 나라…… 이런 굵직굵직한 주제들이 성경의 DNA처럼 배열되어 있는 곳입니다. 성경 전체 중에서 가장 중요한 부분입니다. 11장밖에 안 되지만 강의할 때 구약 전체의 2/5 정도의 시간을 배당했던 것 생각나시죠? 그만큼 많이 곱씹으며 읽어야 할 부분입니다. 찬찬히 아래 성경읽기표 주제를 따라 읽어봅시다.

창 1:1-25

이과과목으로 시작되는 성경 ▷ 자연과학(自然科學) 창조

참 이상한 게 있다. 성경은 이과(理科)과목으로 시작된다는 사실이다. 천문학, 지구과학, 물리학, 생물학 같은 주제로 시작된다. 성경이 이런 주제로 문을 연다는 것은 사실 굉장히 뜻밖이다. 왜냐하면 성경이니까 영혼, 예배, 구원, 뭐 이런 주제로 이야기를 시작할 것 같은 생각이 들기 때문이다. 하나님께서도 그렇게 시작하고 싶으셨을 것 같다. 그런데 아니다. 이런 표현이 어떨지 모르지만 하나님은 물질적인 하나님이라는 말이다. 당장 사람이 필요로 하는 것을 챙겨주는 그런 분이시다.

☞ *위의 설명을 먼저 읽고 나서 창1:1-25을 읽으세요. 이하 동문~.*

창 1:26-3:24

창조의 목적은 사람이었다 ▷ 사회과학 원리도 시작되네!

창조, 목적이 뭐냐는 것이다. 첫째 날부터 여섯 째 날까지 왜 그런 창조 행위를 하셨는지 드디어 그 이유를 공개한다. 사람 때문이었다. 사람! 그렇다. 사람이 목적이었다. 인문사회과학(人文社會 科學)이 발생한 것이다.

사람의 존재 의의, 신인(神人)관계-종교발생, 인인(人人)관계-가정발생 원리가 무엇인지 누설(?)하신다. 성경에 기록해 주지 않으셨다면 인간은 표류할 뻔했다.

에덴은 사회가 시작된 장소다. 에덴에서 시작된 사회의 근본원리는 간단했다. **'하나님은 왕이**

시다!' 선악과로 딱 시작하셨다. 그가 사랑으로 통치하는 창조주 왕이심을 인정하는 것이 '생명'이다. 아니면 '죽음'이다.

그런데 사람은 그의 왕권을 거부했다. 죄의 발생이다. 사람이 왕이며, 사람이 신이 되겠다는 심산이다. 그 결과 앞으로 흘러갈 역사의 성격이 무엇일지 성경은 이미 알고 있다. 불로장생(不老長生), 이성주의(理性主義), 범신론(汎神論), 도덕주의(道德主義) 등 앞으로 인류역사 속에서 발생할 문명의 컨텐츠를 미리 폭로한다. 성경이!

> 원초물질이 자존해서 시작된 우주가 아니다.
> 하나님이 자존하셔서 우주를 창조하셨다.
> 그런데 그 하나님은 이 사실을 우리에게 이렇게 계시(비밀 폭로)하셨다.
> 말씀해 주지 않으셨다면 죽어도 모를 뻔했는데……
> 이 계시의 완성이 성경이다

창 4-5장

두 역사의 성격 ▷ 가인 계열, 셋 계열 발생

'선악과'(하나님은 왕이시다)를 놓고 쫙~ 갈라졌다. 하나님이 왕이시냐? 힘센 사람(인간)이 왕이냐?

성경은 역사의 성격을 이렇게 둘로 규정한다. 다른 말로 하면 성경은 '누가 왕이냐?' 왕 싸움 이야기라고 해도 과언이 아닐 것이다. 왕사(王史)!? 그렇다. 왕의 역사다. 세계사다.

그러므로 메소포타미아에서 출현된 문명은 두 모형이다. 힘으로 통치되는 공동체와 하나님이 다스리는 공동체! 이 두 모델은 가인과 셋이 각각 대표가 된다. 가인 스타일의 공동체는 점점 무력이 증강되며 흘러간다. 무력으로 유지되는 사회이다. 한편 아벨 대신 셋을 주셔서 하나님의 왕권도 흘러간다. '하나님은 왕'이라고 인정하는 사람들이 얼마나 왕성했는지 창 5장에 기록된 예배공동체의 규모를 보면 알 수 있다. 족보로 기록할 정도가 되었다. 이 족보야말로 아담으로부터 시작되는 정통 세계사다. 아담은 셋을 낳았다고 성경이 공식기록하기 때문이다.

창 6-9장

노아 홍수 ▷ 왕은 나다! 심판하시나 구원하신다

셋 계열은 어떤 사명이 있었나? 무얼하며 살아야 했나? '하나님의 왕 되심'을 가인 계열 사람들에게 전파하고 증거하는 것이었다. 그런데 오히려 섞여버렸다. 그러자 심판이 왔다. 노아 홍수다.

초기 인류는 특별한 지구환경 조건에서 장수하며 살았다. 처음 창조하셨을 때는 지금과는 다른 환경임에 틀림없다. 그런데 그만 그 특별한 환경이 망가졌다. 궁창 위의 물 층은 찢어져 쏟아졌고(하늘의 창이 열리고) 화산폭발(깊음의 샘들이 터짐)로 지구는 깨어져 나갔다(창 7:11). 핵겨울 현상처럼 빙하기가 찾아왔다. 북극이나 남극이나 적도나 똑같은 아열대성 기후에서 살아가던 창조 시대 생명체들은 이때 멸절되었거나 얼음에 묻혀버렸다. 인간의 수명은 짧아졌고 지구환경은 급격히 전락한다.

예배공동체가 가인 계열에게 하나님의 왕권을 증거하지 않고 그들과 섞였을 때 찾아온 심판이다. 노아 홍수는 **종말론적 심판의 전형**이다. 그러나 **심판 중에도 남은 자가 있었으니 은혜로 말미암아 '구원'을 받은 사람, 노아였다.**

창 10-11장

가인 계열은 바벨론 제국으로, 셋 계열은 이스라엘로 이어지다

아담으로 시작된 초기 인류가 망했다. 하나님은 다시 시작하신다. **노아**가 그 **씨**다. 마치 **아담**이 **씨**였던 것처럼 말이다. 현재 존재하는 인류 혈통을 거슬러 올라가 보면 이 세 아들을 통해 노아에게 귀결된다.

5장 이후 등장하는 노아의 족보는 찾아내고 싶은 두 사람이 있다. 역시 두 계열이다. 하나님을 왕으로 인정하지 않는 힘 있는 자 니므롯과 하나님을 왕으로 인정하고 순종하는 자 아브라함이다. **두 제국의 모델이 여기서 다시 발생한다. 바벨론 제국과 하나님의 나라 이스라엘!**

족보는 언제나 성경이 그 다음 해야 할 이야기를 의식한다. 창조로 시작된 인류 일반역사 정보는 에덴(두 강 사이: 메소포타미아)에서 출발하더니 결국 두 나라의 모형을 딱 떨어뜨리고는 멈추어

선다. 힘센 장사 니므롯을 중심으로(주권) 사람들이 모여들더니(국민) 시날(영토)이라는 곳에 도읍을 정하여 문명을 창출해 냈다. 바벨론 제국의 시작이다.

아브라함으로 시작되는 나라도 마찬가지다. 국가의 3요소를 따라 형성되어 간다는 사실을 우리도 알아야 한다. 국민, 주권, 영토가 있어야 국가(國家)라고 할 수 있지 않겠는가?

성경은 이제 아브라함으로 시작되는 하나님 나라가 바벨론, 세상 나라들과 어떻게 얽혀 흘러갈 것인지 채비를 차린 것이다.

창 12-50장 이스라엘 국사 시작 ⇨ 국민부터 만들다

창세기 12-50장까지는 히브리민족의 국민이 발생되는 과정입니다. 소위 족장사라고 불리는 부분이지요. 가장 간단하게 정리해 볼까요? 아브라함이 이삭을 낳고, 이삭이 야곱을 낳고, 야곱이 열두 아들을 낳은 이야기입니다. 야곱이 '이스라엘'로 개명되면서 앞으로 야곱의 후손들은 '이스라엘'이라는 나라가 되지요. 그러므로 아브라함, 이삭, 야곱의 스토리는 '국민 만들기'로 볼 수 있을 것입니다.

그럼 이제 막 시작하는 '하나님 나라의 국민은 누구인가?' '후사는 누구인가?' '누가 하나님 나라에 들어가는가?' 신약적인 표현으로 한다면 '누가 영생을 얻는가?' '누가 구원을 얻는가?' 이런 질문을 갖고 읽읍시다.

그렇습니다. 이제 전개되는 창세기 12-50장을 읽을 때 도덕률로 읽으면 안 됩니다. 그럼 야곱이 훨씬 얄밉거든요. 누가 잘했냐? 못했냐?(선, 악)로 읽는다면 헷갈리기 시작합니다.

구원얻는 사람은 누구인가? 세상 나라에 살고 있었는데 하나님께서 불러내신 사람입니다. 아버지가 독생자를 죽이는 이야기를 아는 사람입니다. 이삭의 제물과 대속, 부활을 아는 사람입니다. 자기의 행한 바 의로운 행위로 말미암지 않고 하나님의 절대주권, 은혜로 말미암아 하나님의 백성이 되었다는 사실도 아는 사람입니다.

잠깐!! **욥이 이즈음 살고 계시네요.**

꼭 만나야 할 사람이 있습니다. 사실 창세기 무대에 등장하지는 않지만 바로 이 시대에 살았던 사람 **욥**입니다. 대가를 바라지 않는 신앙인 욥이나, 갈 곳을 알지 못한 채 간 사람 아브라함이나 둘 다 굉장한 모델입니다. 성경이 앞으로 말하려고 하는 핵심사상을 인생으로 살아낸 분들이라고 할 수 있습니다. '세상종교'가 다루는 가장 중요한 원리는 '인과응보'인데 성경은 그것보다 선행되는 근본이 있음을 말해주고 싶다는 뜻입니다.

우주를 창조하신 하나님이 계시다는 것과 그는 사람을 사랑하신다는 것입니다.

'은혜'입니다. 성경은 신약에 이르도록 계속 그 이야기를 끌고 갈 것입니다. 바로 이 원리를 인생으로 표현해 낸 두 사람이 여기 등장합니다. 마치 이제 막 천기를 드러내려는 듯……!

눈에는 안 보이지만 무대 한 켠에 가만히 앉아 있는 듯한 이 사람, 욥을 기억합시다.

☞ *혹시 여러분 가운데 이 사람, 욥이 그 분의 이야기를 들려주면 좋겠다고 생각한다면 지금 곧 이 책 뒤로 가 보라. 맨 끝에 있는 〈47-48일〉째 욥 이야기를 들어보라. 아브라함 이야기를 읽다가 이런 관점으로 읽어봐도 재미있을 것 같다.*

창 12:1-3

이스라엘 나라의 존재 의의 (이스라엘의 사명)

하나님은 왜 또 하나의 나라를 세우시는가?

성경은 이 질문을 분명히 하고 출발한다. 그리고 대답을 알고 가자는 것이다. 이 나라의 국민인 아브라함은 '복'이다. 하나님 나라 백성이 되는 것, 그 자체가 복이라는 선포다. 아하자! (아름다운 **하나님의 자녀!**)

그럼 이렇게 하나님의 백성이 되는 것 자체만 목표인가? 그건 아니다. 이제 **'아브라함의 복'이 모든 민족에게로 퍼져 나가게 하는 것이 이 백성의 목표요, 사명이다.**

국제적이다. 선택된 이 민족의 존재 의의는 열방 때문이다. 이것을 징처럼 박아놓고 이제 **이스라엘 역사를 출발시켜야 한다.** 이 출발점을 놓치면 이제부터 흘러가는 이스라엘 역사는

표류한다. 되돌아보고, 또 되돌아봐야 할 진원지, **'이스라엘 나라는 왜 존재하는가?'**에서 눈을 떼면 안 된다. 말라기를 지나 신약을 거쳐 요한계시록에 이를 때까지 꼭 붙들고 있어야 할 기둥 뿌리다.

창 12:4-14장

아브람, 약속의 땅 정착시기

지도를 보면서 함께 따라가 보기

갈대아 우르 ⇨ 하란 ⇨ 세겜 ⇨ 베델 ⇨ 네겝 ⇨ 이집트 ⇨ 네겝 ⇨ 베델 ⇨ 헤브론

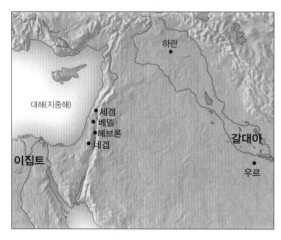

아브라함의 이동 경로 지역들

메소포타미아 갈대아 우르에서 출발(창 11:31)하여 하란을 지나 세겜에 왔을 때, 하나님께서는 '바로 여기다!' 하셨다. 지시할 땅은 요단 서편 '가나안'이었던 것이다. 그 이후 베델, 네겝, 이집트, 다시 네겝과 베델을 거쳐 헤브론에 정착한다. 엄청난 이동거리를 먼저 유의해 보자.

헤브론에 정착했을 때 당시 세계대전이 일어난다. 롯이 잡혀간 바람에 아브람은 그만 전쟁에 휘말리게 된다. 롯은 하나님 나라의 후사가 될 가능성에서 멀어진다. 후보에서 탈락한다. 롯은 아니라는 것이다. 그렇게 롯은 아브람 곁에서 떨어져 나간다.

창 15:1-18:19

롯이 탈락하자, 후사에 대한 정보를 주시면서 언약하심

한바탕 롯 때문에 벌어진 사건이 종식된다. 그러나 두려움이 엄습한다. 야간기습으로 적을 공격해서 롯을 구출했기 때문에 보복이 두려웠다. 이 때 하나님이 나타나신다. 그리고 아브람을 이

땅으로 부르신 목적을 하나씩 하나씩 이뤄나가기 위해 포석하기 시작하신다. 정보를 주신다. 아들! 그것도 사라의 몸에서 날 약속의 씨가 아브람의 뒤를 이을 후사라고……!

또한 오고 오는 후손들도 이 약속을 반드시 알아야 하기 때문에 **할례**를 행할 것을 명령하신다. 아브람의 몸속에 있는 **후손**들을 의식하신 것이다. 표피는 후손을 의미한다. 이제 이 나라는 왜 존재할 것인지 **후손**들도 알아야 한다는 하나님의 심정을 읽자. **후손**들과도 이 언약을 대대로 세우시는 순간이다(이 대목에서 출 19장을 보라). **아브라함이 후손들에게 교육해야 할 컨텐츠가 여기서 발생한다**(창 18:18). '이스라엘로 인하여 모든 민족이 복을 얻게 하려고……!' 바로 이것이다 (출 19:6).

아브람은 할례 이후 아브라함이 된다.

창 18:20-19장

아브라함, 당장 소돔(모든 민족)을 위해 제사장으로서 사명을 감당함

'아브라함은 자기 자신 때문에 복을 받게 된다는 것'이 무엇인지 알고 있었다. 그리고 그렇게 살았다. 당시 상황에서 아브라함이 만날 수 있었던 열방, 소돔과 고모라를 위해 도고했다. 그들을 구원하는 제사장 역할을 피땀 흘려 감당한 것이다. 아브라함의 후손들이 감당해야 할 사명이 무엇인지 그들에게 모델로 보인 것이다. 아브라함의 후손들도 미래에 가나안에 들어가 그들을 하나님께로 돌이키는 사명을 감당해야 할 것을 바라보게 한다.

내 노트 ┃ 깊. 이. 새. 내. 기.

- **깊**이 깨닫고 나니 다른 사람과 나누고 싶은 내용

  _____

- **이**해가 되지 않는 부분

  _____

- **새**로 배운 내용

  _____

- **내**가 실천하고 싶은 원리

  _____

- **기**도제목

  _____

성경방 나눔터

〈1-11장, 인류 일반역사 부분은 생장점 포인트가 많은 부위입니다. 그래서 특별히 나눌 제목들이 많습니다. 성경방에서 이 부분에 시간을 많이 할애할 경우 한 주제씩 택해서 깊이 토의할 수 있습니다.〉

- 창조냐 빅뱅(진화)이냐 하는 논쟁은 하나님이 자존하신다고 믿거나, 원초물질이 자존한다고 믿거나 둘 중에 하나를 믿는 신앙논쟁이다. 창조는 신앙이고, 빅뱅(진화)은 과학이라고 말하는 것이야말로 합리적이지 않다. 둘 다 '신앙'이다. 이 내용을 갖고 나눠보자.

- 만약 '하나님은 자존자'임이 믿어진다면 그것은 바로 당신이 '은혜를 입은 자'라는 증거다. 왜 이것이 은혜인지 나눠보자.

- 과학은 하나님을 반대하는가? 아니라면 왜 아닌가?

- 하나님이 빛부터 동물까지 창조하신 것은 '사람 하나' 생존할 수 있는 환경을 만드시기 위해서였다. 이 마음을 '사랑'이라고 해도 되지 않겠는가? 미움은 아니지 않는가? 그렇다면 하나님의

'당신을 향한 근본 태도' 는 '사랑' 이라고 해도 되지 않겠는가? 우리가 늘 쓰는 말, '하나님은 당신을 사랑하신다.' 라는 명제를 이 출발 지점부터 다시 한 번 생각해 보자.

만약 이 사실이 믿어진다면 당신의 태도는 단 한 가지뿐이어야 한다. '감사' 이다. 사랑과 감사, 이 기본적인 '실존 셋팅' 에 대해 나눠보자. 그리고 당신의 일상의 문제점들에 투영해서 한 번 생각해 보자. 이 셋팅이 적용되고 있는지……

- 피조물인 인간의 가치는 '예배' 에 있다. 과연 그럴까 나눠보자. 인간은 실존적으로 예배자 위치에 있어야 한다는 사실이 싫지 않은가? 정말 그것이 당신에게 기쁜가? 시간을 정해 놓고 드리는 의식으로서의 예배가 그 이유 때문에 정말 기다려지는가?

- '영광 돌리다.' 라는 말과 '영광(reflect)하다.' 라는 말에 대해 나눠보자.
  (막연히 하나님의 기쁨조처럼 하나님을 높이는 정도가 아니다. 사람을 창조하신 근본 하나님의 뜻을 알아야 한다. 하나님을 반사해 내는 것, 주신 달란트를 가지고 착하고 충성되게 사명 감당하면서 하나님을 드러내는 것, 이런 것들에 대해 나눠보자. 인간의 정체성과 사명이 이 말과 연결되어 있음에 도달해 보자.)

- '내 안에 네가 있다' , '너는 나다' , '네 이웃을 네 몸처럼 사랑하라.' 이런 주제로 나눠보자.
  (내가 일상생활 속에서 사람을 대할 때마다 정말 이 기준점에 서 있는지 나눠보자. 나침반처럼 파르르 떨다가도, 다시 이 기준점으로 돌아가기만 한다면 당신은 길을 잃지 않을 것이다. 한 번 이 진리를 당신의 양심에 장착해 보라.)

- 선악과와 관련된 '인간의 자유의지와 하나님의 절대주권' 에 대해 나눠보자. 특히 공자가 사색한 '종심소욕불유구' 의 단계와 관련해서 생각해 보자.
  (사람이 기계가 아님을 인정하자. 자유의지를 왜 주셨는지 생각해 보자. 자유의지를 따라 사는데도 그것이 곧 하나님의 뜻과 일치하는 경지가 무슨 뜻인지 당신은 알아야 한다. 예수께서 '아버지의 뜻대로 하신다.' 는 경지가 무엇인지 알아야 한다. 정말 나는 그것을 소원하는가? 깊이 나 자신에게 물어보자. 하나님의 뜻을 알아서 자꾸 그 경지로 들어가고 있는 것이 기쁜가? 다른 말로 해보자. 하나님의 뜻을 알기 때문에 자꾸 그 뜻대로 하는 것이 재미있는가? 순종이 재미나는가, 아니면 힘든가?)

- '선악과' 의 대표개념을 '하나님은 왕이시다!' 로 설정할 수 있다는 사실에 대해서 나눠보자.
  (하나님의 자녀란 하나님처럼 되는 것이다. 하나님의 뜻과 행동을 알아서 그대로 하고 싶어하는 자식이라는 말이다. 그의 통치를 받는 것이다. 이것이 최고 행복이다. 그런데 그것이 우리에게는 '순종' 이라는 단어로 소개되었다. 그러나 죽은 말이다. '순종' , 솔직히 우리가 너무 싫어하는 뻣뻣한 말이다. 당신은 왕의 통치를 받고 싶은가? 이 단어를 당신 인생 속에서 정말 살려 내고 싶은가?)

– 선악과는 무엇인가? 덫인가 축복인가?

　(『어? 성경이 읽어지네!』 10과를 읽어보자. 그리고 선악과 속에 내포된 여러 요소들을 나눠보자.)

– 노아홍수의 사실성에 대해서 아는 대로 나눠보자(빙하, 장수, 공룡, 화산폭발, 융기, 사막과 높은 산에 있는 바다화석, 그랜드캐니언에 갔다온 이야기 등등).

– 노아홍수의 영적인 의미에 대해서 나눠보자(당신 연봉이 얼마 안 되고, 어려운 시기를 지나고 있어도, '하나님의 나라' 를 가시적으로 보여주는 교회공동체 안의 멤버-아하자!-라는 위대한 정체성이 당신의 자산이다. 과연 이 사실이 당신의 힘이라고 정직하게 말할 수 있는가?).

– 세상 나라와 하나님 나라가 셋팅되는 창세기 11장과 12장에 대해서 나눠보자.

〈1일째 분량 중 이스라엘 국사 부분입니다. 창세기 12-19장 내용 중 다음 주제를 나눠봅시다.〉

– 창세기 12:1-3 말씀을 '오늘날 한국 사람인 내가 예수를 믿고 있다는 것' 에 연결시켜 보자.
　이 말씀이 사실임이 당신에게서 증명되었다는 것이 신기하지 않은가?

– 아브라함도 살아생전 소돔과 고모라 이방인들을 위해 중보하는 자로 창세기 12:3의 사명을 수행했다는 사실을 나눠보자.
　(사실, 중보기도는 타종교에는 없는 개념이다. 타종교의 신도들은 모두 자신의 문제만을 가지고 신 앞에 나간다. 그런데 우리 하나님의 백성들만은 타인의 문제를 가지고 신 앞에 나간다. 성숙한 기도이다. 어떻게 가능한가? 우리 모두가 '왕 같은 제사장' 이기에 가능하다. 당신은, 오늘 중보기도자로 하나님 앞에 나아가는가, 아니면 한낱 타종교의 기도자처럼 나아가는가?)

4. 세계사 속에 내 나라 이스라엘을 세우겠다!

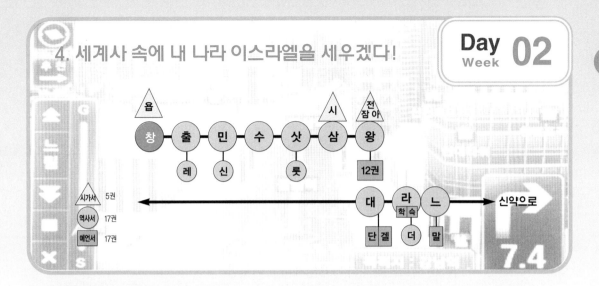

 창 20-38장

소돔과 고모라 사건 이후 아브라함은 헤브론과 남방 일대에서 살아갑니다. 그리고 이삭, 야곱 이야기가 이어집니다. 하나님 나라의 국민 만들기를 하는 중입니다. 요셉이 팔려갑니다.

 창 20:1-22장

아브라함, 헤브론(마므레) 지역에서 남방(네겝, 브엘세바)으로 이주함

⇨ 이 지역에서 이삭 출생

지도를 보면서 함께 따라가 보기
헤브론 ⇨ 남방

그 이후 아브라함은 가데스와 술 사이, 남방지역에 머무르게 된다. 아비멜렉 왕이 있는 지역이었다. 아브라함의 아들 이삭의 환경이 바로 이 지역이다. 브엘세바, 그랄(창 26:1), 이런 지명들을 보면 그냥 '블레셋 지역'이다 생각하자. 앞으로 계속 아비멜렉과 연관된 사건이 이 지역을 중심으로 나타나겠구나! 생각해야 한다.

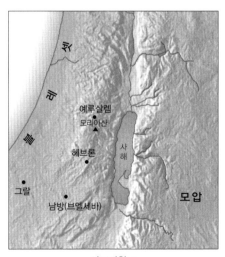

아브라함 :
헤브론에서 남방으로 이주했다가 모리아산까지

'국민 만들기', 이제야 주민등록번호 2번 이삭이 태어난다. 그리고 제물로 바쳐진다. 예수님의 죽으심과 부활, 대속제물의 예표이다. **누가 하나님 나라의 후사인가?** 이런 관점으로 계속 읽어야 한다.

창 23:1-26장

이삭(아브라함의 아들)의 인생

⇨　브엘세바 지역에서 헤브론(마므레)으로 이주하여 아브라함은 말년을 여기서 보냄
　　→ 이삭은 헤브론에서 다시 브엘세바로 이주함

지도를 보면서 함께 따라가 보기

브엘세바 ⇨ 헤브론 ⇨ 브엘세바

이제 브엘세바에서 헤브론으로 무대가 옮겨지면서 (동북쪽으로 이동) 사라의 죽음, 야곱 출생, 아브라함의 죽음으로 이어지는 스토리다. 참 많이도 이사 다녔다.

'아브라함 생애는 끝이 났고, 이제는 이삭의 전성기이구나!' 생각하자. 지금부터 이야기 중심이 이삭에게 옮겨지면서 이삭은 그랄의 아비멜렉 지경으로 다시 이사한다. 이 때 하나님은 이삭에게도 언약의 내용을 직접 교육하셨다. 아브라함에게 교육시키셨던 컨텐츠, 정확하게 그 내용이다. **'너의 후손으로 모든 민족이 복을 받게 하겠다'** (창 26:4 참조). 창 12:1-3에서 징 박아놓으신 기준점, 이제 막 세우시려고 하는 '이 나라의 존재 의의'이다. 주민등록번호 2번의 사명도 1번과 동일한 것이다.

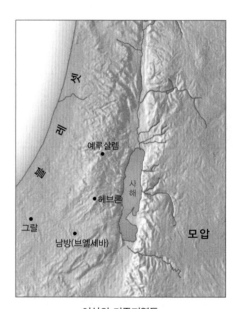

이삭의 거주지역들

아브라함에서 이삭으로 이야기 중심이 변환되는 순간 족보가 나타난다는 사실을 기억하자. **족보용법**이다. 리브가가 야곱을 낳을 때 무조건적인 사랑을 선포하신 대목, 하나님의 **절대주권** (창 25:23)도 놓치지 말아야 한다.

창 27:1-36장

Navigation

야곱(이삭의 아들)의 인생

⇨ 브엘세바에서 밧단 아람 삼촌 집으로 도주, 12아들을 낳아 다시 가나안 땅(요단 서편)으로 들어옴

이제는 야곱이 주인공이다. 야곱은 속이는 자다. 그런데도 하나님은 에서가 아니라 야곱이란다. 하나님의 주권적 선택이다. 누가 하나님 나라의 후사인가? 주민등록번호 3번이 이야기하고 있는 것은 '은혜'로 말미암는 '구원'이다. **하나님이 부르신 사람**(아브라함)**이 예수의 죽으심과 부활의 대속제물을 믿게 되는 것**(이삭)**은 '은혜'**(야곱)라는 것이다. 신약의 구원방법과 똑같은 원리다. **누가 이제 막 시작하는 하나님 나라의 유업을 이을 자인가? 아브라함, 이삭, 야곱이다.**

이제 야곱은 형에게 쫓겨 밧단 아람, 하란 지역으로 이주한다. 거기서 네 여인을 통해 **열두 아들을 낳는다.**

(성경은 당시 고대근동의 결혼풍습에 시비를 걸지 않는다. 물론 일부일처제가 창조원리다. 그러나 타락해서 흘러오고 있는 문화의 산물을 바탕색으로 그냥 수용하고 거기서부터 출발한다. 마치 사도바울 시대의 노예제도를 전제하고 이야기가 진행되듯이……. 뿐만 아니라 당시 땅을 근간으로 하는 산업구조 속에서 여성의 사회보장제도를 그대로 받아들이는 것이다. 여성은 남편이 죽을 경우, 남편의 형제에게 들어가 생존권을 보장받는 계대결혼으로 삶이 보장되었기 때문이다. 이런 연유로 구약성경은 일부다처제의 문화를 당시로서는 수용한다.)

12아들은 이제 '이스라엘' 나라가 만들어지는 중심축이다. 12지파는 이스라엘의 뼈대가 된다.

야곱의 말년 이야기는 요셉에게로 이어진다. 출애굽기를 위한 포석이다. 이집트로 어떻게 내려가게 되었는지를 말하고 싶은 것이다. 이렇게 이야기 중심을 야곱에서 요셉으로 옮기는 순간 성경은 꼭 할 일을 한다. '족보 정리'다. 사실 기록이라는 주장이다. 족보를 구박(?)하지 말자.

야곱의 거주 지역들

창 37장

요셉(야곱의 12아들 중 한 사람)의 인생 시작 ⇨ 이집트(애굽)로 팔려감

창 38장

이즈음 유다에게 일어난 창피스러운 사건 ⇨ 며느리와 동침

　요셉이 주인공으로 등장하는 무대다. 드디어 야곱의 열두 아들 식구들이 모두 이집트로 들어가게 되는 시점에 와 있다. 그런데 갑자기 요셉의 형제 유다가 며느리 다말에게서 베레스와 세라를 낳는 이야기가 끼어있다. 참 신기하다. 왜 하필 이 이야기가!?

　나중에 알게 되겠지만 룻기에 나오는 주인공 보아스의 출생의 뿌리가 여기이기 때문이 아닐까? 베레스 혈통을 좇아 보아스가 나오고, 룻 사이에서 오벳이 나오고 이새, 다윗이 출현한다(룻 4:18-22). 모세와 룻기 저자는 1000년의 갭을 갖고 있는 사이이다. 그런데 **성경은 여기서 벌써 이렇게 포석하고 있다. 요셉 이야기를 하다 말고……. 성경의 저자는 정말 하나님이심에 틀림 없다.**

내 노트 | 깊. 이. 새. 내. 기.

- **깊**이 깨닫고 나니 다른 사람과 나누고 싶은 내용

- **이**해가 되지 않는 부분

- **새**로 배운 내용

- **내**가 실천하고 싶은 원리

- **기**도제목

성경방 나눔터

- 우리는 그동안 요셉의 도덕성, 순결함에 초점을 많이 두었었다. 오늘은 그것보다 하나님을 주인 공으로 보자. 당신의 나라를 이루시기 위해 대대손손 추진해 나가시는 하나님의 열심에 관점을 두어보자. 하나님 나라가 이루어져 가는 과정에 쓰임받는 인생에 대해 생각해 보자. 오늘 나의 인생살이에서도 언뜻언뜻 하나님 나라가 이뤄지는 소리가 들리는가?

- 나 자신이나 나의 자녀들의 출세를 왜 갈망하는가? 왜 영향력을 원하는가? 요셉처럼 자신의 영향 력을 하나님의 뜻이 이 땅에 이루어지는 데 쓰려는 마음을 먼저 구하자.

4. 세계사 속에 내 나라 이스라엘을 세우겠다!
5. 국민을 만들었으니… 법도 제정하고 영토도 주겠다!

Day 03
Week

03

욥 / 시 / 전 잠 아

창 — 출 — 민 — 수 — 삿 — 삼 — 왕

레 / 신 / 룻 / 12권

시가서 5권
역사서 17권
예언서 17권

대 — 라 — 느
학 숙
단 겔 / 더 / 말

신약으로

7.4

목적지 : 강남역

🔍 **창 39-50장, 출 1-11장**

OVERVIEW

아브라함 후손들이 모두 이집트로 이민가면서 창세기가 끝납니다. 400년이 흘러 모세시대입니다.

노예로 전락되어 버린 히브리백성들, 모세의 리더십으로 열 재앙 사건을 경험합니다.

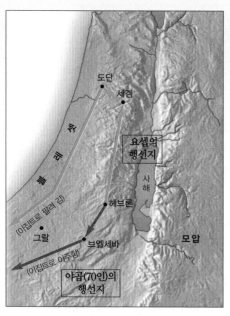

요셉의 생애, 야곱 가족의 이주

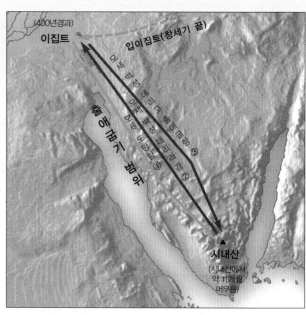

출애굽 지도(이집트에서 시작해서 시내산에서 마침)

 지도를 보면서 함께 따라가 보기
가나안 땅(팔레스타인) ⇨ 이집트

요셉의 인생 ⇨ 결국 이집트에서 총리가 되어 12형제와 식구들을 초청함

입(入)이집트이다. 요셉 때문이라는 것이다. 그러므로 어떤 경로로 요셉이 이집트에서 총리가 되었는지 자초지종을 읽으면 된다. 물론 요셉이 훌륭하다. 신앙의 사람이다. 아브라함의 하나님, 이삭의 하나님, 야곱의 하나님에게 나타나셨던 하나님을 자기 하나님으로 알고 섬긴다. 그러나 그가 어떻게 신앙적으로 훌륭하게 살았는가만 보면 안 된다.

우리는 지금 훌륭한 사람을 찾자는 얘기가 아니다. 창세기 12:1에서 시작된 **'하나님 나라'** 가 **어떻게 이루어져 가는가**를 찾아내는 것이 관건이다. '한 인생이 하나님 나라를 이루는 데 어떻게 쓰임받았나?' 하는 관점에서 읽어야 한다는 것이다. 누가 잘했냐, 못했냐가 아니다. 하나님 나라가 이루어지고 있는 중이라는 것이 핵심이다.

'하나님 나라 건설이라는 경륜 속에 요셉은 자기 인생의 한 토막을 어떻게 퍼즐처럼 끼워 맞추는 삶을 살았는가?' 이것이 중요하다.

창세기 12:1부터 읽어오면서 놓치지 말아야 할 것은 '누가 하나님 나라의 후사인가?' 였다. 이제 야곱의 열두 아들은 70명의 식구로 늘어났다. 국민 만들기! 여기까지 왔다.

출. 애. 굽. 기.

창세기 50장 이후 400년이 지났습니다! 성경책으로는 출애굽기가 다음 페이지입니다. 그러나 실제로 400년이라는 세월이 흘렀다는 것 기억하세요! 출애굽기가 시작됩니다. 출애굽기는 **이집트에서 시작해서 시내산에서 끝납니다.** 지도를 보십시오.

출애굽기는 무슨 이야기일까요? **'법(주권) 만들기'** 입니다. 창 12-50장은 국민 만들기였던 것 기억하시죠? 하나님도 나라를 세우시는 데 국민, 법, 영토가 있어야 된다는 이야기로 창세기 12장을 열었던 것도 기억나시죠? 전체 흐름 속에서 지금 우리는 법 만들기에 와 있다는 겁니다.

자, 법 만들기 '출애굽기', 무대 셋팅은 간단합니다. **이집트와 시내산을 왔다 갔다 한** 것만 이해하면 되지요.

이집트에서 쫓겨나 시내산에서 양 치다가 다시 이집트로 가서 백성들을 출애굽시키는 사건, 그 이후 백성들을 이끌고 2개월 간 여행해서 다시 시내광야로 와 약 11개월 간 생활한 기록, 이것이 전부입니다. **출애굽 이후 약 1년이 지난 때까지를 기록할 뿐입니다.** 광야 40년에 비하면 아무것도 아닌 세월이지요?

자, 이제 내용으로 들어갑시다. 그러려면 '**경혈**'(?)을 눌러야 한다고 했죠? 앗! 찌르르르 통하는 지점이 있다고 했습니다. 어디일까요? 모세가 시내산에서 **하나님을 경험하게 된 떨기나무 사건!** 바로 그곳입니다. 거기서 하나님과 대면하여 사명을 받습니다. 모세는 이 중요한 순간에 하나님의 이름을 묻습니다. "**누가 이끌어내라고 했느냐? 당신을 보낸 신이 누구냐?**"라고 백성들이 물으면 뭐라고 대답해야 할지 알아야겠다는 것입니다. 이때 말씀하신 하나님의 이름이 '**여호와, I will be who I will be**'입니다. '**나는 되고자 하는 대로 될 나일 것이다**'(70인역 번역은 '나는 스스로 있는 자'). 이 이름은 내재(內在, 샤켄)하셔서 **통치**하시고 **인도**하실 하나님의 이름입니다. 이제 하나님은 언약 맺은 이스라엘 가운데 **거하시면서** 그들을 인도해 나가실 거라는 뜻입니다.

'**하나님이 그들 가운데 거 하신다.**'는 사실을 가시적으로 보이시기 위해서 프로젝트를 명령하십니다. '**성막을 지어라!**'

이제 하나님은 이스라엘 가운데 **거하십니다.** 성막에 거하시는 거죠. 거기 거하신다는 것은 무엇을 뜻합니까? '**통치하신다**'는 뜻입니다. 그럼 무엇으로 통치하십니까? **법**으로 하실 것입니다. 그래서 하나님은 이들을 시내산으로 오게 한 다음 **법**을 주실 것입니다. 하나님을 만난 경락부분의 내용이 정말 실제로 이제 일어날 것을 기대해야 합니다.

모세는 드디어 이집트로 **다시** 들어가 10재앙을 통해 백성들을 해방시킵니다. 구원의 하나님을 단체로 경험하는 셈입니다. 그리고 바로 그 장소, 시내광야에 이스라엘 백성들과 함께 **다시** 도착했습니다. 꼭 2개월 걸렸습니다. '**시내산!**' '**경락!**' 그 장소입니다. 하나님은 아브라함, 이삭, 야곱과 언약을 맺으셨듯이 이번에는 그 후손들과 **언약을 맺으시고, 법 주시고, 성막을 만들라고 하십니다.**

성막을 다 만들고 나니 그 위에 구름기둥(쉐키나)이 떴습니다. 시내산에서 **약 1년** 머무르는 동안 일어난 일들이었습니다. **출애굽기는 출애굽 이후 약 1년! 짧은 일정의 기록이라는 것, 잊지 마세요!**

03

출애굽한 이스라엘 백성들이 시내산에 도착한다는 사실은 매우 중요한 사건입니다. 이 부분을 큰 정점으로 보는 안목이 있어야 출애굽기가 자리를 잡습니다. 출애굽한 지 약 2개월 되었을 때입니다. 이 시점을 꽝! 못 박아 놓읍시다. 출 19:1입니다. 그러니까 여기를 분기점으로 해서 그 이전에는 어린 아기 모세 스토리부터 출애굽 사건이 있는 것이고, 그 이후부터는 소위 광야생활이 시작되는구나 생각해야 합니다.

창세기 이후 약 400년이 지나가니 아브라함 후손들이 노예로 전락해 있었습니다. 모세가 주인공으로 나타납니다. 그 이후 정적(政敵)에게 몰려 이집트를 탈출할 수밖에 없게 됩니다. 정착한 곳이 바로 시내산이 있는 광야였습니다. 거기서 경혈(?) 지점 떨기나무 사건을 통해 소명을 받습니다. '내 백성을 이집트에서 이끌어 해방시켜라!' 모세는 시내산을 떠나 다시 이집트로 들어가 백성들을 출애굽시킵니다. 열 가지 재앙에 바로가 항복을 합니다.

출애굽한 지 2개월이 지나 다시 그곳, 시내광야에 도착했다는 말입니다.

출 1:1-4:17

모세의 신 경험, 소명받는 떨기나무 사건　⇨　여기가 경락!

지도를 보면서 함께 따라가 보기

이집트 ⇨ 시내산

야곱의 70식구가 이집트에 들어온 지 약 400년이 지났다. 그들은 노예로 전락되어 있었다.

이때 모세가 등장한다. 경혈 부분이다. 기억하는가? 출애굽기 3장의 시내산 떨기나무 사건을! 시내(미디안)광야에서 40년이 지나고 나서야 하나님이 부르시는 장면이다. 잘 읽어보자. 이 곳으로 히브리 백성들이 이제 몰려올 것이라는 사실을 예견해야 한다. 이 산에서 언약을 맺을 것이고, 이 산에서 십계명과 율법을 받을 것이고, 이곳에서 성막을 지을 것이다. 앞으로 일어날 이런 일이 있기 전에 먼저 모세가 하나님을 만나는 곳 여기가 중요한 지점이다.

출 4:18-11장

열 가지 재앙으로 바로가 항복함

지도를 보면서 함께 따라가 보기

시내산 ⇨ 이집트

모세는 사명을 받고도 자신 없어한다. 위대한 역할을 해낸 모세치고는 부르시는 순간 너무 자격지심인 모습이다. 나중에 보면 예레미야(렘 1:6) 등 선지자들도 부르심을 받을 때 이런 식으로 힘들어한다. 누가 감히 하나님과 동역하는 것이 쉽겠는가?

모세는 지팡이가 뱀이 되는 이적을 경험하면서도 거듭거듭 부정적이다. 하나님은 형 아론을 붙여 주신다.

장인 이드로에게 사명받은 것을 통보하고 이집트로 떠나는 길에 '할례'와 관련된 사건이 발생한다. 많은 내용이 생략된 듯해서 우리가 읽을 때 이해가 잘 가지 않지만 아브라함에게 명하셨던 할례의 정신을 심어준 사건임에는 분명하다. 할례에는 후손들 대대손손 하나님의 나라를 이뤄가야 한다는 연속성이 스며있다는 것을 잊지 말자.

열 가지 재앙이 발생한다. 이 사건은 이스라엘 역사 속에서 **'구원하시는 하나님'**의 표상이 된다. 특히 열 번째 재앙이 나타나면서 해방이 결정된다. 이스라엘 백성들은 이 시점을 '여호와의 날'로 이해하게 된다. 노예 신분으로부터의 해방이라는 역사적인 사건은 앞으로 성경의 핵심 사상인 '죄로부터의 자유'라는 원리의 진원지가 되기도 한다.

강국 이집트를 '재앙'으로 멸망시키고 노예들이 해방되는 이 위대한 파노라마는 당시 모든 이웃나라에게 충격을 줄 수밖에 없다. '아브라함의 후손들'은 아주 특별한 종족이라는 소문이 나면서 국제적으로 홍보되기 시작하겠구나…… 하는 감(感)이 와야 한다.

내 노트 | 깊. 이. 새. 내. 기.

■ **깊**이 깨닫고 나니 다른 사람과 나누고 싶은 내용

_____

■ **이**해가 되지 않는 부분

_____

■ **새**로 배운 내용

_____

■ **내**가 실천하고 싶은 원리

_____

■ **기**도제목

_____

성경방 나눔터

- 하나님이 당신의 고통과 문제 속에도 거하고 계셨고 그래서 하나님을 깊이 만났던 사건이 있다면 나눠보자.

- 하나님은 내 인생길을 인도하시는 '아도나이 하나님' 임을 왜 우리는 잘 믿지 못하는지도 나눠보자.

- 하나님께서 이스라엘 백성에게 해방을 주신 것처럼 당신도 '자유' 를 경험한 때가 있는가?

- 홍해의 갈라짐은 모세가 지팡이를 든 손을 내밀었을 때 나타났다. 하나님의 역사임을 분명히 하시려고 그렇게 하라고 하셨다. 오늘 당신은 구체적으로 기도하는가? 기도응답 후에 하나님께서 하신 것임이 분명하게 드러나는 기도를 하는가?

5. 국민을 만들었으니…
법도 제정하고 영토도 주겠다!

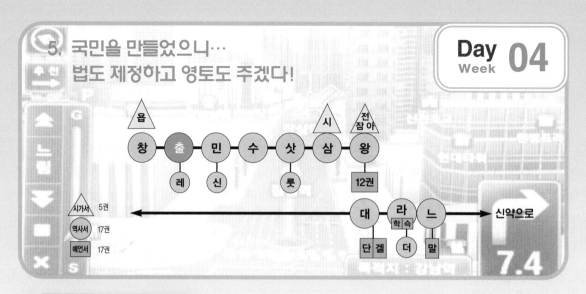

출 12-31장

출애굽에 성공한 이스라엘 백성들이 홍해를 건너 시내광야에 도착합니다. 2개월 만에 왔습니다.

하나님은 시내산에서 그들과 언약을 맺으시고 율법을 주십니다. 법 만들기죠.

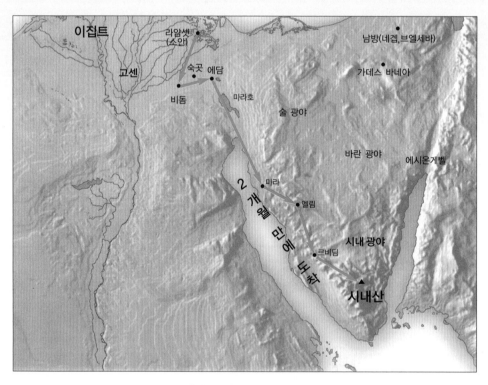

출애굽 이후 시내산에 도착

출 12:1-19:1

해방을 기념하는 유월절 명절 생김, 이스라엘 백성의 이집트 탈출,
홍해를 건너 시내산에 도착함

 지도를 보면서 함께 따라가 보기

이집트 ⇨ **시내산** (지도! 보지 않아도 머릿속에 있을 정도가 되어야 함 ^^)

이집트로부터 구원받은 **유월절 사건**은 이스라엘 역사에 있어서 큰 획을 긋는 출발 지점이다.
이 사건은 대대로 이스라엘의 정체성을 규명하는 사건이 된다. 하나님이 구원하셨으니 하나님
의 백성이 되었다. 이후 그들이 살고 있던 라암셋을 떠나 숙곳에 집합한다. 그리고 홍해를 건넌다.

쓴물이 단물로 되는 경험도 하고, 만나와 메추라기도 먹는다. 아말렉과 싸우기도 한다. 시내
광야에 거의 다 왔을 때 장인이 마중 나온다. 장인은 조직적으로 백성을 다스리도록 조언을 해
주었다.

드디어 떠나왔던 시내광야에 도착한다. 모세가 40년 동안 범부로 살며 하나님을 만났던 바로
그 지역에 다시 도착한다. 이번에는 백성들과 함께다.

이집트에서 나온 지 꼭 2개월이 되는, 셋째 달 초하루 날이다.

출 19-40장　시내산(광야) 생활

19장부터는 시내산과 그 주변 시내광야 생활입니다. 시내산, 중요한 지점이라고 했죠? 출애
굽기 이야기는 시내산에서 끝납니다. 가나안에 가려면 아직도 멀었지요? 출애굽기가 끝나는 상
황이 이제 겨우 1년이 되었을 때니까요. 시내산에 도착해서 약 1년 간 무슨 일이 있었는지 보십
시다.

언약을 맺고, 법을 받고, 성막을 만들었습니다. 간단하죠?

출 19:1-25

이스라엘 전체와 언약을 맺으심

아브라함, 이삭, 야곱과는 개인적으로 **언약**을 맺으셨다. 이제는 백성 전체와 맺으신다. 모세가 하나님을 만났던 바로 그 산에서 이스라엘 전체와 똑같은 언약을 맺으신다는 것은 대단하지 않은가? 참 철저한 하나님이시다. '**나는 네 하나님이고 너희는 내 백성이다**', 이 언약 형식을 잘 기억하자. 언약식이 끝나는 데까지 읽자.

출 20-23장

법을 주심(우선 십계명부터 주시고, 구체적으로 하나씩 하나씩 주심)

언약을 맺으신 다음 하나님은 그들과 함께 **거하신다.** 거하신다는 것이 무슨 뜻인가? **다스리신다**는 뜻이다. 어떻게 다스리실까? **법**으로 다스리실 것이다.

출애굽기의 중요한 주제는 법 만들기라고 했다. 하나님은 이 백성들의 왕이다. 그들을 사랑하시는 왕이시다. 왕으로서 잘 관리하고 돌보시기 위해 친히 입법하신 것을 발표하신다. 이제부터 하나씩 하나씩 계속해서 모세와 아론을 가르쳐 나가신다. 이것을 한 권의 책으로 정리해 놓은 것이 **레위기**다.

출애굽기 내용을 보면 **사건도 있고, 규례도 있다.** 삼겹살처럼 살(?)도 있고, 비계(?)도 있는 식이랄까? 섞여있는 내용을 읽으면서도 척척 구분되면 좋겠다.

여기 출 20-23장은 처음으로 모세에게 주신 법이다.

출 24-31장

40일 간 시내산에 올라가 법을 받음

하나님께서 산으로 올라오라고 모세에게 명령하신다. 입법하신 **십계명과 율법**을 주시기 위해서다. 또한 **성막 만드는 청사진**을 주시기 위해서다. 성막에서 수종 들어야 할 제사장의 예복, 번제, 분향 단, 놋 물두멍 등등……. 하나님의 아이디어

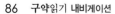

레위기 발생

가 이렇다는 것을 계시하시기 위해서다. 또 하나님께 어떻게 제사를 드릴지에 대한 구체적인 방법도 입법해 놓으셨다. 그리고 구체적으로 이런 것들을 만들 기술자들까지 임명해 주셨다. 40일 동안에 일어난 일이었다. 이 모든 일을 마치고 드디어 하나님이 직접 써주신 십계명 증거 판 두 개를 들고 40일 만에 산 아래로 내려간다.

초기 인류 아담, 하와, 가인, 아벨, 노아 시대에는 어떻게 제사드렸는지 우리는 알 길이 없다. 그런데 여기 모세 때 와서는 어떻게 하셨는지 기록해 주셔서 우리가 알 수 있게 되었으니 얼마나 다행인가! 기록으로 남겨 우리가 21세기를 살면서도 읽을 수 있다는 것이 얼마나 감사한가? 지루해 할 일이 아니지 않은가?

내 노트 | 깊. 이. 새. 내. 기.

- **깊**이 깨닫고 나니 다른 사람과 나누고 싶은 내용

  _____

- **이**해가 되지 않는 부분

  _____

- **새**로 배운 내용

  _____

- **내**가 실천하고 싶은 원리

  _____

- **기**도제목

  _____

성경방 나눔터

– 모세는 금식하며 깊은 산속에서 이 말씀들을 받았다. 이렇게 받은 말씀을 읽고 있는 나도 그런 경지에 들어가야 사실 읽혀질 것이다. 그렇다고 어떻게 우리가 40일씩 금식하며 말씀을 읽겠는가? 지하철을 타면서, 설겆이를 하면서, 운전을 하면서, 길을 걸으면서도 시내산 안개 속에 앉아있던 모세의 감각을 갖도록 노력하자. 말씀의 불꽃 심지를 늘 살려두자. 현란한 인터넷 광고가 눈을 어지럽혀도 시내산 석양에 눈이 젖어있게 하자. 꽉 막힌 올림픽 도로 위에 서 있어도 시내광야의 적막 속에 서 있는 것처럼 하나님의 말씀에 귀 기울여 보자.
이렇게 되려면 어떤 작전이 있어야 할지 서로 재미있게 연구해 보며 나눠보자.

– 당신은 '율법' 하면 떠오르는 것이 무엇인가? 불편하고, 거추장스러운 그 무엇인가? 우리는 율법이 아니라 믿음으로 구원받는다는 진리 때문에 율법을 너무 부정적으로 본다. 그러나 법은 하나님의 축복이다. 구약시대에도 그랬고, 오늘날도 그렇다. 믿음으로 구원받은 후에 우리가 힘써야 할 것은 흔히 하나님의 말씀이라고 하는 그 '법'을 지키는 것이다.

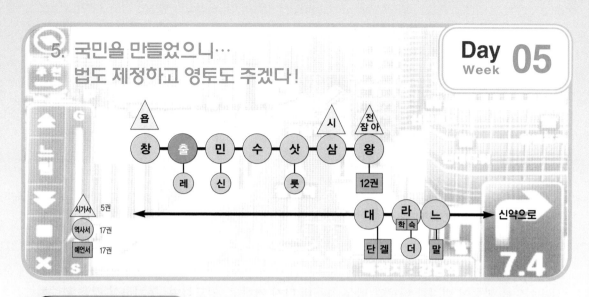

출 32-40장

OVERVIEW

하나님은 언약 백성 이스라엘 가운데 함께 사시고 싶어하십니다. 그래서 성막을 만들라고 하십니다.

다 만들고 나니 그 위에 쉐키나의 구름이 떴습니다. 출애굽기가 끝납니다.

5일째 분량은 9장밖에 안 돼서 좋으시죠? 그동안 읽을 분량이 밀리셨던 분을 위한 배려입니다.^^

출 32장

그동안(40일간) 시내산 아래서 백성들은 금송아지를 만들다

아~! 그런데 이게 웬일!? 산 아래 백성들은 모세가 하도 안 내려오니까 자기네 나름대로 대책을 마련하고 있었던 것이다. 이집트에서 하던 식으로 금송아지 우상, 아피스를 만들고 현란한 종교제의를 하고 있었다. 모세는 그만 그 돌판을 산 아래로 던져 깨뜨려 버렸다.

출 33장

하나님의 실망 ➭ *너희끼리 올라가라, 나는 안 가겠다*

☞ *여기서는 1-6절을 읽고, 다시 12절과 얼른 연결해서 읽는 것이 좋겠다.*
중간에 끼어있는 회막 이야기는 삽입으로 생각하자.

금송아지 사건으로 하나님은 심기가 불편하시다. 이들과 함께 올라가고(거하시다) 싶지 않은 마음이시다. 그러나 모세가 도고한다. 이들은 언약 백성이(13절) 아니냐는 주장이다. 하나님은 마음을 돌이키시겠다고 하신다. 모세는 증거를 보여 달라고 한다. 모세도 확인이 되어야 이 백성을 이끌고 고생하든 말든 갈 것 아니냐는 것이다. 하나님의 영광을 보여 달라고 한다. 이 때 하나님이 당신을 보여주시는 장면이 나타난다.

사실 어떻게 하나님을 눈으로 볼 수 있겠는가? 우리는 여기서 하나님의 신인 동형동성론(神人同形同性論 anthropomorphism)을 확인하게 된다. 우리가 이해할 수 있는 눈높이에 맞춰 하나님 당신을 계시하신다. 대화도 하시고…….

하나님은 바위틈에 모세를 집어넣고 하나님이 지나가시는 경험을 맛보게 하신다. 이것으로 금송아지를 만들어 범죄한 히브리 백성 가운데 **다시 거하고, 인도하며, 통치하실 것을 확증하신다.**

백성들의 불순종에도 불구하고 모세가 **다시 하나님의 동행(샤켄)**을 요구한 이 사건은 나중에 엘리야에게서도 똑같이 나타난다. 바알과 아세라와 싸우다가 사명에 대해 회의를 느낀 엘리야가 죽기를 각오하고 하나님께 엎드릴 때 똑같이 이 '시내산의 모세 경험'을 시키신다(왕상 19장).

출 34장

다시 두 증거판을 주심 ▷ 십계명을 풀어 설명하심

출 35-40장

성막 만들기 프로젝트

출애굽기는 한마디로 법 만들기라고 했다. **언약** 백성들 가운데 하나님이 **거하시면서(샤켄)**, 통치하실 때 법으로 하신다는 말이다. 우린 지금 출애굽기에서 그걸 생각하며 읽고 있었다.

이제 드디어 법으로 통치하시는 하나님께서 이 백성들 가운데 거하신다는 사실을 **가시적으로 깨닫게 하기 위해서 성막을 만들라고 하신다.** 하나님의 임재를 보여주고 싶으신 것이다. 하나님을 보여주고 싶으신 것이다. 하나님이 함께 하신다는 것을 알게 하고 싶으신 것이다. 그래서 구체적인 명령을 하신다. **성막을 만들어 달라고…….**

사랑하는 백성들 가운데 거하시려고 이런 것들을 만들라고 하시는데, 우린 고마운 마음으로 읽어보자. 구체적인 식양들을 꼼꼼히 읽어보자.

다 만들고 나니까 구름이 회막을 덮었다. 제2년 1월 1일이다. 영광이 가득했다. **쉐키나**의 영광이다. 거하시는 하나님이다. **이제 겨우1년 정도 지났다. 제2년은 만 1년이 지난 그 다음해를 말한다.**

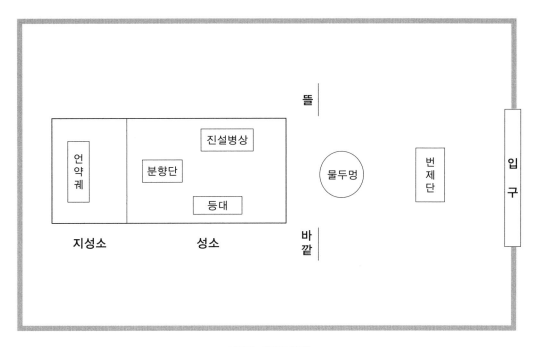

성막의 기구들 위치

내 노트 | 깊. 이. 새. 내. 기.

- **깊**이 깨닫고 나니 다른 사람과 나누고 싶은 내용

  _____

- **이**해가 되지 않는 부분

  _____

- **새**로 배운 내용

  _____

- **내**가 실천하고 싶은 원리

  _____

- **기**도제목

  _____

성경방 나눔터

- 사사건건 내 삶 위에 머물러 계시겠다는 하나님이 당신은 좋은가? 아니면 부담인가? 당신에게 있어서 현재 사사건건이란 어떤 것인가? 그렇다면 이 하나님과 어떻게 실제적으로 교제해야 할까? 사사건건 하나님과 교제하려면 적어도 당신은 어떤 라이프 스타일을 갖고 살아야 할까?

- 시내광야에 머물면서 금붙이로 세공을 하고, 예복을 만들고, 제단을 만들고, 천을 짜서 재단하는 과정이 있었다는 것은 당시 이집트에 살면서 그런 직업(전공?)을 가졌던 사람들이 여기 시내산에서 발탁되었기 때문에 가능한 것이었다. 오늘날로 말하면 주얼리, 패션디자이너, 목공예, 섬유업 등등이다. 우리의 직업이나 은사가 오늘날 어떻게 쓰임받을 수 있을지 나눠보자.

- 요즘, 믿는 사람들 중에도 가끔 점 보러 가는 사람들이 있다고 한다. 눈에 안 보이는 하나님은 자신의 절박한 삶의 문제를 외면하시는 것 같아서이다. 이들은 눈에 보이는 '금송아지'를 더 의지하는 것과 같다. 금송아지를 만들어 섬긴 사람들의 결말을 우리는 안다. 이 시대에 금송아지를 조심하자.

5. 국민을 만들었으니…
법도 제정하고 영토도 주겠다!

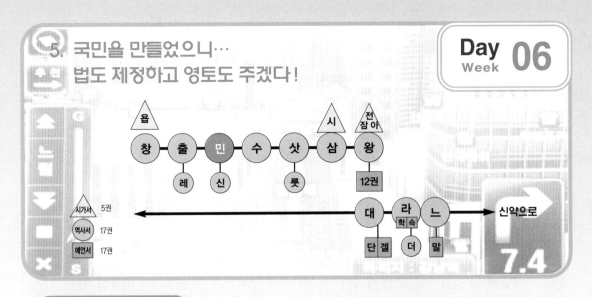

민 1:1–20:13

이제는 이동입니다! 시내산을 떠나야 합니다. 떠나기 직전 병력이 필요해서 인구조사를 합니다. 약 1년 동안 머물렀던 시내산을 떠나 바란광야 가데스 일대에서 약 38년을 살게 됩니다. 소위 광야생활을 읽습니다.

민. 수. 기.

출애굽한 지 이제 겨우 1년 정도 된 상황이라는 것, 잊지 않고 계시죠? 장소도 아직 시내산이라는 것, 기억하시죠?

그런데 이야기는 민수기로 이어집니다. 자! 민수기를 열면서 우린 무슨 생각을 해야 할까요? 간단합니다. '**이동이구나!**', '**민수기 시작은 시내산을 떠날 채비를 하는 분위기로 어수선하구만!**' 이게 보여야 합니다. 그럼 어디로 가나? **바란광야, 가데스 바네아**입니다. 지금까지 시내산에서 언약 맺고, 법 받고, 성막 만들었으면 할 일을 다 한 것입니다. 이젠 떠납니다. 목적지가 있습니다. 영토를 향해 가야 합니다.

그래서 민수기 시작지점은 **여전히 시내산**입니다. 앞으로 **약 50일 후 제2년 2월 20일**에 구름기둥이 뜨면 이 시내산을 떠날 것입니다.

그럼, 약 50일 동안은 뭘 하느라 시내산을 못 떠났습니까? 유월절 지키고, 인구조사해서 병력을 조직화했습니다. 이제 앞으로는 오합지졸로 이동하는 것이 아닙니다. 군부대가 이동하는 것입니다. **국방부**(?)의 보호를 받으면서 백성은 이동할 것입니다. 그래서 그 작전 좀 짜느라 시내산에 더 머물게 된 것입니다.

자, 이제 이렇게 시작하는 민수기는 세 군데만 이해하면 됩니다. 지금 여기는 '**시내산!**' 그리고 출발해서 도착할 '**바란광야 가데스 바네아!**', 그리고 그 이후 '**모압평지**'입니다.

바란광야 가데스 바네아에서는 '왜 광야 40년 생활이라고 말하는가?'의 비밀을 깨닫게 될 것입니다. 모압 평지는 가나안 땅에 들어가기 전 신명기가 베풀어지는 곳이기 때문에 중요합니다. 이제 이렇게 시내산, 가데스 바네아, 모압 평지 세 군데만 정복하면 민수기가 보입니다.

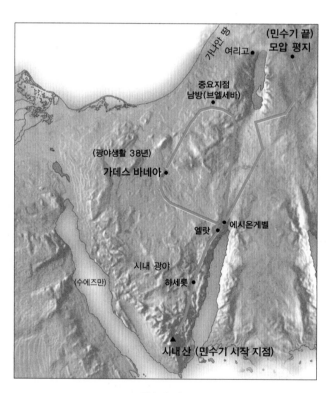

민수기 지도

출애굽기가 끝나는 지점이 시내산이었죠? 민수기 시작 지점도 시내산입니다. 아직 하나님께서는 여기서 하실 일이 있으신 겁니다.

출애굽기 끝에서 성막 봉헌예배를 받으시고 나니 출애굽한 지 1년이 된 거예요. 두 번째 유월절이 찾아온 것입니다. 그러니 유월절을 지키라고 해야 되겠지요?

그리고는 이동해야 합니다. 이동을 위해 병력을 만들어야 했습니다. 여기서 인구조사를 합니다. 이동을 위해 나팔 사인도 정합니다. 어수선하지요? 떠나려는 겁니다. 시내산을……

민 9:1-14

두 번째 유월절을 지킴

이집트에서 첫 유월절을 지키고 지금 여기 시내산에서 **두 번째 유월절**을 맞는다. 제2년 1월 14일이다. 민수기 1장 인구조사보다 먼저 일어난 일이라 이것부터 읽는다.

> ☞ 사실 성경에서 이렇게 아주 구체적으로 역사적인 순서를 따라 읽으려면
> 보통 복잡한 것이 아니다. 일일이 다 구체적으로 할 수는 없지만
> 그래도 여기는 날짜가 명시되어 있어서 그렇게 읽는다.

민 1-2장

제1차 인구조사　▷　병력을 조사시킴

하나님은 사람의 머리카락까지도 다 세시는데 그걸 모르시겠는가? 몇 명인지? 사람과 동역하시는 하나님의 인내심을 보라. 이 숫자 하나하나는 시간 들여 얻은 데이터이다. 열심히 읽자. 그 당시는 사실이었다. 현실이었다. 이동은 해야 하는데 오합지졸로 가겠는가? 병력이 먼저 호위해 주어야 한다. 20세 이상 병력을 골라내기 위한 인구조사였다. 질서정연한 병법, **국방부 출현**이다.

민 3-4장
레위지파 인구조사에 대한 특별 기록

레위지파 인구조사 기준은 다르다. 태어난 지 한 달이 넘는 남자 아이부터 계수에 넣으라고 하신다. 20세 이상 된 병력의 기록이 아니다. 그들은 군대에 나가지 않는다. 레위인들의 임무와 레위인들을 계수하는 일들이 섞여있다는 것을 알고 읽자.

민 5-6장
율법

율법이 사이사이에 끼어있다. 모세오경에는 사건과 율법이 사이사이에 끼어있는 형식이 많다. **율법조항 읽느라고 역사가 흐르는 길을 놓치면 안 된다.** 율법조항 읽고 있을 때도 지금 어디까지 이야기가 흘러왔는지 붙들고 있다가 다음 스토리로 이어붙일 마음의 준비를 하고 있어야 한다.

민 7장
성막 완성, 예물을 드림

성막 완성, 감사예물을 드리는 장면이 있다. 성막이 완성된 기록은 출 40장에 있는데 그 이후 인구조사하는 어간 언젠가에 성막 완성 감사예물을 드린 셈이다. 지루해 하지 말자. 실제로 만들어진 성막을 기뻐해서 백성들이 바친 헌물이 아닌가?

21세기를 살고 있는 나도 감사헌물 드리는 마음으로 동참하며 이 기록을 읽어보자. 이 얼마나 내 얘기인가? 나를 사랑으로 통치하시려고 가시적으로 거하고 싶어하시는 하나님이 얼마나 고마운가?

민 8장, 9:15-23
레위 자손 헌신예배

레위 자손들의 헌신예배(?)가 있었다. 그들을 위임하는 것이다. 성막이 완성되어 구름기둥이 떴던 출애굽기 맨 끝이 생각나야 한다. 위임식 콘티를 짜 주셨던 것도 기억나야 한다. '아하~ 바로 그 상황이 배경이겠구나!' 이렇게 생각하자. 이 예배 한 번 잘 드리기 위해서라도 레위기가 필요했다. 어떻게 제사드려야 하는지 배워야 할 것이 아닌가? 한 번도 해본 적이 없었는데……

그러니 이 상황과 '**레위기**'라는 '**법전**'을 연결해야 한다. 예식이 그냥 치러지는가? 순서와 방법을 알아야 하지 않겠는가?

성막이 완성되었기 때문에 출애굽기와 민수기 어간에 이런 큰 제사 사건이 있을 수밖에 없다. 유월절이 지난 다음에 연결되어 있는 **민 9:15-23**을 여기서 끼워 읽자.

민 10:1-10

시내산에서 이동하기 위한 마지막 작전   ⇨   나팔 사인을 정함

자, 드디어 이동을 위해 작전을 짠다. 마이크도 없고 스피커도 없으니 나팔로 사인을 정한다. 250만 명 가량의 사람들이 이동하려면 사실 이 정도 사인보다 더 구체적인 암호들이 있어야 했을 것이다.

민 10:11-20:13   가데스 바네아 (38년을 가데스 지역에서……)

왜 **바란광야 가데스 바네아**로 이동하는 걸까요? 지도를 봐야 이해된답니다. 조금만 위로 올라가면 브엘세바가 나오지요? 브엘세바 그 위쪽이 가나안 땅입니다.

그렇습니다. 하나님은 시내산에서 볼 일을 다 마치신 후 그 다음에는 땅을 주려고 하신 것이 분명하지요? '**국민 만들기**'(창세기), '**법 만들기**'(출애굽기), 이제는 '**땅 만들기**!' 아니겠습니까?

'아~ 그래서 시내산을 떠나 가데스 바네아로 가라고 하시는 것이었구나!' 탁 알아차려야 합니다. 그러니까 '**땅을 정탐하라!**'는 이 명령은 '**시내산**'이라는 큰 덩어리 다음에 이어질 방향성이었습니다.

그런데 이스라엘 백성 왈, "가데스 바네아(오아시스)가 물도 있고 좋구만 왜 다른 곳으로 이동

하라 그러시지?" 이겁니다. 그냥 거기가 좋다는 거죠. 미미한 평안에 젖어 살겠다는 것입니다. 그 힘든 정복전쟁을 왜 하느냐는 것이었어요.

창세기 12:1-3, 이스라엘의 '존재 의의!'인 '모든 열방에게 이 복을 전파하기 위해서' 여기까지 왔는데 그만 주저앉겠다니……하나님은 참 난감하실 수밖에 없으셨습니다. 아브라함 때부터 시작해서 여기까지 추진해 왔건만, 이제 와서 올라가지 않겠다면 하나님은 어쩌시란 말인지?

사명을 감당하지 않겠다는 광야의 1세대가 죽기를 기다리느라 소위 광야 40년이 된 겁니다. 광야 40년의 비밀은 간단합니다. 이리저리 멀어서 40년 광야생활이 아닙니다. 1세대들이 죽을 때 까지 그냥 바란광야 가데스 지역에서 산 거예요. 다만 죽기 위해서 산 시간이 38년이었습니다. 여기 가데스 바네아 지역에서 38년(신 2:14)을 지나게 된다는 사실을 기억하면서 울타리를 쳐 놓읍시다.

이 38년 기간을 다루는 민수기 기록이 바로 10:11-20:13 정도라고 생각하면 됩니다. 별로 한 일이 없어요.

민 10:11-12

드디어 시내산 출발 ▷ 성막 위에 구름이 뜨다

지도를 보면서 함께 따라가 보기

시내산 ▷ 바란광야 가데스 바네아

바란광야의 가데스 바네아 지역을 향하여 출발

이런 이동 순간이 매우 중요한 지점이다. 시내산을 떠나는 기점이기 때문이다. 성막 위의 구름이 드디어 움직인다.

시내산 출발

민 10:13-12장

바란광야까지 오는 노정

▷ 메추라기 사건과 연결되어 있는 70명 장로 발탁, 미리암의 반기 사건

시내산을 출발해서 바란광야 가데스까지 오는 노정에서 특별한 사건이 생긴다. 만나 때문에 발생한 일이다. 파, 마늘 등 양념으로 잰 고기와 오이, 부추 등 샐러드와 나물류(?), 그리고 수박 등 디저트가 먹고 싶다는 것이다. 풀 코스 정식(?)이다. 이집트에 있을 때는 종살이를 했어도 그런 음식을 먹고 살았는데 도대체 지금은 뭐냐 이 말이다. 얼마나 불평이 심한지 반란이 일어날 지경이다. 모세는 차라리 죽고 싶어한다. 세상에…… 얼마나 힘들면 죽여달라고 할까? 목회자님들 중에는 이 심정이 이해가 될 분도 계실 것이다.

이 때 하나님은 대책을 마련하신다. 모세처럼 영적인 사람 70명을 뽑으라는 명령이 떨어진다. 아니나 다를까 이 70명의 사람들이 예언을 하는 영적인 광경이 벌어지는 것이 아닌가? 백성들도 이 소식을 듣고 놀랐을 것이다. 여호수아는 걱정이다. 이 70명의 사람들도 예언을 하면 모세처럼 리더가 될 텐데, 그럼 모세의 권위가 흔들리지 않겠냐는 것이다. 그러나 모세는 오히려 잘 됐다고 한다. 우리 식으로 말한다면 목사님만 영적인 리더가 아니라 평신도들도 영적인 사역자로 동역하는 것이 바람직한 것과 같은 상황이다. 모세도 그 사실을 인정하고 있다. 장로들이 다 각각의 진으로 돌아가서 백성들을 진정시킨다. 그리고 그들을 이끌어가는 영적인 리더로 활동하게 된다.

그 이후 드디어 메추라기가 날아오기 시작한다. 메뚜기 재앙 때처럼 메추라기가 날아와 쌓인다.

그런데 이번에는 미리암이 반기를 든다. 모름지기 70명의 장로를 인정하는 대세 무드를 탄 듯하다. "하나님이 모세와만 말씀하시더냐?" 우리들도 있지 않느냐는 것이다. 모름지기 70명의 장로들 중 뜻을 같이하는 사람들이 모세의 단점을 걸어 대적한다. 하나님은 모세의 손을 들어 주신다.

민 13:1-20:13

정탐꾼 사건으로 벌을 받아 38년 세월을 가데스 바네아에서 머문 기간
⇨ 광야생활 40년의 의미   ⇨   1세대가 죽기를 기다리는 기간

● **13-14장 : 정탐꾼 사건**

가나안에 입성하기 위해서 여기까지 왔다. 그래서 정탐을 하라고 하신다. 그러나 정탐 이후 정복을 포기한다. 그래서 38년을 그만 이 가데스 지역 일대에서 살게 되는 상황이다. 하나님의 나라를 이룬다는 것은 역사를 의식하고 있어야 한다. 그런데 과거 아브라함부터 시작된 이 나라의 방향성을 이 광야 1세대는 의식하지 못했다. 그들이 그냥 일상생활을 편안하게

하는 것, 그것만이 목적일 뿐이었다.

우리의 일상에 필요한 것들은 하나님이 더하시는 종목이다. 우리는 '먼저 그의 나라와 그의 의'를 구해야 한다. 사명따라 사는 삶이다. 이스라엘이 아브라함 때부터 품고 온 공동체의 역사적 사명을 의식하지 못했다. 이것이 관건이 되는 사건이 바로 정탐꾼 사건이다. 영토 만들기를 하러 들어가야 하지 않겠는가?

광야 1세대는 산지 거인 가나안 종족의 왕들을 물리치지 못하겠다고 주저 앉는다. 그 이후 하나님도 그럼 관두라고 하신다. 그래서 이제 여기서 38년을 지나게 되는 것이다.

사명과 꿈이 없는 백성은 하나님이 동역하지 않으신다. 산지 거인, 고지를 점령하라고 하시는 하나님의 음성을 듣자.

- **15장** : 38년 기간 중 어느 때인가 말씀하신 내용이다. 가나안에 들어가서 드릴 제물에 관한 정보와 구체적인 가나안에서의 삶에 대한 정보다. 하나님은 광야에서 이미 가나안 정보를 주셨다.
- **16-19장** : 드디어 모세의 리더십에 불만을 품고 있던 세력들이 구체적으로 노출되는 사건이 생긴다. 레위인 중에서 일어난 세력 다툼이다. 고라와 다단과 아비람이 주동자이다. 하나님은 또 모세의 손을 들어 주신다. 모세같이 능력있는 분도 이렇게 리더하기가 어려웠다. 이 사건 이후 레위지파들의 역할 분담을 명확히 하신다. 레위인들은 이런 일들이나 잘 하고 있으라는 것이다. 반란 일으키지 말고……

약 38년 동안 위의 일 정도가 기록할 만한 것이지 그 외에 뭐 뾰족한 일이 없다는 거예요. 1세대들은 물샘이 있는 바란광야 가데스 일대를 이곳저곳 돌아다니며 살다가 죽었습니다. 가나안 정복이라는 사명은 감당하지 못하고 말입니다. 이 시간을 정확하게 38년(신 2:14)이라고 말합니다. 자~ 이제 38년이 지났습니다. 기억하셔야 해요!

내 노트 | 깊.이.새.내.기.

■ **깊**이 깨닫고 나니 다른 사람과 나누고 싶은 내용

___

■ **이**해가 되지 않는 부분

___

■ **새**로 배운 내용

___

■ **내**가 실천하고 싶은 원리

___

■ **기**도제목

___

성경방 나눔터

– 오늘날 우리가 살고 있는 사회에도 정치, 경제, 예술, 교육, 학문 등 모든 분야에 산지 거인 같은 하나님 모르는 자들이 고지를 정복하고 있다. 우리 자녀들이 그 고지를 정복해야 하지 않겠는가? 크리스천들이 영향력 있는 정복자가 되어야 한다는 이 사실에 공감하는가?

– 그런 의미에서 볼 때 우리 자녀들이 공부를 잘 해야 한다는 사실을 놓고 나눠보자. 과연 우리는 하나님 나라 백성으로서 공부를 잘해야 한다는 입장인가? 아니면 우리 아이가 좋은 대학 가고, 내가 좋은 직장얻기 위해서 공부를 잘 해야 한다는 입장인가? 나는 이타적인 세계관을 갖고, 고지를 정복하는 자녀로 키워내려고 하는가?

– 우리는 종종 여기가 좋사오니 식의 삶을 선택할 때가 있다. 소위 'Comfort Zone'을 벗어나기를 싫어한다. 광야의 이스라엘 백성들이 그랬다. 그러나 진정 '안락한 지역'은 다름 아닌 주님의 품이다! 오늘, 지금, 당신은 어디에 있는가?

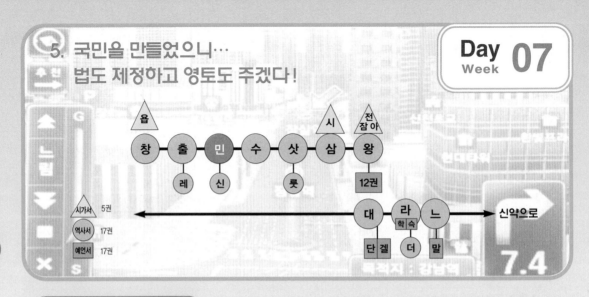

5. 국민을 만들었으니…
법도 제정하고 영토도 주겠다!

Day 07
Week

신약으로

7.4

민 20:14-36장

38년이 흘렀습니다. 1세대가 다 죽고 광야 2세대가 이동합니다. 목표지점이 있기 때문입니다.
가나안 땅입니다. 가나안 진입 직전, 모압 평지에 도착할 때까지의 과정을 읽습니다.

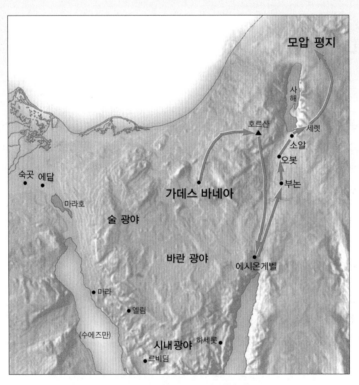

가데스 바네아 → 모압 평지

지도를 보면서 함께 따라가 보기

가데스 바네아 ⇨ 모압 평지

잠깐!!

자! 이제 38년이 흘렀네요!

광야 1세대는 다 죽었습니다. 이제 드디어 이동입니다.

전에 **시내산**에서 **바란광야 가데스 바네아**로 이동했듯이 지금은 **가데스**에서 **모압 평지**로 이동입니다. 모세는 광야 2세대를 데리고 떠나기 위해 요단 동편 에돔, 모압을 관통하는 왕의 대로로 지나가고 싶었습니다. 그러나 에돔이 허락하지 않습니다. 그래서 국경 외곽지역을 돌아, 돌아, 올라갑니다. 아모리 족속에게도 길을 좀 통과하게 해달라고 부탁했지만 오히려 전쟁을 걸어옵니다. 전쟁의 결과는 승리였습니다. 그래서 요단 동편 땅을 어부지리로 차지하게 됩니다. 길르앗 땅이라고도 불리지요. 요단강 저편이라고 불리는 **요단 동편** 땅입니다.

모압 왕 발락과 술사 발람이 이스라엘을 저주하려는 사건이 있고요, 그 이후 요단 동편에 머물던 이스라엘 백성들은 모압 종교 축제에 가담했다가 전염병으로 혼이 납니다. 그리고는 여기서 **신명기**가 베풀어지는구나 생각해야 합니다. 새로 구성원이 바뀐 이스라엘은 처음부터 다시 그들의 역사와 율법을 배워야 했기 때문입니다. 당장 요단강을 건너서 정복해야 할 당사자들이기 때문입니다. 작전이 필요합니다. 미션이 있습니다.

민 20:14-36 모압 평지

Navigation

민 20:14-21장

드디어 이동! 그리고 요단 동편 땅을 점령하다

- 드디어 가데스를 떠남
- 에돔 왕이 길을 내 주지 않아 광야 길로 돌아감. 그러다 뱀에게 물림
- 아론의 죽음
- 아모리와의 전쟁으로 요단 동편 땅 정복

민 22-24장

발람에게 요단 동편에 진치고 있는 이스라엘을 저주하게 함

모세가 요단 동편 아모리 땅을 획득하자 모압 왕 발락이 불안해 한다. 당시 유명한 술사 발람을 데려다가 이스라엘 백성을 저주하려고 하는 사건이 일어난다. 하나님은 이방종교의 술사들에게 조롱당할 분이 아니시다. 오히려 그들을 이기신다. 이 싸움은 가나안에 입성하기 전, 아주 의미 있는 사건이다. 이스라엘 백성은 술사보다 뛰어나신 하나님을 경험한다.

민 25장

요단 동편 싯딤에 머무르는 동안 그 지역 이방종교 바알브올에 접하는 사건 발생
▷ 발람의 복수, 비느하스의 분노, 24,000명 사망

십계명의 제1계명을 어기면 어떤 일이 일어나는가? '하나님의 계명' 으로만 배웠는데 실제로 일어났다. 그런 일이……! 기록된 계명인데 사건이 되어 버렸다. 이스라엘 남자들이 그만 이방종교 바알브올 축제에 매료되었다. 음란한 종교 축제였다. 발람과 발락 사건이 아직 안 끝난 셈이다. 발람이 꾀를 냈다. 모압과 미디안 연합작전으로 이스라엘로서는 가장 심각한 범죄에 빠지게 해 버렸다.

오죽하면 제1계명이겠는가? 모든 열방에 복이 되게 하는 첫 단추 계명이 아닌가? 그들을 하나님으로 정복해야 하는 것 아니었는가? 그것 하러 지금 가나안을 향하고 있는 것 아닌가?

그런데!

아직 가나안에 들어가지도 못했는데!

요단 동편 땅에서 가나안 종교 바알브올에 섞여버리는(노아 홍수, 관점) 사건이 생긴 것이다. 가나안을 점령하라고 했더니 오히려 그들의 종교에 매료된 것이다. 그렇기 때문에 엄청난 심판이 떨어졌다. 24,000명이 사망했다. 혹자는 24,000명이 사본상 오류가 아니겠는가 말하는 신학자들도 있지만, 제1계명은 이스라엘의 정체성이요, 사명 그 자체였던 것으로 보아 그 벌이 그만큼 심각했던 것이다.

요단강 서쪽에 들어가 사명을 감당해야 할 이스라엘이 동쪽에서 우상 맛을 먼저 본 것이다. 하나님은 극렬한 반응으로 교훈하신다.

민 26장

두 번째 인구조사

약 40년이 지나고 두 번째 인구조사를 한다. 광야 2세대 병력을 다시 점검한다. 모세가 여호수아에게 통수권을 넘기면서 최종 내무부를 정리한 것이다.

민 27:1-11

슬로브핫의 딸들도 아버지 땅을 상속받음

아들만 땅을 상속받는다는 것은 불공정하다는 소송(?)이 걸렸다. 모세는 이 경우 딸들에게도 땅을 상속할 수 있다는 판례를 선포한다.

민 27:12-23

모세 후임 여호수아 임직식

모세는 후임에게 기름 붓고 죽을 준비를 한다. 위대한 지도자가 이제는 떠난다.

민 28-30장

율법

그냥 끼어있거니 생각하자. 흘러가는 이야기 줄기를 손에서 놓치 말고 있어야 한다 (잔소리!).

민 31장

바알브올 범죄에 빠지게 한 미디안을 정복함

신 명 기 발 생

결국 요단 동편 싸움은 모압(미디안) 종교 바알브올과의 전쟁이었다. 이스라엘의 승리로 마무리를 짓는다. **이 기세로 가나안을 정복해야 한다는 것을 보여준다. 가나안 정복의 전형이다.** 그들의 더러운 문화를 받아들이지 않고 싸워 이기는 것이다. 요단 동편에서 위험이 왔으나 잘 싸워 이겼다.

민 32-36장

그 이후 요단 동편 상황 정리

- **32장 : 요단 동편 땅 지파들**

  요단 동편 땅을 차지할 지파가 정해진다. 르우벤, 갓, 므낫세 반 지파다. 그런데 이 지파들의 20세 이상 된 병력은 요단 동편에 머물러 있지 못한다. 요단 서쪽 가나안 땅을 점령할 때 같이 가 싸워 줘야 하기 때문이다. 요단 동편 싸움 때 나머지 지파들이 도와주지 않았던가?

- **33:1-49 : 이집트에서 모압까지 전체 이동 경로 총정리**

  이집트에서 모압 평지까지 온 전체 경로를 마지막으로 정리한다. 지금은 거의 다 위치를 알 수 없는 지명이다. 그럼에도 불구하고 이런 지명은 사실이었다는 것이다. 사실 기록이다.

- **33:50-56 : 토지 분할 방법→ 제비를 뽑아라!**

  요단강 서쪽, 이제 가나안에 들어가 얻을 땅에 대한 법칙이 있는가? 있다. 하나님은 이렇게 말씀하신다.

  첫째, **가나안 종교를 쫓아내야 얻어지는 땅이다.**

  둘째, **그 땅은 지파별로 제비 뽑아 나눈다.** 그 땅은 본래 내 것이다. 너희들에게 소유권을 주지 않는다. 토지는 기본적으로 내 것이다. 그래서 제비를 뽑으라고 하는 것이다. 그러니 그 누구도 소유권을 주장하지 말라. 50년(희년)이 지나면 다시 원래 분배받았던 주인에게로 돌려주라.

  땅이 경제의 기반이 될 것이기 때문에 땅 법칙(부동산법)은 중요하다.

- **34장 : 이스라엘 영토 전체의 경계에 대한 정보**

  땅 경계를 일일이 써서 복잡한 것 같지만 사실은 간단하다. 사진이나 지도로 보라. 우리가 공부할 때 12지파를 외웠는데 그것을 염두에 두고 읽어보자.

- **35장 : 레위 사람들에게 돌아갈 목초지들과 도피성**

- **36장 : 슬로브핫의 딸들도 땅을 물려받음**

27장에서 슬로브핫의 딸들(다른 데 시집갔지만 받을 유산)에 대한 판례가 있었다. 그녀들에게도 땅을 줘야 한다는 판결을 여기 36장에서 이행한다. 그녀들은 실제로 땅을 받았다. 이런 사건을 보면 모세오경의 기록들이 얼마나 사실인가를 알 수 있다.

☞ 여기까지 읽으신 후 성경 본문(민 32 – 36장)을 읽어야 한다.
아래 레위기와 신명기, 끼워 읽기를 읽으면 안된다. (잔소리 ^^)

(레위기)와 (신명기) 끼워 읽기

　　그동안 창, 출, 민까지 흘러온 이야기를 읽었습니다. 우리는 지금 요단 동편 모압 평지에 앉아 있다는 것을 잊으면 안 됩니다. 성경을 읽으면서 우리도 그 안에 들어가 같이 살고 있어야 합니다. 자, 그런데 이제 우리는 더 이상 여기 모압 평지에 앉아있을 수 없습니다. 가야 할 곳이 있기 때문입니다. 저 앞에 넘실거리는 요단강이 보이십니까? 이것부터 건너야 합니다. 그리고 가나안 땅으로 이주해 들어가야 합니다. 그러면 여호수아서가 시작됩니다. 자, 그런데 이 순간, **요단강 건너기 전에 질문 하나 하십시다.**

**　　새 땅에 들어가서 살 때 필요한 정보를 하나님이 주신 적이 있었나?**

　　이 질문에 대한 대답으로 그동안 읽지 않고 뛰어넘었던 '레위기'와 '신명기'를 읽으려고 합니다. 바로 여기가 View Point (전망대 같은 곳)이기 때문입니다. 이 질문에 대한 대답을 이해하면 여호수아 이후 가나안에서 일어나는 일들이 이해되고, 그렇지 않으면 뭐가 뭔지 표류하게 됩니다. 그냥 무조건 또 읽을 수밖에 없습니다. 그러니까 잘 생각해 봅시다.

　　한 번도 가보지 않은 나라를 갈 때에는 반드시 정보를 갖고 갑니다. 아마 그냥 가는 사람은 없을 것입니다. 창, 출, 민을 거쳐 모압 평지에 와 있는 이스라엘 백성들은 한 번도 들어가 보지 않은 외국 땅으로 들어가야 할 판입니다.
　　그런데 하나님께서 **그들에게 정보를 주셨을까요? 아니면 무작정 들여보내셨을까요?**

**　　이 질문에 대한 대답입니다.**

사실 이런 문제는 하나님이 가장 먼저 걱정하셨습니다. 그래서 미리부터 이것을 염두에 두시고 아예 따로 탁! 정리해 두셨습니다. 그게 바로 '레위기와 신명기'라고 생각하십시다. 우리가 어제 읽었던 민수기 내용만 하더라도 요단강 앞에서 일어난 일들이기 때문에 가나안에 들어간 다음에 필요한 정보가 들어있었습니다. 하나님은 가나안을 목표로 하고 계시기 때문에 그렇습니다. 모세는 하나님의 심정을 그대로 읽어내고 공감했습니다.

'이제 곧 가나안으로 들어갈 텐데……이 아이들이 잘 할까?'

코 앞에 둔 가나안 정복, 그리고 그 이후 펼쳐질 다음 세대들이 해야 할 일들이 하나님은 파노라마처럼 쫙─ 보이시기 때문에 그렇습니다. 요단강을 건너면 무엇부터 해야 할지 하나님께서는 아이디어가 있으셨습니다. 땅은 어떻게 정복해야 할지, 정복한 땅은 어떻게 분배해야 할지, 어떻게 살아야 할지 등등 다─ 가르쳐주고 싶으십니다.

이 사실을 알고 있는 모세는 여기 지금 모압 평지에 앉아서 출애굽 때부터 엊그제까지 있었던(민수기 끝의 이야기들) 자초지종을 조근조근 이야기하면서 "우리가 이랬잖아? 우리가 이랬잖아?" 그러는 것입니다(신 1−3장). 얼마 후면 모세 자신도 죽을 것이라는 것을 알고 있는 마당에 오죽 마음이 급하겠습니까?

그러니까 바로 이 분위기로 시작되는 이야기가 신명기라는 감각을 잃지 말아야 합니다.

모압 평지에 지금 앉아있는 청중들, 광야 2세대 어린 사람들이 여러분의 눈에도 보이십니까? 그들을 바라보고 있는 모세의 눈빛이 말하고 있는 내용이 보이십니까?

'당장 애네들이 요단강 건너 들어갈 텐데…… 애네들한테 당부해놔야 할 일들이 많은데…….' 하면서 황혼에 저물어가는 자기 인생을 어떻게든 정리하려고 하는 노종의 눈빛을 들여다 봅시다. 광야 2세대들이 배워야 할 것들이 분명히 있지 않았겠습니까? 그들이 정돈해야 할 정보가 있지 않겠습니까?

광야 2세대들은 가나안 땅의 지리, 기후, 자연환경에 대한 정보를 알았어야 했습니다. 그 땅의 군사력, 문화, 라이프스타일, 종교 같은 것들도 알았어야 했습니다. 모르면 그들이 어떻게 가나안에 들어가 살겠어요? 정보가 없는데……!

그래서 하나님은 '기록'에 승부를 거신 거랍니다. 사람은 잠깐 있다 사라지니까요. 오고 오는 다음 세대, 또 다음 세대에게 죽~ 이어져야만 이스라엘이 세계 역사 속에서 제사장 나라가 될 수 있지 않습니까? 가르쳐야 했습니다. 이것이 하나님의 작전이었습니다. 가르치자! 가르쳐야 한다! 계속해서, 계속해서 가르쳐야 한다!

‘이스라엘아 들으라~’, ‘쉐마장~~~’ 뭐 이런 말 많이 들으셨죠? 그게 바로 이 말입니다.

‘교육’은 하나님 나라 이스라엘의 생명이었습니다. ‘교육’은 ‘교재’를 만들어야 이어집니다. 교과서가 있어야 해요. 하나님은 모세가 죽기 전에 교과서를 남기셨습니다. ‘창’, ‘출’, ‘민’이라는 실제 역사를 기록으로 남기게 하셨고, ‘레위기’라는 법전을 남겼습니다. 또 ‘신명기’라는 ‘출, 레, 민’의 종합 요약본 설교를 남기게 하셨습니다. 모세가 죽지 않고 계속 후손들과 함께 살 수는 없기 때문입니다.

“창 12:1-3의, 제사장 나라가 되기 위해 시작한 이 자초지종이 바로 너희들의 ‘사명’이란다! 그러려면 하나님 백성답게 거룩해야 한단다. 그래서 배워야 한다. 배운 다음에 그것을 다른 나라 백성들에게 전해야 한단다. 모든 족속으로 제자를 삼아 가르쳐 지키게 해야 한다(어디서 많이 듣던?)! 이것이 우리 하나님 나라 백성의 존재 의의란다!” 어떻게 하면 이것을 **대대손손** 가르칠 것인가?

시스템을 만들어 놓으셔야 했습니다. 당장 하나님께는 이것이 현실이셨습니다. ‘교육’! 가르쳐나가는 것입니다. **정보**를 주는 것입니다. 그러기 위해서 필요한 교과서, 교재, 교안, 뭐 이런 것이 현실이셨다는 뜻입니다.

우리는 창, 출, 민까지 읽었습니다. 실제로 일어난 일들을 따라 내려오다 보니 중간에 끼어있던 레위기, 신명기가 남아있었습니다. 자, 이 두 권을 어떻게 읽어야 하겠습니까? 오고 오는 후손들의 교과서로 남기셨구나! 정보구나! 이렇게 생각하면서 읽어보자는 것입니다.

내 노트 | 깊. 이. 새. 내. 기.

- **깊**이 깨닫고 나니 다른 사람과 나누고 싶은 내용

  _____

- **이**해가 되지 않는 부분

  _____

- **새**로 배운 내용

  _____

- **내**가 실천하고 싶은 원리

  _____

- **기**도제목

  _____

성경방 나눔터

- 기록에 승부를 거신 하나님의 심정을 나눠보자. 앞으로 모세오경이라는 책이 이스라엘 후손에게 얼마나 중요한 책으로 남게 될 것인지를 나눠보자. 그런 의미에서 '성경'의 역할을 생각해 보자.

- 한 공동체가 대를 거듭하면서 수행되어야 할 사명을 갖고 있다는 사실에 대해 나눠보자. 당대로 끝나지 않고 이어지는 미션을 공유한다는 것은 축복이라고 생각하지 않는가? 내 가정이 대를 이어가면서 수행할 사명이 있는가? 당신의 교회는 어떤가? 교회로서 구체적으로 공감하는 사명을 갖고 나아가고 있는가?

- 언젠가 모세가 이스라엘 백성들에게 교훈을 주었던 모압 평지에 가보고 싶지 않은가? 오늘날의 요르단에 속해 있는 곳이다. 성지순례는 우리에게 모세와 그 당시 사람들의 숨결을 느끼게 해준다. 믿음으로 기도해 보라. '주님, 저에게 그런 기회를 주셔서, 말씀을 생생하게 느끼게 하소서! 그래서 주님을 더 깊이 알게 하소서!'

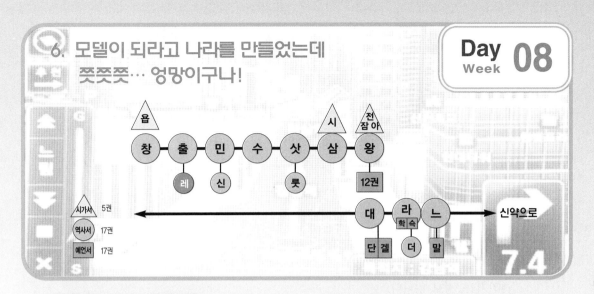

6. 모델이 되라고 나라를 만들었는데
쯧쯧쯧… 엉망이구나!

Day 08
Week

08

(레 1–22장)

그동안 창, 출, 민까지 읽었습니다. 그런데 출애굽기 상황에서 쓰여진 레위기가 남아 있었죠? 창, 출, 민 사건의 흐름을 배경으로 하고 레위기를 읽기 시작합니다. 제사법뿐만 아니라, 식품 위생법, 건강 보건, 환경 보호 등 앞으로 가나안 땅에 들어가 살아갈 때 필요한 정보를 읽습니다.

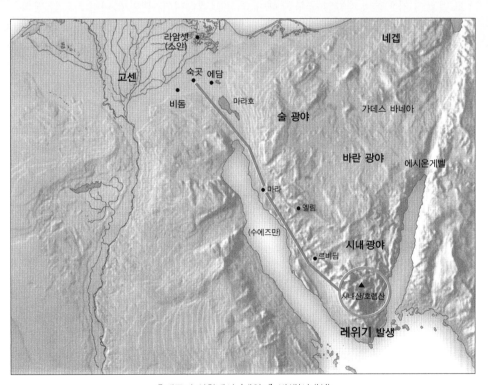

출애굽기 상황에서 '레위기' 발생(시내산)

레위기, 이제 정복합시다.

'레위기!'

　누구보다도 레위지파들이 열심히 공부해야 할 교과서였습니다. 마치 우리가 레위인이거나 한 것처럼 읽어봅시다. 샤켄하시는 하나님이 이스라엘 백성을 일일이 시시콜콜 챙기시느라 별별 정보를 다 넣어두셨습니다. 우릴 챙기시는 하나님이라는 사실을 말해주는 레위기!

　이젠 구박하지 말자구요. ^*^
레위기는 '정보' 입니다.
앞에서 던졌던 질문에 대한 대답이었습니다.

　자! 이제 레위기를 재미있게 읽어봅시다. **레위기 1장을 시작한 장소는 시내산입니**다. 출애굽기의 끝, 성막을 다 만들고 나니 구름이 떠 있었던 이야기에 이어지는 장면입니다. 만들어 놓은 제단에서 실제 제사를 드려야 하니 대제사장부터 눈을 크게 뜨고 낱낱이 읽으면서 메뉴얼 공부를 해야 하지 않겠습니까? 뿐만 아니라 가나안 땅의 먹거리들, 원주민들이 살고 있는 방법들이 써 있습니다. 당장 그 땅에 들어가려고 모압 평지에 앉아있는 **광야 2세대들한테는 황금 같은 정보겠구나**, 이렇게 생각합시다. 아하자!

(레 1-7장)

정보, 제사드리는 방법들

▷　번제, 소제(곡식제물), 화목제, 속건제, 속죄제, 위임제에 관한 규례

● 나눠 읽기 기술

　표준새번역일 경우, 한 줄 띄고 시작되는 부분에 유의하라. 예를 들면, 레 1:1-2이 끝나면 띄어져 있다. 그 다음 문장은 세부사항으로 들어간다. 그러면서도 ~~이면, ~~이면, 이런 문장으

로 시작되는 것에 유의하라. 그런 문장으로 시작될 때 새 정보가 나타난다고 생각하면서 읽자.
예) 1:3, 10, 14……

● 드디어 제사법이 공개되다

우리는 창 1-11장을 지나오면서 셋 계열들의 문화는 '제사'였던 것을 공부했다. 그러나 그들이 어떻게 제사를 드렸는지 구체적으로 모른다. 아브라함, 이삭, 야곱 시절에도 이런 정보를 공개하지 않으셨다. 그런데 여기 모세 시대에 오니 드디어 하나님께서 그 비밀을 공개하신 것이다.

"에이~ 재미없어!" 그러지 말고, "앗! 정보를 주셨다!" 이렇게 생각하며 읽자. 얼마나 고마운가?^^

● '7:35-38' → 1-7장을 마무리짓는 언급

7:35-38을 먼저 눈으로 찍어놓고 1장부터 읽어보자.

☞ 각 제사의 의미가 무엇인지 등은 간단한 해석이 있는 책자들을 통해 각자 공부하자.
여기 성경읽기 가이드라인은 성경의 흐름을 이해하는 것이 목적이기 때문에 여기까지만 설명한다.

(레 8-10장)

제사 실전! ▷ 드디어 실제로 처음 제사드리기 (출 29장에서 일어난 일)

법전으로서 정보를 주려는 레위기이지만, 이 대목은 과거 시내산에서 일어났던 일이라고 생각해야 한다. 레 1-7장까지 제사규례를 먼저 가르쳐 주시고는 그대로 한 번 해보라고 하셔서 실제로 해본 것이다. 아~ 바로 출애굽기책 상황, 시내산에서 일어난 일이구나……실제 상황을 상상하며 읽어보자. 모세와 아론, 또 이스라엘 백성들은 배운 그대로 해야만 했다.

앞에서 우리가 읽었던 레 1-7장까지를 실제로 얼마나 열심히 배우고, 외웠을까 생각해 보자. 수험생들처럼 외우고 외워서 그대로 해야 했으니 말이다. 8장과 9장을 보라. 얼마나 정교하게 모세가 행하는가? 처음으로 위임식 예법(콘티?)대로 행해 보는 이들은 나답과 아비후 사건을 통해 하나님의 법도가 얼마나 두려운 것인가를 경험하기도 한다. 대대로 오고 오는 후손들은 이 때 있었던 사건을 경외함으로 받아들여야 했다.

（레 16–17장）

제사 실전에 이어지는 내용 먼저 읽자

11–15장은 가나안 자연환경 정보다. 그러니 8–10장에 연결해서 16–17장을 먼저 읽어두자. 아론의 두 아들의 죽음은 레위 후손들에게 큰 교훈이 될 것이다. 아~ 레위, 정말 귀한 사역이구나…… 이렇게 말이다. 레위인들에게 이스라엘 미래를 거신 것 아닌가? 계속 제사법 규례다.

（레 11–15장）

가나안 자연환경 정보　⇨　백성들의 삶을 일일이 살피시는 자상하신 하나님

하나님은 이스라엘의 왕이시다. 백성들 가운데 거하시며 사랑으로 통치하시는 하나님이시다. 6일 동안 창조하실 때도 보면 얼마나 치밀하셨는가? 그가 창조주이심을 아는 자, 그를 왕으로 알고 예배하는 자, 사랑의 통치받기를 기뻐하는 자들을 챙기시는 사랑의 하나님이시다. 하나님의 '사람에 대한 태도'는 곧 '사랑'이라는 말이다. **사랑은 질서를 따라 행해야 하는 것이다.** 이것이 **법**이다.

언약을 맺은 아브라함의 후손 공동체를 유형국가로 이 세상에 두실 때 하나님도 **국법**이 필요하셨다. 한 나라의 행정을 염두에 두셨다. 우리 나라식으로 이야기한다면 내무부, 국방부, 재무부(토지경제법), 문화부(제사, 절기), 문교부(레위기, 신명기), 보건복지부 등등…….

보건복지부만 해도 식품위생법, 산부인과, 피부과, 환경위생법 등 여러 가지가 있다. 가나안 땅에 서식하고 있는 동물, 조류, 어류, 가나안 땅의 풍토병, 특히 전염병, 이런 것까지 미리 **정보**를 주신 것이다.

당신 백성을 챙기시는 좋으신 하나님. 대머리 되는 것까지 걱정 말라고 안심시키며 챙기셨다. 의사도 없으니까 우선 하나님께서 그 땅의 전염병, 풍토병, 바이러스 종류에 따라 증상을 미리 다 가르쳐 주셔야만 했다. 그리고는 그것을 레위 제사장들에게 외워 놓으라고 명령하시는 것이다. 의과대학도 없지 않았는가? 우선 이 공동체는 하나님이 건사(?)하지 않으면 안 되지 않는가? 그래서 레위인들은 참 공부를 많이 해야만 했다. 백성들보다 미리 가나안에 대해 정보를 갖고 계셨던 이 나라의 왕은 레위기 안에 정보를 넣어두셔야만 했다. 오고 오는 레위들, 다윗 시대가 오든, 왕정 시대가 오든, 레위 제사장들은 이 레위기를 교과서처럼 열심히 읽고 공부해 놓아야 하겠구나…… 생각하지 않을 수 없다.

우리가 성경을 읽을 때 이해가 안 되도 이상히 여기지 말자. 지금부터 3,500년 전 이야기다. 그런데도 이 정도 우리와 코드가 맞는 것은 대단한 것 아닌가? 자! 이렇게 챙겨주시는 좋으신 하나님, 오늘 내 인생의 시시콜콜한 작은 문제까지도 다 챙겨주신다는데 레위기를 구박⑦하지 말고 열심히 읽자. 아하자! (아름다운 하나님의 자녀!)

- (레 11장) : 보건복지부 - 식품위생학과
  - 육(肉)고기 먹는 법, 해물(sea food) 음식 먹는 법, 공군⑦ 음식(鳥類) 먹는 법
  - 특히 음식물 관리가 미흡해서 생기는 전염병에 대해 매우 구체적인 정보를 주심
- (레 12장) : 보건복지부 - 산부인과
- (레 13:1-14:32) : 보건복지부 - 피부과 (바이러스 전염병 요주의), 대머리는 걱정 말라
- (레 14:33-14:57) : 보건복지부 - 환경위생과, 건물, 집에 피어나는 곰팡이가 전염병 원인이다. 조심하라
- (레 15장) : 보건복지부 - 부인과, 비뇨기과

잠깐!! 자, 여기 요단강 건너기 전, 질문 하나 더 하십시다.

'레위기, 신명기' 읽기를 시작하면서 질문을 던졌었습니다. '새 땅에 들어가는 데 "정보"를 주신 적이 있는가?' 였습니다. 지금까지 우리는 그런 관점으로 읽어왔습니다.

이제는 두 번째 질문을 해봅시다.

'왜 잘 살고 있는 가나안 사람들을 다 죽이고 그 땅을 차지하라고 하셨는가? 왜 자기 백성에게 땅을 주시려고 이미 정착하고 있는 주인들을 내쫓고 진멸하라고 하시는 것인가? 하나님은 공의롭지 못한 하나님 아닌가? 신약에서 이야기하는 사랑의 하나님이 아니지 않는가?'

그 대답으로서 다음부터 나오는 레위기를 읽어보십시다.

(레 18-20장)

가나안 종교문화 정보

자연환경 정보만 주신 것이 아니다. 그곳 사람들은 어떤 삶을 사는지에 대한 정보도 미리 주셨다. 이제 읽어보라. 도저히 이해가 안 되는 성(性)적 문란이 그 문화의 특징이다. 그 이유가 무엇인가? 그들의 종교 때문이었다. 자기 아이를 죽여 불에 태워 제물로 드렸다. 남자와 남자, 여자와 여자, 짐승과 더불어 음란한 짓을 했다. 이 정보를 레위기에서 **미리** 주신 것이다. 기억하라. 지금 레위기를 주시는 장소는 '시내산' 이라는 사실을…… **미리** 주시는 것이다.

"너희들은 그렇게 살지 마라. 너희들은 거룩한 내 백성이잖니? 이제 가나안에 들어가는 것은 그런 종교와 문화를 내쫓고 하나님의 왕 되심을 드러내기 위해 들어가는 것이다. 가나안의 종교와 문화를 점령해라"(레 18:1-4 참조)!
가나안 종교란 무엇인가? 사탄의 4가지 거짓말! 선악과에서 공부했던 그 내용이다. 그런데 바알과 아세라라는 문화가 되어 여기 가나안에 떠억~ 자리를 잡고 있다. 그러므로 **셋 계열과 같은 이스라엘은 가인 계열을 정복해야 한다.** '하나님의 나라'가 임하는 것이다. 하나님 나라 앞에 무릎 꿇는 기생 라합 같은 사람은 구원이요, 하나님을 거부하면 심판이라는 것이다. 회개하라! 하나님의 나라가 가까웠다! 이것이 가나안 정복의 의의이다.

우리는 창, 출, 민을 지나 모압 평지에 앉아서 앞으로 들어갈 '가나안에 대한 이 정보'를 깊이 새기며 레위기를 읽고 있다. 광야 2세대의 사명이 바로 가나안의 종교와 문화를 정복하는 것이었다. 가나안 정복은 땅 그 자체가 아니었다. 그러므로 가나안 사람들을 따라 하는 것은 곧 멸망이요, 그렇게 하면 이스라엘도 죽는 것이다.

(레 21-22장)

아론 계열 제사장이 유념해야 할 주의사항

내 노트 ┃ 깊.이.새.내.기.

- ■ **깊**이 깨닫고 나니 다른 사람과 나누고 싶은 내용

  _____

- ■ **이**해가 되지 않는 부분

  _____

- ■ **새**로 배운 내용

  _____

- ■ **내**가 실천하고 싶은 원리

  _____

- ■ **기**도제목

  _____

성경방 나눔터

- "예수 믿기 때문에 포르노, X등급 영화를 보지 않는 것이 좋다."고 말한다면 너무 지나친가?

- 나실인으로 사는 것, 성결하게 사는 것이 왜 에너지인지 나눠보자.

- 세계 선교강국인 우리나라에 노래방, 찜질방, PC방, DVD방, 성인방, 점방(점치는 방) 같은 독특한 방들이 번지고 있는 점에 대해 어떻게 생각하는가? 성경방은 어떤가?

- 당신 가정이 가끔 부부 싸움을 한다 치자. 그러나 세상의 음란한 문화에 물 들지 않고 아름답게 순결을 유지하고 있는 것 자체만으로도 이 시대에 하나님 나라 가정을 중시하고 있는 것이다. 당신은 이 사실을 어떻게 생각하는가?

- 레위기의 제사법들을 볼 때 우리는 얼마나 간단하게(?) 예배를 드리는가? 우리 주님께서 십자가 위에서 제물이 되어주신 덕이다. 오늘날 우리가 드리는 예배의 문제점들을 솔직히 이야기해 보자. 정성이 너무 결여되어 있지는 않은가? 예물 드림도 너무 성의가 없지 않은가? 제사장들은 복장도 무척 까다로웠다. 우리의 예배 복장과 자녀들의 예배 복장은 어떤가? 주님께서 주신 제사법으로부터의 자유를 너무 방만하게 사용하고 있지는 않은가?

6. 모델이 되라고 나라를 만들었는데 쯧쯧쯧… 엉망이구나!

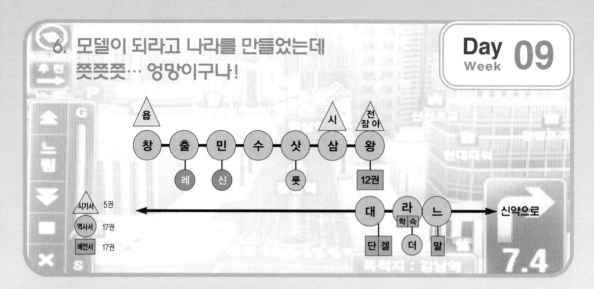

(레 23-27장), (신 1-13장)

문화가 있어야 계속 다음 세대로 이어지기 때문에 절기를 꼭 지키라고 당부하십니다. 토지 경제법, 부동산 거래 등 상법에 대한 정보를 읽으면 레위기가 끝납니다. 이어서 요단 동편 땅을 차지하고 앉아있는 광야 2 세대에게 모세는 유언적 설교를 합니다. 그동안 겪었던 사건들을 회고하면서 과거 시내산에서 선포했던 율법을 다시 요약 설명합니다.

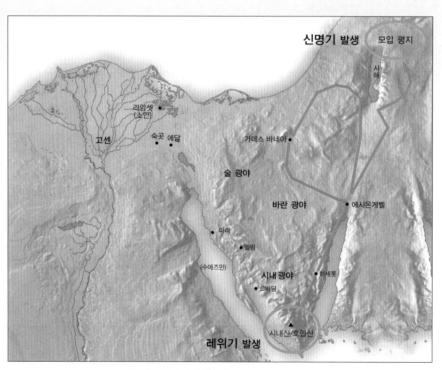

민수기 상황에서 '신명기' 도 발생(모압 평지)

(레 23장)

오고 오는 후손들이 계속 지켜야 할 절기(명절)들

우리 나라로 치면 구정, 신정, 추석, 광복절, 6 · 25 같은 기억할 만한 날들이다. 절기를 지키는 것은 곧 문화를 이어나가는 것이다. 그래서 제정하셨다. 농사를 짓지 못하던 광야생활에 비하면 첫 곡식을 거두는 유월절 기간은 얼마나 감개무량한 때인가? 14절을 보라. 대대로 길이 지켜야 할 규례였다. 그 이후 오순절(칠칠절), 초막절 등은 소위 연휴(롱 위켄드)다. 일하면 안 된다. 그 의미를 음미해야 한다. 하나님은 어떻게 해서든지 흘러가는 세월 속에서 계속 하나님 나라 문화를 발전시키셔야 했다. 그래서 명절을 지키도록 작전을 짜신 것이다. 미래 후손을 내다보시는 포석이다. 과거를 기억하라!

(레 24:1-9)

성소에 켜 놓을 등불과 상 진열에 대한 정보

문맥에 상관없이 그냥 삽입되어 있는 듯하다. 하여튼 그냥 읽자.^^

(레 24:10-23)

외국 사람에 대한 법

문맥에 상관없이 그냥 삽입되어 있는 듯하다. 하여튼 그냥 읽자.^^

(레 25장)

토지경제, 인권에 대한 법

레위기 중에 **경제원리**를 기록한 곳이 바로 여기다. 경제원리의 근간은 **토지**이다. 생산물이 거기서 나오기 때문이다. 이제 가나안에 들어가면 땅이 생길 것인데 이 땅은 경제 그 자체다. 생산물은 생명을 살리는 음식물들이다. 생명과 관련되어 있다. 만약 일부 사람들이 다 차지해 버리면 다른 사람들은 생명의 위협을 받는다. 땅은 근간이다. 자, 그렇다면 부동산, 즉 땅에 대한 하나님의 견해는 무엇인가? 절대로 사거나 팔 수 없다는 것이다. 땅에 대한 권리는 하나님께만 있다. 사람은 땅에 대한 소유권을 가질 수 없기 때문에 매매할 수 없다는 것이 경제의 큰 원칙이다. 사정상 땅을 관리할 힘이 없을 경우, 경작권을 넘길 수는 있다. 그러나 50년 희년이 되면 다시 본래 주인에게 이유 없이 돌려줘야 한다. 처음으로 돌아간다.

나중에 예언서를 보면 여기서 제시한 법을 지키지 않은 것에 대해 예민하게 질책한다. 그만큼 이 부분은 이스라엘 사회의 경제생활의 근간이 되는 지표이다.

그러니 찬찬히 읽어보라. 얼마나 대단한 사회정의를 말하고 있는지! 성경대로만 한다면 50년에 한 번씩은 다~ 공평해진다. 노사문제? 빈부차이? 인권문제? 사회정의 등 가장 뜨거운 감자를 다룬다. 부의 공동분배를 하나님은 여기서 정확하게 제시하셨다. 성경을 조금만 현대감각에 매치해서 읽어 보면 성경만큼 실제적인 책도 없다.

 (레 26장)

레위기 규례를 다 마치면서 적용하게 하시는 하나님 ⇨ 이제 결단하라!

이 결단의 촉구는 패턴이 있다. 순종하면 하나님 백성이요, 복이다. 그렇지 않으면 저주요, 심판이다. 가나안 사람들도 심판받았던 것처럼, 이스라엘도 마찬가지다.

이 상과 벌은 순종이냐 불순종이냐의 도덕률 정도가 아니다. 이스라엘 백성의 존재 의의가 걸린 문제다. 창세기 12장에서 하나님의 나라가 왜 시작되었나? 국민을 만들고, 법까지 이렇게 주셨다. 그 이유는 이 법을 잘 따르고 하나님의 백성답게 거룩한 모범 나라가 되라는 것이다. 그래서 가나안(세상 나라)으로 하여금 흉내내게 하라는 것이다. 모범 나라를 흉내내서 아름답게 살수 있도록 하게 하라는 것이다. 그런데 이스라엘마저 이방 사람들처럼 우상을 섬기고 그들의 문화를 따라 산다면 하나님의 백성으로서 존재할 이유가 없다는 것이다. 하나님 나라의 백성으로 있는 것, 그래서 그 나라와 그의 의를 구하는 것, 이것이 복이다. 이런 하나님 나라 백성의 의의를 따라 살면 복이요, 아니면 저주라는 것이다. 그래서 결단을 촉구한다. **복!? 저주!?**

이 레위기 26장은 신명기 끝에서 결단을 요청하는 것과 똑같은 형식으로 되어 있다. 또 여호수아가 마지막으로 결단을 요청하는 것과도 똑같은 형식이다. 나중에 열왕기하에서 유다가 멸망하는 순간, 바로 이 불순종의 결과가 임했다는 사실을 **예레미야**가 깨닫는다. 그는 신명기 신학자였다. 앞으로 성경을 읽어가면서 이런 사실들을 찾아내 보자.

(레 27장)

서약에 대한 규례

(신명기), 이제 정복합시다.

이제 레위기 정보가 끝났습니다. 오고 오는 후손들에게 교육하기 위한 교과서로 생각하고, 우리는 모압 평지에 앉아서 그것을 읽었습니다. 이제 또 한 권이 있습니다. 신명기입니다.

사실 **신명기는 모세 인생을 요약한 것**입니다. 모세가 평생 이룬 일들을 요약한 것입니다. 출애굽기, 레위기, 민수기 내용을 다시 잘 섞은 다음 엑기스만 뽑아놓은 셈이라고 할까요? 광야 2세대인 어린 사람들에게 가나안 정보들을 주면서 마지막 고별설교를 한 내용입니다. 당장 가나안에 들어가면 실행해야 할 구체적인 정보로 가득합니다. 그러니 정말 열심히 앉아서 들어야 했습니다. 사실 가장 잘 들어야 할 사람은 아마 여호수아였을 것입니다. 모세 대신 리드해야 하니까요.

모세의 마무리 사역을 봅시다. 또 인생의 막을 내리는 그의 뒷모습도 봅시다.

자~ 창, 출, 민의 마지막 장소 모압 평지에서, 아직도 요단강을 건너지 못하고 우리는 이렇게 으싸으싸 각오를 다지고 있습니다. 민수기 끝에서 요단 동편 땅을 차지했고, 발람 이야기도 했고, 미디안 사람들이랑 전쟁도 했습니다. 그런 상황에서 베풀어진 설교라는 것을 기억하고 레위기를 읽어본 이후 이제 신명기를 출발합시다.

말씀통독 GO! GO!

(신 1-3장)

모압 평지까지 오게 된 자초지종 회고　▷　특히 가데스 바네아 정탐 사건

민수기 사건 복습이다. 창, 출, 민, 다음 이어지는 연속선상에서 신명기 앞부분을 보자고 여러 번 이야기했던 그 상황이다.

한마디로, 시내산 → 가데스 바네아 → 모압 평지 상황을 회고한 것이다. 확인해 보자.

- (신 1:1-5) : **지금 모압 평지에 있는 때는 언제인가?**
  출애굽한 지 40년이 되었고, 바로 이 때 신명기 설교가 시작된다는 서론
- (신 1:6-8) : **하나님의 산 호렙(시내산)에서 이동 순간 회고**
- (신 1:9-18) : **조직을 갖추게 되었던 것 회고**
- (신 1:19-45) : **시내산에서 가데스 바네아로 이동, 정탐꾼 사건 회고**
- (신 1:46) : **38년 동안 지난 것 회고**(참고. 신 2:14)
- (신 2-3장) : **38년 지나서 이동, 요단 동편 땅 점령 및 후임자 여호수아 선임까지 회고**(참고. 신 2:14)

(신 4-13장)

광야 2세대에게 주는 요점정리, 고별 강의안

모세는 과거사 정리를 3장까지 한 이후 드디어 제자훈련 설교(? 다음 세대를 위한 거니까^^)를 시작한다.

- (신 4:1-40) : **십계명을 주신 호렙산을 회고하며, 최고 원리는 우상(가나안 종교)과의 싸움이라는 요점정리다. 가나안에 들어가면 그것을 잊지 말 것을 당부함**
- (신 4:41-43) : **모압 평지에 있을 때 일어난 사건 → 요단 동편에 세 도피성 지정함**
- (신 4:44-11장) : **출애굽기 중요 내용 복습 및 방향 제시**
  과거 출애굽기에서 있었던 사건 중, 시내산에서 언약을 맺은 사건, 그리고 십계명을 주신 사건을 회상한다. 그 때에 주셨던 말씀들을 적용하게 될 가나안 입성 순간에 이제 와 있다.

이 사실을 모세는 계속 강조한다. 광야 2세대가 해야 할 사명이다. 교육받은 대로 이제 해야 할 시점이다.

'요단강을 건너가서', **'가나안에 들어가면'**, 이런 말이 얼마나 많이 나오는지 눈여겨 보자. 그리고 이 이야기를 듣고 있는 순간 요단강이 눈 앞에 있다는 사실도 잊으면 안 된다. '요단강 건너는 일'은 곧 코앞에 닥칠 일이다. 바로 그런 시점이다.

시내산 얘기도 했다가, 요단강 건널 얘기도 했다가, 이렇게 과거와 미래를 왔다 갔다 하며 설명하는 것을 놓치지 말자. 당황하지 말자. **아니, 문제는, 이렇게 과거와 미래를 왔다 갔다 하고 있다는 사실조차 느끼지 못하는 게 문제다.**

● **(신 12-13장) : 가나안 입성 이유 → 가나안의 종교와 문화를 정복하라!**

지금 이들이 가나안에 들어가는 이유가 뭔가? 레위기에서 읽은 정보 그대로다. 세상 나라 문화를 정복하고 거기에 하나님의 왕 되심을 선포하는 것이다. 그러므로 신 12-13장에서는 가나안 종교와 문화가 어떤 것이며, 이것에 어떻게 대처해야 하는가를 다시 밝히고 있다는 점을 기억하자. 이스라엘이 존재해야 할 이유는 가인 계열과 같은 가나안에 하나님의 나라를 심기 위해서다. 이런 말씀은 매우 중요한 핵심이다. 다만 '우상을 섬기지 말라.'는 소극적인 말씀으로만 생각하면 안 된다. 정복이다.

09

내 노트 | 깊. 이. 새. 내. 기.

- **깊**이 깨닫고 나니 다른 사람과 나누고 싶은 내용

  _____

- **이**해가 되지 않는 부분

  _____

- **새**로 배운 내용

  _____

- **내**가 실천하고 싶은 원리

  _____

- **기**도제목

  _____

성경방 나눔터

- 50년이 지나면 재산이 다시 평균케 되게 하려는 하나님의 경제원리 배후에는 하나님의 어떤 심성이 있는 것일까? 오늘날 이와 관련된 이슈들 속에 당장 나 한 사람 크리스천으로서 작은 부분이라도 어떻게 감당해야 할지 나눠보자.

- 바람직한 노사관계, 임시직종 문제, 파업, 데모, 농작물 다시 갈아엎기, 정규직, 비정규직 문제 등에 대해 나눠보자.

- 우리나라에 약 800만 명의 개신교인들이 있다고 하는데, 만일 그들이 '복음적 인생'을 산다면 우리나라는 '복음적 국가'가 되지 않겠는가? 불의 대신 정의가 다스리는 나라, 인권이 존중되며, 권력의 가장자리에 사는 가난한 사람들이 공평하게 혜택을 누리는 나라가 되는 일에 내가, 오늘, 해야 할 '구체적인 행동'은 없을까?

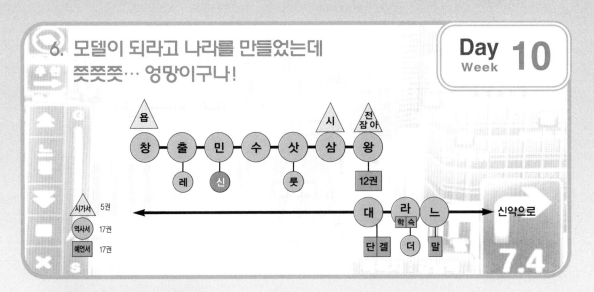

6. 모델이 되라고 나라를 만들었는데 쯧쯧쯧… 엉망이구나!

Day Week **10**

(신 14-34장)

당장 가나안에 들어가서 '나라를 경영해야 하는' 광야 2세대에게 모세가 당부하고 싶은 얘기가 많습니다. 레위기에서 했던 말 또 하기도 하고, 새로운 미션을 하달하기도 합니다. 그리고는 도장(?) 찍자고 합니다. yes?(축복!), no?(저주!) 모압언약입니다. 모세가 죽습니다. 모세오경이 끝납니다.

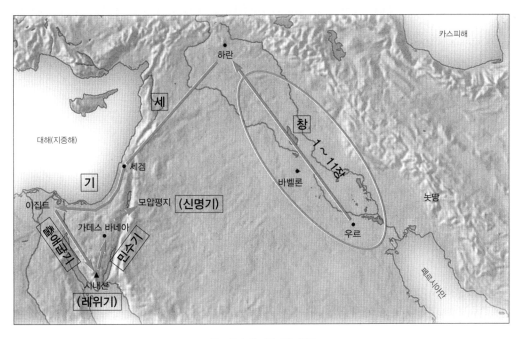

창 · 출 (레) · 민 (신) 지도

(신 14-26장)

가나안에 들어가서 생길 여러 상황을 정보로 줌

▷ 광야 2세대에게 주는 요점정리, 고별 강의안 계속~

이번에는 가나안에 들어가서 지킬 제사, 절기, 생활에 대한 중요한 정보다. 레위기에 있는 내용을 기초로 해서 **광야 2세대에게 이제 직접 코 앞에 닥칠 예상문제(?)**를 뽑아서 가르친다. 이제 그들에게는 당장 현실이다. 모세에게도 현실이다. 하나님께도 현실이시다. 저 요단강만 건너면 **가나안이니 말이다.**

식품 위생법, 소출의 십일조, 토지법, 인권, 유월절, 칠칠절, 초막절, 왕정정치에 대한 하나님의 입장, 제사장과 레위사람들의 몫, 가나안 땅 이교도들에 대한 정보, 이교도 제사장(박수 무당, 술객)들의 행태에 관한 정보, 과실치사로 비의도적인 살인을 하게 된 사람을 위한 배려(도피성), 부동산 땅 경계선에 대하여, 소송 때 증인의 역할, 전쟁이 일어났을 때 알아야 할 정보, 범인을 알 수 없는 타살 시체가 발견되었을 때, 여자 포로를 아내로 맞이할 때, 불효자식에 관한 정보, 길 잃은 짐승을 발견했을 때, 여장(女裝) 남장(男裝)에 관하여, 순결에 대하여, 진(陣) 청소하는 방법, 남창 여창 직업으로 번 돈 헌금 못하게 하는 규정, 이혼에 대해, 재혼에 대해, 새신랑을 위한 군대 규정, 담보 잡히는 규정, 가난한 사람들 품삯에 대하여, 밭에 곡식과 과일을 남겨둬야 하는 이유, 법정에서 유죄로 매 맞을 때 40대 이상 때리지 못하는 규정(그래서 바울은 40에 하나 감한 매를 다섯 번 맞았다 –고후 11:24), 죽은 형제 아내에 대한 사회보장제도, 저울추에 대한 법, 아말렉 사람에 대한 태도, 이제 들어가는 가나안 땅에서 처음 농사지어 열매 거뒀을 때 할 일……등등.

 (신 27-28장)

자, 다 들었으면 이제 결단하라! Yes? 아니면, No?

그래서 구체적인 프로젝트 명령 ▷ 요단강 건너자마자 돌비를 세워라

신 4-26장까지 기록된 요점정리에 대한 태도를 보여라. 순종이면 축복, 아니면 저주다.

신 26장까지 요점정리한 다음 모세는 결단을 요구한다. 그리고 그 결단을 촉구하는 **새로운 명령**을 전달한다. 이제 요단강을 건너가면 **돌비**를 세워라. **그리심산은 축복**을, **에발산은 저주**를

선포하는 산으로 정하고 그 앞에서 모든 백성이 **의식**을 행하라는 명령이다. 시청각 교육으로 아예 이 산을 지정한 것이다. 레위기 26장과 같은 맥락이다.

결론 같은 선포이다. 그러니까 이런 식이다. **자, 법이 떨어졌다. 순종하겠는가? 불순종하겠는가? 따르겠는가? 안 따르겠는가? YES? 아니면 NO?, 태도를 분명히 하라는 것이다. 이제는 결단하라는 것이다.**

그리심산을 보면 순종과 축복이 생각나고, 에발산을 보면 불순종과 저주가 생각나도록 아예 시청각 자료를 찾아 놓고 미리 전략을 짜시는 하나님의 아이디어가 보이는가? 아직 요단강도 안 건넜는데……. 이제 요단강을 건너 들어가면 나타날 산을 미리 정해 놓고 당부하시는 하나님의 열심이 얼마나 고마운가? 그리고는 계속 축복에 대하여, 저주에 대하여 28장에서 부연 설명하신다.

왜 이러시는가? 왜 그들의 마음을 표현하라고 하시는가? 말씀을 선포해 놓으신 다음 왜 입장을 분명히 하라고 하는 것일까? 왜 태도를 밝히라는 것인가?

사실 이것은 '선악과'를 두신 하나님의 마음이다. 나무 앞에서 **태도**를 분명히 밝히라는 것과 마찬가지이다. **고백**하라는 것이다. **반응**하라는 것이다. 그는 왕이시고 우리는 순종적인 존재라는 사실을 분명히 하라는 것이다. 그는 왕이시다. 누가 하나님 나라의 국민인가? 그의 통치를 받아야만 그의 백성이다. 그의 통치는 사랑이다.

(신 29-30장)

모압언약 ▷ 순종은 축복, 불순종은 저주 (성문법 완성 지점)

자, 이제는 이 사실을 여기 모압 평지에서 계약하고 도장찍자(?)고 하신다. **'하나님 앞에서의 입장 정리(?) 의식'**을 엄숙하게 거행하라고 하신다. 이것을 **모압언약**이라고 한다. 시내산언약을 광야 1세대랑 했다면, 여기 모압언약에서는 2세대랑 맺은 언약이다. 이런 관점으로 29, 30장을 읽어보자.

이 순간까지가 모세오경이 완성되는 **'성문화'** 지점일 것이다.

(신 31:1-8)

여호수아를 후계자로 위임하여 세움

모세가 할 일을 다 마치고 후임자를 세운다. 엘리야 다음에 엘리사에게 바통을 넘겨주듯!

 (신 31:9-13)

기록된 율법을 매 7년마다 백성에게 읽어주도록 하는 규례 제정

요시야 왕도 율법책을 발견한 다음 이 규례를 따라 백성들에게 율법을 읽어준 셈이다(왕하 23:1-2).

10

 (신 31:14-33:29)

모세의 애가

하나님께서 모세에게 **비밀**을 가르쳐 주신다. **축복이냐? 저주냐? 결국 미래사의 결론은 저주라고 말이다.** 이스라엘이 배반할 것이다. 약 900년 후 일어날 일인데 이 비밀을 누설(?)하신다.

'선악과를 따 먹을 것을 하나님이 다~ 아시지 않았는가?' 이 질문을 많이 하는데 사실 이런 대목에서도 똑같은 질문을 할 수 있어야 한다. **'인간의 자유의지'와 '하나님의 절대주권'**, 이 두 주제는 굉장한 화두다. 사람 몸 속에도 DNA 비밀코드가 들어있는데 영적인 세계는 오죽하겠는가? 비밀이라고 하면서 모세에게 결국을 말해주시며 너는 '슬픈 노래'(애가)를 지어 백성들로 부르게 하라는 것이다.

결과를 아시는데도 대책을 마련하시고 그래도 열심히 일하시는 하나님이다. 인간의 자유의지와 하나님의 절대주권! 우리는 이 대목에서 내게 장착되어 있는 '자율'이라는 기능을 하나님이 원하시는 코드를 향해 사이클 맞추는 연습을 해야 한다.

모세가 노래를 작사한다. 유다 종말의 예언자 예레미야가 부른 '애가'의 표본이 되는 장면이다.

(신 34장)

모세의 죽음

인생의 막을 내리며 성경 무대에서 사라지는 노종의 뒷모습을 바라보자. 우리는 이제 여기 모압 평지에 모세를 묻고 떠나야 한다.

☞ 자, 바로 이 부분에서 우리는 궁금하다. 모세 사망 이후의 기록이 신명기에 있기 때문에 '신명기의 저자가 과연 모세일까?' 하는 의문 때문이다.

모세의 죽음 이후에 대한 정보는 누군가가 신명기 뒤에 '첨부'한 것으로 본다. 모세의 후계자 중 누군가가 신명기 끝에 붙였을 것이라고 사본학자와 성서 비평학자들은 말하고 있다. 탈무드는 모세 죽음 이후의 첨부 파일은 여호수아가 작성한 것으로 전하고 있다.

때문에 모세의 죽음 정보를 갖고 모세오경의 저자가 모세가 아니라고 주장하는 것은 우를 범하는 것이라고 학자들은 지적한다. 예컨대 모세가 죽기 직전, 눈의 아들 여호수아에게 죽음 이후의 상황을 어떻게 기록할 것인지를 지시했다면 그 상황 역시 모세의 저작권 내에 있기 때문이다.

10

내 노트 ┃ 깊. 이. 새. 내. 기.

- **깊**이 깨닫고 나니 다른 사람과 나누고 싶은 내용

  _____

- **이**해가 되지 않는 부분

  _____

- **새**로 배운 내용

  _____

- **내**가 실천하고 싶은 원리

  _____

- **기**도제목

  _____

성경방 나눔터

- 오늘날 우리 사회에서 필요한 구체적인 법령들과 이스라엘 사회에 필요했던 구체적인 법령(특히 레 14-26장)들을 비교하며 나눠보자. 하나님은 얼마나 구체적이신 분이었는지를 생각해 보자.

- 가나안에 들여보내기 직전에 YES, NO라는 두 단어로 결단을 촉구하시는 하나님의 심정을 나눠보자. '고백'은 파워다. 당신은 뭐라 고백할 것인가?

- 모세의 일생을 마음속으로 그려보자. 그의 출생과 버려짐, 공주의 손에 건져짐, 왕자 시절의 의분, 광야에서의 방황, 하나님께서 만나주심, 사명수여, 사명수행, 광야에서의 온갖 어려움, 가나안 입성을 못하게 된 반석의 물 사건, 그래도 2세대에게 다시 율법을 주는 종 모세, 여호수아를 세움, 그리고 쓸쓸히 죽어감……
  히브리서는 믿음으로 세상의 부귀와 영화보다는 그리스도와 함께 고난을 택한 사람으로 평가한다. 당신이 죽었을 때 당신에 대한 평가는 어떨까? 오늘 지금까지의 당신의 인생을 회상해 보고, 미래를 위해 새롭게 헌신해 보자.

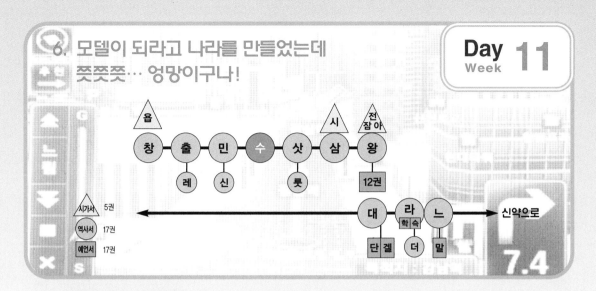

6. 모델이 되라고 나라를 만들었는데 쯧쯧쯧… 엉망이구나!

수 1-24장

이제 하나님의 나라 완성을 위해 돌격입니다. 땅 만들기가 시작된 것입니다. 전반부, 수 12장까지는 정복 이야기입니다. 그리고 나머지 가나안에서 정착하는 이야기까지를 읽으면 여호수아서가 끝납니다. 여호수아도 죽습니다.

12지파 땅 분배

여. 호. 수. 아.

"자, 이제 돌격! 요단강을 향하여 앞으로 갓!" 여호수아의 활기찬 음성을 들으면서 우리도 이동하는 광야 2세대 일행을 따라가 봅시다. 요단 동편에 쳐 놓았던 텐트를 걷느라 어수선한 분위기가 느껴져야 합니다.

여호수아서, 하면 땅 만들기입니다. 국민, 주권, 영토가 있어야 반듯한 한 나라가 되는데 이제 여호수아서에서 땅만 만들면 나라 만들기 완성!

그러므로 여호수아서는 중간에 끼어있는 책이라고 생각합시다. 나라 만들기가 완성되는 성경목록이고요, 사시 시대가 시작되는 책이고요.

자, 모세오경이 끝나고 여호수아서를 시작하면서 여호수아서, 사사기, 룻기, 사무엘상, 사무엘하 다섯 권을 그냥 '**사사 시대**' 묶음이라고 생각하면서 갑시다.

11

수 1-12장

땅 정복

지도를 보면서 함께 따라가 보기

요단 동편 ⇨ 요단강 건너 ⇨ 가나안

- 수 1-4장 : **여호수아가 이끄는 백성들 드디어 요단 강을 건너다**

모세가 홍해를 건넌 것처럼, 여호수아는 요단 강을 마른땅처럼 건넌다.

기생 라합처럼 하나님께 항복하는 자는 구원이다. 요단강 마른 바닥에서 돌을 주워 기념비를 세운다. 모압 평지에서 하달받은 명령대로 한다.

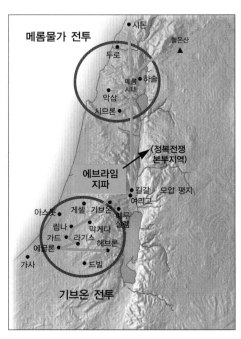

가나안 정복 전쟁

- 수 5장 : **요단강 서편(가나안) 왕들 떨다**

  길갈에서 할례를 행한다. 여호와의 군대 장관을 만난다.

- 수 6장 : **바알과 아세라 종교를 섬긴 여리고 성 정복**

  이스라엘의 사명이 무엇인지를 보여주는 본보기 전쟁이다. 하나님은 세상의 왕이시다. 요단강을 말리는 창조주이시다. '회개하라, 하나님의 나라(천국)가 이제 너희들에게 임했다!' 열왕들이여, 간담이 서늘한가? 항복하라! 그러면 구원이다. 그러나 그의 왕권을 인정하지 않으면 심판이다. 구원하시나 심판하신다!

  바알과 아세라 종교의 성창이었던 기생 라합은 하나님께 항복했다. 구원이다.

- 수 7-8:29 : **아이 성 정복 실패, 죄를 제거하고 승리**

- 수 8:30-35 : **모세가 명한 대로 에발산과 그리심산 앞에서 축복과 저주를 선포함**

  31절은 신명기 27장에서 이미 구체적으로 명령하셨던 것이다. Yes? No? 모세오경에 대해 결단을 요구하시면서 딱 두마디, 구원이냐 심판이냐, 축복이냐 저주냐를 이렇게 극명하게 교육하셨다. 명령대로 실행한다.

- 수 9:1-10장 : **기브온 전투→ 아모리 연합군 전멸, 유다지파 땅 얻음**

- 수 11장 : **메롬 물가의 전투→ 북방 연합군 전멸, 갈릴리 지방 땅 얻음**

- 수 12장 : **땅 정복 총정리→모세가 정복한 땅, 여호수아가 정복한 땅 총정리**

수 13-21장

땅 분배 지도

- 수 13장 : **정복 못한 땅, 요단 동편 땅 분배 정리**
- 수 14-21장 : **요단 서편 땅(소위 가나안 땅) 분배 정리**

레위기 말씀대로 실행하고 있다는 연결고리를 잊지 말자. 지도를 보면서 읽으면 지루하지 않다. 유다 성읍이라든가, 에브라임지파 땅이라든가, 므낫세라든가 지파 이름이 나오고 그 안의 성읍들이 나올 텐데 어려워하지 말고 얼른 그 지파 지도를 떠 올려보자. 지도를 먼저 떠 올리고 읽으면 쉽다.

(유다, 에브라임, 므낫세 반 지파, 베냐민, 시므온, 스불론, 잇사갈, 아셀, 납달리, 단)

- 결국 아낙 자손을 무찌른 갈렙 이야기를 놓치지 말자

"산지 거인, 저들은 우리의 밥이다!" 하고 외친 대로 정말 그 땅을 차지했다.

- 지파별 땅에 대해 읽을 때 지루하다고 생각하지 말자

창세기 12장에서 시작된 하나님의 나라가 여기서 완결되지 않는가? 국민과 법을 만들었고, 이제야 땅 만들기가 끝나는 순간이다. 엄숙하게 생각해야 한다.

- 땅은 분배하라고 하신 대로 분배했다. 몫을 정할 때는 제비를 뽑았다

소유권은 하나님께 있다(레 25장). 이렇게 써 놓은 부분을 흘깃 지나가지 말라. 정말 레 25장으로 다시 돌아가 미리 정보를 주실 때 하나님께서 갖고 계셨던 뜻을 공감해 보자. 그리고 실제로 땅이 생겼을 때 이 땅도 인간 땅이 아님을 기억하고 타인과 함께 공유하려는 경제원리를 붙잡아야 한다. '제비 뽑는 행위'를 통해 자기들 노력으로 갖게 되는 소유가 아님을 알아야 했다. 이제 땅을 기본으로 해서 경제원리가 성립할 것이다. 안식년, 희년이 찾아올 때마다 본래 땅을 분배받았던 가문에게로 다시 돌아간다. 그래서 언제나 공평한 경제를 유지하며 살도록 하시려는 것이 하나님의 뜻이었다. 오늘날로 말하자면 노사관계 문제, 가진 자와 없는 자의 문제, 빈부 문제라고 할 수 있을 것이다.

 수 22장

르우벤, 갓, 므낫세 반 지파 병력이 요단 동편으로 돌아가다

요단 동편 땅을 정복할 때(이때는 모세가 대장) 전체가 다 싸웠다. 그것처럼 요단 서편을 얻을 때도 전체가 다 싸워야 한다. 그래서 요단 동편 병력들이 함께 싸우려고 요단강을 건너왔었다.
이제 드디어 요단 서편 땅 정복이 끝나고 분배가 끝나니 요단 동편으로 그들이 돌아간다.

 수 23-24장

여호수아도 고별 설교하고 죽다

모세의 고별 설교와 비교해 보자. 결국은 같은 이야기다. 여호수아도 자초지종을 이야기한다. 아브라함부터 시작된 하나님 나라가 가나안 정복까지 온 이야기를 요약 강의한다(24:2-15). 여호수아의 신명기(?)라고나 할까? 여호수아가 다음 세대에게 주는 요점정리 제자훈련이다. 똑같다, 모세랑……

가나안 땅에서 섞이지 말고 하나님의 백성답게 말씀을 따라 살라는 내용이다. 여호수아는 분명히 그것을 알고 살았다. 그리고 사명을 이루는 인생을 살았다. 아브라함부터 시작된 이 나라가 왜 여기 가나안에 있어야 하는 것인지 후손에게 당부하고, 모세처럼 똑같이 또 한다. YES? 아니면 NO? 결정해라! 나와 내 집은 여호와만 섬기겠다. 축복, 아니면 저주다. **모세처럼 노종 여호수아 시대도 막을 내린다.**

11

내 노트 ▌ 깊. 이. 새. 내. 기.

- **깊**이 깨닫고 나니 다른 사람과 나누고 싶은 내용

  _____

- **이**해가 되지 않는 부분

  _____

- **새**로 배운 내용

  _____

- **내**가 실천하고 싶은 원리

  _____

- **기**도제목

  _____

성경방 나눔터

- 요단 동편에서 모세가 다짐했던 YES, NO에 대한 결연한 의지를 여호수아는 어떻게 적용했는지 나눠보자.

- 그리심산과 에발산에 서 있는 여호수아 일행이 결단해야 할 내용이 무엇이었는지 다시 한 번 나눠보자.

- 한국 사람치고 땅에 대한 관심이 없는 사람이 있을까? 좁은 땅에 살기에 더 그런 것인가? 땅을 소유하려는 속 생각은 '안식'이다. 그러나 우리의 이 지상의 땅에서는 결코 진정한 안식이 없다! 영원한 땅에 당신은 오늘 투자하고 있는가?

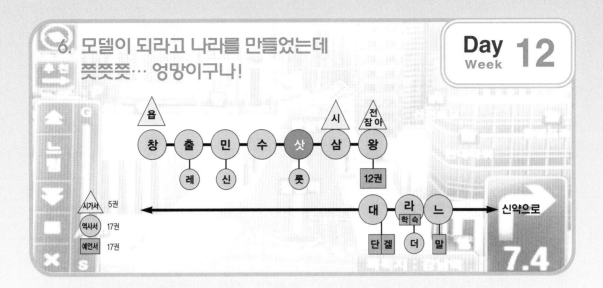

6. 모델이 되라고 나라를 만들었는데 쯧쯧쯧… 엉망이구나!

삿 1–16장

여호수아 이후 12명의 사사들의 기록을 읽습니다. 특별히 급속히 우상숭배에 빠지게 되는 과정을 읽습니다. 창세기 12장에서 시작된 하나님 나라의 존재 의의를 기준점으로 놓고 어떻게 목적에서 빗겨나가는지 째려보며^^ 읽어봅시다.

사. 사. 기. (사사 시대)

오늘부터 우리는 사사기를 읽습니다. 여호수아도 이제는 가셨습니다. 그럼, 사사기는 어떻게 읽어야 잘 읽을 수 있을까요? **우선 레위지파에게는 땅을 분배해 주지 않았다는 사실을 꼭 붙잡고 있어야 읽어진답니다.** 레위지파에게 땅을 분배하지 않고 흩으셨다는 사실, 이것이 앞으로 전개될 사사기 내용을 소화하게 하는 효소입니다. 레위인들은 48개 성읍에 흩어져서 살라고 하셨습니다. 왜 그랬을까? 농사짓지 말고, 양 키우지 말고, 다만 열심히 그 시간에 모세오경 공부해서 당대의 백성들을 말씀으로 이끌라고……(신 33:10).

국민, 법, 땅이 있다고 나라가 다 된 것이 아닙니다. **경영**이 되어야 합니다. 나라 경영, 하나님이 바라시는 나라, 하나님이 꿈꾸시는 나라, 창세 때부터 기대하셨던 공동체, 바로 그 나라는 **모든 세상 나라의 모델**이 되어야 한다는 것이 하나님의 생각이셨습니다. 제사장 나라입니다. 모델 만드시느라 지금까지 땀 흘리신 것을 우리는 잘 알고 있습니다. 그럼, 이제 이 땅에 정착한 백성들이 모델이 되어야죠. **그렇다면 여호수아 다음, 사사기부터 나오는 스토리는 모델 스토리여야 되지 않겠습니까? 이상적인 국가가 되어야 합니다. 그러려면……?**

가나안 땅을 정복한 광야 2세대뿐만 아니라 다음 세대, 또 다음 세대가 태어나면서 **계속 이 비전을 공감해야 합니다.** 한 세대만이 나라의 사명을 알면 뭐하겠습니까? **다음 세대, 다음 세대……계속 알아야 하지 않겠습니까?**

전에 모압 평지를 떠나지 못하고 오랫동안 앉아서 생각했던 내용들 기억나시죠? 레위기, 신명기 끼워 읽기 말입니다. 그렇습니다. 하나님이 **그래서 이미 레위기, 신명기를 '기록' 해 놓으셨다고 했습니다. 오고 오는 다음 세대들은 열심히 공부해서 배워라!**

가나안 땅에서 응애~ 하고 태어날 아이들은 **처음부터** 배워야 하는 겁니다. 우주만물을 창조하신 이야기부터 시작해서 그 하나님이 그들의 조상 아브라함을 왜 불러내셨는지, 족장들이 후손들을 낳았고 그 이후 왜 이집트를 가게 되었는지, 어떻게 출애굽을 했으며, 가나안에는 어떻게 오게 되었는지를 배워야 합니다. 세월이 흘러 이 땅에 태어나게 된 아이들은 존재 의의를 알아야 합니다. **아~ 우리민족의 사명은 모든 민족에게 복을 전하는 것이구나!**(행 7장 스데반 설교 참고: 신약 시대 스데반은 그 자초지종을 알고 있었다.) 바로 이런 내용들의 자초지종을 배워야 합니다.

자, 그런데 **이게 저절로 알아집니까? 누군가가 가르쳐줘야 알 수 있지 않겠습니까?** 누가 가르쳐야 합니까? 모세 같은 사람? 여호수아 같은 사람? 아니라는 것입니다. 모세를 통해 모세오경을 주셨고, 여호수아를 통해 땅을 주셨지만 이젠 더 이상 모세, 여호수아 성격의 사람들이 필요한 것이 아닙니다.

이제는 '레위지파' 입니다. 그들이 가르쳐야 했습니다. 그들에게 승부를 거셨습니다. 오죽하면 '레위기' 라 이름했겠습니까? 그러니 레위인들은 공부하라는 것입니다. 농사지을 시간이 없다는 것입니다. 가르치려면 열심히 공부하라는 것입니다. 그 대신 나머지 지파들은 레위인들이 필요한 것을 공급하라는 것입니다.

그러므로 '모세오경' 이라는 교과서는 사사 시대 레위인들이 공부하고 익혀야 할 커리큘럼이었겠구나 생각해야 합니다. 사사 시대에 들어가면서 드디어 '레위인' 의 역할이 대두되는 것입니다. 그들은 모세오경에 있는 말씀을 생명처럼(신 32:47) 여겨야 했습니다. 그대로 하면 모델인 겁니다. 그런 나라를 경영하라는 것입니다. 그런 국민이 되라는 것입니다. 대대손손이…….

그런데 결과는 그렇게 못했습니다. 여호수아가 죽자마자 그들은 배교합니다. 그것이 사사기의 시작입니다. 결국 내쫓겼던 본토민들이 다시 땅을 찾으려고 전쟁을 걸어옵니다. 다급해진 이스라엘은 그제서야 자기들의 신 여호와 하나님이 생각나 부르짖었습니다. 그러면 또 하나님은 사사를 보내 구원해 주셨습니다. 그러다 평안해지면 또 우상을 섬기고, 그러다 쳐들어오면 또 부르짖고, 사사들이 나라를 구원하고……. 이런 일들이 반복되는 것이 사사기입니다.

하나님이 통치하시는 나라, 하나님이 왕이시기 때문에 레위인들이 가르쳐주는 대로 법을 따라 살면 왕이 없어도 이상적인 국가인데…….

이런 생각을 깔고 이제 **사사 시대 성경목록 여호수아, 사사기, 룻기, 사무엘상하까지를 큰 범위로 보고 내용을 정돈해 봅시다.** 왕을 기다리는 사사 시대, 그 왕은 결국 **다윗**입니다. 다윗을 목표로 흘러가는 성경목록의 이야기를 이런 식으로 스케치해 놓고 이제 사사기를 읽어봅시다.

1. **옷니엘** 유다지파(3:9): 구산 리사다임을 물리침
2. **에훗** 베냐민지파(3:15): 모압 왕 에글론을 살해함
3. **삼갈** 아낫의 아들(3:31): 블레셋인들을 물리침
4. **드보라**(에브라임지파), **바락**(납달리지파)(4:4-6)
   : 야빈과 시스라를 물리침
5. **기드온** 므낫세지파(6:11): 미디안과 아말렉 족속을 물리침
6. **돌라** 잇사갈지파(10:1)
7. **야일** 길르앗 사람(10:3)
8. **입다** 길르앗 사람(11:11): 암몬인들을 물리침
9. **입산** 베들레헴(12:8)
10. **엘론** 스불론지파(12:11)
11. **압돈** 에브라임지파(12:13)
12. **삼손** 단지파(15:20): 블레셋인들을 물리침

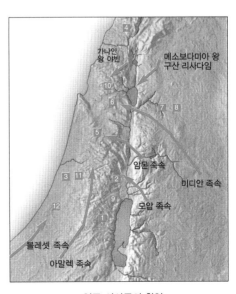

열두 사사들의 활약

여호수아 이후의 역사는 어떤 것이었는가를 말해주는 부분입니다. 옷니엘, 에훗, 삼갈, 드보라(바락), 기드온, 돌라, 야일, 입다, 입산, 엘론, 압돈, 삼손 등 사사가 등장합니다. 사사들이 어떤 활동을 했는지 읽어봅시다.

특히 에브라임지파 땅 부분이 행정 중심부였다는 사실을 잊지 맙시다. 지도를 염두에 두고 읽어야 하는 것도 잊지 말고요. 막 여호수아가 죽은 이후 어떤 사회상이었는지 모세 시대를 배경으로 깔고 비교하면서 읽어봅시다.

그토록 모압 평지에서 가르치고, 십계명에서 가르치고, 레위기에서 가르치셨건만, 여호수아가 죽자마자 바알과 아세라 우상들을 섬기는 장면을 눈여겨봅시다. 모델은커녕, 금방 섞여서 살기 시작하는 행태가 얼마나 안타까운지 봅시다. 얼마나 미성숙한 사회상을 연출해 내는지 봅시다. 그때마다 이방 침입자들을 보내 괴롭게 하시는(삿 2:11-19) 하나님의 표정도 봅시다.

"그때에는 이스라엘에 왕이 없으므로 사람마다 자기 소견에 옳은 대로 행하였더라"(삿 17:6, 개역성경) 와 같은 사사기 사가의 관점을 놓치지 말고 읽어봅시다. 사실 인간 왕이 없어도 괜찮습니다. 왜냐하면 강력한 성왕 하나님께서 이미 12지파 지방자치제를 시스템으로 만들어 놓으셨기 때문입니다. 이상 국가 시스템이라고 할 수 있지 않습니까? **이런 정치 시스템을 염두에 두고 모범적인 제사장 나라가 되기를 원하신 하나님의 심정을 갖고 읽어봅시다.** 공자가 기다린 성왕, 군자도 모델입니다. 플라톤이 제시한 철왕도 그렇습니다. 하물며 우리 하나님이 어련히 모델 나라를 꿈꾸지 않으셨겠습니까? 하나님이 왕이신 이 공동체는 이상적인 국가여야 하고, 제사장 나라여야 했다는 것입니다.

레위지파가 잘 가르쳐야 했는데……바알, 아세라 세상 나라의 종교 문화 사상을 정복하고 하나님의 문화를 심어야 하는 건데……하는 안타까움을 안고 그들과 함께 사사기 속으로 걸어가 봅시다.

삿 1:1-2:10

여호수아서 기록과 겹치는 기사들

유다지파의 헤브론 점령, 옷니엘의 드빌 정복, 여호수아의 죽음 등의 기록이 여기에 또 겹쳐있다. 그래서 여호수아서도 사사 시대로 보자고 했던 것이다.

삿 2:11-2:23

여호수아가 죽은 후 급속히 하나님을 배반하고 바알과 아세라를 섬김

하나님은 주위의 원수들을 보내서 괴롭게 하신다. 다시 하나님을 찾도록 기다리신다.

삿 3장

옷니엘(40년 간) , 에훗(80년 간), 삼갈

5-7절을 유의해서 읽어보자.

이때 나타난 적들은 메소포타미아(아브라함이 우르를 떠나 머물렀던 지역, 밧단 아람쪽 사람들), 모압, 암몬, 아말렉(시내광야 일대 유목민들), 블레셋이다. 특히 블레셋은 사사 시대에 가장 이스라엘을 괴롭혔던 강한 종족이다. 다섯 방백이 도시국가를 건설하고 살았다. 가사, 아스돗, 에글론, 가드, 아스글론 등지이다. 교역, 상업, 공기구를 다루는 공장(대장장이 같은……) 등이 주업이었다.

모세가 요단 동편을 돌아 에돔, 모압, 암몬, 아모리 등과 접전했었던 것을 되짚어 보면서 지금 사사 시대에 와서는 어떤 판도인가 비교해 볼 수 있을 것이다.

삿 4-5장

드보라(여자 사사, 40년 간)

에훗 이후, 드보라가 이스라엘 백성의 대소사를 재판하는 사사 역할을 하고 있다. 이 때 당시로서는 현대무기인 철병거를 보유한 하솔 왕 야빈이 이스라엘을 공격한다. 갈릴리 지역 전쟁이다. 드보라가 승리로 이끌게 된 과정을 읽어보자.

룻
기
발
생

삿 6-8장

기드온(40년 간)

미디안과 싸운다. 당시 하나님을 의지하는 진솔한 신앙인의 자세를 엿보자. 소수 정예부대 300명으로 승리한 승전보를 중심으로 기록되어 있다. 기드온은 많은 아내를 두었다. 신약 시대의 지도자상인, '한 아내의 남편'(딤전 3:12)과 비교해 보면 미숙한 삶이다.

삿 9장

아비멜렉

아내가 많다 보니 기드온은 70명의 아들이 있었다. 그런데도 세겜에 가서 또 하나의 첩을 얻어 그녀로부터 낳은 아들이 아비멜렉이다. 서자인 셈이다. 기드온이 죽자 아비멜렉이 70명의 형제들을 제거하고 왕노릇하게 되는 이야기이다. 그리고 세겜 사람의 반란으로 자중지란을 통해 고난당하는 과정을 읽어보자. 사사 시대 정식 역사라고 말할 수 없는 삽화 같은 역사다.

삿 10-12장

돌라(23년 간), 야일(22년 간), 입다(6년 간),
입산(7년 간), 엘론(10년 간), 압돈(8년 간)

이스라엘은 가나안에 들어가 평지(블레셋 땅)는 점령하지 못했다. 후에 다윗 때 가야 점령한다. 그러다보니 이스라엘은 주로 산지 사람들이 되어 살게 된다. 통신이 쉽지 않은 상황에서는 같은 민족끼리도 소통이 어려워 각 지파간에도 지연적인 파벌이 생기고 있다는 사실을 의식하자. 외적이 쳐들어올 때는 결속을 하지만, 내부가 조용해지면 지파별로도 대립구도가 생긴다.

사실 하나의 민족으로 연맹체가 되어 사명을 감당하기가 어려운 상황이다. 그래서 일 년에 세 번씩 명절에 모여 여호와를 뵈며 맹약을 다시 새롭게 하곤 했다. 이런 상황에서 입다는 백성들로 하여금 회개하도록 이끌었다. 백성들은 입다의 통치에 승복하며 하나님과 동행하는 면모를 보였다. 그러나 그 이후 입산, 엘론, 압돈 등의 사사들은 개혁과 발전이 없는 치리를 했다.

삿 13-16장

삼손 (20년 간)

삼손이 나타나기 전 사사들의 행태는 암울하다. 특히 블레셋이 관할하는 때였다. 이때 도덕적, 정치적, 종교적 상태는 어떠했는지 읽어보자. 삼손도 성숙하지 못하다. 그러나 결국 사명을 감당하는 삶으로 마무리짓는 말미를 잘 지켜보자. 여기 삼손까지가 12사사의 스토리다.

세상 나라를 정복하기 위해 가나안에 들어간 이스라엘이 결국 이렇게 우상에 빠져든 실제사건들을 낱낱이 볼 수 있었다. 참 가슴 아픈 일이다.

12

내 노트 | 깊. 이. 새. 내. 기.

- **깊**이 깨닫고 나니 다른 사람과 나누고 싶은 내용

  _____

- **이**해가 되지 않는 부분

  _____

- **새**로 배운 내용

  _____

- **내**가 실천하고 싶은 원리

  _____

- **기**도제목

  _____

성경방 나눔터

- 왜 성경을 가르치는 교육이 하나님 나라를 유지하게 하는 중요한 요소인지 나눠보자.

- 하나님이 원하셨던 이상적인 이스라엘 나라의 모습이 어떤 것이었는지 공자의 유가사상과 연결해서 나눠보자.

- 하나님의 백성으로 살아가면서도 얼마나 미숙한 점이 많은지…… 특히 지도자들도 얼마나 미성숙한지…… 우리 한국교회의 지도자들의 보다 나은 성숙을 위해 기도하자.

- 나의 삶은 사사 시대가 아닌가? '내 소견에 옳은 대로' 살아가고 있지는 않은가?
  왜 내 소견대로 살아갈까? 혹시 주님의 소견을 몰라서 그런 것은 아닐까? 아니면 알면서도 의도적으로 거스르고 있는 것인가? 24시간 동안 당신의 생각을 사로잡고 있는 그 문제에 대해 당신의 소견과 주님의 소견은 서로 일치하는가, 다른가? 당신은 그 문제를 주님의 소견대로 하고 있는가?

7. 그런데 다윗, 너는 내 마음에 합한 모델 왕이다!

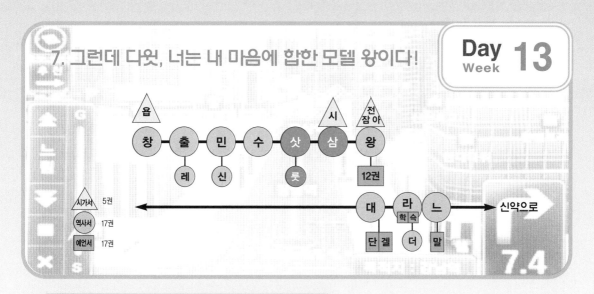

삿 17-21장, (룻 1-4장), 삼상 1-8장

삿 16장까지의 역사를 연출하게 된 이유는 레위지파 때문이라고 고발합니다. 미가 신상 사건, 레위인 첩 사건이 그 얘기죠. '아! 이 나라는 망하겠구나!' 절망이 몰려올 때 룻기를 읽습니다. 성경은 슬슬 다윗을 찾아내기 시작합니다. 왕이 필요한 겁니다. 백성들이 사무엘에게 왕을 요구하는 상황까지 사무엘상 내용을 읽습니다.

13

미가 신상 사건과 단지파 이동 경로

사사기 사가는 16장까지의 급속한 이스라엘의 타락을 레위지파 때문이라고 고발하고 있습니다. 사사기 끝에 붙어 있는 미가의 신상 사건, 레위인 첩 사건을 보면 레위인들의 모세오경 실력을 알 수 있습니다. 16장까지 공개된 사사 시대 상황에서 레위인들이 어떻게 사역하고 있었는지를 알게 해줍니다.

이후 미가의 신상 사건과 레위인 첩 사건, 이 두 기록을 통해 당시 시대상의 근본 병폐가 무엇 때문이었는지를 밝히고 있습니다.

삿 17–18장

미가의 신상 사건   ▷   레위지파를 고발함 (지도 참조)

(사사 시대를 특징짓는 동영상 1번)

여기 미가의 신상 사건을 보자. 미가 어머니도, 미가도, 아니 이 레위인도, 다 모세오경을 제대로 공부하지 않았다는 것을 알 수 있다. 적어도 십계명만이라도 곱씹었으면 이러지는 않았을 텐데 하는 생각에 입맛이 쓰다. 모두 레위인들 책임이라는 것이다. 그들부터 이렇게 살았으니…….

삿 19–21장

레위인 첩 사건   ▷   레위지파를 고발함

(사사 시대를 특징짓는 동영상 2번)

사사 시대 말기에 레위인 첩 살해 사건으로 시작된 전쟁 역사다. 이로 인해 베냐민지파 남자가 멸절할 위기에 처한다. 이 역시 레위인이 주인공이다. 레위인이 이렇게 살았다는 것이다. 사사 시대의 모든 타락은 레위지파에게 제1의 책임이 있다는 사사기 사가의 입장이 아닐까.

"그때에는 이스라엘에 왕이 없으므로 사람마다 자기 소견에 옳은 대로 행하였더라." 이 한탄의 진술은 다음과 같이 되었더라면 좋았을 것을 그렇지 못해서 안타까워하시는 하나님의 말씀입니다.

하나님은 눈에 안 보이셔도 이 나라의 왕이시다. 인간 왕이 없다손 치더라도 이 나라는 성숙한 국민이어야 한다. 왜냐? 제사장 나라이기 때문이다.

레위인들이 하나님의 법(율법책, 말씀)을 잘 연구해서(신 33:10) 가르치기 때문에 백성들은 모범적이다. 모델 나라, 모델 백성이다. 인간 왕이 이래라 저래라 하지 않아도 백성들이 성숙하기 때문에 자기 소견에 옳은 대로 행하여도 이상적인 국가를 이뤄나간다. "세상 나라들아, 적어도 공동체는 이렇게 유지되어야 한다. 열방들아, 와서 내 백성들을 보라! 이스라엘이야말로 나 여호와의 백성이니라. 내가 거룩하니 이들도 거룩하지 않느냐?"

그렇습니다. 하나님은 국민, 주권, 영토를 다~ 완성하신 사사기 상황에서 이걸 기대하셨다는 것입니다. 인간 왕이 없어도 하나님이 통치하시는 나라로 경영되기를 원하셨습니다. 왕이 눈에 안 보여도 유토피아를 이루는 나라, 자기 소견에 옳은 대로 행하여도 괜찮을 법한 그런 모범적인 모델의 나라가 되기를 원하셨습니다. 제사장 나라 말입니다.

그런데……

사사기 분위기는 '인간 왕이 없어서 큰일이네!' 하는 무드가 지배적입니다. 누군가 왕이라도 있어야 하는데 하는 바람을 엿볼 수 있습니다. 왕을 기다립니다. 그 왕은 룻기를 타고 옵니다.

(룻기) 끼워 읽기 (여전히 사사 시대로 보는 안목을 갖자)

한 시대를 알고 싶을 때, 드라마 한편만 봐도 어느 정도 감을 잡을 수 있습니다. 영화 한편이나 소설 한 권을 읽어도 눈치 챌 수 있습니다. 사사기를 다 읽고보니 절망의 동영상을 본 것 같습니다. 미가의 신상 사건 동영상 1번도 그렇고, 레위인 첩 사건 동영상 2번도 그랬습니다.

이제 여기 동영상 3번이 있습니다. 룻기입니다. 이 스토리를 보면 희망이 생길 겁니다. 비상구가 열린 것 같습니다. 절망의 사사 시대 속에서 희망이 싹트고 있었다는 이야기입니다. 동영상 2번까지 보고 이제 어떡하나 하고 실망하는 사람들에게 희망을 던져주는 이야기이지요? **성경 이야기가 흘러갈 다음 방향**은 희망이라는 것입니다.

물론 사사기적 사회성격은 '**몰락**'일 수밖에 없다는 것을 성경은 압니다. 나오미 가정만 보더라도 그렇지 않냐는 것입니다. 약속의 땅마저 나오미 가정을 뱉어냈다는 것입니다. 요단 동편 모압 땅으로 이주하는 스토리가 이 이야기의 출발이기 때문입니다. 그러나 룻을 이끌고 다시 약속의 땅으로 들어오는 나오미 모습, 희망의 그림입니다. 그 희망의 내용이 무엇인가? **왕의 출현**입니다. **다윗!, 그 사람입니다.**

보아스와 계대결혼을 하는 룻을 통해 나오미의 집은 다시 새싹이 돋아납니다. 보아스 가문에서 새순이 돋습니다. **새순! 오벳을 통해 나오는 사람 '다윗'을 성경은 찾아내는 것입니다. 사사기 끝에서 기다렸던 왕입니다.** '사사 시대는 다윗을 향하고 있구나!' 하고 생각할 줄 알아야 합니다. 이렇게 **사사 시대 속에서 봐야만 보이는 사람이 다윗입니다.**

자, 다윗을 이처럼 저~~만치 포석해 놓고, 사사기 배경 속에서 룻기를 끼워 읽어봅시다.

(룻 1-4장)

룻기

계대결혼은 여성의 사회보장제도였다. 그래서 하나님은 당시 고대근동의 이 법을 그대로 허용하신 듯하다. 그러다보니 처첩을 얻는 것이 다반사가 되는 문제도 야기되었던 것이 사실이다. 나오미 이야기는 기드온 시대 때인데 기드온만 하더라도 아내를 많이 거느

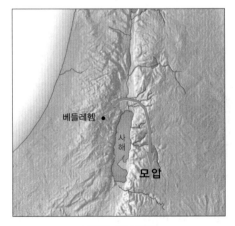

나오미 이동 경로

리지 않았던가.

룻기는 사사 시대가 기다리는 왕 다윗을 찾아내는 책이라는 안목을 갖고 읽자. 절망에서 새순이 돋는 스토리다. 그러므로 이 이야기 중 가장 중요한 대목은 다윗의 족보다. 4:18-22이 클라이맥스다.

사. 무. 엘. 상. 하.

이제는 다윗 이야기입니다. 사사 시대의 미가 신상 사건이나 레위인 첩 사건 같은 시대를 배경으로 해서 다윗을 봐야 한다고 했죠? 사사 시대는 말씀이 통치하는 제사장 나라를 연출해 내는 역사여야 했다고 했습니다. 레위인들이 모세오경을 열심히 배우고 가르쳐서 모델 나라가 되어가는 것, 이것이 하나님의 작전이 아니겠느냐고 했었습니다.

그런데 드디어, 여기 다윗이 그걸 해냈다는 것입니다. '**율법**'을 주야로 묵상하고 연구한 사람이었습니다. 기도의 사람이었습니다. 시편을 남겼다는 것은 말씀과 기도의 사람이라는 말입니다. 삶에서 말씀과 기도를 녹여내야만 토해지는 것이 시편의 신음소리이기 때문입니다. 다윗은 알았습니다. 자기는 우주의 왕이신 여호와 하나님의 대리통치자라는 사실을……! 또, 이스라엘은 '**하나님의 나라**'라는 사실을……!

그러므로 이제 시작될 '왕정 시대'의 모델은 '**다윗 왕**'입니다. '**다윗의 길**'로 가기만 하면 된다는 겁니다. 모델이 딱 떴습니다. '**왕의 모델**'입니다. 이런 왕의 가문은 영원할 수밖에 없습니다(삼하 7: 16).

이제 이 왕권은 신약에서 예수의 왕권으로 이어집니다. '다윗의 자손'으로 오시는 분입니다. 그러나 결코 다윗의 후손이 될 수 없는, 진정한 왕이신 하나님이 '예수'라는 사실을 드러냅니다.

이방 여인 룻의 몸을 빌려 다시 빚어내시는 역사예술! 이제 시작됩니다.

사사 시대 마지막 사사, 삼손 사건도 지나갔습니다. 다윗의 때를 BC 1000년경으로 잡는다면 가나안 정복부터 12사사들이 지나간 때까지를 대충 400년(BC 1400-1000년) 동안이라고 할 수 있을 겁니다. 그 이후 다윗 시대로 이어집니다. 사무엘의 행적부터 다윗이 왕위에 오르기까지의 역사를 사무엘상에서 기술하고 있습니다.

사무엘, 사울, 다윗 이야기를 뚝 떼어놓고 생각하면 안 됩니다. 우리가 지금까지 속상해하면서 (?) 읽어 내려왔던 사사 시대 스토리를 배경으로 하고 읽어야 합니다. 레위인들이 그토록 타락한 상황에서도 사무엘 같은 레위인이 있었다는 것이 희망입니다. 타락한 유다 말기 상황에서도 예레미야 같은 선지자가 있듯이 말입니다.

사무엘상은 **레위** 사무엘의 이야기로 시작됩니다. 그토록 기다렸던 그 **레위인**입니다. 사사기에 이어 진행되는 연속선상에서 사무엘의 사역을 이해해 봅시다.

13

삼상 1-3장

사사기 배경 속에서 태어난 사무엘

제사지내는 성소가 엘리 가문의 타락으로 더럽혀져가는 상황을 예의 주시하라. 이미 우리는 사사기를 읽어서 알고 있다. 왜 그토록 더러워졌는가? 회막이 있었던 중앙본부의 제사문화부터 이렇게 타락했기 때문이다. **레위인**부터 문제였다. 나중에 예언서를 읽을 때도 나타나지만 레위인의 타락(돈, 제물 분깃, 고깃덩어리 분깃)이 멸망의 주원인이라고 성경은 폭로한다. 성경이 이렇게 사사 시대부터 **레위인**들의 타락을 집요하게 추적하고 있다는 사실을 놓치지 말자(오, 주님 우리 시대의 레위인들을 정직하게 하소서!).

이런 제사문화를 배경으로 사무엘이 등장한다. 영적 주도권이 사무엘로 옮겨지면서 다윗 같은 지도자가 앞으로 배출된다는 사실을 염두에 두자. 한나의 노래는 나중에 마리아의 노래와 연결되는 중요한 신학적 내용을 담고 있다.

삼상 4-8장

마치 사사처럼 활동하고 있는 사무엘

사사기 이후의 역사가 붙는 곳이 바로 여기 삼상 4장이라고 생각하자. 사사기 역사는 삼손의 전쟁으로 끝났다. 그런데 그 전쟁 이후 다시 시작된 전쟁이 바로 여기서 읽을 범위에 나타나는 전쟁이다. 이 시대의 적국(敵國)의 표상은 블레셋이다. 바로 이때 사무엘이 마치 사사처럼 활동하고 있다. 그래서 사무엘상도 사사 시대 연속선상에서 볼 수 있다는 것이다. 이런 안목이 있어야 성경이 연결되고 흐름이 이해된다.

법궤를 블레셋에 빼앗긴 후 7개월이 지난다. 그 후 다시 아비나답의 집으로 모시게 된다. 20년 동안 법궤는 거기 있었고 20년이 지난 즈음에 사무엘은 대부흥집회를 미스바에서 열게 된다.

13

앗! 그런데 백성들이 왕을 요구합니다

내 노트 | 깊. 이. 새. 내. 기.

- **깊**이 깨닫고 나니 다른 사람과 나누고 싶은 내용

  _____

- **이**해가 되지 않는 부분

  _____

- **새**로 배운 내용

  _____

- **내**가 실천하고 싶은 원리

  _____

- **기**도제목

  _____

성경방 나눔터

- 오늘날 우리 주변의 교회 상은 미가의 신상 사건과 비교해 볼 때 어떤가?

- 레위지파들은 늘 생활고로 힘들어 해야 할까? 대학원을 졸업하고도 박한 연봉으로 살아가야 하는 목회자들이다. 이런 고생을 각오한 레위지파들이 과연 계속 양성될까?

- 레위지파들은 밤낮없이 모세오경을 공부해야 했다. 혹시 당신이 목회자라면, 목회하기 이전에, 선생이 되기 이전에 얼마나 많이 말씀연구를 해야 할지 나눠보자. 특히 오늘날처럼 고학력 시대의 민중들을 이끌어갈 교회지도자들의 수준은 어때야 할지 나눠보자.

- 사사 시대의 암울함 속에서도 사무엘 같은 영성은 어떻게 가능했을까?

- 룻은 단순한 효부가 아니라, 신앙의 효부이다. 그가 나오미를 따랐던 것은 효보다는 신앙이었다. 룻이 어떻게 해서 그렇게 할 수 있었을까를 서로 이야기해 보자. 만일 당신이 며느리라면, 룻에게서 배워야 할 것이 무엇인지 이야기해 보고, 만일 당신이 시어머니라면 나오미에게서 배워야 할 것이 무엇인지 나누어보자.

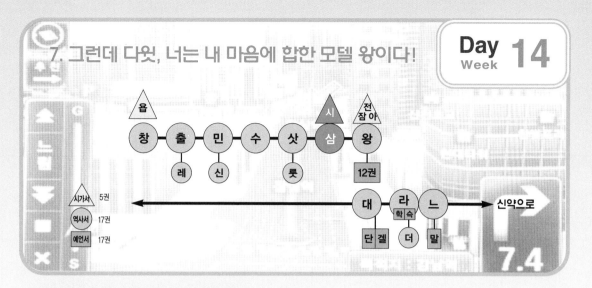

7.4

삼상 9-20장 (시 59편)

1대 왕 사울 이야기를 읽습니다. 이어서 골리앗을 물리치고 진정한 왕상(王像)으로 부상하는 다윗의 이야기가 시작됩니다. 사울의 질투로 야기되는 다윗의 망명 생활까지 읽습니다.

삼상 9-20장   1대 왕 사울 이야기

왕정으로 변환되는 순간에 우리가 생각해 봐야 할 것이 있습니다. 성경 전체를 보는 관점입니다. 성경은 **'누가 왕인가를 다루는 왕 싸움 이야기'**로 보자고 했습니다. 진정한 왕은 하나님이십니다. 그가 통치하셔야 합니다. 하나님의 나라가 이뤄져야 합니다. **그러므로 하나님 나라의 '사람 왕'은 반드시 대리 통치자여야 한다는 것입니다.** 사울은 결국 그 모델이 되지 못했습니다. 그러나 끝까지 기회를 주시는 하나님의 인격적인 모습을 보십시오. 미래를 다 아시는 하나님이십니다. 그럼에도 불구하고 기름 부으시며 기회를 주시는 하나님, 인간의 자유의지와 하나님의 절대주권의 교차점을 보십시오.

사실 성경은 선악과 (하나님은 왕이시다! 하나님의 절대주권과 인간의 자유의지……) 이야기라고 해도 과언이 아닐 정도로, **하나님의 뜻대로 이뤄져가는데도 사람과 함께 동역하시는 하나님**이라는 주제로 꽉 차 있습니다. 사울에게 기회를 주시고도 사울 때문에 후회하시는 하나님, 다 아시는 하나님이신데도 사람에게 문을 열어 기회를 주시는 하나님……. 이 기 막힌 **신인관계**의 역사를 깊이 관조해 봅시다.

1대 왕 사울은 하나님 나라의 '왕 모델'이 아니었습니다. 그의 일생을 추적해 봅시다.

사울은 문제점을 안고 출발합니다. 오랫동안 12지파로 나뉘어 있던 나라를 하나로 뭉치게 해야 한다는 숙제입니다. 쉬운 일이 아니었습니다. 사무엘이 크게 도와주었지만 쉽지 않았습니다. 언약궤도 분실되었습니다. 실로도 파괴되었습니다. 그래서 성막도 옮겨야 했습니다, 법궤가 없어졌으니…….

이런 상황을 생각하면서 사울의 생애를 들여다봅시다.

삼상 9-12장

라마에서 기름 부음받은 사울, 왕으로 인정받다 : 사무엘 퇴장

사울이 왕 될 것을 하나님이 아시고 기름 부으신다. 그 이후 실제로 **사울을 왕으로 옹립하게 한 전쟁이 발발**했다. 삼상 11장 **길르앗 야베스 싸움**이다. 이 전쟁의 승리로 사울은 10지파 중심 (나중에 북방 이스라엘)의 연맹체 왕이 되었다. 나중에 다윗이 유다지파에서 왕이 된 것을 보면 유다지파 사람들은 사울을 왕으로 인정하지 않았다는 사실을 알 수 있다 (삼하 2:1-4).

사무엘은 사울 왕에게 통치권을 넘긴다.

삼상 13-15장

사울이 하나님을 배반함

사울의 실체가 보인다. 여호수아 때 했던 여리고 전쟁, 그것이 이스라엘이 해내야 할 전쟁 샘플인데 사울은 하나님의 방법대로 하지 않는다. 믹마스에서의 블레셋과의 전쟁, 약 20년 후 아말렉과의 전쟁(15장) 등은 사울의 정체를 드러낸다. 하나님의 대리 통치자여야 할 이스라엘 왕 모델이 아니다. 하나님이 인정하실 왕은 아니라는 것이다.

삼상 16:1-13

하나님이 다윗을 택하심

사울이 심리적으로 불안해지기 시작한다. 하나님은 이 순간, 사울 때문에 후회하신다. 다윗에게로 역사의 중심이 옮겨지는 찰라다.

삼상 16:14-18:7

다윗이 수면에 뜨다

다윗, 궁중 음악인으로 경호원으로, 실력을 인정받더니 급기야는 뜬다. 숙원사업이었던 블레셋의 골리앗을 처리한 것이다. 골리앗, 아낙자손 네피림을 굴복시켰다. 이스라엘의 왕상, **다윗**이 세상 나라의 왕상 **네피림**을 처리한 것이다. 다윗의 인기가 천정부지다. 이때 요나단과의 우정이 피어오른다.

삼상 18:8-20장(시 59편)

사울의 질투 ⇨ 다윗, 망명 생활 시작되다

급기야 사울 심경에 변화가 일어난다. 다윗을 죽이려는 결정은 과히 광적이다.

특히 이즈음 다윗을 옆에 두고 감시하며 손에 넣기 위해서 사울은 딸 미갈을 다윗에게 준다. 다윗이 사울을 피해 아내 미갈에게 갔을 때 사울이 이 사실을 알고 군사들을 보내서 그 집을 감시한다. 이 날 밤 다윗은 목숨을 부지하기 위해 창문으로 달아내려져 도망한다. 이것이 바로 다윗의 **망명 생활의 시작**이다.

이 때를 배경으로 쓰여진 시(詩)가 시 59편이다. 이제 앞으로 다윗은 망명 생활이라는 고난 속에서 주옥 같은 시편을 남기기 시작한다. 여기서 맛보기(?)로 시 59편을 함께 한번 읽어보자.

내 노트 ▌ 깊. 이. 새. 내. 기.

- ■ **깊**이 깨닫고 나니 다른 사람과 나누고 싶은 내용
  _____

- ■ **이**해가 되지 않는 부분
  _____

- ■ **새**로 배운 내용
  _____

- ■ **내**가 실천하고 싶은 원리
  _____

- ■ **기**도제목
  _____

성경방 나눔터

- 사울과 다윗의 스토리를 곱씹어 보자. 그리고 '하나님의 절대주권'을 너무나 잘 믿어 운명론으로 치부해 버리는 태도와 '하나님의 절대주권'이 있음을 믿으나 그 경지에 도달하려고 노력하는 '인간의 자유의지'를 귀히 여기는 태도에 대해서 나눠보자.

- 당신은 20대 청년인가? 오늘 당신이 읽은 다윗은 당신 나이이다. 20대였다. 21세기를 살고 있지만 다윗이 친구처럼 다가오는가? 비전을 바라보며 나아가는 다윗에게 청바지와 티셔츠를 입히고 한 번 생각해 보자. 당신은 다윗이 될 수 없는가?

- 사사 시대 배경 속에서 다윗은 어떻게 모세오경을 배웠을까? 어떻게 깊은 기도를 배웠을까?

- 다윗처럼 하나님을 끝까지 믿고 바랐던 끈질긴 신앙이 오늘날에도 있는가? 혹 당신에게 그런 경험이 있다면 나눠보자.

- 사울과 다윗의 공통점과 차이점은 무엇일까? 특별히 차이점을 정리해 보자. 사울은 실패한 왕이고, 다윗은 성공한 왕이 되었다.

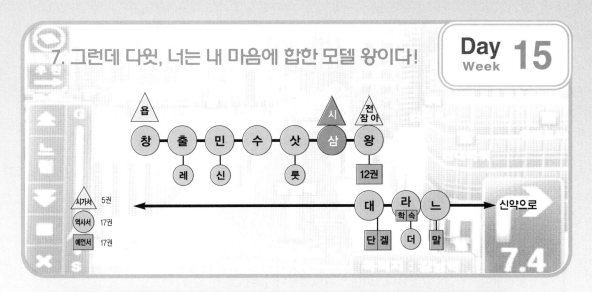

(시 1-2, 4-6, 8-17편), 삼상 21장, (시 34, 56편), 삼상 22장

(시 52, 57편), 삼상 23장, (시 54편), 삼상 24장, (시 63, 142편)

망명 생활하며 쫓기는 중에도 다윗은 하나님을 향한 많은 기도시를 썼습니다. 시편입니다. 고통 속에서 찬란하게 빛나는 하나님과의 교제는 눈이 부십니다. 인간 선배로서의 모델입니다. 엔게디 황무지에서 다윗이 사울을 첫 번째로 살려주는 내용까지 읽으면서 시편도 끼워 읽습니다.

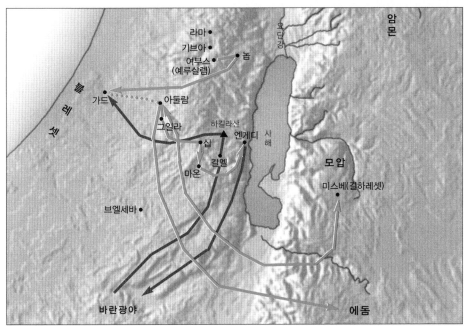

다윗의 도피 여정

망명 생활을 하는 중에 다윗은 '시'를 씁니다. 이런 상황에서 시를 기록했다는 것은 당시 다윗의 일상을 암시해 줍니다. 이미 그는 하나님과 깊은 교제를 하면서 살고 있는 중이라는 것이죠.

자, 그렇다면 우리가 14일까지 읽었던 사건들을 한 번 구체적으로 되새겨봅시다. 골리앗을 이기는 순간, 사울에게 등용되는 때, 또 여인을 경험하고, 정치 권력자 측근에도 있어 보고, 모함을 당하고, 요나단과 우정을 키우는 동안에도 그는 기도하며 그런 일들을 처리했다~~~ 이 말입니다. 20대 약관이었습니다. 대단하지 않습니까?

왕궁을 탈출해서 망명자로 살아가야 하는 다윗의 인생은 정말 고달픕니다. 하나님으로부터 기름 부음을 받았다고 해서 다윗이 곧 왕이 되는 것은 아니었기 때문입니다. 목표가 확인되었다 해도 가는 길은 험난했습니다. 그 힘든 길을 어떻게 지나갔는지 관찰해 봅시다. 한 신앙인이 비전을 받았다 해도 그 비전을 이루는 과정은 결코 쉽지만은 않다는 것을 배우게 됩니다.

이스라엘 백성들에게 칭송을 받던 다윗이 이젠 망명자가 되었습니다. 왕에게 쫓기는 도망자가 되었습니다. 앞으로 어떻게 사울을 피해 다니면서 살아야 할지 그에게는 현실입니다. 사울의 정서적인 불안은 미친 듯한 질투로 나타났습니다. 그게 문제였습니다. 이것이 다윗을 광야로 몰아넣었습니다. 다윗은 이렇게 광야를 지납니다. 극심한 웅덩이, 절벽 같은 고난, 죽음을 그림자처럼 만나면서 그는 하나님 앞에서 깊어집니다. 모세오경 공부를 해 오면서 귀로 들었던 하나님을 이 극심한 죽음의 골짜기에서 직접 대면하는 겁니다. 그렇게 다윗의 신앙은 자라납니다. 아브라함의 하나님! 이삭의 하나님! 야곱의 하나님! 모세의 하나님을 만나는 것입니다. 체험이었습니다.

죽음과 잇대어 하나님을 사색하며 점점 깊어지는 다윗을 우리도 만나야 합니다. 기름 부으셔서 왕이 되게 하겠다고 약속하시더니 이렇게 죽음의 위협을 받아야 하는가? 다윗은 고뇌하면서도 끝까지 그 하나님의 약속을 믿었습니다. 하나님을 그렇게 경험합니다. 이때 자기의 심리상태, 고민, 고뇌, 이런 것들을 다행히도 다윗은 공개합니다. **시편입니다.**

질곡 속에서 토해낸 것은 절망, 때로는 배신, 우정, 모함, 아픔이었습니다. 그런데 그것을 노래했습니다. **고통을 '찬양'으로 승화시킨 사람입니다.** 노래를 불렀습니다. 죽음 같은 위기도 **찬양**이었습니다. 배신의 쓴 잔을 마시고도 결국은 찬양으로 마무리되었습니다. 그는 결국 창조주 하나님을 믿었습니다.

이제 다윗을 좇아가 봅시다. 그냥 무턱대고 좇아가면 안 됩니다. 그가 당하는 사건들 속에 묻어있는 그 심리 상황들을 영화 보듯이 읽어내야 합니다. 그에게 닥친 절망 앞에서 **고뇌했을 수밖에 없는 '속내'를 훔쳐보자 이 말입니다.** 그러면서도 하나님과는 어떻게 그 문제를 처리해 내는지, 시편을 읽으면서 연구해 봅시다. 망명 생활을 끝낸 때가 30살이었습니다. 아직 20대의 약관인데 이렇게 사람이 깊을 수가 있을까? 참 부러운 인생입니다. **우리자녀들도 이런 수준이면 좋겠습니다.**

할 수 있는 대로 다윗의 실제 상황을 염두에 두고 '시편'을 사무엘상하에 연결해 보았습니다. 다윗이 얼마나 하나님의 율법(말씀)을 사랑한 사람인지……, 그의 이런 신앙의 근간이 무엇이었는지……, 미가의 신상 사건, 레위인 첩 사건과 같은 암울한 사사 시대 배경 속에서 어느 정도로 율법을 연구하고 그 가치를 알고 있었던 사람이었는지……. **'자신의 적'은 곧 '하나님의 적'이라고 동일시할 만큼 하나님의 대리 통치자로서의 정체성 인식이 있었다는 사실도 살피면서 바짝 붙어서 벤치마킹해 봅시다.**

〈 시편 간단히 요약하기 〉

사무엘상하와 시편을 연결해 보려고 지금까지 설명했습니다만 '시편'이라는 책을 다음과 같이 간단히 정돈해 보십시다.

1. 150편의 시들이 다섯 권의 책으로 구분되어 있다.
   - 제1권 : 1 – 41편
   - 제2권 : 42 – 72편
   - 제3권 : 73 – 89편
   - 제4권 : 90 – 106편
   - 제5권 : 107 – 150편

2. 150편의 시들은 신앙공동체의 시, 개인 신앙 고백의 시, 찬양의 시, 왕(메시아)의 시 등으로 유형을 분류할 수 있다.

다윗을 추적하던 사울은 결국 블레셋과의 전쟁으로 죽습니다. 그러자 다윗은 자기 거취 문제를 결정해야 할 시점에 와 있다고 생각합니다. 자기 지파인 **유다** 쪽에 정착하는 것이 전략상 좋겠다는 결론을 내립니다. 헤브론에 입성하면 유다 사람들이 자기를 우선 지도자로 인정할 것임을 알아챈 것입니다. 수호지에 나오는 송강 대사가 이런저런 사람들을 모아 체천행도(替天行道)라는 깃발을 내걸었던 것처럼 다윗도 그렇게 모여들었던 부하들을 이끌고 헤브론에 정착합니다. 아니나 다를까 유다 사람들은 다윗을 왕으로 옹립합니다. 다윗은 그래서 자기 지파 유다에서 먼저 왕이 되어 7년 6개월 동안 다스립니다 (삼하 2:11). 서른 살이 될 때였습니다 (삼하 5:4). 망명 생활을 배경으로 시편 읽기도 시작합니다.

（시 1-2, 4-6, 8-17편）

사사 시대에는 레위인들도 말씀을 잘 몰랐다. 그런데 다윗이 말씀을 얼마나 사랑하는지 보자. 하나님 사랑을 예술로 표현해 내는 음악가 다윗도 보자. 계속해서 읽을 내용들은 다윗의 고난이다. 그런데 그 속에서도 영감이 떠올랐고, 그것을 찬양으로 승화시켰다는 점만 보더라도 이런 시들은 아름답지 않은가? 전쟁영웅, 그러면서도 예술가 다윗을 함께 보자.

앞으로는 시편과 사무엘상하를 섞어가면서 읽을 것이다.

삼상 21장, （시 34, 56편）

망명 생활 시작, 이리저리 헤매는 불쌍한 다윗

다윗은 사울을 피해 적국 블레셋 가드로 간다. 그러나 거기서도 미친 체해 보았지만 정체가 탄로나서 계속 있기가 어려워진다.

삼상 22장, (시 52, 57편)

사울, 놉땅 제사장들이 다윗을 보호해 줬다고 85명을 학살

이번에는 아둘람 굴로 피한다. 그 다음은 다시 모압 왕에게 귀의하기도 한다. 또 놉 땅의 제사장 아히멜렉에게 피하기도 한다. 여기서 사울에게 탄로가 난다. 다윗은 이 정보를 알고 피신했지만 놉 땅의 제사장들이 다윗을 숨겼다고 85명을 살해한다.

삼상 23장, (시 54편)

다윗, 그일라 주민을 블레셋으로부터 구원함
그러나 계속 사울을 피해 도주

삼상 24장, (시 63, 142편)

다윗, 사울을 살려줌

15

내 노트 █ 깊.이.새.내.기.

■ **깊**이 깨닫고 나니 다른 사람과 나누고 싶은 내용

_____

■ **이**해가 되지 않는 부분

_____

■ **새**로 배운 내용

_____

■ **내**가 실천하고 싶은 원리

_____

■ **기**도제목

_____

성경방 나눔터

- 다윗은 리더였다. 그의 그림자 안에 사람들이 고였다. 당신은 자녀를 리더로 키우기 원하는가? 그 주변에 사람이 고이는 아이가 되어야 한다. 점수 몇 점 더 받는 것이 관건이 아니다. 꽃에 벌이 꼬이듯 사람이 고이는 향기를 가진 아이가 되게 하고 싶지 않은가? 점수인가, 사람인가?

- 다윗은 고난도 그림자처럼 달고 다녔다. 고난이 없기를 기도하는 것과 고난을 극복해 내는 사람이 되는 것, 당신은 어느 것이 가치 있다고 생각하는가?

- 당신이 파란만장한 인생을 살았는가? 다윗이 그랬다. 혹 기가 막힌 웅덩이를 지났는데 하나님이 함께 하신 이야기가 있다면 나눠보자.

- 분명 하나님의 뜻대로 하느라고 했는데 일이 안 풀린 경험이 있는가? 아직도 그래서 힘든가? 선배 다윗을 보면서 하나님을 기대할 수 있는가? 오늘 읽은 말씀들이 바로 그런 당신을 위함이 아니겠는가?

- 다윗은 특별한 훈련을 받았다. 왜? 그가 앞으로 할 일이 특별했기 때문이다. 그런데 큰 장애가 앞에 있을 때마다 다윗은 '여호와께 물어 가로되'의 길을 택했다. 사실, 다윗의 가장 큰 훈련은 자기 생각대로 인생의 문제를 푸는 것이 아니라, 하나님의 생각대로 인생의 문제를 푸는 법을 배우는 것이었다. 당신은 이 방법을 터득했는가?

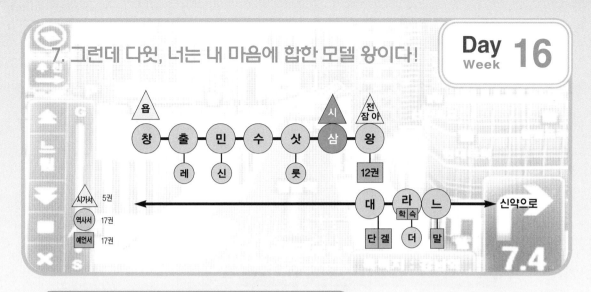

7. 그런데 다윗, 너는 내 마음에 합한 모델 왕이다!

Day 16
Week

삼상 25:1-삼하 2:11, (시 7, 19-30편)

OVERVIEW

다윗의 망명 생활 마지막 부분입니다. 사무엘도 죽고, 사울도 다윗을 쫓다가 전쟁터에서 죽습니다. 헤브론에서 일단 유다 지파만의 왕으로 즉위한 내용까지 다윗 이야기를 읽습니다. 이런 인생의 여정 속에서 뱉어내는 기도의 신음소리들이 시편에 배어있습니다.

삼상 25-31장

망명 생활 말기 스토리

사무엘이 여기서 죽는다. 사울은 여전히 다윗을 추격한다. 이런 상황 속에서 600명의 병력과 함께 베두인처럼 떠돌며 경험하는 사건들을 읽자. 특히 죽은 사무엘의 혼을 불러내는 장면은 참 특이하다. 하나님께서는 혼백을 불러내지 말라고 율법에 여러 차례 말씀하셨는데(레 19:31, 20:6, 20:27) 사무엘을 불러내는 이야기가 있기 때문이다. 혼백을 불러내는 일은 이방종교에서 하는 방법이다. 그런데 사울이 그것을 어기면서까지 사무엘에게 의존하자, 눈높이를 맞춰 그에게 말씀하신다. 마치 발람이 이방 술사였음에도 그에게 나타나서 말씀하신 것 처럼……

하나님을 떠나 불안해 하는 한 인생을 보라. 그도 사실은 하나의 모델이다. 우리가 사는 시대에도 이런 사람들이 많다. **갈 데까지 가고야 마는 이 불안한 정신의 광기**를 보면서 많이 묵상해 보자. 질주하는 현대인의 정신세계를……

블레셋, 아말렉과 관련된 스토리들을 읽으면서 수호지 사람들 같구나……, 이렇게 생각하면 읽기가 쉬울 것이다.

(시 7편)

삼상 26장과 관련된 시

사무엘하부터는 다윗이 왕이 되네!

사무엘하가 여기서 시작된답니다. 사울이 죽는 장면으로 사무엘상은 막을 내리고요. 무슨 뜻일까요? **사무엘하부터는 다윗이 왕이 된다**는 뜻입니다.

다윗은 이미 유다지파의 왕이 되어 헤브론에서 다스리고 있는 중입니다. 북쪽 이스라엘 연맹은 사울 이후 왕조를 이어가지 못하고 결국 다윗에게 붙습니다. 이렇게 이스라엘은 처음부터 두 덩어리로 만나 엉거주춤 왕정 시대가 열리는 거예요. 그러다가 드디어 다윗에 의해서 통일됩니다. **사무엘하**가 시작됩니다.

삼하 1-12장   다윗 왕의 전성기

사울이 전사한 이후, 다윗 왕의 즉위부터 밧세바와 범죄한 사건까지를 기록한 부분입니다. 다윗은 사울이 죽자마자 일단 유다지파의 왕으로 헤브론에서 즉위합니다. 그러나 수많은 반대세력과 시련을 이겨내야 합니다.

그는 어린 목동 시절 사무엘에게 기름 부음을 받은 후부터 왕이 된 지금까지 줄곧 여호와 신앙에 순결했습니다. 하나님은 급기야 **다윗과 그의 가문에게 영원한 왕권을 언약**하십니다. 소위 **다윗 언약**을 체결하신 것입니다. 이 언약은 마침내 그의 후손으로 오실 **메시아, 예수 그리스도**에 의해 궁극적으로 성취될 것입니다.

하나님은 순종하는 다윗 왕을 들어서 주변 적대세력을 정복하게 하십니다. 마침내 옛날 조상들에게 약속하셨던 땅 전체를 차지합니다.

삼하 1:1-2:11

사울의 전사, 다윗은 유다지파의 헤브론에서 유다의 왕으로 옹립

(시 19-30편)

위의 스토리와 관련된 것은 아니지만 다윗의 이런 인생을 염두에 두고 읽어보자.

내 노트 | 깊. 이. 새. 내. 기.

- **깊**이 깨닫고 나니 다른 사람과 나누고 싶은 내용

_____

- **이**해가 되지 않는 부분

_____

- **새**로 배운 내용

_____

- **내**가 실천하고 싶은 원리

_____

- **기**도제목

_____

성경방 나눔터

- 사울의 광기가 조금은 이해되는가? 당신 뜻대로 해보고, 해보고, 해보다가 절망에 정수리를 부딪힌 순간까지 가본 경험이 있는가? 분명히 잘못 가고 있는 것을 알면서도, 그래서 불안하면서도, 그냥 내쳐 갈 데까지 가본 경험이 있는가?

- 사울의 고난은 하나님의 통치를 인정하지 않는 데서 시작되었다. 다윗의 행복은 하나님을 왕으로 인정하는 데에서 출발했다. 그동안 그토록 많이 들었던 이 두 사람을 비교하는 설교의 포인트가 이해되는지 나눠보자.

- 다윗은 이미 어렸을 때 이스라엘의 왕이 될 사람으로 기름 부음을 받았다. 그런데 그 약속이 성취되기까지 약 20년이 걸렸고, 그 과정에서 죽을 고비도 수없이 넘겼다. 이런 것을 볼 때 하나님께서 당신에게 뭔가를 약속하셨다고 해서 아무 어려움도 없이, 꽃밭 길을 걸으면서 그 약속이 성취되는 것은 아니다. 산과 골짜기와 강물을 건너면서 이뤄진다는 것을 알아야 한다. 그 때 필요한 것이 '믿음과 인내'이다. 사울에게 없었던 것이 사실은 바로 이 믿음과 인내였다. 당신에게는 있는가, 없는가?

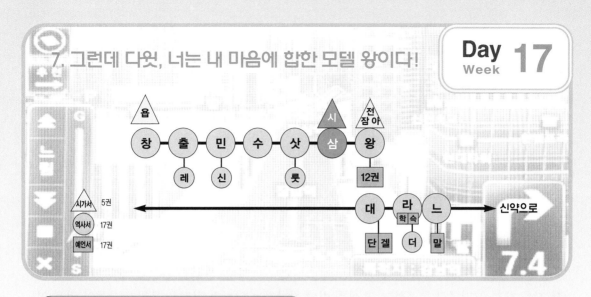

7. 그런데 다윗, 너는 내 마음에 합한 모델 왕이다!

삼하 2:12-5:25, (시 31-41편)

사울 계열의 북쪽 이스라엘 연맹이 항복합니다. 다윗은 드디어 기름 부음받은 지 약 20년 만에 이스라엘을 통일합니다. 예루살렘을 수도로 정하고 통일왕국 정부를 수립합니다. 그동안 최강 적수였던 블레셋을 물리치는 부분까지 읽고 난 후, 시편을 읽습니다.

삼하 2:12-5:5

다윗, 드디어 남북 통일왕국의 왕으로 등극

사울이 죽은 이후 북쪽 이스라엘은 왕위가 쉽사리 이어지지 못한다. 이 과정을 읽자. 사울의 군대장관 아브넬이 죽는다. 또 사울의 아들 이스보셋도 살해되고 만다. 결국 다윗이 천하통일을 한다. 이 부분이 아주 중요하다. 특히 삼하 5:1-5을 잘 읽어보자.

삼하 5:6-5:25

왕이 되자마자 다윗은 첫 프로젝트로 예루살렘을 수도로 도읍함

사사 시대를 지나오면서 정복하지 못했던 땅들이 있었다. 그중 가장 힘든 대상이 여부스의 예

Day 17 삼하 2:12-5:25, (시 31-41편) 167

루살렘성(요새였다)이었고, 블레셋이었다. 다윗은 예루살렘을 수도로 정하고 도읍한다. 기름 부음받은 다윗이 그야말로 온 국민들로부터 실력을 인정받는 계기가 된다. 그는 왕이다.

(시 31-41편)

여러 상황 속에서 부르짖은 기도 시들

여기서 다윗의 시를 읽어보자. 때로는 올무에 빠지고, 때로는 포위당하고, 때로는 좌절하고, 절망하고, 병들고, 허덕이는 것이 우리네 인생 아닌가? 다윗도 똑같이 그것을 경험한다. 그러면서 죄를 짓고, 그러면서 통곡하고, 용서를 빌며 지나가는 다윗의 심경을 우리가 그동안 읽은 역사를 배경으로 해서 들여다보자.

시 34편은 앞에서 읽었지만 한 번 더 읽자.

내 노트 ┃ 깊. 이. 새. 내. 기.

- **깊**이 깨닫고 나니 다른 사람과 나누고 싶은 내용

  _____

- **이**해가 되지 않는 부분

  _____

- **새**로 배운 내용

  _____

- **내**가 실천하고 싶은 원리

  _____

- **기**도제목

  _____

성경방 나눔터

- 대학입시를 기대하며 공부하다 합격해도 또 그냥 그렇다. 입사하기를 기대하다 합격해도 또 그
  냥 그렇다. 결혼하기를 기다려 결혼해도 또 그냥 그렇다. 왕이 되기를 기다리며 인고의 세월을
  지나 왕이 되어도 또 그렇다. 인생이 그냥 다 그런 것이라면 과연 가장 중요한 것은 무엇일까?
  인생의 여정 중에 만나는 '하나님과의 교제', 이것이 가장 가치 있지 않겠는가? 당신은 어떻게 생
  각하는가? 동의하는가?

- 다윗은 생각의 사람이었다. 예루살렘을 수도로 택한 것이 바로 그 증거 중 하나이다. 예루살렘은
  천연의 요새로서 적합한 곳이고, 또 멜기세덱과 관련지어 볼 때, 즉 영적으로 볼 때도 적합한 곳
  이다. 헤브론을 수도로 하지 않고, 예루살렘을 수도로 택한 것은 다윗이 하나님께 받은 지혜의
  결과이다. 하나님의 사람들은 이처럼 지혜가 필요하다. 오늘 당신은 중요한 결정을 해야 하는가?
  하늘의 지혜를 구하라.

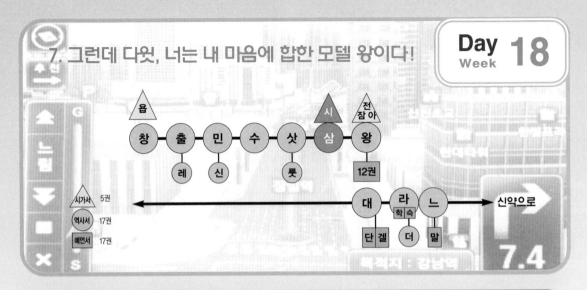

7. 그런데 다윗, 너는 내 마음에 합한 모델 왕이다!

삼하 6-7장, (시 42-50편), 삼하 8장, (시 60편), 삼하 9-12장, (시 51편)

OVERVIEW

'다윗의 자손 예수'라는 말의 진원지, '다윗 가문과의 언약'을 읽습니다. 사사 시대 때 아비나답 집에 보관하고 있던 법궤를 예루살렘 성으로 옮기고 난 후의 일입니다. 위대한 언약을 맺고는 다윗이 치명적인 실수를 합니다. 우리아의 아내를 범하고 우리아를 살해합니다. 인간 다윗의 처절한 회개의 몸부림이 묻어나 있는 시편도 함께 읽습니다.

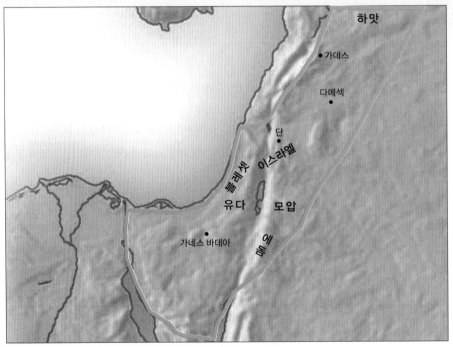

다윗이 정복한 영토 경계선

삼하 6장

법궤를 예루살렘으로 옮기는 작업

다윗은 사사 시대 이후 지금까지 법궤를 보관하고 있던 아비나답의 집에 마음이 가 있다. 예루살렘으로 옮기고 싶은 것이다(삼상 7:1). 드디어 정병 3만 명을 동원해서 예루살렘으로 옮기는 다윗을 보라. 그는 이렇게 예루살렘을 영적 수도로 설정한다. 이것은 그가 왕이 되기 전부터 무엇을 목표로 살아왔는지를 보여준다. **이 때 부른 감사 찬송시가 역대상에는 기록되어 있다.** 그 내용은 역대상을 읽을 때 읽을 것이다. 웃사와 충돌하시는 하나님은 법궤에 대한 규례까지도 정확히 말씀대로 하기를 원하신다. **다윗 새 정부가 들어서면서 하나님은 당신의 왕권을 이런 방식으로 표명하신다. 하나님은 왕이시다.**

삼하 7장

하나님과 언약을 맺음

이스라엘의 진정한 왕은 하나님이라고 다윗은 믿고 있다. 그 **속내**를 엿보자. 그것이 무엇인가? 바로 **하나님의 법궤가 머무를 수 있는 성전을 짓고 싶어하는 열심**이다. 중요한 것은 이에 대한 하나님의 반응이다. 하나님은 '**다윗의 가문**'을 영원하게 할 것을 언약하신다. 이 언약은 **아브라함 언약**만큼 위대한 언약이다. 결국 성경 이야기는 '누가 왕인가?'가 관건이라고 하지 않았던가? 그러니 당연히 하나님의 왕권을 인정하는 자의 가문이 영원할 수밖에 없지 않은가? 여기서 '**다윗의 위**'(位)를 통해 그리스도가 오실 것을 포석한다(마 1:1).

(시 42-50편)

고라자손의 노래

다윗은 제사드릴 때 부를 노래를 짓도록 한다. 레위지파 중 고라자손들이 부를 노래다. 역대상 기록을 보면 자세히 알 수 있다. 하나님의 왕권을 인정한다는 것은 **예배자로 산다는 것**을 보여준다.

삼하 8-12장 , (시 60편), (시 51편)

다윗 왕국, 주변 국가들을 점령해 나감

다윗은 그 이후 정벌에 나선다. 다윗의 영토가 점점 넓어져간다. 다윗의 정복 전쟁기다. 여호수아 때보다 약 3배 가까운 땅을 정복한다. 다윗은 하나님의 깃발을 열방에 꽂은 왕이다. 그러나 인간이었다. 이 과정 중 우리아의 아내를 범한다. **성경은 범죄하는 다윗을 여지없이 찾아낸다. 숨어서 한 일인데 기록으로 남겨 만천하에 공개한다.** 오늘날 우리가 알기까지…….

그러나 다윗은 이 일로도 우리의 모범이 된다. 회개하는 인간의 모델로 두고두고 기억된다. 참회의 모델로도 다윗은 다윗이다. 그는 죄를 토해내는 '기도 시'를 남겨서 우리 마음을 대신 쓸어내린다.

● 삼하 8장, (시 60편) : 주변 국가를 차례로 정벌해 나감으로 다윗 왕국이 완성되어 감

　　　→ 잘 나가는 중

● 삼하 9장 : 친구 요나단을 생각해서 사울의 후손(므비보셋)을 우대함 → **다윗의 넓은 마음**

● 삼하 10장 : 외국 정복으로 다윗 왕국이 완성되어감 → 잘 나가는 중

● 삼하 11-12장 : **밧세바를 범하는 다윗 → 잘 나가는 중에 방심함. 여자 문제로 범죄함**

　　밧세바를 범하고 죄 없는 우리아를 죽인다. 나단 선지자의 책망을 듣고 회개하지만 둘 사이에서 난 아이는 죽는다. 이 아이가 죽고 난 후 밧세바에게서 태어난 그 다음 아기가 솔로몬이다. 여기서 예수님의 족보 마 1:6을 찾아가 보자. 바로 이 여인의 피를 타고 예수님의 육신의 아버지가 태어났다. 인간의 실패와 하나님의 회복하게 하심, 인간의 자유의지와 하나님의 절대주권, 우리가 이 관계를 어떻게 이해할꼬……?

　　그래서 우리는 하나님을 믿는다. 따질 일이 아니라 하나님의 자비로우심과 완전하심을 믿을 뿐이다. **우리의 실패를 승리로 마무리하시고야 말 하나님을 우리는 신뢰할 뿐이다.**

● (시 51편) : 참회의 시

　　밧세바를 범한 이후 회개하며 지은 시를 읽자. 용장인데도 얼마나 많이 울었는지……! 하나님께 범죄한 것을 하나님께 반역한 것으로 이해하고 있다. 하나님의 심판을 받고자 한다. 그러나 용서해 주시면 자기도 죄인들을 가르치겠다고 한다. **죄를 죄로 아는 것이 하나님의 은혜이다.** 죄를 죄로 아는 순간이 복된 순간이다. 우리의 희망은 여기에 있다.

18

내 노트 깊. 이. 새. 내. 기.

- **깊**이 깨닫고 나니 다른 사람과 나누고 싶은 내용

  _____

- **이**해가 되지 않는 부분

  _____

- **새**로 배운 내용

  _____

- **내**가 실천하고 싶은 원리

  _____

- **기**도제목

  _____

성경방 나눔터

- 사울에게 쫓겨 블레셋으로, 놉 땅으로, 엔게디 등으로 쫓겨다니던 시절을 뒤로 하고 천하통일하는 다윗의 심정을 나눠보자. 인생의 정점에 서 있을 때도 그의 태도는 하나님 앞에서 '종'이라는 정체성을 잃지 않았다. 당신도 성공했을 때 변함없이 종의 심정으로 있을 수 있는가? 실제 이런 경험이 있다면 나눌 수 있는가?

- 법궤를 다윗성으로 옮겨 온 다윗처럼 당신도 분주한 일상 속에서 말씀이 중심에 있는가?

- 하나님의 은혜가 커서 다윗과 밧세바 사이에서 태어난 솔로몬이 왕이 되었다. 다윗이 죄를 회개했기 때문이었다. 혹시 당신의 출생에 관해 당신은 늘 콤플렉스를 가지고 있는가? 당신의 부모들이 잘못하여 태어났다고 해도, 솔로몬처럼 은혜를 입은 사람이 되기를 기도해 보라. 아니, 이미 하나님의 은혜를 입은 사람임을 알지 못하는가?

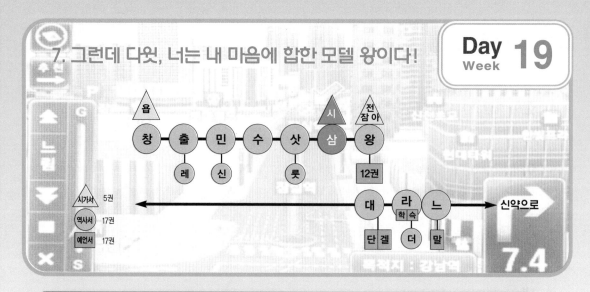

7. 그런데 다윗, 너는 내 마음에 합한 모델 왕이다!

시가서	5권
역사서	17권
예언서	17권

신약으로

7.4

🔍 OVERVIEW

삼하 13-19장, (시 3편), 삼하 20-24장(삼하 22장, 시 18편과 동일),
(시 53, 55, 58, 61-62, 64-71편)

황혼기에 다윗가문에 환란이 닥쳐옵니다. 압살롬의 반역이 클로즈업됩니다. 압살롬이 죽고 난 이후에도 세바의 반란이 닥치지만 다윗은 평정해 버립니다. 예루살렘을 탈환한 노년 다윗 왕의 중요한 업적과 노래들을 시편과 함께 읽습니다. 사무엘하가 끝납니다.

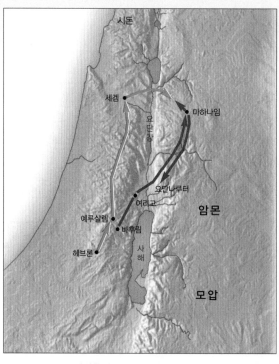

압살롬의 반역과 다윗의 여정

　　오늘부터 나타나는 압살롬 사건을 큰 안목으로 봅시다. 다윗의 종말로 방향을 틀면 왕위 계승 문제가 대두됩니다. 다윗의 황혼기는 이 문제를 둘러싸고 투쟁으로 점철됩니다. 특히 압살롬은 셋째 아들이었는데 치열한 승부욕을 갖고 왕권에 도전합니다. 넷째 아들 아도니야 사이에 일어나는 갈등을 잘 추적해 봅시다. 열왕기상 때까지도 계속 이어지는 인물이 '아도니야'이기 때문입니다.

삼하 13-19장

아들 압살롬의 반역

- 삼하 13:29 : 황태자 1위였던 장자 암논을 압살롬이 제거한다

- 삼하 13:30-15:12 : 계획적인 음모로 아버지 다윗을 반역한다

　　압살롬 전략 : 다윗의 참모였던 아히도벨을 참모로 끌어들임.

- 삼하 15:13-37 : 압살롬에게 쫓겨 도망하면서도 다윗, 작전개시하다

　　다윗의 전략 : 압살롬측 정보를 빼내기 위해서 아히마아스와 요나단을 정보수집책으로 예루살렘에 파견근무하게 하고 다윗의 참모인 '후새'도 압살롬측으로 보내서 위장 전향하게 함.

- 삼하 16:1-14 : 쫓겨가는 다윗에 대한 죽은 사울 왕 가문들의 반응

　　다윗의 죽은 옛 친구 '요나단'의 아들 '므비보셋'의 신하가 다윗을 선대함.
　　사울의 친척 시므이는 다윗을 저주함.

- 삼하 16:15-18:33 : 후새의 활약과 전쟁

　　압살롬의 예루살렘 입성. '후새'도 위장 전향해서 다윗에게 유리한 모략을 제시함. 모략이 실패하자 아히도벨이 자살함. 스파이 '후새'의 모략이 결국 압살롬을 패전케 함.

- 삼하 19장 : 요단강을 건너 예루살렘성으로 귀환 준비

　　압살롬의 죽음을 너무 슬퍼하므로 다윗과 부하들 사이에 한 때 긴장이 생김. 이후 건너왔던 요단강을 다시 건너기 전 사울 가문, 시므이 등이 다시 다윗에게 나타남.

19

(시 3편)
압살롬에게 쫓기면서 지은 시

이즈음 또 하나의 반역이 기다리고 있었으니……

삼하 20장
세바의 반역 ⇨ 세바를 제압하고 예루살렘을 탈환하는 늙은 다윗 왕

압살롬의 반란으로 쫓겨 도망하던 다윗이 요단강을 건너 예루살렘을 탈환할 즈음에 북방 이스라엘 사람들(본래 사울 왕쪽 부류 리더들)이 분리를 주장해 온다. 그 사람들 중 세바가 모욕스런 말을 하면서 다윗에게 정면 도전한다.

다윗은 이처럼 아들의 반란과 그동안 생긴 반대파들의 반란에 곤욕을 치른다. 이 모든 일들이 말년에 생긴 일이다. 결국 이 반란들을 제압하고 다시 예루살렘으로 돌아오는 드라마 같은 역사를 읽자.

삼하 21-24장(시 18편)
기타 사항들, 다윗의 중요 업적과 노래들

예루살렘 귀성까지의 기록(20장)으로 다윗 역사를 사실상 마무리해야 한다. 그런데 연대기적으로 연결되지는 않지만 아래 나오는 삼하 21-24장이 덧붙여져 있다. 다윗의 사적 중 중요한 사건을 모아 기록한 것으로 생각하면 된다.

- 삼하 21-23장 : 기브온 사람, 블레셋 거인을 죽인 용장들, 승전가(시 18편)

- 삼하 22장은 시 18편이다.

- 삼하 24장 : 기타 사항들, 인구조사로 다윗이 범죄함

  삼하 24장과 대상 21-22장은 서로 다른 강조점을 갖고 있어서 해석을 요한다. 중요한 것은

19

이 사건이 성전건축과 연결되어 있다는 사실이다. 여기서 엄청난 국민이 희생되고 여부스 사람 아라우나(오르난)의 타작마당에 와서야 전염병이 멈춘다. 이 타작마당이 열왕기상에서는 솔로몬이 성전을 짓게 되는 부동산(땅)이 된다.

우리아의 아내를 차지한 범죄로 예수님의 혈통이 이어지기도 하고, 인구조사 범죄로 전을 지을 땅이 마련된다는 것은 참 아이러니하다. 이런 아이러니를 타고 이야기는 열왕기로 이어진다.

사람은 실패해도 하나님은 당신의 나라를 이렇게 이어나가신다. 때때로 우리가 실패해도 진심으로 회개하고 또 툭툭 털고 일어나면 하나님은 그 위에 기가 막힌 그림을 그리신다.

(시 53, 55, 58, 61-62, 64-71편)

다윗 일생을 마무리하면서 시편을 읽어보자

☞ 좀더 남아있는 시편분량은 역대상하에서 다윗 이야기를 읽을 때 같이 읽을 것이니 안심! ^^

다윗은 왕상(王像)의 샘플이었다. 그래서 이후 왕들 중에 만약 다윗 같은 사람이 나타나면 그는 **'다윗의 길로 행했다.'라고 평가된다.** 예를 들면, 요시야 왕은 여덟 살에 왕이 되었는데 그 이후 '다윗의 길'로 행했다고 기술한다(왕하 22:2).

사울과 다윗은 왕이었지만 열왕기상하의 주인공이 아니다. 따로 떼어 사무엘상에서 다룬다. 사사 시대를 배경으로 나타나기도 하면서 왕상의 샘플들로 등장하기 때문이라고 생각하자.

19

내 노트 ▐ 깊. 이. 새. 내. 기.

- **깊**이 깨닫고 나니 다른 사람과 나누고 싶은 내용

  _____

- **이**해가 되지 않는 부분

  _____

- **새**로 배운 내용

  _____

- **내**가 실천하고 싶은 원리

  _____

- **기**도제목

  _____

성경방 나눔터

- 혹 당신 남편이 배신했는가? 아니면 아이들이 완전히 기대에서 어긋나 비껴가 버렸는가? 연인이 배반했는가? 거래처가 파산해서 수천만 원을 날렸는가? 그게 인생인 듯하다. 오늘 다윗을 보니……

  다윗은 아들로부터 배신을 당했다. 그러자 충신이 그 아들을 죽여 버렸다. 그래서 슬퍼한다고 충신들은 등을 돌리려 한다. 구린내란 구린내는 다 맡으며 다윗은 신음한다. 그 믿음의 용장이……

  왜 이 다윗의 스토리를 성경이 공개하는가? 당신 때문이다.

- 당신 인생에는 '시므이'가 없는가? 당신을 그토록 저주한 사람 말이다. 다윗처럼 하나님께 맡기자. 오히려 그를 위해 기도해 보라. 혹시 당신이 '시므이'처럼 그 누구를 저주하고 있지는 않은가? 시므이의 비참한 말로를 보라. 거울로 삼자. 내가 저주하지 말고, 주님께 맡기자.

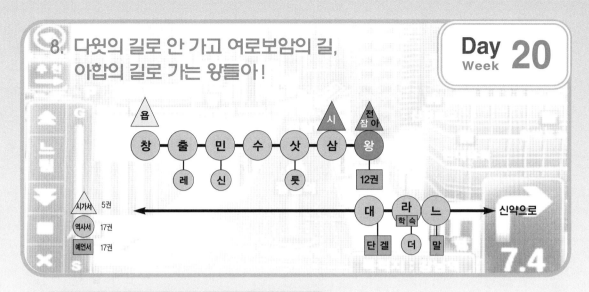

8. 다윗의 길로 안 가고 여로보암의 길, 아합의 길로 가는 왕들아!

시가서 5권
역사서 17권
예언서 17권

7.4

왕상 1-6장, (시 72편), (잠 1-15장)

OVERVIEW

다윗 이후 왕정 시대 역사를 모아놓은 사기(史記)를 읽기 시작합니다. 열왕기상의 첫 왕 솔로몬 이야기입니다. 그는 아버지 다윗의 숙원이었던 성전을 완공합니다. 열왕기상하 물고기 그림 머리 부분에 해당하는 내용입니다. 솔로몬이 쓴 시편과 잠언 전반부를 끼워 읽습니다.

열. 왕. 기. 상. 하.

우리는 열왕기상하에 와 있습니다. 다윗은 이제 늙어서 이불을 덮어도 따뜻하지 않습니다(왕상 1:1). 그러니까 '솔로몬' 부터 시작하는 이야기가 '열왕기상' 입니다. 그런데 솔로몬까지만 통일왕국이고 그 아들 르호보암 때 가서는 불행히도 나라가 둘로 나눠집니다. **북쪽을 북방 이스라엘**이라 하고, **남쪽을 남방 유다**라고 합니다. 북방 이스라엘은 19명의 왕들로 아홉 왕조가 이어집니다. 또 남방 유다는 20명의 왕들이 다윗 왕조로 흘러갑니다.

그러다보니 열왕기상하 하면 복잡하면서도 지루하고 딱딱한 느낌이 있습니다. 시편이나 전도서는 그래도 읽으면 마음에 와 닿기라도 하지만 이 왕사는 지루하고 영~ 재미가 없습니다. 사실(史實)만 기록하고 있어서 그렇습니다.

20

그런데다가 또 문제는 **열왕기상하 시대에 기록된 성경이 15권이기 때문에 더욱 그렇습니다.** 이렇게 많은 성경목록이 열왕기상하와 얽혀있으니 열왕기상하를 모르면 이것들도 이해하기 어려운 것입니다. 열왕기상하 상황 속에서 생긴 책들이니까 말입니다. 구약! 하면, 안개지대처럼 뿌옇게 느껴졌던 이유가 바로 열왕기상하 때문일 것입니다. 그럼 정말 열왕기상하는 어렵고 복잡할까요? 그렇지 않습니다.

한 번 큰 소리로 따라 해 보세요. ^^

열왕기상하는 중요하다!
그런데 쉽다!

'머리', '몸통', '꼬리'만 알면 쉽습니다. 『어? 성경이 읽어지네!』 부록 9번을 참조하십시오. 그리고 강의 들으셨던 분들은 다시 한 번 회고해 보십시오.

머리 : 솔로몬, 남북분열 이야기
몸통 : 아합 왕 이야기
꼬리 : 망하는 이야기

이것만 정리하면 된답니다. 척추입니다.
물고기 그림을 보면서 중심을 잡고 시가서 3권, 예언서 12권을 함께 연결해서 재미있게 읽어봅시다.

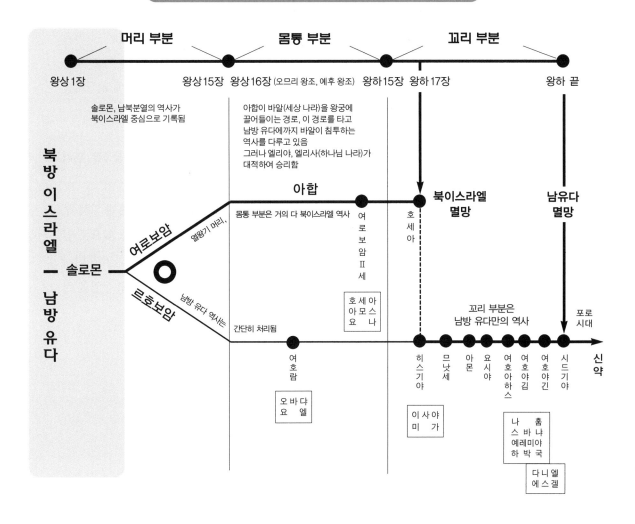

열왕기상하 물고기 그림 : 머리 부분(솔로몬)

왕상 1-11장   '머리 부분' 첫 번째 주제 : 솔로몬

열왕기상하 물고기 그림 중, 머리 부분입니다. 솔로몬은 다윗 생전에 왕으로 즉위했습니다. 짧은 섭정이 있었다는 뜻입니다. 솔로몬은 3대 왕이 되어 성전을 건축합니다. 아~ 얼마나 완벽한 순간입니까? 얼마나 아름다운 광경입니까? 하나님 나라 왕이 임재해 계시는 성전이 완공되었으니 말입니다. 아브라함이 마므레 상수리수풀에 단을 쌓을 때로부터 하나님은 경배를 받아오셨습니다. 때로는 베델이라는 황량한 들판에서도 야곱의 예배를 받으셨습니다.

그리고 모세 때 가서는 성막을 짓게 하셨습니다. 비록 이동용이었지만 하나님의 임재를 알 수 있도록 가시적인 형태로 하나님의 집이 마련되었습니다. 사사 시대를 거치면서 이리저리 떠돌아다녔던 법궤도 다윗을 만나 예루살렘 다윗성에 올려졌습니다.

그런데 드디어 지금 솔로몬 왕이 성전을 완공했습니다. 언약궤도 들여오고 봉헌예배도 드리는 것입니다. 이 순간은 솔로몬의 신앙도 얼마나 아름답습니까?

그러나 솔로몬은 말년에 배교합니다. 마치 다윗 이후 왕들을 예표하는 듯합니다. **결국은 무너지고야 말 예루살렘 성전, 결국은 배교하고야 말 이스라엘 백성들⋯⋯**.

그렇습니다. 열왕기상하 왕사는 결국 무너지는 역사를 기록합니다. 그것도 **바벨론**에 의해 무너지고 말 것입니다. 창세기 앞에서 설정했던 그 세상 나라의 모델 바벨론 말입니다. 앞으로 일어날 왕들의 역사를 예표나 하듯이, 솔로몬의 이 푸르른 신앙도 가인 계열 문화에 물들어 무너지고 맙니다. 솔로몬의 인생은 마치 이스라엘이라는 나라를 통째로 예언하는 듯합니다. 신앙을 건강하게 끝까지 유지한다는 것이 얼마나 중요한 관건인지 모릅니다.

왕상 1-2장

솔로몬, 3대 왕으로 오르기까지의 노정

다윗의 아들 압살롬은 왕이 되려고 치열한 노력을 했지만 죽는다. 다윗의 또 다른 아들 아도니야도 왕위를 찬탈하려고 하지만 결국 솔로몬이 제거한다. 아~! 얼마나 잔인한 일인가? 식구끼리⋯⋯. '누가 왕인가?'의 싸움은 이렇게 혈연도 끊어내는 폭력쯤은 예사로 한다. 하나님의 왕권이 흘러가는 역사 안에서도 일어난다. 얼마나 아이러니인가?

이런 과정을 통해 결국은 밧세바 사이에서 난 솔로몬이 3대 왕이 되는 기록이다. 아버지 다윗의 분신이었던 군사령관 요압도 무대 뒤로 사라진다.

20

왕상 3-4장

솔로몬 왕국의 완성, 국경요새를 강화함

왕위에 오른 솔로몬의 정책, 정부조직, 번영의 스토리들을 읽자. 확장보다는 방어에 힘쓴다. 다윗이 정복했던 국경을 그대로 방어하기 위해 수비성읍들을 강화한다. 엄청난 상비군과 경제력이 뒷받침되어야 했다.

대가족의 왕궁식구들을 거느렸다. 700명의 아내와, 300명의 첩(왕상 11:3)…… 이들이 먹어야 할 엄청난 경비를 상상해 보라. 많은 세금을 거둘 수밖에 없다.

왕상 5-6장

성전건축

다윗이 마련해 준 **동산**(금은보석 목재 등 건축 자재), **부동산**(오르난 타작 마당), **설계도**(대상 22:1-5, 대상 28:11, 12, 19)를 갖고 솔로몬이 성전을 짓는다. 성전건축은 다윗이 죽기 전에 마지막으로 심혈을 기울여 준비하다가 솔로몬에게 넘긴 유업이었다. 그러니 말년에 압살롬을 피해 다니면서도 다윗은 머리 속으로 성전 설계도를 그리고 있었을 것이다. 시간적으로 볼 때 그렇다.

결국 그 수고가 열매로 나타난 것이 솔로몬 성전이다. 솔로몬이 왕이 된 지 4년이 되었을 때 시공했다. 완공까지 7년이 걸린다.

출애굽 당시, 성막을 지으라고 하셨던 하나님, 드디어 다윗과 솔로몬을 통해 당신의 왕권을 가시적으로 드러내심을 알 수 있다. 이제 성전은 하나님의 통치 좌소로 명실공히 나타난다. 하나님의 나라가 완성되었다는 사실을 가시적으로도 보여준다.

앞으로 '예루살렘 성전'은 왕정 시대, 포로 시대, 신구약 중간 시대, 예수님 시대를 지나 요한계시록에 이르기까지 오고 오는 역사 속에 나타난다는 것을 명심하자. 왜 성전이 중요할까? 무슨 의미인가? '**하나님은 왕이시다! 그가 다스리고 계시다!**' 이 사실을 가시적으로 증명해 보이는 장소이기 때문이다. 하나님의 '**좌소**'이다. 그의 **왕권**을 명시하는 곳이다. **하나님은 왕이시다. 그가 통치하신다. 하나님의 나라, 천국,** 이런 단어들이 솔로몬 성전과 함께 이해되어야 한다.

20

(시 72편)

시편 중, 솔로몬의 시를 여기서 읽는다

(잠언) 끼워 읽기

　우리는 그동안 '끼어들어가는 성경목록' 중, 시가서 '욥기'를 족장 시대 때 읽었습니다(물론 구약 맨끝에 읽으실 분도 계십니다). '시편'도 읽고 있습니다(다 못 읽은 것 역대상하에서 또 읽을 것임). 이제 우리는 솔로몬이 다스리는 상황에서 그의 글 '잠언'을 읽을 것입니다.

　다윗이 이루어 놓은 예배문화, 사회운동, 말씀운동과 같은 영적 부흥운동이 없었다면 이런 지혜서가 나오기 어려웠을 것입니다. 사사 시대를 우리가 보지 않았습니까? 얼마나 패괴한 때였습니까? 그런데 이제 이런 반듯한 교육지침서가 나올 정도가 되었다는 것은 분명 다윗의 역할입니다. 그러므로 솔로몬의 이름으로 나타나는 **잠언이지만, 엄밀한 의미에서 다윗이 배경**이 되어주었다고 보는 것이 타당하지 않을까 싶습니다. 그의 정신이 깃들어 있는 것으로 보십시다. '다윗의 길'을 따라 출판된 당시의 교육서로 보십시다. 교과서로 말입니다. 잠언을 정리해 보십시다.

(잠 1–15장)

솔로몬의 잠언을 읽는다

20

- (잠 1:1–7) – 잠언의 목차와 쓰는 목적
- (잠 1:8–9:18) – 젊은이를 위한 책, 진정한 지혜를 가르치기 위해 훈계하는 노래
- (잠 10:1–15장) – 부차적인 솔로몬의 잠언들 – 약 375개의 짧은 격언 모음집

　　☞ 우리는 오늘 *20*일째에 잠언 *15*장까지만 읽는다. *16*장부터는 내일 읽는다.

내 노트 | 깊. 이. 새. 내. 기.

- **깊**이 깨닫고 나니 다른 사람과 나누고 싶은 내용

_____

- **이**해가 되지 않는 부분

_____

- **새**로 배운 내용

_____

- **내**가 실천하고 싶은 원리

_____

- **기**도제목

_____

성경방 나눔터

– 다윗의 영성을 발판으로 해서 솔로몬의 글들이 출판될 수 있었다. 한국 교계에 그래도 생명의 말씀사, 두란노, 규장, IVF, 나침반사, 각 신학교 출판사 등 기독교문화를 창출해 내는 기관이 있다는 사실은 감사한 일이다. 한국 기독교의 온도를 보여주는 수은과 같다고 할까? 세속화되지 않고 복음을 전하는 매개체로 실력 있게 사명 감당하는 기관들이 되도록 기도해 주어야 하지 않을까……

– 현재 기독교 서적 중 많은 부분이 외국저자들의 책을 번역한 책들이다. 물론 외국의 경건서적들이 번역되어야 하지만, 한국 교회의 영성도 외국 교회에 못지 않다고 본다. 이제 보다 많은 한국의 저자들이 쓴 경건서적들이 나와야 한다. 우리 한국인이 만난 하나님, 한국인이 경험한 신앙, 한국인이 깨달은 성경본문 등이 책으로 더 많이 나와야 한다. 이 일을 위해 기도하자.

8. 다윗의 길로 안 가고 여로보암의 길, 아합의 길로 가는 왕들아!

Day 21 Week

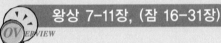

왕상 7-11장, (잠 16-31장)

성전건축 후 왕궁공사가 시작되는 내용부터 솔로몬의 영화를 읽습니다. 그리고 이어지는 타락과 배교, 죽음까지 읽고는 잠언 후반부를 끼워 읽습니다.

☞ 계속 열왕기상하 물고기 그림 *'머리 부분'*이다.
오늘까지 솔로몬 이야기를 읽을 것이다.

왕상 7-11장

솔로몬의 영화와 타락

- 왕상 7:1-14 : 7년간 성전건축하고 그 이후 13년간 궁궐을 건축함
- 왕상 7:15-51 : 성전 내부시설과 기구들에 대한 첨가 내용
- 왕상 8장 : 언약궤를 성전으로 옮겨 온 후 성전 봉헌예배
- 왕상 9:1-9 : 과거 조상들과 했던 언약내용을 재확인하심

시내산언약, 모압언약, 그리심산과 에발산, 축복과 저주, 과거 조상들과 마지막에 확약을 받아내셨던 때와 똑같은 말씀을 하신다. 하나님 나라 백성으로서의 존재 의의를 알고 세상 나라의 우상을 타파하며 제사장 나라로 살아라. 아니면 멸망이다.

창 12: 1–3에서 시작된 이 나라의 존재 의의! 우리가 계속 붙들고 있어야 할 '말뚝'이라고 했었던 것을 잊지 말자.

- 왕상 9:10-10:29 : 솔로몬의 업적과 치정들

  솔로몬의 치정 중 대표적인 사항들을 정리해 놓았다. 말년에 배교하게 된 이유는 이방 나라 공주들과 정략결혼을 했기 때문이다. 당시 유행하고 있는 국제외교 방법을 그대로 따라하다가 일어난 결과이다. 대표적으로 시바의 여왕 스토리에서 엿볼 수 있다.

- 왕상 11장 : 솔로몬의 배교와 죽음, 분열왕국을 예언함

  결국 배교함으로 솔로몬의 일생도 끝난다. 또 열두 지파로 구성되었던 이 나라는 결국 남북으로 분열될 것이 예언된다. 역사는 사람이 이루어가는 것 같아도 하나님이 진정한 주권자이심을 이런 예언으로 증명하신다. 결과적으로 정말 그런 역사가 생긴다. 그런데 이미 예언이 실제로 있었다는 것을 사가는 놓치지 않고 기록한다. 우리는 그냥 성경을 읽으니까 맨날 예언하고 이뤄지고, 예언하고 이뤄어고……, 이런 패턴에 식상할 수 있다. 그러나 역사가가 이것을 기록할 때는 정말 결과적으로 실제 사건을 목도한 상황에서 보니 과거 예언한 대로 정말 되었네……! 하는 것이다.

Navigation

(잠 16-31장)

솔로몬의 잠언, 남은 부분을 여기서 읽는다 – (BY GLEASON L. ARCHER, JR.)

- (잠 16:1-22:21) : 부차적인 솔로몬의 잠언들 → 약 375개의 짧은 격언 모음집
- (잠 22:22-24:22) : 지혜자의 말씀 → 첫 시리즈
- (잠 24:23-34) : 지혜자의 말씀 → 둘째 시리즈
- (잠 25-29장) : 솔로몬의 잠언
- (잠 30장) : 야게의 아들 아굴의 말씀
- (잠 31:1-9) : 르무엘의 말씀
- (잠 31:10-31) : 완전한 아내에 대한 서술

21

내 노트 | 깊. 이. 새. 내. 기.

- **깊**이 깨닫고 나니 다른 사람과 나누고 싶은 내용

   _____

- **이**해가 되지 않는 부분

   _____

- **새**로 배운 내용

   _____

- **내**가 실천하고 싶은 원리

   _____

- **기**도제목

   _____

성경방 나눔터

- 인생을 끝까지 성령 안에서 완주한다는 것은 쉽지 않은 듯하다. 솔로몬을 보니 그렇다. 그의 성전기도를 보라. 얼마나 위대했었나?
오늘날 한 교회를 목회하시는 목회자들 모두가 끝까지 멋있게 은퇴하시지 못하는 것과 다르지 않다. 인간의 연약성을 이미 성경은 모델로 제시하고 있다.
우리 인생도 어떻게 하면 끝까지 순결할 수 있을지 서로 나눠보자.

- 솔로몬의 실패의 시작은 정략결혼이었다. 처음에는 정치적, 외교적 목적으로 시작한 이해될 수 있는 일이었다. 그러나 그 여인들이 가지고 온 종교와 신앙이 결국은 그를 무너뜨렸다. 우리의 삶에 이런 것들은 없는가? 시작할 때는 괜찮았으나, 시간이 가면서 나를 무너뜨리는 그런 것들은 없는가? 눈을 크게 뜨고, 분별해 보자.

8. 다윗의 길로 안 가고 여로보암의 길, 아합의 길로 가는 왕들아!

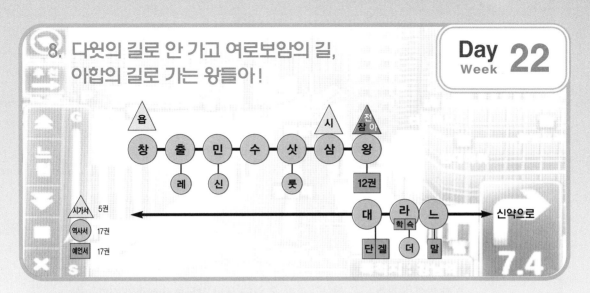

(전 1-12장), (아 1-8장)

솔로몬의 일생을 배경으로 나온 나머지 글들인 전도서와 아가서를 끼워서 읽습니다.

(전도서) 끼워 읽기

솔로몬의 일생을 배경으로 한 글들을 여기서 마저 읽습니다. 우리는 지금 역사를 타고 흘러내려가는 기본 줄기를 단단히 붙잡고 있습니다. **창, 출, 민, 수, 삿, 삼, 왕**······이라는 목록입니다.

그런데 '왕'이라는 역사 줄거리 속에는 15권이나 되는 파생목록이 있다고 했습니다. 시가서 3권, 예언서 12권입니다. 하나씩 하나씩 끼워 넣어서 읽는 것이 이제 관건입니다. 생각을 해 보십시오. 15권, 이 많은 성경목록이 '열왕기상하'에 숨어있으니 얼마나 복잡하겠습니까? 그래서 **앞으로 우리는 줄기차게 '왕'을 붙들고 늘어질 것입니다.**

지금 이 왕사, 어디쯤에 머물러 있는지 정신을 차려야 합니다. 열왕기상 맨 앞머리 부분의 주인공인 솔로몬의 역사를 읽어내려 가다가 멈춰서 있습니다. 그의 이름으로 저술된 책들을 읽기 위해서입니다. **어제 (잠언)을 다 읽었고 오늘은 (전도서)와 (아**

22

가서)를 읽을 것입니다. 전도서에 대해서 아래 내용을 참고합시다.

BY 김성수 교수 (해 아래 새 것이 없나니!)

『'회중을 모으다. 회중에게 연설하다.' 라는 어의가 '전도서'의 표제이다. 설교자라는 뜻을 가지고 있다. 깊은 사색을 통한 인생철학을 갖게 하려는 데 목적이 있다. 최고의 선을 개인 행복에 두지 말고 하나님의 지혜에 두어야 할 것을 강조한다.

그러므로 저자가 경험한 것을 직설적으로 기술한 책이라기보다는 깊은 사색과 반성을 거쳐 나온 책이라고 할 수 있다. 또한 고도로 수사적인 기법들을 사용하고 있어서 어법(語法)은 매우 복잡한 성격을 가지고 있다. 그래서 우회적이고 암시적이다. 명백하게 드러나는 표면적 의미와 그 이면에 감춰져 있는 의도가 종종 서로 다른 것처럼 보이기도 한다. 그 의도가 단선적이지 않고 복합적이어서 여러 의도를 함께 포함하는 경우도 있다.』

자! '전도서'라는 책이 이렇게 문학적으로, 철학적으로 인생을 서술했다면 이 내용은 다윗의 시편과 짝을 이루는 책이 아니겠습니까? 다윗은 파란만장한 인생을 깊은 기도 속에서 통찰했습니다. 그리고 그것을 시로 남겼구요. 사상과 철학을 수사적인 기법으로 표현한 것이 시편이라면, 교육을 목적으로 그 심오한 내용을 전하는 것이 전도서가 아닐까 싶습니다.

인생을 관조해 봅시다. 우리도 좀 깊어집시다. 생각하며 삽시다. 그리고 하나님과 교제합시다. 욥처럼, 다윗처럼, 전도서 저자처럼…….

(전 1-12장)

- (전 1:1-11) : 해 아래의 세상
- (전 1:12-2:26) : 인간의 한계

- (전 3:1-3:22) : 하나님의 때
- (전 4:1-6:12) : 해 아래의 현실
- (전 7장) : 미래의 가능성
- (전 8장) : 하나님의 때와 심판
- (전 9:1-10:3) : 하나님의 때와 우연
- (전 10:4-12:8) : 필연과 우연 사이에서
- (전 12:9-14) : 더 말해야 할 것들(결론)

(아가서) 끼워 읽기

'노래 중의 노래'라는 표제입니다. 솔로몬이 술람미 신부에게 바치는 사랑의 노래입니다. 교회와 성도의 관계를 예표하는 내용으로 이해합시다.

(아 1-8장)

(BY Franz Julius Delitzsch)

- (아 1:2-2:7) : 사랑하는 두 관계의 애정
- (아 2:8-3:5) : 갈망하여 찾아감
- (아 3:6-5:1) : 신부를 데려와 결혼식을 함
- (아 5:2-6:9) : 사랑이 멸시를 받으나 승리함
- (아 6:10-8:4) : 아름답고 겸손한 술람미 여인
- (아 8:5-14) : 그녀의 집에서 사랑의 언약을 맺음

왕정 시대 머리 부분, 솔로몬 이야기가 끝났습니다.
다시 열왕기상하 실제 본 역사로 들어갑시다.
여로보암과 르호보암, 아합 이야기가 기다리고 있습니다

22

여기까지 읽으면 열왕기상하 물고기 그림 중, **머리 부분, '솔로몬'** 이야기가 끝난 셈입니다. 솔로몬 시대에 나타난 작품을 다 읽었으니 이제 **왕정 시대 실제역사**로 다시 들어갑시다. 그런데 늘 잊지 말아야 할 것은 **물고기 그림**입니다. 지금 어디쯤에 와 있는지 **물고기 그림 속에서 우리의 위치를 확인**하고 있어야 합니다. '머리 부분의 첫 주인공(왕상 1-11장이나 차지한)'이 끝났으니 이제는 두 번째 주제겠구나. 남북분열이네! 아~, 그럼 내일은 여로보암을 읽겠구나!' 라고 생각한다면 당신은 현재 **역사가 흐르는 줄기를 꼭 붙들고 계시다는 증거**입니다.

이제 앞으로 왕사를 읽다보면 **끼워 읽기 성경목록**(예언서)이 중간중간에 나타날 텐데 그래도 헷갈리면 안 됩니다. 왕정 시대 역사 줄기를 악착같이 놓치지 않고 있어야 합니다.

자, 이제 이쯤에서 (23-25일) 동안 읽을 분량을 한 번 들여다 보세요. 앗, 웬지 복잡!!

그러나 "아~ 왕하라는 본 역사 줄기 속에 (괄호 예언자)들이 함께 살았다는 뜻이구먼!" 하고 정리만 하고 있어도 아주 안정되지 않습니까? ( )안의 성경목록은 끼워 읽기 성경목록이니까요.

자, 내일 분량, 정복합시다. 아하자!!

내 노트 | 깊. 이. 새. 내. 기.

- **깊**이 깨닫고 나니 다른 사람과 나누고 싶은 내용

  _____

- **이**해가 되지 않는 부분

  _____

- **새**로 배운 내용

  _____

- **내**가 실천하고 싶은 원리

  _____

- **기**도제목

  _____

성경방 나눔터

- 범사에 기한이 있고 모든 목적이 이루어질 때가 있다고 전도자는 말한다. 당신도 이 말에 동의하는가?

- 허무주의와 전도자가 말하는 '헛되다' 라는 말의 차이에 대해서 말해 보자.

- 당신은 하나님의 섭리를 믿는가?

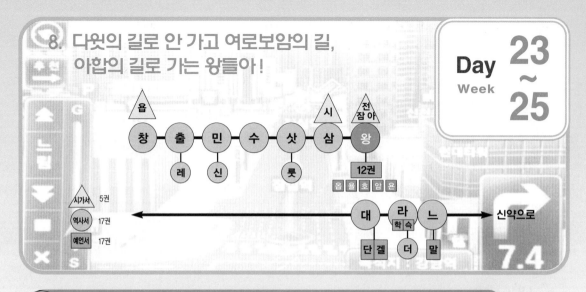

8. 다윗의 길로 안 가고 여로보암의 길, 아합의 길로 가는 왕들아!

왕상 12-22장, 왕하 1-8장, (옵 1장), 왕하 9-13장, (욜 1-3장),

왕하 14장, (호 1-14장), (암 1-9장), (욘 1-4장), 왕하 15:1-12

남북분열과 몸통 부분까지 이어서 한꺼번에 정리해야 쉬울 것 같아 3일 분량을 붙여 놓았습니다. 머리 부분 두 번째 주제인 남북분열로 시작해서 몸통 부분의 주인공 아합, 이세벨, 엘리야, 엘리사 스토리를 읽습니다. 그러면서 몸통 부분에 나타나는 선지서 오바댜와 요엘, 호세아와 아모스 그리고 요나를 끼워 읽습니다.

머리 부분(남북분열)과 아합

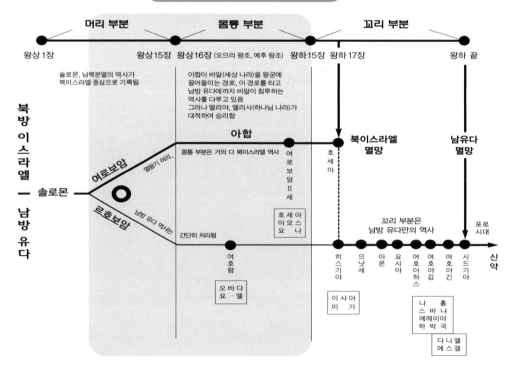

 잠깐!! **'머리 부분' 남북분열과 '몸통 부분' 아합 왕 이야기**

자, 어제 겁 먹었던(?) 범위에 드디어 우리가 와 있습니다. 오늘부터는 어제 이야기한 대로 물고기 그림 '머리 부분' 의 두 번째 주제, '남북분열' 을 읽어야 합니다. 그리고는 이어서 '몸통 부분 아합' 이야기도 읽을 겁니다. 그런데 이 두 내용들을 **한꺼번에 확 정리해서 3일을 붙여 놓았습니다. 23- 25일입니다.**

무슨 말일까요? 아합 이야기와 연결되어 있는 몸통 부분 왕사에 또 예언서 5권(오바댜, 요엘, 호세아, 아모스, 요나)이 얽혀 있거든요. 그러다 보니 20장 하루 분량씩으로 나누기가 힘들었습니다. 내용이 끊어지는 거예요. 그래서 아예 3일치를 한꺼번에 묶어서 정리, 이해한 후, 그 다음에 나눠서 꼭꼭 씹어 읽는 것이 효과적일 것 같습니다. 여러분이 적당히 분량을 떼어서 읽으십시오. 이 전체가 연결되어 있음을 꼭 기억하고 말입니다. ^^*

물고기 그림 도표와 『어? 성경이 읽어지네!』 책을 참고하십시오. 평생 예수 믿으면서 성경 한 번 제대로 읽지 못했던 큰 이유가 바로 이 열왕기상하 때문이라고 했죠? 이 부분의 실제역사를 모르니 여기에 뿌리가 함께 얽혀있는 예언서는 건드리지도 못했던 거죠.

열왕기상하는 역사 스토리를 꿰듯 읽어야 합니다. 더군다나 끼어 들어가는 목록 (예언서들)이 슬슬 나타나기 시작하니까 '공부하는 자세로 이해해 봐야지!' 라고 생각합시다. 하나하나 설명을 들으면서 찬찬히 따라와 보면 읽어질 것입니다. 예수 믿는 일은 공부하는 일입니다. 아하자!! (여러분이 힘들까봐 괜히 아하자!, 아하자! 하고 기합을 넣는 것임!!)

왕상 12−16:28 '머리 부분' 두 번째 주제 : 남북분열과 여로보암의 길

자, 머리 부분의 두 번째 주제인, 남북이 갈라지는 이야기가 시작됩니다. 다윗, 솔로몬, 르호보암을 잇는 다윗 왕통으로부터 열 지파가 떨어져 나갑니다. **여로보암의 반역**입니다. 이로 인해 빚어지는 여로보암의 죄를 읽어봅시다. 남북분열 이후 북쪽에 포커스를 맞추고 있는 점도 기억합시다. 여로보암 이후, 나답, 바아사, 엘라, 시므리, (디브니)를 거쳐 오므리에 이르는 역사 역시 별다를 게 없습니다. **'여로보암의 길'** (변종신앙)입니다. 그래서 **여로보암의 죄는** 특징적인 **모델이** 된 셈입니다.

원래부터 북쪽 10지파는 연맹체로 자기네끼리 뭉쳐 있었던 흔적이 있습니다. 사사 시대 때부터 말입니다. 다윗이 속해 있는 유다지파는 애당초 그 연맹과 함께 하지 않았습니다. 사울 왕이 죽은 다음, 다윗이 자기 지파 유다에서 왕이 되어 7년 반을 따로 다스렸던 것만 봐도 알 수 있습니다. 더군다나 다윗 말기에는 '세바'라는 사람이 다윗에게서 떨어져 나가려고 쿠데타를 일으켰던 것을 우리가 읽지 않았습니까(삼하 20장)? 이렇게 늘상 북쪽지파들은 다윗지파와는 다른 색깔로 남아 있었습니다.

그러다가 급기야 왕상 12장에서 분열하고야 마는 것입니다. 늘 잠재되어 있던 불씨가 여로보암 때에 가서는 용암처럼 솟아올라 나라를 갈라낸 것입니다. 삼하 20:1과 왕상 12:16을 비교해 보십시오. 똑같습니다.

왕상 12-14장

남북분열 사건 ⇨ '여로보암의 죄'를 파악하라

'다윗의 길'이 모델인데 **여로보암은 새 모델**을 창시한다. '여로보암의 길'이다. 모세오경 비슷~하게 변종종교를 창설하는 과정도 눈여겨보자. 나라를 갈라놓고 보니 10지파 백성들이 예루살렘 성전에 가지 못하는 것이 관건이 되어서 그렇게 되었다.

이 변종종교를 그대로 따라가는 그 이후 왕들도 놓치지 말자. 아합 왕이 나올 때까지는 '여로보암의 길'이 모델이다. 모델이 자꾸 생기면 안 되는데……

왕상 15:1-16:28

여로보암의 길

'여로보암의 '길', '집'이란 용어를 예의 주시해 보자. 그리고 왕상 16:21과 비교해 보자. 왕상 16:29-34까지는 다른 왕들에 대해 기록하는 형식과 똑같이 기록했다. 그러나 이제 다음 왕상 17장을 보라. 완전히 패턴이 달라진다. 뭔가 긴 애기를 하려는 듯 멍석을 까는 듯한 느낌이다. 그

23
24
25

것이 **바로 아합 이야기**이다.

이제 왕사 사가는 아합과 이세벨, 바알과 아세라 종교에 포커스를 맞추려고 한다. 바알과 아세라 종교가 무엇인가? 결국 이스라엘과 유다를 망하게 만든 독소다. 이제 이 독이 어떻게 왕궁 안방에서부터 본격적으로 퍼져나가기 시작하는지 밝혀야만 되겠다는 것이다.

왕상 16:29 – 왕하 15:12   '몸통 부분' : 아합 왕 이야기

이제는 몸통 부분입니다. 왕으로서는 아합이 주인공입니다. 왕사를 기록한 사가는 매우 편협적인 관점을 갖고 있었습니다. 어떤 왕은 여섯 절, 어떤 왕은 일곱 절, 이런 식으로 짧게짧게 사기를 기술하고 지나갑니다. 그런데 예외적으로 **아합 왕에 관련된 일련의 스토리는 무려 스물한 장(21장)에** 걸쳐 기록합니다.

아합 때 와서 **새로운 모델이 또 생겼기 때문**입니다. 왕사 사가는 이게 이스라엘 역사상 아~~주 중요하다는 거지요. 이세벨이 섬기는 우상이 들어온 사건이 그것입니다. '여로보암의 길'보다 더 지나친 종교(왕상 16:31) **'바알과 아세라'**가 북방 이스라엘을 잠식하게 되었다는 겁니다. 이세벨의 영향력은 여기서 그치지 않고 남방 유다 여호람 왕을 사위로 맞아들여 유다에까지 손을 펼칩니다. 결국 이세벨의 딸 아달랴는 쿠데타로 남방 유다의 여왕까지 됩니다. 그리고는 급기야 다윗의 씨를 말려버립니다. 그러니 얼마나 중요한 사건이냐는 거지요.

그런데 아합 때문에 생긴 이 엄청난 스토리도 결국은 하나님의 손 안에 있다고 왕사 사가는 주장합니다. **엘리야와 엘리사의 출현**입니다. 하나님은 가만 계시지 않는다는 거지요. 엘리야처럼 앞으로 바알과 아세라와 싸우는 하나님 나라의 전투사들이 나타난다는 겁니다. 바로 이들이 **예언자**들이에요. 왕정 시대 때 그들을 쓰시는 겁니다. 크~ 우리는 예언서 하면 싫어했습니다. (끼어들어가는 목록들) 말입니다. 그런데 **예언서**야말로 하나님의 자존심(주권)을 세워드리는 하나님의 나팔입니다. 열왕기하 역사 속에 12권이 나타날 텐데 **엘리야야말로 이 예언자들의 샘플**이라는 겁니다. **전형**이지요.

엘리야의 일생이 무엇을 말하고 있습니까? **'말한 대로(예언대로) 되더라.'** 이 말입니다. '예후가 오므리 왕조(아합 왕)를 진멸할 것이다!' 예언하더니 정말 그대로 되더라는 것입니다. '시리아 왕 벤하닷을 이어 하사엘이 왕이 될 것이다!' 하더니 정말 그렇게 되더라는 것입니다. '엘리사에게 기름 부어라!' 하시더니 정말 후계자가 되더란 말입니다. 이런 예언들이 미래에 실제로 얽히고 설키더니 정말 그렇게 되더라는 것입니다.

몸통 부분이 보여주는 주제는 간단합니다. 사람이 살아가면서 빚어내는 역사는 알고보면 하나님이 예언하신 대로 된다는 것입니다. 역사의 주관자, 왕 중의 왕이시더라는 말입니다.

☞ *인간의 자유의지와 하나님의 절대주권, 이 코드를 이해하는 것이 관건이다. '선악과'가 하는 말이 무언가? 사람들의 삶은 결국 하나님의 주권 안에서 이뤄진다는 것이다. 신인관계 코드다.*

왕사 사가는 그것을 증명하고 싶었습니다! **예언대로 되더라.** 사실 예언이라는 행위가 이방 종교에도 있습니다. 신탁(神託)입니다. 어느 나라에나 박수, 무당, 술객들이 있습니다. 나라의 흥망을 점치는 미래학자인 셈이죠. 그런데 이스라엘의 하나님이야말로 전 세계의 역사를 주관하는 창조주 하나님이시라는 것을 이제 열왕기하에 나타나는 예언자들이 증명합니다.

성경은 왕사 속에서 계속 그 주제를 드러냅니다. 앞으로 끼어 들어가는 예언서 12권을 통해 하나님이 이 나라의 왕이시며, 이방 모든 나라의 역사까지도 주관하시는 왕 중의 왕이라는 주장 말입니다. **이제 앞으로 얽히고 얽힐 국제관계 속에서 세계사의 주인은 하나님임을 드러내고 싶으신 겁니다. 예언자들의 신탁(神託)을 통해서 말입니다.**

예언자 '엘리야'가 등장해서 어떻게 하나님 나라 싸움을 싸우는지 봅시다. 가인 계열 vs 셋 계열, 세상 나라 vs 하나님 나라, 바알과 아세라 vs 여호와, 이 커다란 두 줄기를 우리는 붙잡고 있었습니다. 성경은 결국 **왕 싸움**이라고 했었습니다. 누가 왕인가? 누가 진정한 왕인가? 여호와 하나님입니다. 아합과는 극명한 대조를 이루며 하나님의 전투사로 살아간 엘리야는 선지자의 전형입니다.

자, 이런 내용으로 대충 스케치를 해 놓고 읽어봅시다. 사이사이 다른 왕들이 나타나면 배경그림으로 간주하고 슬쩍~ 읽고 지나가도 좋습니다. 그러나 **중심 줄기인 아합은 놓치면 안 됩니다.** 예후 왕조(5대 왕조)가 아합 가문(4대 왕조)을 심판하는 스토리를 주의해서 봅시다. 그 이후 엘리사가 죽을 때까지 일어나는 일들을 아합과 연관지어서 읽습니다. 그러니까 열왕기상이 끝나고 열왕기하의 엘리사가 죽는 13장까지를 예의 주시해야 합니다. 그리고 나서 왕하 15:12의 예후 왕조 마지막 왕 스가랴 사적까지 읽으면 아, 여기까지가 몸통 부분이구나 하면서 심호흡을 하면 됩니다. 아하자!

왕상 16:29-34

새 모델, 아합의 길 나타나다　▷　바알 · 아세라 종교의 국교화

여로보암의 죄 같고는 어림도 없는 새 모델이 떴다. 아합의 길이다. 여기 부터가 몸통 부분이다. 바알과 아세라를 수입해서 왕궁 안방에 들여다 놓은 이세벨을 아내로 맞아 아합이 다스리고 있기 때문이다.

이 스토리는 자세히 해야 한다. 그래서 사가는 긴 이야기를 하기 위해 멍석을 깐다.

왕상 17장

선지자 대학살에서 살아남은 엘리야가 가뭄을 예언하고 사라지다

멍석을 깔고 오~래 이야기하고 싶어하는 열왕기상하 사가의 '아합 이야기' 인즉 다음과 같이 시작된다.

이세벨 종교세력이 여호와의 선지자들을 대학살하는 사건이 생긴다. 이 때 엘리야만 남다시피 된다. 그는 이를 악 물고 하나님과 대면하며 이 학살사건에 대해 음성을 들었을 것이다. 그 결과 '3년 6개월 동안 비가 오지 않을 것' 이라는 예언을 받아낸다. 하나님은 풍요와 다산의 종교, 바알과 아세라가 비를 주는 것이 아니라는 사실을 온 백성 앞에 선언하고 싶으신 것이다.

이 예언을 던져 놓고는 이스라엘 사회에서 엘리야는 사라진다. 공교롭게도 이세벨이 살던 두로와 시돈, 사르밧 지역 과부 집에서 기적적으로 살아가며 이스라엘 개혁을 꿈꾼다. 3년 간의 은둔이다.

왕상 18장

비, 누가 주는 것인가?　▷　결투! : 여호와 (하나님 나라) vs 바알과 아세라 (세상 나라)

3년 후 엘리야는 이스라엘에 나타난다. 그리고 도전장을 낸다. 이세벨에게 녹을 먹고 있던 바알과 아세라 예언자와 하나님의 사람 엘리야 선지자의 대결이다. 성경 전체의 주제라고 말할 수 있는 하나님 나라 (천국)가 세상 나라와 이렇게 정면대결하는 장면은 없었다. 풍요와 다산의 신을

23
24
25

좋아하는 모든 인간들에 대한 노골적인 하나님의 입장을 표명한다. 여호와 하나님의 승리다. 3년 동안 영적인 칼날을 세우고 준비했던 엘리야와 동역하신 것이다.

왕상 19장

엘리야의 탈진 ⇨ 새 사명을 주심 (세미한 음성대로 실제 역사가 왕하 13장까지 정말 흘러감)

문제가 생긴다. 개혁을 주도했으나 변화가 없다. 엘리야는 실망한다. 나만 남았다고 생각한다. 이 때 하나님이 말씀하신다. **"내 나라는 내가 경영한다. 걱정마라. 너는 네 구간만 달려라. 다음 세대는 다음 세대가 책임질 것이다. 다음 세대 역사의 주인공들에게 기름을 부어라. 세계 역사와 이스라엘 역사의 왕은 나다!"**

하사엘은 시리아의 왕으로, 예후는 이스라엘 왕으로, 엘리사는 선지자로 기름 붓고 세워놓는 일이 엘리야 말년의 사역이란다. 이 세 사람을 통해 아합 스토리가 정리될 것이라는 뜻이다. 이대로 되는 과정이 왕하 13장까지 계속 흐른다.

☞ *지금 빨리 왕하 13장까지 한 번 뒤적여 보자.*
엘리야가 하나님의 산 호렙에서 모세 경험을 하며 받은 예언의 말씀이 실제화되는 분량이다.

이제 아래부터 읽어야 할 성경범위를 지나가면서 우리는 '흠, 정말 그대로 되는지 지켜보자!' 라며 내심 안경을 끼고 주시해야 한다. 바알과 아세라가 이스라엘을 지배하는 것 같아도 하나님의 경륜 가운데 역사는 진행된다는 사실을 열왕기 저자는 드러내고 싶은 것이다.

왕상 20-22장

그 이후 아합의 치정과 그의 개 같은 죽음

왕상 16장에서 시작된 아합 이야기가 왕상 끝까지 진행된다. 드디어 아합이 죽는다.

아합 이야기로 끝나는 것이 열왕기상입니다.
이제 열왕기하로 넘어가 볼까요?

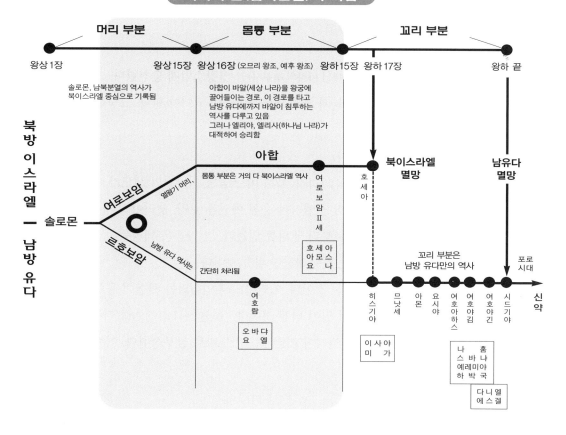

머리 부분(남북분열)과 아합

머리 부분   몸통 부분   꼬리 부분

왕상 1장   왕상 15장   왕상 16장 (오므리 왕조, 예후 왕조)   왕하 15장   왕하 17장   왕하 끝

솔로몬, 남북분열의 역사가
북이스라엘 중심으로 기록됨

아합이 바알(세상 나라)을 왕궁에
끌어들이는 경로, 이 경로를 타고
남방 유다에까지 바알이 침투하는
역사를 다루고 있음
그러나 엘리야, 엘리사(하나님 나라)가
대적하여 승리함

북방 이스라엘 ― 남방 유다

아합

몸통 부분은 거의 다 북이스라엘 역사

여로보암   열왕기 머리,

솔로몬

르호보암   남방 유다 역사는

여로보암 Ⅱ세

호세아

북이스라엘 멸망

남유다 멸망

호세아 아모스 요나

간단히 처리됨

여호람

오바댜 요엘

꼬리 부분은 남방 유다만의 역사

히스기야

므낫세

아몬

요시야

여호아하스

여호야김

여호야긴

시드기야

포로 시대

신약

이사야 미가

나 훔 스바냐 예레미야 하박국

다니엘 에스겔

열. 왕. 기. 하.

    열왕기하로 넘어와도 끄떡하지 말고 있어야 합니다. 열왕기하의 시작도 **'아합이 죽은 후'** 이기 때문입니다. 지금까지 열왕기상하 사가는 열왕기상 마지막까지 아합 이야기를 하고 있었다는 게 맞죠? 뿐만 아니라 재미있는 것은 **아합이 죽었는데도 열왕기하에서도 아합과 관련된 일련의 이야기를 계속 더 하지 않으면 안 되겠다는 거예요.**

    그런데 아합 왕이 망해가고 예후 왕조가 들어서는 이 기간부터 **드디어 예언서가 등장합니다. 23-25일까지 확~ 한꺼번에 이해하자고 했던 것 기억나시죠?**
    자! 그것을 기억하면서 계속 읽어갑시다.

23

24

25

● **아합은 죽었다. 그러나 엘리야**(하나님 나라의 전투사)**는 영광스럽게 승천한다.**

그렇다면 그 이후 당연히 아합의 아들과 엘리사가 주인공이 되어야 한다. 그렇다. 그것이 왕하를 시작하는 무대다.

● **엘리사가 데뷔하다** (사역이 시작되다)

엘리야의 영성을 인수받는 장면을 유의하자. 특히 이 즈음 선지학교와 생도가 여러 지역에 있었구나 하는 정보를 준다. 이들에게 퍼진 엘리야 승천 예언을 보라. 엘리야의 영성을 이어받는 엘리사는 모름지기 이들 선지생도들로부터 권위를 얻는다. 그 다음은 백성들이 엘리사의 권위를 인정해야 한다. 그 일을 '곰 사건'으로 이해하면 쉬울 것이다.

엘리사를 놀리는 소년들을 곰이 덮친 것이다. 엘리야의 후임이라는 사실이 공인되어야 할 시점에 온 나라를 놀라게 한 천재지변의 일이 터진 것이다. '하늘(하나님)이 노했다!'는 분명한 사건으로 엘리사는 이스라엘 사회에서 엘리야 버금가는 지도자로 급부상한다. 이렇게 다음 세대로 이어지는 하나님 나라 운동을 보자.

● **장소에 유의하라.**

엘리야가 승천한 요단 동편은 모세가 다음 세대에게 신명기를 베풀고, 가나안 정복의 사명을 주었던 곳이다. 바로 이 장소에서 엘리야가 승천한 것이다. 또, 나중에는 바로 여기서 세례요한이 세례를 베풀 것이다. 그리고 예수께서는 십자가를 지시기 3개월 전, 마지막으로 이 요단 동편 베레아 지역에서 사역을 총정리하신다. **요단 동편 모압 평지 지역**임을 잊지 말자.

아합의 아들 요람이 왕일 때 엘리사가 중요한 역할을 하는데 이즈음 북이스라엘과 남방 유다는 화친할 수밖에 없다. 이세벨(아합)의 딸 아달랴가 남방 유다 왕 여호람에게 시집을 갔으니 말이다(왕하 8:16-18). 여호람의 아버지 유다 왕 여호사밧은 요람(북방 이스라엘 왕)을 도와 모압과 싸운다. 연합군을 결성한 것이다. 이 때 엘리사가 활약한다.

여로보암 때 남북이 분열되었는데, 그 이후 남북이 사돈지간이 되면서 화친하게 되는 사건을 어떻게 봐야할까? '그 이후 남방 유다도 아합의 길(샘플)로 가더라!' 는 말이다. 열왕기상하 사가는 남방 유다도 바알과 아세라화될 수밖에 없었던 실마리를 밝히고 싶은 것이다. 이렇게 아합 이야기는 아합이 죽어도 계속 영향을 미치고 있다는 사실을 기억하면서 읽자. 몸통 부분은 정말 아합 이야기다. 엘리사에게 나타난 기적, 이때의 선지학교들, 시리아(수리아, 아람)의 나아만 장군 이야기 등을 함께 읽어가자. 시리아의 왕 벤하닷도 죽는다. 엘리야 예언대로 정말 하사엘이 왕이 된다.

왕하 8:20-24

에돔이 여호람(유다 왕)을 배신함 ⇨ 선지서 오바댜의 배경

왕상 22:47을 보면 유다가 에돔의 종주국이었다. 그런데 지금 여기 본문을 읽어보라. 반기를 든다. 자기들이 왕을 따로 세우고 유다로부터 독립을 시도한다. 남방, 여호사밧의 아들 여호람(아달랴 남편)은 이를 제지하기 위해 에돔을 향해 출동하나 오히려 에돔 군대에게 포위당하고 만다. 결국 에돔을 잃고 만다. 바로 이 상황을 배경으로 오바댜가 예언을 한다.

앗! 드디어 여기서부터 예언서들 등장 !!

와~! 드디어 문제의(?)^*^ 성경들, 예언서가 여기서부터 나타납니다. 유다 여호람 왕 때 에돔이 유다를 배반한 이야기를 읽었는데…… 뭐 별로 신통한 이야기도 아닌 것 같은데, 이 장면을 배경으로 해서 BC 9세기 예언자 **오바댜**가 등장하는 겁니다. 자, 이제부터 우리는 예언서들을 끼워가면서 읽어야 합니다. 23~25일로 한꺼번에 묶었을 때 그 안에 나타난 예언자들이 오바댜, 요엘, 호세아, 아모스, 요나였던 것 기억나시죠? 그중 오바댜가 제일 먼저 등장했습니다.

겁이 나시죠? 보나마나 무슨 뜻인지 모르고 읽어야 할 테니까 말입니다. 과연 예언서는 정말 읽기 어려운 책일까요? 그렇지 않습니다. 이해되는 것부터 한줌씩 읽을 수 있습니다. 이해된 만큼 재미가 난답니다. 우리가 창세기부터 여기 열왕기의 아합 왕 이야기까지 읽어왔잖아요?

23
24
25

그냥 이야기였지 않습니까? 사건이 흘러내려온 것 아닙니까? 그 사건들이 일어난 환경이 있습니다. 그 때 상황에서 하나님이 하고 싶으신 말씀들이 있었구나 하면 됩니다. 그 당시 했던 설교를 나중에 글로 정리했구나! 이렇게 생각해도 되구요. 문제는 그 때의 상황을 아는 것입니다. 상황 속에서 설교를 하게 된 예언자들의 얼굴 표정이 보여야 하구요. 자, 우리 좀 '예언자'들이랑 친해져 봅시다. 그들이 우선 가깝게 느껴져야 합니다. **아래 정리해 놓은 요점 열 개를 찬찬히 읽어보세요.** 예언자들이 '형님, 옵빠(?)' 로 느껴질 거예요.

1. 그들은 지성인 평론가

예언자들은 '지성인' 들이었다. 자기 시대를 살면서 기본적인 **학문을 연습한 사람**이다. 한 시대의 평균 교육을 받은 자들인 셈이다. 나아가 한 시대의 특징을 논할 수 있는 신문사 논설위원 수준의 평론가들이라고나 할까. 한 시대현상을 평론한다는 것은 오늘날로 말하면 **사회과학자들**이다. 데이터를 찾아내서 분석해 내는 연습이 되어있는 사람들이다.

2. 그들은 철학자

한 시대를 논설할 수 있는 수준이라는 것은 객관화시킬 수 있는 **'철학' 이 있는 사람**이었다는 뜻이다. **자기 관점**이 없으면 불가능하다. 그들은 나름대로 이런 훈련을 받은 사람들이다. 그래서 평론할 수 있는 것이다.

3. 그들은 역사신학자

한 선지자가 자기가 살고 있는 시대를 관조하고 평론할 표준(기준) 사상, 철학을 가졌다고 하는 것은 과거를 아는 사람이라는 뜻이다. **과거에 계시된 말씀을 먼저 지식적으로 탐구한 사람**이다. 그 과정 속에서 흘러오고 있는 하나님 말씀(모세오경과 사사 시대, 왕정 시대의 말씀)이 해석된 사람이다. '과거의 하나님' 에 대한 통찰이 끝난 사람들이다. 그래서 자기 좌표를 알고 있는 사람이다.

'말씀' (하나님의 과거 역사기록)을 기준점으로 딱~ 설정하고 그 바탕에서만 사색하는 역사신학자란 말이다.

4. 그들은 국제 외교학자

그렇다면 과거 역사란 무엇인가? 성경은 처음부터 세계를 설정하고 있다. 열방과 민족과 왕들을 셋팅하고 있지 않았던가? 당시 이스라엘과 유다의 관계, 또는 이스라엘과 모압의 관계, 유다와 암몬의 관계, 이집트, 에돔, 두로, 데만, 아모리, 아람, 게달, 하솔, 엘람, 바벨론……, 등등 당시 열국을 이해하지 않으면 해석이 안 되는 것 아닌가? **일단 이런 내용은 지식적인 내용**이다. 이 열국들의 과거사도 알아야 한다.

자초지종을 아는 사람들이었다. **열국들의 관계, 열국들의 통치자들, 그들의 도시, 문화, 산업, 생활들에 대한 정보를 알고 있던 사람들이었다.** 당시 세계를 섭렵했던 수준이었다고 생각하면 쉬울 것이다. 반기문 유엔 총장같이(?) 세계 정보에 일단 밝아야 했다.

5. 그들은 기도의 사람(영적인 사람)

객관적이고 역사적인 사실들을 탐구해 나가다가 이치를 **깨달은 사람**이다. 외우는 단계가 아니다. **역사가 해석된다는 것은 깨달았다는 뜻이다.** 그가 어떻게 깨달았을까? 다만 지식적으로? 그렇지 않다. 하나님 앞에 엎드렸기 때문에 자각한 것이다. 영의 사람이었다.

학문적인 그릇 위에 하나님의 몽조를 볼 수 있는 영적인 훈련이 되어 있는 사람이다. 기도가 몸에 밴 사람이고, 그렇게 하나님과 교제할 줄 아는 사람이다.

6. 그들은 세계미래를 내다본 예언자

그러기 때문에 **예견의 안목이 개발된 사람들**이다. 선지서가 시작될 때마다 나오는 말, '~아무개의 아들 아무개에게 하나님의 말씀이 임했다.'라는 말이 기억나는가? 아직 일어나지도 않은 일이 그 예언자에게 나타났는데, 앞으로 그 일은 이 예언자의 삶이 되어버리고 만다. 그 일을 이루려고 살아가는 것이 그의 일생이 되어버린다. 그 예언을 확신하고 붙드는 것이다.

그들이 살고 있던 현재의 이스라엘, 현재의 유다뿐만 아니라 당시 외국의 현재도 알아야 한다. 그러지 않으면 활동할 수 없다.

미국 유학 경험이 있는 사람이 미국과 관계된 일을 하지 않는가? 그러므로 예언자들은 국제 간의 관계 속에서 세계사가 흘러가는 길이 보이는 사람이다. 미래학자인 셈이라고나 할까. 지성 활동, 경험, 상황이 기본이 되어주고(예를 들면, 사도 요한은 요한계시록을 받기도 했지만 요한복음, 요한 일, 이, 삼서 등은 깨달음을 기본으로 글을 썼다), 그 기본 위에 때때로 환상(묵시, 요한계시록 같은……)이 나타나도 그 말씀을 받아 소화해 내는 것이다. 기본이 있었기 때문에 '미래 예언'이 나타나도 그것을 감당하는 것이다. **'3년 6개월 동안 비가 안 온다!'** 라는 말을 100% 믿을 수 있는 경지까지 이른다는 것은 대단한 영적 실력(내공?)이 아니고서는 감당해 낼 수 없다.

특히 국제 과거사와 얽혀져 있는 현재, 현재에서 조망할 수 있는 미래역사를 틀로 하는 예언서 내용들은 그야말로 **학문과 몽조**(단 1:17)에 능한 사람들이 아니고서는 깨달을 수 없는 경지이다. 그리고 예언서는 공히 **'국제관계', '열방', '세계'**에 초점을 맞추고 있다는 것을 예의 주시해야 한다. 학문과 역사, 국제관계, 사회현실의 기초가 있는 사람들에게 하나님의 음성이 나타날 때 (하나님의 말씀이 임할 때) 척!~ 하고 세계역사가 통합되는 사람들이다. 엄청난 사람들이다.

> ☞ 여기서 한 가지 짚고 넘어갈 일이 있다. 우리 한국사람들이 예언을 받는 방식은 이렇다. 무당이나 신접한 사람에게 신이 임하면 그들도 뭔가를 예언하는데 이 때 그 사람들은 그 야말로 '기계적인' 존재일 뿐이다. 몰아지경에서 그들은 신의 도구가 된다. 그들은 신이 하는 말을 통과시켜주는 언어의 수단일 뿐이다. 기계적이다. 거기에 비해 성경의 예언자 들은 하나님으로부터 예언을 받을 때 분명한 지성과 의지를 가진 상태에서 받는다. 그리 고 받은 예언의 의미도 분명히 안다. 물론 에스겔이나 다니엘처럼 먼 미래의 일을 예언할 때는 그들이 아는 정도에 한계가 있었지만, 대부분의 예언자들은 자신들이 받은 예언의 뜻을 분명히 알고, 또 분명한 의식을 가지고 백성들에게 말씀을 전했다. 넓은 의미로 보 면 설교자들이었다. 이 점을 잘 이해해 둘 필요가 있다.

7. 그들은 설교가

이런 과정을 통해 '하나님의 말씀이 임하면' 그들은 견디지 못한다. **말하고 싶어서……**.

그리고 그들은 이 말씀을 들어야 할 대상을 **찾아간다.** 민중이든, 왕이든, 바벨론이든, 외국의 왕이든, 장관이든……! 찾아가서 할 말을 하는 것이다. 말로 표현해 내는 데 힘이 있다. 이 사람 은 무서운 게 없다. 왜 그럴까? 이런 두터운 과정을 거쳐 나온 말이기 때문이다(설교는 그 전날 준비하는 것이 아니다. 평생이 설교다).

과거 하나님이 하신 일들을 자초지종 찬찬히 말할 줄 알 뿐 아니라 예언들도 막 쏟아내는 데 확신이 있는 것이다. 그런데 모든 예언자들은 핍박을 당한다. 어떤 사람은 결혼도 못하고(예레미 야), 감옥에도 갇히고, 불륜의 아내를 다시 데려오기도 하는(크!~ 가정을 뛰어 넘은 사람) 인생을 산 사람들이다(그 경지에 들어가 보지 못한 사람들은 그들을 이해할 수 없다. 그래서 예언서는 우 리에게 이상하게 느껴질 뿐이다).

자기 시대에 이렇게 외치고, 설교하고, 강의하면서도 그 내용을 **요약 정리할 줄 아는 문필가들**이었다. 시 형식을 빌려서 문학적으로 내용을 함축할 줄도 아는 글쟁이(?)들이었다. 말로 하는 것과 글로 남기는 것은 다르다. 이중 작업이다. 한 시대를 위한 말씀이 아니기 때문이었다. 우리 같은 한국사람들도 지금 예언서를 읽으려고 하지 않는가? 글로 남긴다는 말은 무엇인가? 역사의 주관자요. 예언하게 하시는 하나님이 맞는지 누군가는 나중에 확인해야 되는 것 아닌가? 그 예언자는 죽어도, 글로 남겨야 미래에 확인할 수 있는 것이다. 그 예언이 성취되었는지 후손들이 알아야 한다. 세월이 지나 그 후손 가운데 누군가는 또 과거 역사를 이해하고 그 성취를 깨닫는 **순환작업**이 있어야 한다. **그러므로 기록되는 것이다.**

9. 그들은 이스라엘, 유대를 사랑하는 애국자

그러면서도 자기 현재 시대에 말씀을 선포하고 기록하는 이런 모든 활동을 하는 이유가 있다. 하나님 나라를 **예언자 당대에 이루려는 것**이다. 미래에만 걸려있는 게 아니다. 예언자들은 자기 시대 속에서 사역하는 사람들이다. 과거에도 계셨고, 미래에도 역사하실 하나님이 계시니, 현재 여러분들은 이렇게 이렇게 살아야 하지 않겠는가라고 외치는 애국자들이다. 이스라엘인은 하나님 나라의 백성들이니 잘 해 보자는 것이다. 지금 잘 몰라서 그러고 있는데 이 하나님께로 돌아오라는 것이다. 회개의 내용은 간단하다. 이 백성의 존재 의의를 깨닫는 것이다. 바알과 아세라를 이기고 하나님의 나라를 심는 것이다. 오히려 반대로 살았던 삶을 돌이키라는 것을 가르치는 것이다.

멸망을 앞두고 이렇게 활동하는 예언자들은 하나님의 사랑을 읽은 애국자들이다. 멸망을 바라보면서도 예언을 주시는 것은 그래도 그 당시 **말씀을 듣는 자들이 있었기 때문이다. 여기에 희망이 있다.** 하나님 나라의 연한 순을 돋게 하는 사람들을 찾기 위해서이다. 새 살과 같은 자들, 누룩과 같은 자들, 겨자씨와 같은 자들을 찾아내는 것이다. 하나님 음성을 듣고 항복하는 자들은 **남은 자들**이다. 이들을 통해 영원한 하나님의 나라는 미래를 향해 흘러가고야 말 것이다.

10. 그들은 '영원한 하나님의 나라'를 예비하는 사람

예언자의 전형은 엘리야이다. 엘리야는 세례요한의 모형이다. 결국 예언자들은 과거부터 흘러온 하나님의 영원한 나라를 본 사람들이고 앞으로 완성될 천국을 예비하는 사람들이었다. 이스라엘이라는 한 나라에 초점을 맞춘 사람들이 아니고 영원한 하나님의 우주적인 나라를 본 사

람들이다. "회개하라 천국(하나님의 나라, 예수님의 메시지)이 가까웠느니라." 이것이 예언서의 내용
이다. 영원한 하나님의 나라, 다윗의 위(位)를 잇는 진정한 왕을 기다리는 자들이다. 예언자 아
저씨(?)들을 이상하게 보지 말고 오늘 우리에게 설교해 주시는 목사님이라고 생각해 보자.

자, 여기서
예언서 끼워 읽기로 들어갑니다

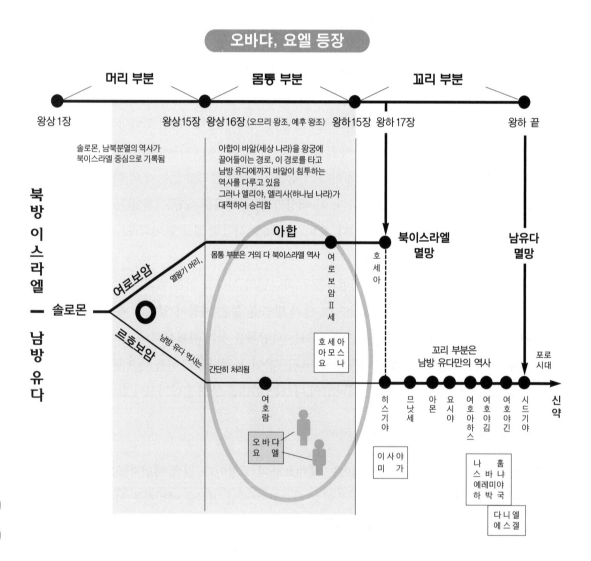

예언자들이 누구인지 프로필을 살펴보느라
실제 왕사가 어떤 배경이었는지 생각나지 않으면 안 됩니다.
오바댜서의 배경 왕사 다섯 절(왕하 8:20-24)을 다시 한 번 읽어봅시다

(오바댜) 끼워 읽기

우리가 한 번 더 읽은(왕하 8:20-24) 상황은 북방 이스라엘에서는 엘리사가 활동하고 있다는 것을 전제하고 있습니다(이제 이런 게 보이시나요?). 남방 유다는 이세벨의 딸과 결혼한 여호람이 다스리고 있고요. 상황이 이렇습니다.

자, 여기서 우선 과거로 돌아가봅시다. 삼하 8:14을 보면 다윗 때 에돔을 정복했습니다. 그 이후로 에돔은 다윗 가문에 계속 조공을 바쳐왔구요. 그런데 지금 다윗 왕조 여호람 때 오니까 에돔이 유다 예루살렘을 조롱하고 비웃고 있습니다. 앞으로 읽을 오바댜서는 이런 상황 속에서 오바댜가 설교한 내용입니다.

자, 그럼 여호람은 누구인가? 이세벨의 사위입니다. 자기 왕위를 위해 형제들을 몰살한(대하 21:4) 극악한 왕입니다. 게다가 후에 그의 아내 아달랴는 자기 손자의 씨를 말립니다(대하 22:10). 대단한 부부입니다. 결혼의 섞임으로 이런 극악한 죄를 창출해 내다니……

바로 이때부터, 북방의 바알과 아세라가 혈통을 타고 다윗 가문으로 흘러들어오는 이때부터, **하나님은 예언자를 보내십니다.** 오바댜는 이 즈음 말씀을 받았고, 에돔의 공격에 대해 논평합니다. 이스라엘의 극악한 사회상에 대해서는 설교하지 않고, 오히려 에돔을 경고하는 것은 매우 예외적인 일인 듯합니다.

이런 역사적인 배경 속에서 여호람 왕을 의식하면서 오바댜서를 읽어봅시다. 1장 뿐입니다. 아하자!

23
24
25

(옵 1장)

BC 9세기 선지자

하나님의 나라를 공격한 에돔, 그러나 하나님의 나라는 공격당하지 않고 결국은 계속 이어져 나갈 것이라는 당당한 메시지를 선포한다. 백성들은 어려움 속에서도 많은 위로를 받았을 것이다.

자, 다시
열왕기하 실제역사로 돌아갑시다

왕하 8:25-10:36

여호람의 아들 아하시야 왕, 북이스라엘 요람 왕,
여전히 아합의 길로 가다가 시리아 군대와 예후에 의해서 멸망함

● 오므리 왕조(아합 가문)가 무너짐

여기서 엘리야의 유언적 예언을 기억하라. 아합 가문이 결국 멸망하게 되니, 너는 네 구간만 달려라 하셨던 말씀을 기억해 보라. 앞으로 기름 부음받은 사람들이 다음 세대의 역사를 이뤄나갈 것이라는(왕상 19: 15-16) 말씀 말이다. 정말 그대로 되는 역사가 엘리야 예언 그 이후의 역사라고 하지 않았던가. 그 이야기를 읽자.

사돈의 종교 아합의 길로 가고 있는 유다 왕 **아하시야**와 아합의 아들 **요람**은 시리아와 예후 사이에 얽힌 전쟁으로 **죽는다**. 엘리야와 엘리사의 예언대로 시리아의 **하사엘**과 **예후**에 의해서 **아합 가문은 멸망**한다. 아합과 얽혀있었던 일련의 북이스라엘 역사가 일단락된다.

● 그 이후 예후 왕도 사라짐

'아합의 길'을 진멸시킨 **예후의 정책**은 무엇이었는가? '**여로보암의 길**'이었다. '아합 이야기' 몸통 부분 역사를 진멸시킨 예후는 '다윗의 길'로 가지 않는다. 새로운 정책도 아닌, '여로보암의 길'로 갈건 또 뭐란 말인가? 아합 앞의 왕들의 샘플, '여로보암의 길'로 가다가 죽는다.

아합 가문이 북방에서는 진멸됐는데
남방으로 시집간 아합 가문(이세벨)의 씨 아달랴가
남방 유다를 삼키려는 계략으로 다윗 왕조에 위기가 옴

북방 이스라엘에서는 예후 가문(5대 왕조)이 오므리 가문(4대 왕조)을 무너뜨렸다. 그러나 이세벨의 딸 아달랴는 남방 유다 여호람 왕에게 시집간 이후 남방 유다를 삼키려고 한다.

● **아달랴, 남방 유다에서 여왕이 됨**

아들 아하시야가 죽자 아달랴는 다윗 왕족을 다 죽이기 시작한다. 오랫동안 계획된 음모임에 틀림없다. 쿠데타 세력을 키워온 아달랴는 남방 유다의 여왕이 된다. (남방 유다 다윗의 혈통이 아닌 사람이 왕이 된 기간)

● **대제사장 여호야다가 아달랴를 제거하고 다윗의 씨 요아스를 왕으로 세움**

사위(아달랴의 딸 여호세바의 남편)에 의해 아달랴가 제거된다. 다윗의 씨(요아스) 하나를 숨겨 6년 동안 성전에서 보호해서 다윗의 혈통을 잇게 하는 반전의 역사가 나타난다.

● **다윗과 세운 하나님의 언약, "네 (왕)위가 영원히 견고하리라(튼튼하게 서 있을 것이다)"** (삼하 7:16)는 언약이 유효함을 보여주는 사건

드라마도, 꾸며낸 이야기도 아닌데 '다윗 가문에 대한 언약'을 지키도록 사건이 전개되는 것을 보라. 요아스가 아니었다면 다윗의 혈통에서 예수님이 오실 수가 없다. '다윗의 자손'이라는 언약적 용어도 없을 것이다. 사람이 사건을 이어나가는데 결국은 하나님의 뜻이 이루어져가는 역사, 이 소름 끼치는 인간의 자유의지와 하나님의 절대주권 드라마를 보라. **성경은 정말 하나님의 말씀이다! 하나님의 언약에 우리의 인생을 걸어 보자!**

● 북이스라엘에서는 아직 엘리사가 죽지 않은 때이다. 여호야다의 개혁에 대해 엘리사는 분명히 알고 있었을 것이다. 왕하 13장에 가서야 엘리사가 죽기 때문이다.

23
24
25

(요엘) 끼워 읽기

　　요엘서를 끼워 읽을 순간입니다. 아달랴 여왕을 진멸하고 다윗의 씨, 요아스 왕을 섭정하던 여호야다 제사장 때(왕하 11:1-16) 즈음이 배경입니다. 자, 이렇게 아달랴가 제거된 이후 다시 다윗 왕조가 이어져서 비교적 안정된 시기에 요엘서가 기록되지 않았을까 생각합니다. 그러니까 다메섹의 아람인들(시리아 사람)이 쳐들어왔던 요아스(왕하 12:17-18) 말기 그 이전 즈음이라고 해도 될 것 같습니다.

　　요엘서 내용이 무엇일까요? 사실은 요엘서뿐만 아니라 **앞으로 나타날 모든 예언서 내용의 핵심은 간단합니다. 하나님의 나라는 모든 열방 가운데 남을 마지막 나라**라는 주장입니다. 어쩌면 요한계시록의 예언은 모든 예언서의 마지막 결론 예언일 것입니다. 그래서 구약의 예언서는 하나님 나라가 세계사 속에서 어떻게 완성되어 갈 것인지, 그래서 마지막 종말은 어떻게 대미를 장식하게 될지를 이중적으로 초점 맞추고 있습니다. 이제 앞으로 예언되고, 성취되고, 예언되고, 성취되는 흐름을 타고 가면서도 왕 중의 왕이신 하나님, 신들에 뛰어난 신이신 하나님을 증거합니다.

　　이런 하나님이 높이 우뚝 서시는 때가 있으니 바로 **여호와의 날**입니다. 우주적인 하나님의 왕권에 항복하는 자(회개하는 자)들에게 **구원이 완성되는 날**입니다. 이 날은 하나님을 인정하지 않는 이들에게는 심판의 날입니다. 재앙입니다. 멸망입니다. 초기 예언자들의 예언서 내용에 이 모든 특징이 이미 함유되어 있다는 것이 놀랍습니다. 그 사실을 찾아보십시오. 읽으시면서……

　　요엘은 오바댜 선지자와도 잘 아는 사이였을 것입니다. 사역을 함께 한 기간도 있습니다. **아달랴로부터 다시 다윗 왕권을 이어받게 된 요아스 왕 때에 '하나님 나라의 절대적 승리'를 예언하는 요엘서가 나타난 것이 의미심장합니다.**

23
24
25

(욜 1-3장)

BC 9세기 선지자 오바댜보다 10-20년쯤 후에 나타나
하나님의 절대왕권을 선포함

- (욜 1장) : 메뚜기 재앙 심판이 온다. 회개를 촉구함
- (욜 2장) : 여호와의 날이 임함
- (욜 3:1-16) : 나라들을 심판하심
- (욜 3:17-21) : 하나님 나라 완성의 축복들

자, 다시
열왕기하 실제역사로 돌아갑시다

왕하 14장

계속 예후 왕조 (여로보암 2세)

남방 유다 왕 아마샤(요아스의 아들)에 대해서는 배경처리하면서 읽어두자. 우리는 지금 북방 이스라엘의 역사(아합 주인공)를 붙잡고 있으니 말이다.

아합 가문을 멸망시킨 예후 왕조의 **네 번째 왕, 여로보암 2세**(왕하 14:23-29) 때는 북방 이스라엘 역사 중 가장 흥왕하고 부유한 시기를 지난다. 영토도 많이 늘렸다. 무역도 잘 했다. 부유했다. 바로 이 때 세 명의 **기술 선지자**가 나타난다. 북방 이스라엘을 향해 외친 선지자들, **호세아, 아모스, 요나이다.** 자, 이때를 잘 봐야 한다. 물고기 그림 꼬리 부분이 시작되기 직전이기 때문이다.

몸통 부분에서 예후 왕조가 오므리 왕조를 멸망시키는 이야기로 **아합 이야기가 끝났었다.** 그리고는 **그 이후 괄목할 만한 왕이 바로 여기 여로보암 2세**이다. 그런데 이때는 이미 꼬리 부분이 가까운 시점이다. 앞에서 읽었던 오바댜나 요엘이라는 9세기 선지자들보다는 약 60-70년이 지난 8세기 선지자라는 사실을 알아야 한다.

즉 이제 **북방 이스라엘은 망하게 되는 시기에 접어들기 시작한다**는 말이다. 이 점을 기억해야 호세아, 아모스, 요나서를 읽을 수 있다.

23
24
25

이제 멸망을 향해 가고 있는 북방 이스라엘, 그러나 아주 부유한 시기를 지나며 잘 먹고 잘 살고 있는 **사회상을 배경**으로 하고 다음 세 권의 예언서를 읽어보자.

자, 여기서
예언서 끼워 읽기로 들어갑니다

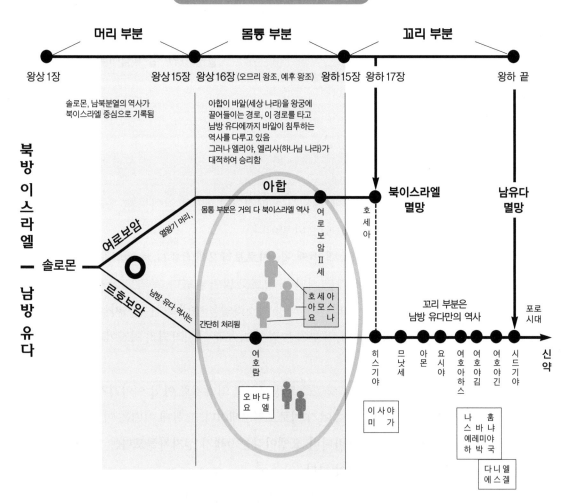

(호세아) 끼워 읽기

호세아(아모스, 요나)는 오바댜, 요엘과는 달리 연대가 정확합니다. 호 1:1에 의하면 그는 대략 BC 760년에 사역을 시작해서 40-50년 간은 사역한 것 같습니다. 이스라엘의 여로보암 2세 때로부터 남방 유다 히스기야 왕 때까지 기간이기 때문입니다. 히스기야가 홀로 다스리기 시작한 때가 BC 715년 즈음이니까 그는 이스라엘이 멸망한 BC 722년 이후에도 계속 활동한 듯합니다. 마치 나중에 예레미야가 남방 유다 멸망 이후에도 계속 활동하듯이 말입니다.

여로보암 2세 때 번영의 시대를 살았던 호세아는 아모스와 같은 시각을 갖고 있었다는 사실을 알아야 합니다. 내수용(?) 선지자 호세아, 아모스가 같이 활동하니까요. 요나는 수출용(?)이라고 생각해 보자고 했었지요?

이 때 많은 사람들은 부를 즐기고 최고 요리와 건축을 즐기며 살고 있었습니다. 부정직한 소득, 뇌물, 속이는 저울, 가난한 자들을 사고 팔며 극빈자들의 것을 약탈하는 사회상을 호세아 역시 간파하고 있었습니다.

이제 여로보암 2세 시대가 지나면 계속되는 반역과 음모로 혼란의 시대를 겪게 됩니다. 그리고는 결국 앗시리아에게 멸망하게 됩니다(다음에 읽을 아모스 예언도 그 얘기입니다). 호세아는 이 과정을 다 목격한 사람이에요.

멸망을 예견하고 있는 호세아에게 나타난 말씀은 매우 특별합니다. 그것은 행동예언이었습니다. 음란한 아내 고멜과의 관계를 이스라엘과 하나님의 관계로 예시하는 것이지요. 우리는 성경을 읽을 때 이런 내용들이 익숙하지 않습니다. 그러나 하나님이 시내산에서 이스라엘과 언약을 맺은 것 기억하면 어렵지 않습니다. 마치 남편과 아내처럼 그렇게 언약 맺은 관계가 파기되는 것을 부부관계로 표현한 것입니다. 시내산에서 시작한 언약이 이제 파기될 시점이 다가오기 때문입니다.

바알과 아세라 우상이 성경 처음부터 흘러내려온 중요한 세상 나라의 특징이었다는 것을 기억해 보십시오. 세상 나라 문화의 내용은 음란이었습니다. 풍요와 다산, 음란이 종교였습니다. 이런 종교를 그대로 받아들인 이스라엘은 정말 음란한 아내 고멜과 다름이 없습니다. 결국은 그래서 앗시리아에 멸망하고야 마는 비극을 앞에 두고 있는 때가 바로 호세아의 인생이었습니다. 호세아는 **북방 이스라엘의 역사를 총정리하듯** 예언으로 갈무리하고 있습니다.

자! 이제 호세아서를 다음과 같이 정리해 놓으면 더 잘 읽을 수 있을 것입니다.

- 하나님께서는 이스라엘과 언약을 맺었는데 그만 이스라엘이 그 언약을 파기했다.
- 호세아와 고멜의 깨어진 결혼은 바로 이 언약을 예표한다.
- 이렇게 계속되는 이스라엘의 죄악에도 불구하고 하나님은 이스라엘을 사랑하신다.
- 사랑하시나 무서운 심판을 피할 수는 없다. ➡ 심판하시나,
- 심판을 받은 이후 다시 영광스러운 회복과 구원이 있을 것이다. ➡ 구원하신다.

 (호 1:1-3:5)

고멜을 통해 이스라엘의 죄악을 비교함

 (호 4:1-14장)

불성실한 이스라엘에 대한 호세아의 메시지

- (호 4:1-7:16) : 죄를 규탄함
- (호 8:1-10:15) : 심판을 경고함
- (호 11:1-14:9) : 이스라엘의 죄와 최종적인 회복

 (아모스) 끼워 읽기

계속 **여로보암 2세 때**입니다. 이제 **아모스서**를 끼워 읽을 차례입니다. 모름지기 호세아와 아모스는 서로 아는 사이였을 것입니다.

당시의 북이스라엘 상황에 대해 열왕기하에는 일곱 절밖에 정보가 없습니다. 그러

나 여기 아모스서는 우리에게 많은 정보를 줍니다. 국력이 부강하고, 무역통상으로 얼마나 부요한 삶을 사는 사람들이 있는지 아주 구체적으로 표현하고 있는 책이 아모스서입니다.

엘리야, 아합 시대 이후 이스라엘은 어떻게 살고 있는가? 여기 여로보암 2세 때 사회상을 보여주는 대목에서 우리는 알 수 있다 이 말입니다. 뇌물이 방법이었고 불의한 재판이 일상이었습니다. 공의가 매몰되고, 고아와 과부가 발붙일 수 없는 사회상을 이루고 있었습니다. 그리고 극도의 빈부 차이가 생겨났습니다.

이런 사회상은 우리가 사는 21세기 사회상과 사실 다를 바가 없습니다. 사회는 대체적으로 비슷합니다. 나라는 국방이 필요하고, 왕은 방어에 힘쓰면서도 국제간 무역을 통해 경제활동을 해야 하고……일상의 삶을 사는 소시민들은 그저 하루하루 살기 힘들고……가진 자, 상류사회 리더들만의 라이프 스타일이 따로 있고, 힘 없는 자들은 여전히 고통당하며 살고……. 예나 오늘이나, 이 나라나 저 나라나 다 비슷합니다.

그런데 하나님은 입장이 있으십니다. 다른 나라는 다 그래도, 이스라엘은 그러지 말아야 한다는 것입니다. 우리는 이것을 잊지 맙시다. 창세기 12:1-3을 꼭 붙잡고 있어야 한다는 것 기억나십니까? 이 나라의 존재 의의, 너로 인하여 모든 나라에 복이 되면 좋겠다는 하나님의 비전 말입니다. 하나님 나라는 모범 국가여야만 제사장 나라가 되기 때문입니다. 그런데 해내지 못합니다.

이런 상황에서 하나님은 아모스를 부르셨습니다. 이스라엘 멸망을 30-40년 앞에 둔 때가 아닌가 합니다. 그는 뽕을 배양하고 양을 치며 무화과를 키우고 있었습니다. 남방 유다에서 조용히 야인으로 살고 있었던 듯합니다. 그렇지만 그는 북이스라엘의 역사, 사회상, 부정부패, 당시 주변 국가들에 대한 모든 정보를 다 알고 있는 실력자였습니다.

선지자, 그들은 누구인가? 앞에서 공부했던 옵빠(^^) 생각하면, 아모스 얼굴이 가까이 보일 것입니다.

● **(암 1:1-2:3) : 각 나라들의 그동안 정치상황을 다 알고 계셨던 하나님**

아모스는 뽕나무를 배양하는 자였지만 시리아, 가사, 에돔, 아스글론, 두로, 암몬, 랍바, 모압의 통치자들, 요새에 대한 정보, 그들의 죄악에 대해서 다 알고 있다. 국제 학자다. 예언서가 막 나타나는 초창기 때 하나님의 관건은 이스라엘이나 유다 정도가 아니라 **'세계, 열방'** 이라는 사실에 주목하자. 우리가 공부했던 '예언자 그들은 누구였는가' 를 생각해 보면 읽어질 것이다.

● **(암 2:4-16) : 유다와 이스라엘의 죄에 대해 구체적으로 지적하시는 하나님**

우리는 예언서에서 '유다, 혹은 예루살렘' 등의 표현과 '이스라엘, 사마리아' 등의 표현이 매우 대표적인 용어라는 사실을 기억해야 한다. 남방 유다와 북방 이스라엘을 지칭하는 대표언어이기 때문이다. 이 두 나라를 분류해 놓고 예언을 다루고 있다는 것을 기억하자.

● **(암 3:1-6:14) : 여로보암 2세가 다스리던 당시, 이스라엘 죄악상을 폭로함 → 결과는 멸망이 온다는 것**

우리는 지금 몸통 부분 뒷쪽에 와 있다. 꼬리 부분의 망하는 이야기와 접해 있는 부분이다. 그러나 나라는 아주 흥왕해 보인다. 부유하다. 상아침대, 안락의자, 어린 양, 어린 송아지, 외모 지상주의, 향유, 화장품, 오락, 음악, 가수, 레저, 엔터테인먼트, 별장, 호화로운 저택, 뇌물의 난무, 타락한 사법기관……. 이런 사회상에 대한 당시 이스라엘 사람들의 해석이 무엇인가? '여호와의 날' 이라는 것이다. 축복의 날, 구원의 날이라고 오해하고 있다.

그러나 아모스는 외친다. '여호와의 날' 은 **'심판의 날'** 로 임할 것이라고…….

이 모든 원인은 예배의 타락(암 5:21-24) 때문이라는 것이다. 그 결과 사회정의가 사라졌다는 것이다. 하나님의 통치가 있는, '하나님의 나라' 라면 당연히 나타나야 할 현상이 있다는 것이다. 고아와 과부(저소득층, 누군가의 도움 없이는 살 수 없는 부류의 사람들, 예수님 표현에 의하면 여리고를 내려가다가 강도 만난 사람……)가 주인공이 되는 이상적인 국가, 유토피아가 되어야 한다는 것이다. **가난한 자에게 좋은 소식이 전파되고, 눌린 자에게 해방이 오고, 갇힌 자에게 자유가 오는 사회가 와야 한다는 것이다.** (앗, 어디서 많이 듣던? 그렇다. 예수께서 어렸을 때부터 다니셨던 나사렛 회당에 공인으로 나타나 말씀하실 때 펼쳐 읽으셨던 사 61:1 말씀이다. '하나님의 나라'가 임했다면 나타날 사회현상은 어떤 상태인지 예수님은 아셨다.)

하나님은 예배를 드리느냐 안 드리느냐, 제물을 가져 오냐 아니냐, 헌금을 많이 드리냐 아니냐를 문제 삼지 않으신다는 것이다. 모세시절, 언제 광야에서 제물을 안 가져온다고 내가 시비건 적이 있더냐(암 5:25)고 반문하신다.

예배는 삶이어야 한다는 것이다. 성숙한 사회를 이뤄내는 것이 예배의 완성이라는 뜻이다. 공의가 물처럼, 정의가 하수처럼 흐르는 사회를 이루라는 것이다. 유토피아를 이루라, 제사장 나라를 연출해라, 공동체 원리를 열방에 선포하는 사회를 이루라, 복음적 국가를 만들어라, 삶 속에서 표현해 내라, 적어도 교회공동체 안에서부터 샘플링해라, 사회가 벤치마킹하러 오게 하라……. 이렇게 된다면 바른 예배가 드려졌다는 증거라는 것이다. 이것이 북이스라엘이나, 남방 유다의 멸망을 앞두고 갖고 계신 하나님의 심정이다. 그리고 하나님의 심정을 예언자들이 갈파한 것이다. 그러니 **심판**이 와야 하지 않겠냐는 것이다.

● (암 7:1–9:10) : 그 심판의 날(그날이 오면, 그날이 오면……)에 대한 예언적 설교 – 다섯 가지 환상

그러므로 그 결과, 이제 심판의 날은 오고야 말 텐데 어떤 식으로 심판이 오는지 다섯 가지 환상으로 아모스는 공개한다. 아모스 혼자 보고 말면 그만일 텐데 그것을 공적으로 선포하는 이유를 우리는 생각해 봐야 한다. 우리에게까지 공개하시는 하나님의 마음을 읽어야 한다. 돌아오라는 것이다. 하나님을 향한 바른 신앙을 가지라는 것이다. 혼합주의는 안 된다는 것이다. 그들도 예배를 드리지 않는 자들은 아니었다는 것이다.

⟶ 심판하시나~

● (암 9:11–15) : 결국은 구원하신다 – 메시아적 축복

멸망을 앞두고 나타나는 것이 예언들이기 때문에 반드시 심판을 전제한다. 그러면서도 **장차 나타날 '그 날'이 회복의 날이기도 하다. 이중처리하는 패턴**을 볼줄 알아야 한다. 모든 예언서들에서 이 패턴을 찾아내 보자. 앞으로도……

⟶ 결국은 구원하시다

(요나) 끼워 읽기

왕하 14:25을 한 번 다시 보십시오. 앞에서 읽었던 부분입니다. "그러나 그는 이스라엘의 국경을 하맛 어귀로부터 아라바 바다까지 회복하였다. 이것은 주 이스라엘의 하나님께서 그의 종인 가드헤벨 사람 아밋대의 아들 요나 예언자에게 말씀하신 그대로였다……"라고 하지 않았습니까? 이와 같이 여로보암 2세 때 호세아, 아모스, 요나가 선지자로 나타났다는 것을 우리는 숙지하고 있습니다. 호세아, 아모스는 내수용(?)이었고 요나는 수출용(?)이었다고 이미 얘기했지요?(반복, 반복……)

열방에 하나님을 선포하기 위해 제사장 나라로 서 있어야 했는데, 다른 나라들이 벤치마킹하러 이스라엘을 찾아왔어야 각본이 맞는데, 그래야 아브라함에게 기대하고 약속하셨던, '너로 인하여 모든 민족이 복을 받으리라……' 하셨던 말씀이 이루어지는건데, 그것이 이스라엘을 세우면서 품으셨던 하나님의 비전이셨는데……**여로보암 2세 왕에 이르도록 그걸 못해 내고 있다는 사실을 우리는 기억해야 합니다.** 오히려 세상 나라 종교, 바알과 아세라가 들어와 이스라엘과 유다를 잠식하고 있습니다. 그래서 호세아, 아모스는 이제 망할 것이니 조심하라고 외치고 있습니다. **바로 이때 선교용 요나도 부르셨다는 것은 의미심장합니다.**

"요나야! 너라도 가라! 저 열방 니느웨로!"

니느웨가 어딘가? 메소포타미아, 세상 나라의 상징이었던 앗수르(앗시리아)의 중심 도시입니다. 앗수르가 **당시 세계 최강국**인데 이 나라를 손보시겠다는 **예언을 하라고 하십니다.**

하나님은 **세계사의 하나님**이라고 했습니다. 아모스서에서도 여러 주변나라를 다 판단하고 계신다고 했습니다. 앞으로 세계제국의 역사흐름은 앗수르, 바벨론, 메대바사(페르시아), 헬라제국, 로마제국까지 치고 나갈 겁니다. 제국의 역사가 흘러서 정말 그렇게 이루어져왔다는 사실을 21세기를 살고 있는 우리는 세계사를 배워서 압니다. 그러나 여로보암 2세 당시는 아직 앗수르가 가장 강대국입니다. 그런데 하나님은 이 앗수르에 찾아가서 선포하라는 겁니다.

그렇습니다. 세계사의 왕 중 왕이신 하나님은 강대국도 다스리는 황제 중의 황제임을 요나를 통해 말씀하시는 중이십니다. 제국주의 세계사도 섭리하시는 하나님의 예언 물줄기의 시작 지점은 **앗수르**였다는 사실을 생각해 보십시오. 세상 나라를 대

23
24
25

표하는 제국의 심장에 하나님의 깃발을 꽂으라는 정확한 하나님의 의도를 읽어내야 합니다. 제국의 역사를 배경으로 이제 왕국의 멸망 역사가 시작되기 때문에 하나님은 포석을 하고 계신 듯합니다(나중에 남방 유다 멸망 즈음에는 예레미야, 다니엘, 에스겔 등이 바벨론에 대한 예언을 하는 것과 동일한 이치입니다).

그런데 **요나**를 보십시오. 꼭 이스라엘 같지 않습니까? 사명을 감당하지 않고 있는 이스라엘과 똑같지 않습니까?

요나 이야기를 전설처럼 생각하는 사람들이 있습니다. **그러나 예수님은 요나를 그리스도의 모형으로 제시하셨습니다**(마 12:39-41). 왕 중의 왕, BC와 AD를 나누는 역사의 주인공 예수, 그 분의 말씀을 들어보십시오. '인자도 밤낮 사흘을 땅속에 있으리라.' 요나 이야기는 전설이나 신화나 동화가 아닙니다. 역사입니다.

요나 사건이 일어난 때는 약 BC 760년경으로 봅니다. 이 때 앗수르는 나약한 왕들의 치정으로 백성들은 공포에 사로잡혀 있었습니다. 거대한 제국의 위용을 보이지 못했던 시점이었을 뿐만 아니라, BC 765년에는 큰 역병이 번져서 많은 생명을 앗아 갔습니다. 또한 BC 763년 6월 15일에는 일식이 있었습니다(별자리를 보고 하늘에 나타난 미래를 점치는 왕궁 예언자들은 이 현상을 매우 두려워했을 것입니다).
이러한 상황들은 이스라엘의 예언자(앗시리아가 보기에는 박수, 무당, 술객, 왕궁 예언자였을 것) **요나를 받아들여 여호와 하나님의 신탁을 들어볼 만하게 했을 것입니다.**

자, 이런 배경 지식을 갖고 요나서를 읽어봅시다. 아하자!!

(욘 1-4장)

● (욘 1장) : 요나의 사명과 도피
요나는 영락 없는 이스라엘이다. 사명을 감당하지도 못하고 이리저리 비껴 도망다니다가 억지로 겨우 사명 감당하고는 불평한다.

- (욘 2장) : 요나의 기도
- (욘 3장) : **요나의 회개와 니느웨에서의 사역**

  당시 이스라엘의 하나님이 참 신이라는 사실을 요나의 선포로 드러내셨다. 그 백성들이 요나의 예언말씀을 듣고 회개했다.

- (욘 4장) : **니느웨의 회개 이후 요나의 태도**

  요나가 뽄때(?)있게 예언했으면 그대로 좀 되면 좋은데 백성들이 회개하니까 재앙이 닥치지 않았다. 심판이 온다고 예언하게 하시고는, 심판이 아직 안 오는 현상이다. 요나는 체면이 안 섰다. 요나는 그 이전에도 선지자로 활동하면서 여러 번 이것을 경험한 듯하다(욘 4:1-2).

  한 번 생각해 보자. 마치 신약의 세례요한의 입장 같기도 하다. '메시아가 나타나면 로마에 심판이 임하고 유다가 회복되어야 하는데 로마측 일당들은 왜 건재한가? 예수가 나타나도 왜 아무 일도 일어나지 않는가?' 이것이 세례요한이 감옥에서 가졌던 질문이 아니었던가? "삼일 밤낮으로 땅 속에 있으면 구원이 임하리……."

  심판하시나 구원하시는 하나님의 깊은 마음을 요나 스토리에서 읽어보자. 세례요한은 **심판의 메시지**를 전했으나, 그 세례요한의 청중들에게 **구원**과 **영생의 메시지**("**하나님이 세상을 이처럼 사랑하셔서 독생자를 주셨으니, 누구든지 그를 믿으면 멸망하지 않고 영생을 얻을 것이다**"-요 3:16)를 주신 속내를 깊이 공감해 보자.

  그리고 예언서를 읽으면서도 뜨거운 눈물이 고이면 좋겠다. 내 신세타령하느라 눈물 흘리지 말고…….

☞ 북방 이스라엘, 여로보암 2세 때를 배경으로 한 3권의 예언서(호세아, 아모스, 요나)를 다 읽었다.

자, 다시 열왕기하 실제역사로 돌아갑시다

23
24
25

(15장의 유다 왕 아사랴는 웃시야 왕이다.)

여로보암 2세 이후, 스가랴가 왕이 되자 예후 왕조는 끝이 난다. 아합 왕 오므리 왕조를 멸망시킨 예후 왕조도 여기서 막을 내린다. **몸통 부분이 완전히 끝난다.**

여기까지 커다란 덩어리이기 때문에 23-25일을 하나로 묶어서 읽었습니다. 삼 일 동안 여러분 스스로 범위를 끊어서 읽으셨죠? 너무 수고 많으셨습니다.

자, 이제 내일부터는 꼬리 부분, 망하는 이야기를 읽읍시다. 예언서, 어렵지 않으시죠?

내 노트 | 깊. 이. 새. 내. 기.

- **깊**이 깨닫고 나니 다른 사람과 나누고 싶은 내용

_____

- **이**해가 되지 않는 부분

_____

- **새**로 배운 내용

_____

- **내**가 실천하고 싶은 원리

_____

- **기**도제목

_____

성경방 나눔터

- 아합의 길은 한마디로 '풍요와 다산, 쾌락'의 모델이다. 이것이 세상이다. 오늘날 교회에 다니는 우리들은 이 단어에 얼마나 익숙한가? 한 번 성경방 식구들과 나눠보자.

- 풍요와 다산과 투쟁하는 '엘리야' 모델이 오늘날 당신 주변에 얼른 탁, 떠오르는가?

- 어떻게 하면 엘리야 시대의 남은 자들 같은 성도들을 많이 양산해 낼 수 있을까?

- 이제 엘리야를 전후로 서서히 기술 선지자들이 등장한다. 오바댜, 요엘, 호세아, 아모스, 요나 등이 등장하게 되는 시대적 환경을 다시 한 번 나눠보자.

- 북이스라엘이 멸망하게 된 시대적 상황을 보여주는 아모스서의 여인상이 있다. 연한 송아지 고기를 먹고 상아침대에 누워 음악을 듣고 남편에게 술 따르라고 권하는 여자, 바산의 암소들이다. 요즈음 예단을 하는 샘플로 'xx교회 권사님 스타일'이라는 말이 있다고 한다. 모델이다. 크리스천의 결혼풍속, 이래도 좋을까?

– 예수께서 요나의 표적밖에 보일 것이 없다고 말씀하실 만큼 '요나' 스토리는 사실이다. 왜 요나의 표적이 이토록 중요할까 나눠보자.

– 이 여러 선지자들 가운데 당신의 타입이 있는가? 가장 닮고 싶고, 모델로 삼고 싶은 분이 있는가? 그 한분을 집중 조명해 보고, 그를 흉내내 보자. 모방은 창조의 시작이라지 않던가? 흉내를 계속 내면 습관이 되고, 습관은 인격을 만든다.

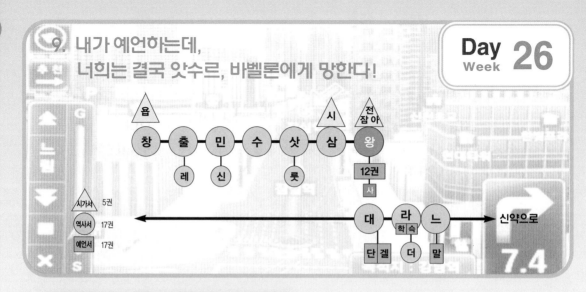

9. 내가 예언하는데, 너희는 결국 앗수르, 바벨론에게 망한다!

왕하 15:13-20장, (사 1-23장)

드디어 열왕기상하 물고기 그림 꼬리 부분에 도착했습니다. 이제 망하는 이야기입니다. 북방 이스라엘이 결국 앗수르(앗시리아)에 의해 멸망당합니다. 그 즈음 남쪽을 다스리고 있던 왕들 웃시야, 요담, 아하스를 지나 히스기야 왕을 읽습니다. 이 때 같이 살았던 이사야 선지자를 만납시다. (사 1-23장)을 끼워 읽자는 말입니다.

왕하 15:13-25장   꼬리 부분, 망하는 이야기

우리는 지금 어려운 여행을 하고 있습니다. 열왕기상하 자체를 이해하기도 힘든데 거기다가 예언서까지 끼어서 읽고 있기 때문입니다. 그러나 여기까지 잘 따라오신 여러분 수고하셨습니다.

자, 이제는 **꼬리**입니다. **망하는 이야기**죠. 이제 나라들이 기울기 시작하는 실제역사부터 읽어봅시다. 북방 이스라엘은 예후 왕조의 마지막 왕 스가랴 이후 반역의 역사를 거듭합니다. 왕조가 안정이 안 되는 거지요. 그러다가 살룸, 므나헴, 브가히야, 베가를 거쳐 **호세아 왕 때 결국 앗수르(앗시리아)에 의해 멸망**합니다. 이렇게 해서 17장에서 북방 이스라엘은 끝납니다.

그러고 나면 히스기야 왕이 18장부터 등장하고, 그 이후 25장에 이르기까지 남방 유다 역사로만 이어지다가 결국은 남방 유다도 망하는 이야기입니다.

이 부분을 이해하기 위해서 또다시 물고기 그림 도표를 보십시다. **이사야, 미가, 나훔, 스바냐, 예레미야, 하박국** 같은 분들이 나타나죠? 그런데 이 분들을 크게 두 시대로 나눠서 이해해야 합니다. 히스기야 왕 때 활동하는 **이사야**, 그리고 요시야 이후 시드기야 때까지 활동하는 **예레미야**를 각각 중심점에 놓으면 되는 거지요. 남방 유다 꼬리도 두 덩어리로 생각하자는 거지요. 이사야 시대, 예레미야 시대, 이렇게 말입니다.

이런 큰 그림을 그려놓고 망하는 이야기를 차근차근 정리해 봅시다.

왕하 15:13-17장

북방 이스라엘이 결국 앗시리아에 의해 멸망함

북이스라엘은 호세아 왕 때 멸망한다. 앗시리아가 침공했기 때문이다. 메소포타미아 지역(티그리스, 유프라테스 강 지역) 일대를 앗시리아(요나가 갔었던 그 나라)가 지배하던 때이다. 그런데 앗시리아가 점령한 이스라엘 땅에 사자가 나타나 인명피해가 생긴다. 엘리사 때 곰이 나타난 것처럼, 당시 사람들이 인식할 수 있는 방법으로 창조주 하나님의 권위를 드러내신다. 이스라엘 신에 대한 관습(왕하 17: 27)을 익히기 위해 이스라엘에서 잡아온 제사장을 파견하라고 하는 장면을 곰곰이 생각해 보라. 유다 멸망 때도 다니엘이 등장하지 않는가. 사자도 등장하지 않는가. 하나님은 창조주라는 것이다. 남쪽 유다는 요담, 아하스 왕 때였다.

왕하 18-20장

남방 유다 히스기야 왕의 치정 ▷ 역시 앗시리아에 시달림

북이스라엘은 앗시리아가 멸망시켰다. 앗시리아는 남유다의 히스기야까지 괴롭힌다. 지금 북이스라엘과 남유다를 멸망시키는 적수가 누군인지 기억하자. 앗시리아다. 앗시리아가 어디인지 지도 속에서 꼭 확인하자. 메소포타미아 지역을 통일한 제국이다. 메소포타미아! 누구인가? 하나님의 왕권을 인정하지 않던 가인 계열 사람들의 문명을 이어받은 힘 있는 나라였다. 그들이 누구인가? 바알과 아세라를 믿는 풍요와 다산의 문화를 가진 자들이다. 그렇다. 지금 현재 **세상 나라가 하나님의 나라**를 정복하고 있다는 말이다.

(이사야) 끼워 읽기

바로 이런 때 하나님이 잠잠하시면 하나님 나라는 도대체 어떻게 되겠습니까? 모든 민족에게 복이 되기 위해 시작했던 하나님 나라가 이렇게 망한다면 용두사미가 되는 것 아니겠습니까?

그러기 때문에 하나님은 '**말씀**' 하십니다. "내 나라는 망하는 것이 아니다. 다만 잠깐 벌을 받고 있을 뿐이다. 잠깐의 심판일 뿐이다. 오히려 우상을 섬기니 심판받아야 하지 않겠느냐? 그러나 내 나라는 계속될 것이다. 회복될 것이다. 다시 구원이 올 것이다. 결국 내 나라만 영원히 남을 것이다. 세계 열방들이 경영하여도 허사로다!"

이렇게 북방 이스라엘도 망하고, 남방 유다도 멸망 시기로 접어드는 지점에 등장하는 사람이 **이사야**와 **미가**입니다.

이사야와 미가는 북방 이스라엘에서 아모스의 활동이 끝난 이후에 남방 유다에서 사역을 시작한 듯합니다. 그러니까 아직 북방 이스라엘이 망하기 전부터 사역했다는 뜻이지요. 남방 유다로 본다면 **웃시야가 죽던 해로부터 시작해서**, 섭정시기를 포함한 요담이 왕일 때, 그 이후 아하스 그리고 히스기야 왕을 지나 므낫세(미가는 이때 활동하지 않음)가 다스리기 시작하는 때까지입니다. 연대로 보면 **BC 740년대~ 680년대에 이르는 약 60년 간**으로 보입니다.

그러니까 북쪽의 여로보암 2세가 강력하게 통치하고 있을 때 **남쪽에서도 웃시야 (아사랴, 왕하 15:1, 6, 8)가 강력한 통치를 하는데 바로 이 때가 꼬리 부분이 시작되는 환경**이라 이 말이지요. 이 두 왕에 의해 회복된 영토는 다윗과 솔로몬 시대의 영토 버금가는 크기였으니까요.

웃시야는 에돔 땅도 회복했구요, 암몬으로부터 조공도 받았구요, 서쪽으로는 블레셋과 싸워서 여러 성읍들을 점령했구요, 활쏘는 기계와 투석기도 고안해서 성 벽에 설치했구요, 동남쪽 홍해바다 아쿠바만에는 무역을 하기 위해서 엘랏을 건축했습니다. 대단한 왕 아닙니까?

그런데 바로 이런 **웃시야, 큰 임금 웃시야가 죽던 해부터 이사야가 사역을 시작했다~** 이 말입니다. 그래서 우리는 **웃시야 이후 요담, 아하스 왕이 지나갔고, 이제 히스기야 왕을 큰 배경으로 놓고 이사야를 읽어보려는 겁니다.**

국제상황은 북이스라엘을 점령한 앗시리아가 영향력을 미칠 때입니다. 앗시리아의 산헤립은 히스기야로부터 조공을 챙기고 있으면서도 여기에 만족하지 않고 심리전을 전개합니다. **계속 남쪽으로 밀어붙이고 있는 앗시리아, 이 기세를 의식하고 있는 이집트, 두 고래싸움도 보여야 합니다.** 앞으로 나타날 유다 멸망도 이 두 제국의 갈등 구조 속에서 진행되기 때문이지요(강의 들으셨던 분 기억나시죠? 친이집트, 친바벨론……^^). 그 뿌리가 이미 이때에도 있었던 것이지요.

히스기야 이후 **아들 므낫세가** 나라를 이어받는데 그는 **남방 유다 역사상 가장 대표적인 우상국가를** 만들어버립니다. 므낫세는 55년 동안 우상축제를 했고, 그 이후 요시야(이때는 예레미야가 나타나는 때임)가 안간힘을 썼지만 결국은 멸망하거든요.

자, 이렇게 오랜 기간 동안 **이사야**는 우르르르……꼬리 부분에서 나타나는 선지서들 안에 써 있는 내용을 다 포함하는 정도의 엄청난 말씀을 받았습니다. **예언서 전체집합**이죠. 그래서 이사야를 **예언자의 왕**이라고도 부릅니다. 분량도 많고 내용도 많기 때문이죠.

이사야는 문학의 귀재였습니다. 천재적인 표현형식이 그의 뛰어난 재능을 보여줍니다. 표현법에 있어서 걸작에 속하는 기록이 많다고 합니다. 성읍들, 자연, 하나님의 손, 하나님의 말씀 등을 의인화하는 것들을 보면 당시 최고의 교육을 받았던 귀재가 아니라면 불가능한 기록이라고 합니다. 우리는 지금 한국말로 성경책을 읽기 때문에 표현형식에 있어서 그 맛을 못 느낍니다. 번역본이니까요. 원본으로 문학작품의 특성을 따라 읽어야 하는 것이 이사야서인데 우린 그걸 못한다는 것을 먼저 염두에 둬야 하지요. 하여튼 이사야서는 이토록 대단한 작품이라는 것만은 기억합시다.

<< 이사야서 구조 >

유다 말기 예언부터 시작해서, **예수님에 대한 예언**, **요한계시록 예언**까지 하고 있는 이사야서는 다음과 같이 **3부**로 구성되어 있습니다. 꼭 기억하세요.

––––––––– by Leon Wood –––––––––

1부 : 이사야 시대에 관한 말씀들 : (사 1-35장) ➡ 심판의 메시지 성격

- 유다와 예루살렘에 관한 메시지들 : (사 1:1-12:6)
- 열방들에 관한 예언들 : (사 13:1-23:18)
- 심판과 구원에 관한 예언들 : (사 24:1-27:13)
- 앗시리아에 의한 심판 예언들 : (사 28:1-31:9)
- 먼 미래, 종말에 대한 예언들 : (사 32:1-35:10)

2부 : 역사적 사실을 기록함 : (사 36-39장) ➡ 삽화처럼 끼어있는 히스토리

- 산헤립의 침입 : (사 36-37장)
- 히스기야의 병과 회복 : (사 38장)
- 바벨론 포로에 관한 예언 : (사 39장)

3부 : 미래에 관한 예언들 : (사 40-66장) ➡ 구원의 메시지 성격

- 약속된 회복으로 위로함 : (사 40-48장)
- 하나님의 고난받는 종, 그리스도에 의한 구원 : (사 49-54장)
- 하나님의 초대와 경고 : (사 55-59장)
- 이스라엘의 완전한 승리 : 요한계시록적 종말의 영광 : (사 60-66장)

< 이사야서 내용 ➡ 심판하시나 구원하시다 >

☞ 이사야서를 조금이나마 깨닫고 읽으려면 아래 노트로 안경을 끼자.

유다의 멸망을 바라보고 있다. 다른 나라 신보다 힘이 없어 망하는 것이 아니다. 다른 나라들도 다 하나님 손 안에 있다. 왕 중의 왕이시기 때문이다. 그

런데 왜 망하나? 사명을 감당하지 못해서다. 제사장 나라가 되기는커녕 종교, 사상, 문화의 핵심을 바알과 아세라로 만들었다는 것이 얼마나 하나님께는 굴욕적인 일인가. 어떻게 그 우상들을 섬겨왔는지 하나님은 실상을 다 알고 계신다. 샅샅이 다 열거하신다. 다 보고 계셨다.

그렇게 된 이유는 제사장들, 리더들, 기득권자들, 레위인들의 잘못이 제일 원인이다. 그래서 그들부터 심판하신다. 그러나 하나님 나라는 계속된다. 남은 자들이 있기 때문이다. 구원의 날을 바라보며 예언자들의 말을 들을 사람들이다.

예언은 앞으로 나타날 미래 일을 말하는 것이기 때문에 심판의 날 또는 구원의 날이 다가올 것을 바라본다. **심판의 날**은 재앙, 전쟁, 기근, 통곡 등으로 묘사된다. **구원의 날**은 하나님이 통치권을 갖고 다시 예루살렘에 서시는 것으로 묘사된다. 그날이 오면……그날이 오면……. 그러다가 결국 최종적으로 어떻게 될 건가? 세계 제국사가 그렇게 흘러가다가 하나님의 나라만 영원히 남을 것이다. 그래서 하나님 나라는 우주적이다. 세계 모든 나라 종족이 다 모인다. 하나님의 관건은 세계다. 그래서 세계인이 다 예루살렘(통치 좌소)으로 모인다. 종말론적으로 완성될 천국, 하나님의 나라가 올 날이 있다. 그날이 오면……그날이 오면…….

〈 마지막 잔소리 ^^ 〉

이사야는 슬퍼할 거예요. 이사야서에 막혀서 1독을 못하는 분들이 많기 때문이지요. 자, 그러니 우리 여기서 다시 한 번 '아하자!' 외치고 심기일전 시작해 봅시다. 최대치로 잡아서 하루 20장씩 읽어도 이사야서를 다 읽으려면 3일 이상을 읽어야 하기 때문에 그때그때마다 위의 요약부분으로 돌아옵시다. 원 위치! 기억하세요. 역사적인 상황 기억하세요! 그리고 전체적인 구조 속에 지금 어디를 읽고 있는지 참고하며 읽읍시다.

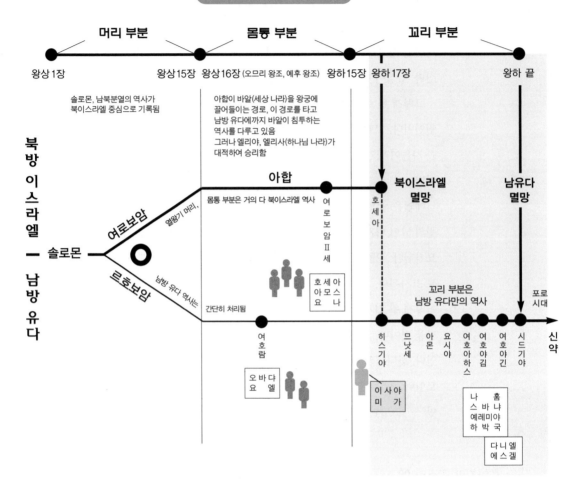

이사야 등장

머리 부분 | 몸통 부분 | 꼬리 부분

왕상 1장　왕상 15장　왕상 16장 (오므리 왕조, 예후 왕조)　왕하 15장 왕하 17장　왕하 끝

솔로몬, 남북분열의 역사가
북이스라엘 중심으로 기록됨

아합이 바알(세상 나라)을 왕궁에
끌어들이는 경로, 이 경로를 타고
남방 유다에까지 바알이 침투하는
역사를 다루고 있음
그러나 엘리야, 엘리사(하나님 나라)가
대적하여 승리함

아합

북방 이스라엘 ― 남방 유다

여로보암

르호보암

열왕기 머리,

남방 유다 역사는

솔로몬

몸통 부분은 거의 다 북이스라엘 역사

여로보암 II세

간단히 처리됨

호세아 아모스 요나

북이스라엘 멸망

호세아

남유다 멸망

여호람

오바댜 요엘

히스기야　므낫세　아몬　요시야　여호아하스　여호야김　여호야긴　시드기야

신약

꼬리 부분은 남방 유다만의 역사

포로 시대

이사야 미가

나훔 스바냐 예레미야 하박국

다니엘 에스겔

(사 1–23장)

☞ 범위: 이사야 전체 내용 중 표시 부분이다.

1부 : 이사야 시대에 관한 말씀들 : (사 1–35장)　➡　심판의 메시지 성격

• 유다와 예루살렘에 관한 메시지들 : (사 1:1–12:6)

• 열방들에 관한 예언들 : (사 13:1–23:18)

• 심판과 구원에 관한 예언들 : (사 24:1–27:13)

• 앗시리아에 의한 심판 예언들 : (사 28:1–31:9)

• 먼 미래, 종말에 대한 예언들 : (사 32:1–35:10)

2부 : 역사적 사실을 기록함 : (사 36-39장) ➔ 삽화처럼 끼어있는 히스토리

- 산헤립의 침입 : (사 36-37장)
- 히스기야의 병과 회복 : (사 38장)
- 바벨론 포로에 관한 예언 : (사 39장)

3부 : 미래에 관한 예언들 : (사 40-66장) ➔ 구원의 메시지 성격

- 약속된 회복으로 위로함 : (사 40-48장)
- 하나님의 고난받는 종, 그리스도에 의한 구원 : (사 49-54장)
- 하나님의 초대와 경고 : (사 55-59장)
- 이스라엘의 완전한 승리 : 요한계시록적 종말의 영광 : (사 60-66장)

☞ *이사야 안경(?)을 끼고 슬쩍슬쩍 짚히는 대로 다음과 같이 읽어보자.*
1부 시작이다. ● 이 표시 내용을 읽고 그 부분 범위를 성경에서 읽은 후
또 ●표시 내용을 읽고 그 부분 범위를 성경에서 읽고……, 이렇게 계속 읽어보자.

● (사 1:1-20) : **유다의 타락, 예배의 타락**(렘 7:21-22과 비교해 보라)
상수리 나무 아래서 우상을 섬기는 모습(29-31절)을 눈여겨 보라.

● (사 2장) : '그날에……', '주님의 날에……', '마지막 날에……'
하나님 나라가 모든 민족과 모든 나라 가운데 우뚝 설 날이오리라……물 밀듯이 세계인이
몰려오리라 ……그렇게 완성될 것이다, 예루살렘에서.

● (사 3:1-4:1) : **유다 왕국 사람들이 섬겼던 우상숭배 실상들을 다 보고 계셨던 하나님**
마술사, 요술쟁이……여자들의 발목장식, 머리망사, 반달장식, 귀고리, 팔찌, 머리쓰개, 머
리장식, 발찌, 허리띠, 향수병, 부적, 가락지, 코걸이, 고운 옷들이 다 소용없어질 날이 올 것
이다.   ──➔ **심판하시나,**

● (사 4:2-6) : '그날이 오면'……예루살렘이 회복될 것이다   ──➔ **구원하신다**

- **(사 5장) : 포도원**(이스라엘 민족)**을 만드시고 기대하셨던 하나님**(창 12:1-3 말뚝!)

  앗, 그러나 읽어보라. 얼마나 기대에 못 미치는가를……, 결과는 심판이다.

- **(사 6장) : 이사야의 소명, 하나님을 경험하는 선지자!**(주님! 우리도 이런 경험을 하게 하소서!)

  이 부분은 이사야의 예언이 아니라 간증이다. 이사야가 어떻게 선지자로 활동을 시작하게 되었는지에 대해서 말하고 있다. 웃시야 왕이 죽던 해라는 시점을 눈여겨 보자. 이런 의미에서 볼 때 사실은 6장을 제일 먼저 읽는 것이 옳을 듯 싶다. 하여튼 그렇다는 것을 알고 읽자. 9-10절은 예수님의 씨 뿌리는 비유에 나타나는 캐릭터를 설명할 때 인용했던 구절이다. 13절의 그루터기 사상, 남은 자 사상(엘리야 때 시작된 사상)에 유의하자.

- **(사 7-8장) : 임마누엘**(예수님에 대한 다른 명칭) **예언이 나타남**

  6장 소명 사건이 지나고 적어도 약 10년이 지난 때다. 비교적 사역 초창기일 때다. 웃시야 이후, 요담이 지나고 요담의 아들 아하스가 왕일 때다. 이때는 아직 북이스라엘이 망하지 않은 때다. 북이스라엘은 베가가 다스릴 때다.

  이 때, **시리아**(아람)**가 예루살렘을 쳐들어왔다. 이 전쟁사와 연결되어 동정녀 탄생예언이 나타났음을 기억하자.** 그런데 이 예언은 행동예언으로 시작되었다.

  이사야는 자기 아들 스알야숩(=남은 자가 돌아올 것이다)을 데리고 아하스 왕을 만나 "시리아에게 이길 것이다."라고 예언한다. 그러나 아하스는 그것을 믿지 못한다. 정말 이길 수 있을지 징조를 보이라고 한다. 이 때 나타난 징조가 바로 **임마누엘 동정녀 탄생예언**이다. 처녀가 아기를 낳을 것인데 그것이 징조가 될 것이라고 한다.

  북이스라엘, 유다, 시리아를 덮칠 앗시리아의 침략이 있을 텐데(사 7:8, 9, 8:4-8), 그 때에 **임마누엘**이 나타난다(사 8:8-40). 자, 실제로 10여 년이 지나서 앗시리아가 시리아, 북이스라엘을 멸망시키고, 유다까지(이때는 히스기야 왕이 될 것이다) 괴롭힌다. 그러나 결~~국은 임마누엘, 하나님이 이스라엘과 함께 계신다는 것이다. 하나님 나라는 승리한다는 종말론적 예언이다. 임마누엘예언은 **예수 시대**를 지나 **계시록**에서 완성될 것이다. 이중 구조의 예언이다.

  이 행동예언과 관련된 일련의 말씀들이 **12장까지** 계속된다.

- **(사 9:1-7) : 한 아기, 임마누엘은 누구인가?**

  마 4:4에서 나타날 예수님의 갈릴리 가버나움 사역을 예언한다. 바리새인들이 이사야서 이 구절만 잘 공부하고 믿었어도 스불론, 납달리, 갈릴리에서 활동한 **임마누엘이신 예수님**

을 알아봤을 텐데 안타깝다.

그 아기, 임마누엘은 누구인가? 기묘라, 모사라, 전능하신 하나님, 영존하시는 아버지, 평화의 왕이시니, 그의 나라는 영원하다.

- **(사 9:8-11장) : 이사야서에 나타나는 제2의 출애굽 – 이새의 줄기에서 나오는 왕의 출현**
  이스라엘의 죄악 때문에 앗시리아를 도구로 써서 이스라엘을 벌하리라. 그러나 이스라엘은 돌아온다.
  이새의 줄기에서 한 싹이 나서 그가 평화의 왕이 된다. 다윗의 후손으로 오는 이시여! 그날이 오면, 그날이 오면, 열방으로 끌려갔던 내 백성들이 돌아오리라. 남은 자들을 소유로 삼을 것이다. 결국 내 백성들이 앗시리아, 이집트, 바벨론에서 돌아온다. 그날은 **구원의 날**이다. 그 때에는 앗시리아에서 남은 자들을 돌아오도록 큰 길을 내실 것이다. 마치 출애굽할 때 홍해 물을 말리셨던 것처럼……. 하나님이 **제2의 출애굽**을 시킬 것이다. 그날이 오면, 남은 자가 돌아오리라. 남은 자! 남은 자들을 통해 야곱이 이어질 것이다.
  이집트? 바벨론? 엘람? 앗시리아? 너희 열국들이 무엇이냐? 너희들에게서 내 백성들이 돌아오도록 내가 할 것이다. 나는 왕이다!

- **(사 12장) : 그날이 오면, 그래서 찬송할 것이다**
  온 세계 만방에 이 노래를 불러 알려라. 시온의 딸들아, 이스라엘의 하나님은 위대하시다!

- **(사 13-23장) : 바벨론을 통해 내 백성들을 괴롭히리라. 그러나 결국 너 바벨론도 망한다.**
  페르시아(메대, 바사)**를 불러다가 너를 망하게 하리라. 세계 열방들아, 너희들도 내가 다스리는 중이다. 나는 왕이다!**

  - 그러면 내 백성은 돌아올 것이다. 그날이 오면, 그날이 오면 다시 내 백성들이 돌아와서 고향 땅에서 살 것이다. 너 바벨론, 네가 왕이 아니다. 바벨탑을 쌓던 너희들아(창 11장), 하늘에까지 대를 쌓더니 뚝 떨어지는구나(13절). 내가 왕이다! 바벨론, 너는 왕이 아니다! 바벨론, 앗시리아, 블레셋……너희는 멸망한다(14장).
  - 모압? 너도 멸망이다(15-16장).
  - 시리아(아람)? 너도 마찬가지다. 그날이 오면, 그날이 오면, 이스라엘의 거룩하신 분을 모두 다 바라볼 것이다. 손으로 만든 아세라, 태양신들은 쳐다보지도 않을 것이다. 모든 열방은 망한다(17장).

- 에티오피아(18장),

- 이집트, 할 것 없이 그날이 오면, 그날이 오면 하나님만 경배할 것이다(19장).

- 에티오피아, 이집트의 포로들이 벌거벗고 수치를 당할 것이다. 앗시리아에 의해서 말이다 (20장).

- 바벨론, 에돔, 아라비아(드단, 게달, 베두인들) 사람들까지도 멸망하리라(21장).

- 내 백성 유다야! 너 예루살렘아! 너도 망하는구나(22장).

- 베니게(페니키아, 두로, 시돈……레바논), 너 화려한 무역의 나라, 장사꾼의 나라! 그래도 영원하지 않다(23장).

잠깐!! 이사야는 국제관계통?!

우리는 지금 이 세계사를 다 압니다. 그러나 이사야는 그 당시, 신바벨론의 천하통일 시대를 목도하지는 못한 사람입니다. 그런데 바벨론이 일어났다가, 바벨론도 결국은 페르시아에 의해서 망한다(사 13:17)고 예언합니다. 하나님은 이사야를 통해 주장하십니다. "내가 힘이 없어 망하는 것이 아니다. 나는 세계사의 왕이다. 내 나라를 망하게 할 바벨론이라고 그냥 놔둘 줄 아냐? 너도 망한다! 나는 인류역사의 왕이다. 왕 중의 왕이다!"

이런 식으로 23장까지 이스라엘, 유다뿐만 아니라 바벨론, 블레셋, 모압, 시리아, 에티오피아, 이집트, 에돔, 엘람, 메대, 아라비아, 베니게 등 열방에 대해 예언하는 이사야의 목소리를 들어보십시오. 열왕국들 사이에 얽힌 함수관계를 이사야는 알고 있습니다.

이사야 역시 아모스처럼, 요나처럼, 국제학자입니다. 열방에 대한 안목이 없다면 이런 예언을 해낼 수 없습니다. 앞에서 읽었던 아모스서를 되새기면서 읽어봅시다. 바로 몇 십 년 전에 북방 이스라엘 여로보암 2세 때 아모스가 외쳤던 열방에 대한 예언과 다를 바 없습니다. 북쪽의 아모스, 남쪽의 이사야, 공히 인터내셔널 예언자들입니다. 이사야 안경, 다시 잘 껴 봅시다. 한 눈에 이사야도 다 이해할 수 있습니다.

내 노트 | 깊. 이. 새. 내. 기.

- **깊**이 깨닫고 나니 다른 사람과 나누고 싶은 내용

  _____

- **이**해가 되지 않는 부분

  _____

- **새**로 배운 내용

  _____

- **내**가 실천하고 싶은 원리

  _____

- **기**도제목

  _____

성경방 나눔터

- 이사야 9:1-7은 크리스마스 때 늘 듣던 말씀이다. 유다 멸망을 향해 가고 있는 히스기야 왕을 배경으로 한 번 생각해 보자. 그리고 그분이 정말 임마누엘로 오셨다는 사실을 나눠보자.

- 당신도 점을 치는가? 크리스천인데도 인터넷 점방을 드나드는가? 이것에 대해 나눠보자.
  요즈음은 유난히 점쟁이들이 성행한다. 인터넷 카페에서도 성업 중이고, 건물마다 역술인들이 '인생 상담사'라는 이름으로 문제 있는 사람들을 치료한다면서 활동 중이다. TV에도 고스트, 빙의, 신들린 젊은 처녀 무속인들이 마치 영화의 주인공인 양 등장하는 프로그램들이 많다. 번잡한 거리 한 가운데에도 텐트 치고 영업한다. 옛날처럼 길에 쭈그리고 앉아서 점치는 할아버지가 아니다. 예쁘게 화장하고, 넥타이 매고 멋있게 앉아있다. 부산 밤거리, 꼼장어거리, 종로 2가 거리 할 것 없이 만연하다.
  미래가 불안한 현대인들이 지푸라기라도 잡고 평안해 하고 싶은 것이다.
  점장이들이 대단한가?
  아니다. 한 개인의 미래 정도가 아니라 전 세계의 역사를 점(예언)치는 스토리가 성경에 있다. 점보다 큰 예언이 여기에 있다. 성경의 '예언'에 대해 성경방 식구들과 나눠보자.

9. 내가 예언하는데, 너희는 결국 앗수르, 바벨론에게 망한다!

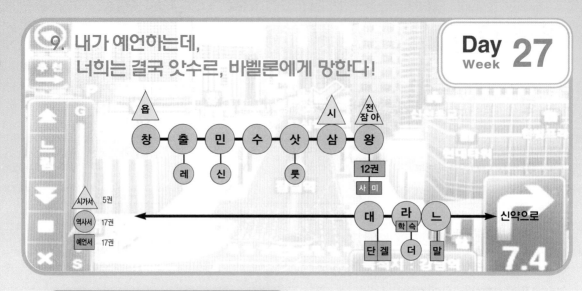

(사 24-39장), (미 1-7장)

이사야의 설교를 계속 읽습니다. 이 때 함께 활동하고 있었던 미가서도 읽습니다. 대체적으로 히스기야 왕 시대를 배경으로 놓고 읽어봅시다.

이사야 1부 중 나머지 부분

우리는 지금 열왕기하에 기록된 웃시야, 요담, 아하스, 히스기야 왕을 지나며 살았던 이사야를 끼워 읽고 있는 중입니다. 전체 범위를 3부로 나누었었습니다. 27일째 오늘도 여전히 **1부 중 나머지 부분**을 읽습니다. 그리고 **2부를 다 읽습니다.** 2부(사 36-39장)는 **실제역사 기록**입니다. 예언이 아닙니다. 이 사실을 감안하고 읽으셔야 하구요.

그리고는 **미가서로 이동하려고 합니다. 이사야와 미가가 히스기야 왕 때 함께 활동했기 때문입니다.** 앗! 이사야 3부인 40-66장은 아직 못 읽고 남았는데 왜 미가서로 이동해야 할까요? 이사야는 히스기야 이후 므낫세 왕 때도 살아 있었습니다(사 37:38에 의하면 산헤립이 피살된다. BC 681년인데 이 연대는 히스기야가 죽은 지 5년째 되는 해이다. 이미 므낫세 왕 때다). 그러나 미가는 히스기야 왕 때까지만 활동했습니다.

아직 히스기야 왕을 배경으로 하고 있는 시점에서 미가서까지 다 읽고, 열왕기하 실제역사로 들어가서 므낫세 왕 스토리를 읽습니다. 이 때를 배경으로 이사야의 말년을 생각하면서 이사야 3부를 읽는다는 작전입니다. 아하자!

(사 24-39장)

☞ *범위: 이사야 전체 중 표시 부분이다.*

1부 : 이사야 시대에 관한 말씀들 : (사 1-35장) ➡ 심판의 메시지 성격

- 유다와 예루살렘에 관한 메시지들 : (사 1:1-12:6)

- 열방들에 관한 예언들 : (사 13:1-23:18)

- 심판과 구원에 관한 예언들 : (사 24:1-27:13)

- 앗시리아에 의한 심판 예언들 : (사 28:1-31:9)

- 먼 미래, 종말에 대한 예언들 : (사 32:1-35:10)

2부 : 역사적 사실을 기록함 : (사 36-39장) ➡ 삽화처럼 끼어있는 히스토리

- 산헤립의 침입 : (사 36-37장)

- 히스기야의 병과 회복 : (사 38장)

- 바벨론 포로에 관한 예언 : (사 39장)

3부 : 미래에 관한 예언들 : (사 40-66장) ➡ 구원의 메시지 성격

- 약속된 회복으로 위로함 : (사 40-48장)

- 하나님의 고난받는 종, 그리스도에 의한 구원 : (사 49-54장)

- 하나님의 초대와 경고 : (사 55-59장)

- 이스라엘의 완전한 승리 : 요한계시록적 종말의 영광 : (사 60-66장)

☞ *이사야 안경(?)을 끼고 슬쩍슬쩍 짚히는 대로 다음과 같이 읽어보자.*

- (사 24장) : 사람이 발붙이고 살았던 땅이 황폐해질 것이다. 땅이 더러워졌다. 그러나 그날이 오면, 그날이 오면, 만군의 하나님께서 왕으로 오셔서 시온산에 앉으사 예루살렘을 다스리실 것이다(23절). 그날이 오면!

- (사 25장) : 그렇다. 그날이 오면 모든 민족을 불러 잔치를 하실 것이다. 그날이 오면, 그 날이 오면, 구원의 하나님을 기뻐하리라.

- (사 26장) : 의의 나라, 하나님의 나라, 평화의 나라, 영원한 나라가 모든 민족 가운데 서리라! 죽은 자도 살아날 것이다(19절).

- (사 27장) : 그날이 오면, 사탄도 심판하시고, 그날이 오면, 우상이 서지 못할 것이며, 그날이 오면, 유프라테스 강부터 이집트 강에 이르기까지 전 세계에서 알곡을 모아들일 것이다.

- (사 28장) : 북방 이스라엘, 사마리아, 남방 유다, 예루살렘이 멸망하는구나! 제사장, 예언자들이 얼마나 타락을 했는지 볼 수가 없구나! 도대체 저들이 누구를 가르친다는 것인가?

- (사 29장) : 예루살렘아! 남방 유다야! 너희는 눈이 있어도 보지 못하고, 읽어도 깨닫지 못하는구나. 이것이야말로 저주인데……. 그러나 깨닫는 자들이 나타날 것이다.

- (사 30-31장) : 이사야 이후 100년쯤 뒤에 나타날 예레미야 시대상을 예언하고 있다.

  100년 후, 바벨론에 투항하라는 끈질긴 예레미야의 전략을 무시한 채 이집트와 조약을 맺을 것을 이사야가 선포하는 것이다. **예레미야는 이사야의 예언을 섭렵했던 것이 분명**하고 이사야 전통을 근거로 확신을 갖고 더욱 그렇게 예언하고 외친 것이다.

  '이집트를 의지하지 말것.' 이것은 남방 유다 말기에 하나님이 당부하신 아주 큰 방향이었다. "바벨론에 의해서 망할 거니까 그 사실을 인정하고 70년만 벌받고 있다가 포로 귀환하라. 이집트를 바벨론이 정복한다. 그러니 이집트를 의지하지 말고, 벌받으면서 잠잠히 있어라!" 이것이 이사야 이후, 100년 있다가 나타날 예레미야 예언의 골자였다.

- (사 32장) : 장차 한 왕이 나타날 것이다. 멸망이 끝이 아니다. 내 나라는 이제 계속된다.

- (사 33장) : 왕 중의 왕이신 하나님께서 열방 가운데 예루살렘에 그의 좌소를 세울 것이다. 보라, 그 날이 오리라.

- (사 34장) : 민족들아! 열방들아! 이제 하나님의 영원한 나라가 이르리라.

- (사 35장) : 그 때 광야와 사막에서 꽃이 피어나리라. **눈먼 사람이 눈을 뜨고, 귀머거리가 들으며**(하나님의 나라-천국-가 가까웠느니라……하면서 나타나는 **메시아 왕국의 이미지가** 이런 식으로 표현되고 있다), 광야에 물이 솟겠고, 큰 길이 생길 것이다. 구원받은 자들이 예루살렘으로 돌아오리라. 슬픔과 탄식은 사라지리라. 하나님의 나라는 공평한 나라, 정의와 평화가 있는 나라다.

☞ *다음 범위는 삽화처럼 끼어있는 히스토리 부분이다. 이사야 구조상 2부이다. 완전히 기록 형식이 다르다. 이점 유의해서 다른 기분으로 읽어본다.*

- (사 36장) : 왕하 18:13-27을 배경으로 읽자
- (사 37장) : 왕하 19장을 배경으로 읽자
- (사 38장) : 왕하 20:1-11을 배경으로 읽자
- (사 39장) : 왕하 20:12-19을 배경으로 읽자

(미가) 끼워 읽기

이사야와 같은 시기에 나타난 선지서 **미가**를 끼워 읽습니다. 요담, 아하스, 히스기야가 다스리던 기간이라고 했으니(미 1:1), 영락없는 이사야 시절, 맞죠? 그러면서도 북방 이스라엘이 멸망을 앞두고 있는 시기와도 겹쳐진다는 것도 연결할 수 있겠죠? 북방 이스라엘의 여로보암 2세 때니까요.

아마 미가는 이사야보다는 몇 살 어렸을 것으로 보입니다. 고향이 모레셋인데 예루살렘에서 남서쪽으로 약 20마일 떨어진 곳입니다. **북방 이스라엘의 아모스와도 같은 시기이기 때문에 모름지기 두 사람은 자주 접촉이 있었을 것으로 보이기도 합니다.** 아모스의 고향인 드고아에서도 약 20마일 떨어져 있기 때문입니다. 예루살렘 근교 전원도시에 살면서 활동했지만 예루살렘 거민들과도 접촉했을 것입니다. 이사야는 왕궁을 출입하며 활동한 데 반해, 미가는 이렇게 가난하고 소외된 자들과 함께 한 구석에서 활동했습니다. 그러나 북이스라엘의 멸망을 목도한 미가는 **남방 유다를 향한 특별한 경계심이 있었을 것입니다. 그러다보니 사마리아와 예루살렘, 이 두 도시를 설정하고 예언을 합니다.**

북이스라엘의 수도 사마리아와 남방 유다의 수도 예루살렘이 장차 어떻게 될지 보여주는 미가 선지자를 만나봅시다. 아직 이사야서가 끝나지 않았지만 여기서 미가서를 끼어 읽어봅시다. 비교해 보세요. 결국 이사야와 같은 메시지라는 사실을 알게 될 것입니다.

앗, 내가 예언서를 읽다니······하시면서 스스로 기특해질 거예요. 아하자!

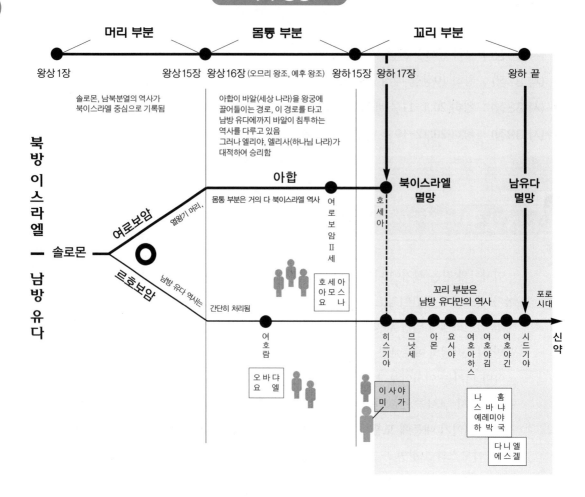

미가 등장

머리 부분 | 몸통 부분 | 꼬리 부분

왕상 1장 | 왕상 15장 | 왕상 16장 (오므리 왕조, 예후 왕조) | 왕하 15장 | 왕하 17장 | 왕하 끝

솔로몬, 남북분열의 역사가
북이스라엘 중심으로 기록됨

아합이 바알(세상 나라)을 왕궁에
끌어들이는 경로, 이 경로를 타고
남방 유다에까지 바알이 침투하는
역사를 다루고 있음
그러나 엘리야, 엘리사(하나님 나라)가
대적하여 승리함

북방 이스라엘 — 남방 유다

여로보암

르호보암

솔로몬

열왕기 머리,

남방 유다 역사는

아합

몸통 부분은 거의 다 북이스라엘 역사

간단히 처리됨

여로보암Ⅱ세

여호람

호세아
아모스
요나

북이스라엘 멸망

남유다 멸망

호세아

꼬리 부분은
남방 유다만의 역사

포로 시대

신약

오바댜
요엘

히스기야
므낫세
아몬
요시야
여호아하스
여호야김
여호야긴
시드기야

이사야
미가

나훔
스바냐
예레미야
하박국

다니엘
에스겔

(미 1-2장)

이스라엘과 유다에 임할 심판

☞ 아직 북방 이스라엘이 멸망하기 전부터 활동했음을 유의하자. 이사야도 지금 옆에 있다.

사마리아의 상처가 유다에까지 전염되어서 예루살렘 성문까지 이르렀다는 은유적인 표현이 무엇을 말하는지 알 것이다. 아합의 죄, 바알과 아세라가 남방 유다까지 전염되었다는 열왕기상 하의 관점과 다를 바 없는 표현이다.

(미 3-5장)

미래에 도래할 메시아 왕국

3:1-3을 유의해 보라. 얼마나 지도자가 타락했는지, 처참한 민중들의 모습을 이렇게 표현하고 있다.

선지자, 예언자, 거짓 선견자들이 얼마나 난무했는지 보라. 축복의 메시지만을 전하는 그들의 모습을 보라. 이제 곧 멸망이 찾아올 텐데…….

5:2을 보라. 한 다스리는 자가 **베들레헴** 에브라다에서 나온다는 예언이 바로 여기에 있다. 메시아 왕국을 예언한다.

(미 6-7장)

심판하시나 구원하심

이집트에서 구원해 내신 이스라엘의 홀 스토리를 예언자들은 늘 제시한다. 과거사 속에 하나님이 꿈꿔 오신 경륜을 근거로 늘 얘기하고 있다. 이 나라를 세운 이유가 무엇인가? 제사 그 자체가 아니라는 것이다. 하나님을 왕으로 인정하는 외적인 행위가 제사라면 왕의 통치를 받는 결과가 사회에 드러나야 하지 않겠냐는 주장이다. 하나님의 안타까움이 묻어있는 글귀들을 우리도 같은 마음으로 읽어보자. 우리도 좀 하나님의 심정으로 아, 정말 나는 아름다운 사회가 되도록 내 역할을 해야겠구나 결심하고 **실행**해야 한다. **실행이다, 실행.**

공의가 물처럼, 정의가 하수처럼 흐르기를 기대했던 아모스의 메시지와 동일한 메시지이다.

그는 이집트에서 구원해 내신 것처럼 제2의 출애굽 길을 내실 것이라고 한다. 심판하시나, 구원하신다.

내 노트 | 깊. 이. 새. 내. 기.

- **깊**이 깨닫고 나니 다른 사람과 나누고 싶은 내용

  _____

- **이**해가 되지 않는 부분

  _____

- **새**로 배운 내용

  _____

- **내**가 실천하고 싶은 원리

  _____

- **기**도제목

  _____

성경방 나눔터

> – 사회정의가 얼마나 중요한가를 말씀하는 하나님의 예언소리, 이 안타까운 절규를 계속 읽으면서
> 우리 가슴에 진정한 개혁이 일어나야 한다.
> 예언서, 사실 얼마나 쉬운가! 계속 그 얘기 아닌가? 하나님께 통치받는 삶, 예배 회복, 사회정의,
> 하나님의 나라를 이루라. 그것이 복이다. 그렇지 못할 경우는 심판이다. 그러니 망하기 전에 어
> 서 돌아오라. 문제는 귀가 없는 것이다. 안 듣는 것이다. 우리는 어떤가?
>
> – 사회정의는 중요하다. 가난한 사람들이 부의 분배에 동참토록 하는 일이야말로 하나님께서 기뻐
> 하시는 일이다. 우리나라는 분배의 문제로 의견이 다소 나눠져 있다. 하나님께서는 모든 사람들
> 이 하나님의 형상대로 지음받은 존재이므로 소중히 여기신다. 우리는 한 시민이면서 크리스천으
> 로서 이 문제에 적극 관심을 갖고 이런 저런 모양으로 참여해야 한다. 그러면서도, 우리는 부의
> 분배만이 아니라, '생명의 떡'을 분배하는 일에도 지속적으로 관심을 가져야 한다. 이 두 분배에
> 대해서 나눠보자.

28

9. 내가 예언하는데, 너희는 결국 앗수르, 바벨론에게 망한다!

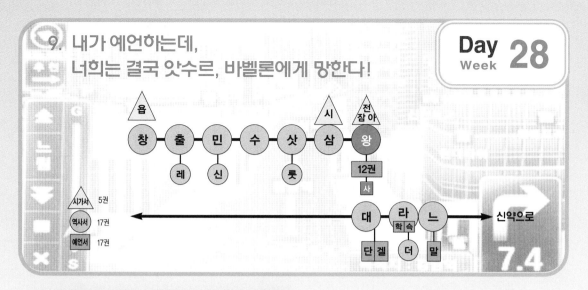

왕하 21:1-18, (사 40-54장)

히스기야는 죽고 그 아들 므낫세가 왕이 됩니다. 이사야는 히스기야 왕 때뿐만 아니라 므낫세 왕 때까지 살아있었습니다. 그래서 므낫세 치정을 먼저 읽고, 그 이후 이사야서에서 남겨놨던 부분을 읽습니다.

☞ 어제 이사야서를 읽다가 미가서를 읽었는데 오늘은 **다시 열왕 시대로 들어가려고 한다.** 므낫세 치정을 열왕기하 *21:1-18*에서 먼저 읽고, 그 이후 **남겨놨던 이사야서 3부를 마저 읽자.** 다시 이사야서로 들어오는 것이다. 적어도 이사야와 미가는 같은 시대에 살면서 활동했구나 하는 사실만이라도 익혀지면 좋을 것이다. 이사야서가 워낙 길어서(66장) 힘들지만 정복해 보자. 아하자!

여기서,
열왕기하 실제역사인 히스기야 왕 이후
므낫세 왕 시대로 이어집니다

왕하 21:1-18

히스기야의 아들 므낫세 왕의 통치

므낫세 왕은 55년을 치리한다. 가장 오래 왕위에 있던 사람이다. 그는 아버지가 이뤄놓은 영적인 기반을 이어가지 못한다. 오히려 완전히 하나님을 배반해 버린다. 온갖 우상들을 다 섬기며 해괴한 행태를 벌였다. 가나안 원주민들(예를 들면, 아모리 사람)보다 더 망측하게 우상을 섬겼다.

여전히 아합의 길을 갔다는 기록을 보라(3절). 아합은 북이스라엘 왕이 아닌가? 지금 우리는 북이스라엘이 망하고 난 이후의 남방 유다 꼬리 부분을 읽고 있는데 여전히 아합이 살아있는 셈이다. 아합 이야기는 정말 몸통이었던 것이다. 왕사 사가의 아합에 대한 심정이 보이는가?

선지자들을 보냈다(10절)는 부분을 읽을 때 예언서가 생각나야 한다.

이사야는 말년에 므낫세로 인해 괴로웠을 것이다. 므낫세 초기 몇 년 동안 더 살아있었기 때문이다. 역대하 기록에 의하면 므낫세가 말년에 회심을 보이는 것에 유의하라(대하 33:10-17).

(사 40-54장)

☞ 므낫세가 왕으로 있을 때도 이사야는 계속 살아있었다는 생각을 하면서
다시 이사야서 나머지 부분을 더 읽는다.

☞ 범위: 이사야서 전체 내용 중 표시 부분이다. 3부 시작이다.

1부 : 이사야 시대에 관한 말씀들 : (사 1-35장) ➡ **심판의 메시지 성격**

- 유다와 예루살렘에 관한 메시지들 : (사 1:1-12:6)
- 열방들에 관한 예언들 : (사 13:1-23:18)
- 심판과 구원에 관한 예언들 : (사 24:1-27:13)
- 앗시리아에 의한 심판 예언들 : (사 28:1-31:9)
- 먼 미래, 종말에 대한 예언들 : (사 32:1-35:10)

2부 : 역사적 사실을 기록함 : (사 36-39장) ➡ **삽화처럼 끼어있는 히스토리**

- 산헤립의 침입 : (사 36-37장)
- 히스기야의 병과 회복 : (사 38장)
- 바벨론 포로에 관한 예언 : (사 39장)

- **(사 40장) : 희망과 회복의 메시지다.** 내 백성을 위로하라! 포로에서 다시 돌아오리라! 엘리야 예언과 동일한 예언(3-11절)이 나타난다. **광야의 외치는 자의 소리여!**

  좋은 소식을 전하는 자의 소리, 결국 세례요한의 사역을 에언한 것이다(헨델의 메시아에 나오는 가사, 29-31절도 많은 찬양 곡에 붙여진 가사이다).

- **(사 41장) : 구원하실 것을 약속하심**

- **(사 42장) : 이제 나타날 메시아의 프로필을 보라.** 꺼져가는 등불도 끄지 아니하고 상한 갈대도 꺾지 아니하며……. 우리가 많이 듣던 말들이다. 42장을 자세히 보라. 얼마나 정확하게 그리스도, 임마누엘의 품성과 사역을 예언하고 있는가……?

  이사야서는 지겨운 책이 아니다. 놀라운 보물창고이다.

- **(사 43장) : 내가 너를 지명하여 불렀나니 너는 내 것이라⋯⋯너는 내 백성이다. 나의 증인이다. 아하자!**

- **(사 44장) : 나의 종 야곱, 나의 택한 백성 야곱아! 나만 섬겨야 한다.** 우상은 정말 아무 것도 아닌데 그걸 모르고 있느냐? 생각해 봐라. 그 나뭇조각이 얼마나 우스운거냐? 창조주만 참 신이다. 바로 나 여호와다(자, 가나안 문화를 정복하라고 들여보내실 때를 생각해 보라. 십계명 중 첫째, 둘째 계명을 주실 때 하나님 마음을 생각해 보라. 정복은커녕, 이들에게 지금 이 설교를 하고 계신 하나님의 마음이 보이는가? **이것을 보면 분명히 종교다원주의 시대를 살고 있는 우리에게 하시는 말씀이다. 여러 종교에도 구원이 있다면 왜 하나님이 이토록 안타깝게 우상을 섬기는 것은 멸망이라고 외치시겠는가?**).

  예루살렘을 구원할 자, 고레스(바벨론 포로에서 돌아오게 할 페르시아의 왕을 여기서 예언함)는 내가 세운 목자다.

- **(사 45장) : 자! 고레스를 세운다.** 그는 큰 왕이지만 내가 진정한 왕이다. 널 세운 자가 바로 나다! 내가 창조주이기 때문이다. 창조주는 절대 주권을 가진 자이다. 진흙을 갖고 토기를 마음대로 짓는 자이다. 창조의 왕을 섬겨라. 전 세계의 왕들아! 다 내 밑에 와서 섬겨라. 나

야말로 사랑으로 통치하는 섬기는 왕이다. 이스라엘만 영원하다.

- (사 46장) : **세상의 우상들은 다 헛것이다.** 그까짓 것이 무엇이냐? 그런데 거기다가 절을 하느냐? 그것은 꼼짝도 못하는 물건일 뿐이다. 그런 것을 섬기다니 쯧쯧! 나와 같은 신이 세상에 없다. 그래서 나 외에 다른 신을 섬기지 말라고 한 것인데, 우상을 만들지 말라고 한 것인데. 창세로부터 있었던 일(창 1-11장)을 기억해 보라(9-10절).

- (사 47장) : 바벨론아! 음란한 너 바알과 아세라의 선지자야! 너는 반드시 심판을 받는다. 영원하지 않을 것이다.

- (사 48장) : 하나님께서 새 일을 행하실 것이다. 이 새 일은 **새 예루살렘의 도래이다. 알파와 오메가인 내가 하는 일이다**(12-13절). 그 때 **바벨론**(세상 나라)**은 망할 것이다**(요한계시록이 보이는가?).

- (사 49장) : 창세기 12:3에서 기획하셨던 약속, 이스라엘을 통하여 모든 민족이 복을 얻으리라 한 것을 이룬다. 이스라엘로부터 모든 민족에게로 빛이 비칠 것이다. 이스라엘의 속량자가 나타나실 것이다. 예루살렘은 회복된다.

- (사 50장) : 그렇다. 구원하리라. 결국은 속량하리라. 속량자, 그가 누구인가? **고난받는 종,** 그가 할 것이다. 말씀을 가르치는 종을 보내리라.

- (사 51장) : 그러니 내 백성들아 귀를 기울여라. 의를 깨달으라. 나의 의는 세세에 미치리라. 우주를 창조한 나 하나님은 예루살렘을 구원할 것이다.

- (사 52장) : 결단코 열방들이 제압하지 못할 것이다. 이집트도, 앗시리아도, 바벨론도 못하리라. 그날이 오면……그 날이 오면 너희 하나님이 너희를 통치하신다! 기뻐하라.
그 하나님이 어떻게 통치하시는가? **고난받는 종**이 섬김으로 통치하신다. **그가 상한 얼굴로 오히려 이방 나라들을 구원할 것이다.**

- (사 53장) : 그렇다. 그는 멸시를 받아 싫어버린 바 된 종이다. 그가 찔림은 우리의 허물 때문이다. **우리의 죄악 때문에 징계를 받는다.** 우리는 대신 평화를 누리고 나음을 입는다. 그는 **털 깎는 자 앞의 양**처럼 잠잠히 입을 다물고 **체포**당하고 **유죄판결**을 받는다. 그런데 자기 백성들의 죄 때문이라고 누가 생각이나 하겠는가? 그는 **강도도 아닌데 죽는다. 손이 찔리고 채찍에 맞고,** 그리고는 **부자와 함께 들어갈 묘실**을 마련했다(메시아 예언의 극치인 이 부분은 꼭 깊이 읽어야 한다. **마 26, 27장과 비교하면서 함께 읽어보라.**).

- (사 54장) : 평화의 언약을 파기하지 않으시는 하나님의 이 사랑으로 예루살렘을 영원히 보호하리라(유대인들은 지금도 이 고난받는 종을 예수님이라고 생각하지 않고 이스라엘 전체로 보고 있다).

내 노트 | 깊.이.새.내.기.

- **깊**이 깨닫고 나니 다른 사람과 나누고 싶은 내용

  _____

- **이**해가 되지 않는 부분

  _____

- **새**로 배운 내용

  _____

- **내**가 실천하고 싶은 원리

  _____

- **기**도제목

  _____

성경방 나눔터

- 종교다원주의가 과연 옳은가? 그렇지 않다. 나 이외의 다른 신을 섬기지 말라고 하신 하나님이 아니신가? 그것이 계명일 정도로 중요한 이슈였다. 그런데 요즈음은 어떤가? '예수만 구원인가?' 라면서 공격하는 시대이다. 이 문제에 대해서 나눠보자.

- 예언자가 멸망을 예언하고 있다. 이 예언서를 평안히 앉아서 읽을 수 있는 이 순간이 기회가 아닌가? 당신의 종말이 아직은 오지 않은 이 시점 말이다. 아직은 기회가 있을 때 하나님께로 돌아가자.

- 왜 하나님은 우상숭배를 금하시는가? 그것은 숭배하면 지배받기 때문이다. 그 어떤 우상도, 인간을 진정으로 인간답게 살게 하지 않는다. 원래 하나님께서 우리 인간을 만드실 때 의도하신 삶의 형식이 있다. 하나님을 믿는 자들을 자유케 하신다는 사실이다. 당신은 무엇의 지배를 받고 있는가?

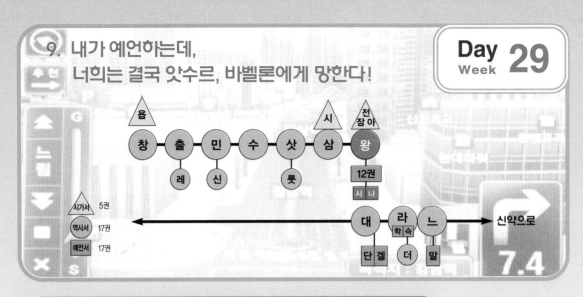

9. 내가 예언하는데, 너희는 결국 앗수르, 바벨론에게 망한다!

(사 55-66장), 왕하 21:19-23:30, (나 1-3장)

므낫세 왕을 배경으로 해서 이사야서 나머지 부분을 다 읽습니다. 그리고는 므낫세의 아들 아몬을 지나 요시야 왕 시대로 들어갑니다. 이 때는 아직 앗시리아의 니느웨 성이 멸망하지 않은 때입니다. 그래서 니느웨의 멸망을 외친 나훔서를 끼워 읽습니다.

(사 55-66장)

☞ 이사야서 뒤에 남은 부분 3부의 55-66장까지를 마저 다 읽는다.

☞ 범위: 이사야 전체 내용 중 표시 부분이다.

1부 : 이사야 시대에 관한 말씀들 : (사 1-35장) ➡ 심판의 메시지 성격

- 유다와 예루살렘에 관한 메시지들 : (사 1:1-12:6)

- 열방들에 관한 예언들 : (사 13:1-23:18)

- 심판과 구원에 관한 예언들 : (사 24:1-27:13)

- 앗시리아에 의한 심판 예언들 : (사 28:1-31:9)

- 먼 미래, 종말에 대한 예언들 : (사 32:1-35:10)

2부 : 역사적 사실을 기록함 : (사 36-39장) ➔ 삽화처럼 끼어있는 히스토리

- 산헤립의 침입 : (사 36-37장)
- 히스기야의 병과 회복 : (사 38장)
- 바벨론 포로에 관한 예언 : (사 39장)

3부 : 미래에 관한 예언들 : (사 40-66장) ➔ 구원의 메시지 성격

- 약속된 회복으로 위로함 : (사 40-48장)
- 하나님의 고난받는 종, 그리스도에 의한 구원 : (사 49-54장)
- 하나님의 초대와 경고 : (사 55-59장)
- 이스라엘의 완전한 승리 : 요한계시록적 종말의 영광 : (사 60-66장)

- **(사 55장)** : 목마른 사람들아 어서 물로 나오너라. 다윗과 맺으신 영원한 계약으로 한 나라가 달려온단다. 모두에게 미칠 구원의 소식이다.

> ☞ 신약에서 많이 듣던 말씀 아닌가? 그렇다. **예수님께서 초막절에 예루살렘 성전에서 선포한 메시지가 바로 이것이다(요 7:37-39).** 어제 읽은 '고난받는 종'이 보이는가? 그 종은 자기를 죽이려고 하는 바리새파와 대제사장 그룹이 진 치고 있는 예루살렘 성전에 오랜만에 나타나 목 놓아 외치고 계신다. 정확하게 고난받는 종이 외쳐야 할 메시지가 이 메시지이다. 바리새인 율법학자들이 메시아를 통해 나타날 하나님 나라의 회복을 진심으로 기다렸다면 예수님의 '목마른 사람들아 다 내게로 오라!'는 메시지가 선포될 때 예수님 앞에 무릎을 꿇었어야 했다. 성경을 연구하는 학자들이었다면 이사야서 메시지구나 하고 알아차렸어야 했다. 이사야서는 예수님과 밀접한 관계가 있다는 사실을 기억하면서 읽자.

- **(사 56장)** : 모든 민족이 하나님의 백성이 될 것이다. 이방인도 믿으면 복을 주신다는 약속이다. 성경의 방향성은 **'열방 행전'**이다. 창세기 12:1-3의 말뚝이 기억나는가? 이 나라의 존재 의의, 말뚝(?)을 놓치면 성경을 읽을 수 없다고 하지 않았던가. 이 나라는 모든 이방으로 복받게 하려고 제사장 나라로 부르신 나라이다. **"나의 집은 만민-열방 백성-이 모여 기도하는 집이라"**(7절). 이 구절은 굉장히 큰 말씀이다. 세계 만민이 예배해야 하는 분이 하나님이라는 뜻이다. 그러나 정작 이스라엘 백성들은 영적으로 무감각해져 있다. 특히 지도자들이 문제다. 그러자 "짐승들아, 와서 내 백성을 잡아먹어라. 내 백성을 삼켜

라……"고 말씀하신다. 열방을 돌아오게 하지 않으면 열방이 너희를 칠 것이라는 말이다.

- (사 57장) : 이스라엘이 종교적 매춘을 했다. 바알과 아세라, 창녀들과 성관계를 가졌었다. 그러나 회개만 한다면 용서하시고 치료와 위로를 약속하신다. 이렇게 계속 이사야를 통해 말씀하시는 **단 한 가지 이유는, '회개하라! 하나님의 나라가 가까웠다!'** 이다.

- (사 58장) : 삶이 없는 금식을 규탄하신다. 행함이 없는 종교행위는 문제다. 금식이라는 종교행위도 헛되다고 한다. 순종이 제사보다 낫다는 사무엘의 영성이 생각난다.

- (사 59장) : 백성이 하나님을 배반해도 아브라함과 세운 언약을 기억하시고 새 계약을 이루실 것이다.

- (사 60장) : 평화와 번영이 오리라. 예루살렘아 일어나서 빛을 비추어라. 구원의 빛이 너에게 비치었으며 주님의 영광이 아침 해처럼 네 위에 떠오른다. 그날이 오면 이스라엘은 그 땅으로 다시 모이는데 그 자손들은 먼 곳에서부터 올 것이다. 열방이 이스라엘로 모일 것이다.

- (사 61장) : **'기름 부음받은 자'**(메시아, 그리스도)**가 오실 것이다. 복음을 전하고 병을 고치고 갇힌 자가 자유롭게 되는 은혜의 날이다. 그날에, 누군가 이런 일을 하면, '그가 그임을'**(요 8:24-30) **알아 차려라. 구원의 날이 임하고, 심판의 날도 임할 것이다.**

> ☞ 예수께서 첫 유월절에 성전을 청결케 하시고 그 이후, 갈릴리 고향 나사렛으로 돌아가신다. 그 때 회당에서 하신 설교 본문(눅 4:18-19)이 이것이다. 여기를 펼쳐서 읽으시고 "이 성경 말씀은 너희가 듣는 가운데서 오늘 이루어졌다"고 말씀하셨다. 그렇게 늘 회당에 모여 성경을 읽었다면 예수님을 메시아로 알아봤어야 하지 않았겠는가? 나사렛 동네 회당 지도자들도 못했다. 그들은 예수님을 배척한다.

- (사 62장) : 시온(예루살렘, 하나님의 통치좌소)의 의가 빛처럼 드러나고 예루살렘의 구원이 횃불처럼 나타날 때까지 시온을 격려해야 하므로 내가 잠잠하지 않겠고 예루살렘이 구원받기까지 쉬지 않으시리라. 즉 예루살렘이 새 이름으로 불릴 때까지 역사하시겠다고 하신다. 뭔가 미래를 대망한다.

- (사 63장) : 주님이 오신다. 그는 누구인가?
  피로 얼룩진 의복, 포도즙 틀을 밟은 자처럼 붉은 의복을 입고 오는 자이다. 남은 자들, 하나님의 의로운 백성들이 자비를 구하는 기도가 시작된다.

- (사 64장) : 의인들의 계속되는 기도다.

- (사 65장) : 남은 자들의 기도에 대한 여호와의 응답이다. 이 내용은 이사야서 전체의 메시지

를 요약한 것이다. 여호와가 지속적으로 이스라엘에게 사랑을 보여 주셨지만 배척했으므로 심판이 올 수밖에 없다고 하신다. 그러나 그 심판에서 남은 자들이 있을 것이다. 여호와께서는 평화와 의가 넘치는 영화로운 왕국을 세우실 것이다. 예루살렘은 기쁨의 자리가 될 것이다.

17-19절은 계 20-22장 상황이다. 새 하늘과 새 창조다.

● **(사 66장)** : **아브라함에게 약속하셨던 왕국의 완성**에 대해 말한다.

"하늘은 나의 보좌요. 땅은 나의 발등상이라."고 하시는 창조주 하나님이 당신의 나라를 완성하신다는 노래이다. 여호와께서 시작하신 나라는 반드시 그가 끝을 맺으신다. 그것은 **열방이 여호와를 향해 예배하는 것**으로 나타난다. 전 인류가 여호와 앞에 엎드려 절하며 경배할 것이다. 하나님 나라가 완성된다.

잠깐!! **이사야서를 마무리하면서**

드디어 읽어내셨습니다.

이사야서는 지겨운 책이 아닙니다. 이사야서에 막혀서 읽지 못했던 우리들, 이유가 무엇이었을까요? 하나님의 심정에 빠져들어야 그 심정으로 읽어지는 건데 그게 어려웠습니다. 왕정 말기 상황을 시뮬레이션해서 이 시대를 진심으로 관조하기가 하늘만큼 땅만큼 요원하기 때문에 내 얘기 같지 않았던 것입니다. 이 **시대의 문제를 내 문제**로 알고 끌어안고 울 만한 사람들이 쉽지 않기 때문입니다. 하나님이 기다리는 **이상적인 사회를 향한 사상적인 야망**도 없었기 때문입니다. 성경 시대 사람들이나 오늘날 우리 중에서나 **이 예언을 들으려는 이가 거의 없기 때문**입니다.

우린 그저 벽처럼 느껴지는 이사야서 앞에 멈춰서 있었을 뿐입니다. 그런데 이제 다 읽으셨습니다.

얼마나 놀랍습니까? 멸망한 북이스라엘, 망해가는 남방 유다의 현실 앞에서 얼마나 안전 보장을 약속하는 메시지들입니까? 그리고 얼마나 우주적입니까? 하나님의 왕권, 영원한 그 나라의 완전성, 얼마나 멋집니까? 앗시리아, 바벨론으로부터의 구원, 그 이후 등장할 메시아의 도래를 약속하며 그 날을 기다리라고 합니다. 그 메시아는 갓난아기로 오실 것이고, 그는 하나님의 본체이시며, 임마누엘로 오시고, 십자가에 죽으실 것이며, 그 이유는 대속제물이며, 아리마대 사람 요셉의 무덤에 들어가심까지 정확하게 예언되어 있습니다. 뿐만 아니라 제국들을 이기고, 사탄을 무저갱에 감금함으로 승리할 영원한 메시아의 왕권을 여지없이 드러냅니다. 지금 손에 신약을 쥐고 있는 이 시대 사람들은 사실 예수 진리가 얼마나 귀한 것인지 그 두께가 만져져야 합니다. 우리는 이렇게 요한계시록까지 섭렵하고 있는 이사야의 예언을 드디어 다 읽었습니다.

왜 이토록 기나긴 이사야서 예언을 우리에게도 주시는가? 이 길고도 긴 이사야서 마지막을 봅시다. 사실은 이것 때문에 이 긴 얘기를 했었다는 겁니다. 한마디로 **'돌아오라!'** 는 것입니다.

이 나라의 위엄을 들은 자들은 이 나라를 알아 뫼시고, 그 나라 백성답게 살기로 재결심해야 하지 않겠냐는 결론입니다. 우리가 그토록 많이 들었던 단어, '회개하라!' 이것이 단순히 우리가 늘 짓는 도덕적인 죄 정도만 말하는 것이 아닙니다. 예언서의 결론은 보다 큽니다. **하나님을 다시 인정하라**는 겁니다. **문 밖에 서서 두드리고 있는 왕**을 다시 인정하라는 것입니다. 그 분의 통치를 받으며 살라는 겁니다.

그러니 사실, 회개하라, 멸망한다, 심판이 온다 하면서 외치는 심판의 메시지의 뿌리는 사랑입니다. 그러므로 이사야서 전체의 결론은 간단합니다. "오너라! 우리가 서로 변론하자. 너희의 죄가 주홍빛과 같다 하여도 눈과 같이 희어질 것이며, 진홍빛과 같이 붉어도 양털과 같이 희어질 것이다"는 이사야 1:18 말씀입니다. 마지막 예언서 말라기가 '심판과 회개의 메시지' (말 4장)로 끝나는 것처럼, 동일한 결론, '회개' 를 촉구하며 이사야서가 막을 내립니다.

당신도
눈물에 젖은 하나님의 심정에 전염되시기 바랍니다. 울어야 합니다. 하나님은 이사야서 끝에서 사실은 울고 계십니다.

자,
열왕기하 실제역사인 므낫세 왕 이후
(아몬), 요시야 시대로 다시 이어집니다

오랫동안 이사야서를 읽었다. 이제 다시 **열왕기하**로 돌아가자. 우리는 이사야의 말년, **므낫세 왕 때까지**를 열왕기하 21장에서 실제역사로 읽었다. 이제 그 이후 **아몬**을 지나 **요시야** 왕 시대로 들어가자. 므낫세의 손자 요시야는 다시 한 번 남방 유다를 하나님 나라로 180도 확 바꿔놓은 개혁의 왕이다. 므낫세와 요시야는 널을 뛰듯이 극단적으로 유다의 영성에 변화를 가져오게 한 장본인들이다.

　　자, 그런데 이 요시야 왕 때부터 당시 제국 앗시리아, 신흥바벨론, 이집트 등과 휘말리는 국제 기류가 불기 시작한다(『어? 성경이 읽어지네!』160쪽 참조).

〈 요시야 프로필 〉

- 요시야는 '다윗의 길'로 간 사람이라고 평가한다.
- 므낫세의 오랜 우상문화 통치를 지나오면서도 어머니(여디다)가 믿음으로 견뎌온 듯하다. 그가 아들에게 남은 자로서 영향을 미친 것으로 보인다.
- 의복을 관리하는 공무원 살룸의 아내 훌다라는 여선지자와 거룩한 네트워킹을 하고 있었던 듯 보인다(22:14-20).
- 퇴락했던 성전을 수리하면서 율법책(모세오경)을 발견하는데 특히 신명기에 예언된 이스라엘의 멸망에 클릭된다.
- 이 멸망이 자기(요시야) 시대에 일어나면 어떻게 하나 근심하며 훌다의 영적 지도를 받는다.
- 요시야는 므낫세의 우상 문화를 하나님의 문화로 개혁한다.
- 바로느고(이집트)와 바벨론(나보폴라살, 느부갓네살의 아버지) 간의 전쟁이 일어나는데 바로느고를 제지하려고 쫓아가다가 요시야는 전사한다.

잠깐!! 요시야를 배경으로 읽어야 할 예언서들

　　이 요시야를 배경으로해서 읽어야 할 예언서들이 나타나네요. **나훔, 스바냐, 예레미야,** 등입니다. 차례차례 살펴보면서 읽어갑시다. 아하자!!

자, 여기서
예언서 끼워 읽기로 들어갑니다

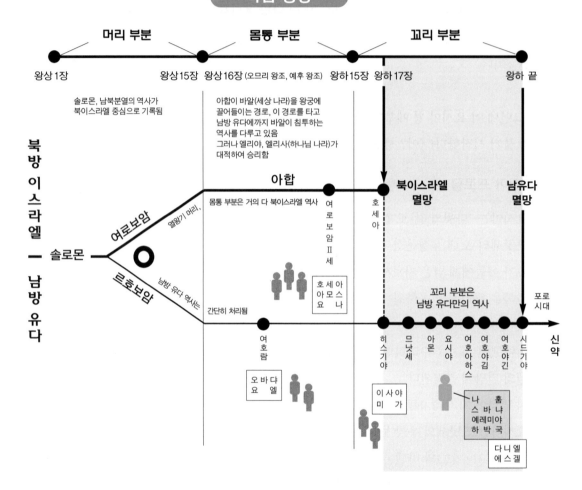

29

나훔 등장

| 머리 부분 | 몸통 부분 | 꼬리 부분 |

왕상 1장　　　　　　　　왕상15장 왕상16장 (오므리 왕조, 예후 왕조) 왕하15장 왕하 17장　　　　　　　　왕하 끝

솔로몬, 남북분열의 역사가
북이스라엘 중심으로 기록됨

아합이 바알(세상 나라)을 왕궁에
끌어들이는 경로, 이 경로를 타고
남방 유다에까지 바알이 침투하는
역사를 다루고 있음
그러나 엘리야, 엘리사(하나님 나라)가
대적하여 승리함

북방 이스라엘 ― 남방 유다

여로보암

르호보암

열왕기 머리,

남방 유다 역사는

솔로몬

몽통 부분은 거의 다 북이스라엘 역사

아합

여로보암 II세

호세아

북이스라엘 멸망

남유다 멸망

호세아
아모스
요나

간단히 처리됨

여호람

오바댜
요엘

꼬리 부분은
남방 유다만의 역사

포로 시대

히스기야
므낫세
아몬
요시야
여호아하스
여호야김
여호야긴
시드기야

신약

이사야
미가

나 훔
스 바 냐
예레미야
하 박 국

다니엘
에스겔

(나훔) 끼워 읽기

1:1을 보십시오. '니느웨가 형벌받을 것을 내다보고 쓴 묵시' 라고 써 있죠?

그러니까 대제국 앗시리아가 멸망하기 직전이 그 배경이라는 겁니다. 스바냐나 예레미야는 어느 왕 때 활동했는지 성경이 정확한 정보를 줍니다만 나훔은 정확한 정보가 없습니다. 그래서 연대를 측정하기 위해 나훔서 자체의 내적 증거를 찾아내야 하는데 니느웨 멸망을 예언하는 것으로 보아 앗시리아 멸망 직전이 아니겠냐 하는 것입니다.

　이때는 유다 왕조 중 어느 때인가? 바로 요시야 왕 때다, 이 말이지요. 그러니까 요시야가 종교 개혁을 한 이후에 나훔이 활동한 것이라는 생각이 드는 겁니다. 요시야 왕 때 느부갓네살의 아버지 나보폴라살이 앗시리아를 밀고 북진해서 갈그미스까지 진격해 오는 사건, 강의 때 들으셨던 것 기억나시죠? 우리는 예레미야가 그 때 활동했다고 큰 그림을 그렸었는데 나훔서도 바로 이 때라는 거지요. 앗시리아가 멸망할 것이라고 예언하니까요. 자초지종을 아시겠죠?

　요나서는 주로 니느웨의 회개와 구원에 대해서 언급했습니다. 요나 이후 100년이 지났습니다. 지금, **나훔은 니느웨의 멸망**을 다시 예언합니다. 시골에서 태어난 나훔이었지만 세계 큰 도시들에 대해 많은 정보를 갖고 있었던 것으로 보아 공부를 많이 한 것 같습니다.

　요나가 전한 하나님의 경고로 회개하였던 니느웨 사람들이 그들의 믿음을 후손에게 물려주지 못했습니다. 그래서 니느웨 사람들이 다시 패역한 삶을 살았음을 시사해 줍니다. 이러한 니느웨 사람들에 대한 하나님의 심판 예언은 하나님의 주권이 온 세상에 두루 미치고 있다는 것을 보여줍니다. 이사야의 예언을 읽은 마당에 어렵지 않죠?

(나 1-3장)

나훔은 앗시리아 니느웨의 멸망에 대하여 기록한다

> ☞ 신흥세력 나보폴라살이 쭉쭉빵빵(?) 메소포타미아 일대를 치고 올라오는 때를 바라보며 예언하고 있다고 생각해 보라. 나훔도 친근해질 것이다. 결국 나훔의 예언대로 *BC 612*년에 니느웨는 멸망한다.

- **(나 1장) : 산당과 신상과 부어만든 우상을 섬기는 니느웨는 수문이 열려(8절) 홍수가 나면서 멸망할 것이다**(실제로 그렇게 망했다고 한다).
- **(나 2장) : 아무리 정예부대를 앞세우고 전략을 세워도 니느웨는 멸망한다.**
- **(나 3장) : 니느웨 멸망의 이유**

내 노트 | 깊.이.새.내.기.

- **깊**이 깨닫고 나니 다른 사람과 나누고 싶은 내용

  _____

- **이**해가 되지 않는 부분

  _____

- **새**로 배운 내용

  _____

- **내**가 실천하고 싶은 원리

  _____

- **기**도제목

  _____

성경방 나눔터

- 신약에서 왜 세리와 창기를 의인이라 했을까? 왜 그들을 그렇게 기뻐하셨을까를 나눠보자.
  (그들은 예언서의 메시지가 원하는 바, 회개하는 사람이었기 때문이다. 채널이 딱 맞아떨어진 유형의 사람들이 바로 그들이었다. 가장 죄인으로 보는 사람들, 돈과 섹스, 바알과 아세라 종교의 전형이다. 그런 사람들을 돌아오게 하는 것, 그것이 이스라엘의 할 일이었다.)

- 열방이 돌아와 예배하리라. 만약 그러지 않으면 열방이 잡아먹으리라.
  돈을 추구하면 돈이 잡아먹는다. 쾌락을 추구하면 쾌락이 잡아먹는다. 이 원리를 나눠보자. 경험이 있는가? 나눠보자.

- 우리 사회에는 소위 자신의 몸을 팔아 생계를 유지하는 여인들이 상당히 있는 것으로 알려져 있다. 돌을 던지기 전에 그들을 위해 눈물을 흘려야 한다. 그들이 주께 돌아오도록 기도하면서, 그들을 돕는 일에 참여해야 한다. 그 길에 대해 더 토의해 보자.

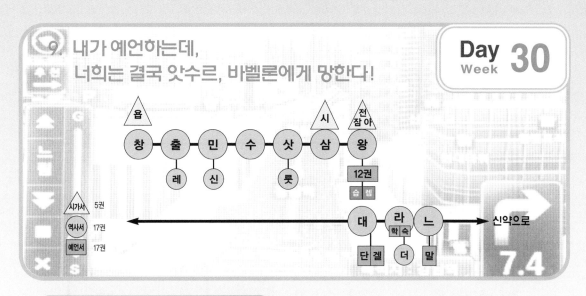

9. 내가 예언하는데,
너희는 결국 앗수르, 바벨론에게 망한다!

신약으로

30

(습 1-3장), (렘 1-12장)

우리는 지금 요시야 왕 때 활동한 선지자들을 읽고 있습니다. 우리가 읽었던 나훔 말고도 스바냐와 예레미야가 있습니다. 스바냐는 짧으니까 다 읽습니다. 그러나 예레미야는 52장이나 있습니다. 그래서 12장까지만 읽습니다. 30일째에 읽는 총 분량은 15장밖에 안 돼서 좋으시죠? 그렇지만 예레미야를 이해하기 위해서 좀 설명을 많이 읽으셔야 합니다. 정신 차리고 읽으셔야 합니다.

(스바냐) 끼워 읽기

스바냐는 요시야 왕 때(BC 640-609년)의 선지자라고 밝히고 있습니다(습 1:1). 그런데 습 2:13에 보면 앗시리아를 멸하겠다는 말이 있습니다. 미래형으로 되어 있는 것으로 보아 아직은 무너지지 않은 때이므로 스바냐서도 나훔서처럼 앗시리아 멸망 전에 기록된 것으로 보입니다.

역시 주변 나라들에 대해 하나하나 예언하고 있는 것으로 보아 **스바냐**도 국제감각이 있던 사람입니다. 예언자 옵빠(?), 다시 한 번 회고해 보십시오. 또한 므낫세 우상문화 영향이 남아있던 때구나 생각해야 합니다. 그러니까 요시야의 종교개혁 현장에 스바냐도 함께 있었던 거지요. 스바냐는 므낫세의 현상을 신랄하게 비판할 수밖에 없습니다.

특히 스바냐 선지자는 자기 족보를 밝힙니다. 히스기야 왕 쪽으로 흘러온 4대 왕족답게(습 1:1) 당시의 정치적 현안들과 비리를 예리하게 지적합니다(1:8). 왕궁에 쉽게 접근할 수 있었기 때문에 여러 차례 요시야를 방문해서 개혁정책을 촉구했을 것으로 보입니다. 이렇게 요시야의 개혁 뒤에는 숨은 일꾼들이 많았습니다.

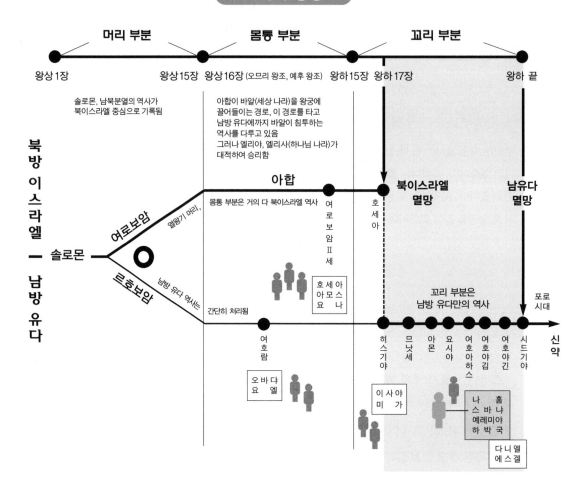

스바냐 등장

머리 부분　　　몸통 부분　　　꼬리 부분

왕상 1장　　　왕상 15장　왕상 16장 (오므리 왕조, 예후 왕조)　왕하 15장　왕하 17장　　　왕하 끝

솔로몬, 남북분열의 역사가 북이스라엘 중심으로 기록됨

아합이 바알(세상 나라)을 왕궁에 끌어들이는 경로, 이 경로를 타고 남방 유다에까지 바알이 침투하는 역사를 다루고 있음 그러나 엘리야, 엘리사(하나님 나라)가 대적하여 승리함

아합

몸통 부분은 거의 다 북이스라엘 역사

여로보암 Ⅱ 세

북이스라엘 멸망

남유다 멸망

북방 이스라엘 — 남방 유다

솔로몬

여로보암

르호보암

열왕기 머리,

남방 유다 역사는 간단히 처리됨

호세아

호세아 아모스 요나

포로 시대

여호람

오바댜 요엘

꼬리 부분은 남방 유다만의 역사

히스기야

므낫세

아몬

요시야

여호아하스

여호야김

여호야긴

시드기야

신약

이사야 미가

나훔 스바냐 예레미야 하박국

다니엘 에스겔

(습 1-3장)

심판이 올 것을 경고하고, 다시 구원의 약속을 말한다
(심판하시나, 구원하신다)

● (습 1:1-3:7) : 여호와의 날을 바라봄

혹독한 심판의 메시지에 유의하자. 55년 간의 므낫세 치정(왕하 21:1-18)을 되새기면서 읽어보자. 예언서 형식, 그날이 오면……에 유의하자. 구체적인 지명과, 죄의 행태를 열거하고 있다. 또한 블레셋 땅, 모압, 암몬, 에티오피아, 앗시리아를 거론한다.

- (습 3:8-20) : 하나님 나라의 종말론적인 완성

(예레미야) 끼워 읽기 — 서론 —

자, 드디어 예레미야서를 읽을 차례네요. 큰 산 예레미야서를 정복하려면 심호흡을 깊이 해야 합니다. 소위 예레미야서도 이사야서, 다니엘서, 에스겔서와 함께 대선지서입니다. 내용이 많아요. BC 8세기에 이사야가 있었다면 BC 7세기에는 예레미야가 있습니다. 앞에서도 얘기했던 나훔, 스바냐와 같이 요시야 때 활동을 시작해서 유다가 완전히 멸망하는 **시드기야 이후**까지 활동한 예언자입니다(하박국은 여호야김 때 사역함. 그래서 예레미야가 여호야김 시절을 지날 때 짠~ 하고 하박국이 나타날 예정임!).

그러니까 예레미야는 **포로 시대 때도 예루살렘에서 활동한 사람**이에요. 40-44장을 보면 알 수 있습니다. 포로기가 시작되는 예루살렘 본토에 임시정부가 설립되는 과정에서 발생되는 사건들을 자세히 경험했습니다. 대략 BC 627-580년까지 약 47년 간을 사역한 셈입니다.

예레미야는 나훔이나 스바냐, 하박국과는 비교할 수 없을 만큼 많은 사역을 했고, 멸망하는 유대의 꼬리 부분 역사를 온몸으로 겪으며 그 과정을 기록한 사람입니다. 열왕기하에서는 찾아볼 수 없는 엄청나게 많은 사건들을 기록하고 있답니다. 어떻게 그것을 알 수 있습니까? 예레미야서는 나훔, 스바냐, 하박국서처럼 예언만 달랑 기록해 놓은 책이 아니라 **실제역사 상황**을 아주 많이 기록하고 있기 때문이지요. 멸망하는 과정과 멸망 직후, 또 포로 초기 때의 정보를 캐내려면 그래서 예레미야를 이해해야 합니다. 이걸 알면 비로소 포로 시대가 손에 잡히기 시작합니다.

자, 이렇게 예레미야서는 영화 한 편처럼 죽~~ 스토리가 전개되고 있는데 문제는 **그 영화 필름이 토막토막 잘려서 흘러가는 스토리를 알 수 없도록 되어있다는 겁니다.** 토막토막 임하신 말씀을 설교 중심으로 써 놓은 책이라 그렇습니다. 분량도 많은

데다가 시간도 뒤죽박죽 섞여있는 것 같아 자초지종을 모르게 되어있다 이 말이지요. 그러나 분명한 시기를 말해주고 있는 정보들, 예를 들면, 요시야 때(렘 3:6), 또는 여호야김 4년에(렘 25:1), 시드기야 제9년에(렘 39:1)와 같은 포인트를 찍어서 연결하면 길을 찾을 수 있답니다.

그래서 요시야부터, 여호아하스, 여호야김, 여호야긴, 시드기야 이후까지 **필름을 짜맞추기만 하면 기가 막힌 스토리가 탁! 나온답니다.** 그 스토리를 알면 예레미야는 사실상 끝나는 겁니다. **여기다가 상황상황 나타난 예언적 설교**─이건 뻔해요. 그동안 우리가 이사야, 미가, 나훔서 등에서 다 봤으니까요─**를 끼어넣어 이해하면 되니까요.**

자, 이제 **그 스토리**가 관건입니다. 열왕기상하, 역대상하, 예레미야, 예레미야애가 정보를 다 모아놓으면 된답니다. 듣고 싶지 않으세요?

[예레미야, 그 스토리]   ☞ *예레미야에 관련된 정보는 우측에 정렬되어 있음*

> 므낫세의 우상종교를 개혁한 **요시야 왕**(BC 640-609년)과 비슷한 연배로 보이는 예레미야가 아나돗에서 출생합니다. 이곳에서 성장하면서 예레미야는 말씀을 연구합니다. 선지자 수업을 쌓아가는 거예요. 요시야가 종교개혁을 한창 일으킬 때 예레미야도 다른 선지자들처럼 하나님의 말씀을 받아 활동하기 시작합니다(렘 1-11장).

그후 BC 609년 제1차 갈그미스 전투(이집트가 신흥바벨론 세력을 제지하려고 갈그미스에서 한 전투)를 하기 위해 북쪽으로 올라가던 이집트의 바로느고에 의해서 요시야가 사망합니다. 그러자 백성들은 바로느고가 갈그미스에서 전쟁하고 있는 동안 그의 아들 **여호아하스**를 왕으로 옹립합니다.

> 이 때 예레미야는 별을 잃은 듯 슬퍼합니다. 예레미야의 사역이 요시야와 함께 시작되었는데 사상을 같이하던 큰 버팀목이 뽑혔기 때문에 많이 웁니다(대하 35:25).

전쟁을 마치고 내려가던 바로느고는 여호아하스를 이집트로 끌어가고 대신 그의 형 **여호야김**을 왕으로 세워놓고 조공을 받기 시작하지요. 히스기야 왕 이후 유다는 앗시리아의 눈치를 보고 살았는데 이번에는 **신바벨론이 혜성처럼 나타나면서** 엉뚱하게 **이집트까지 얽혀 돌아가는 국제상황** 때문에 생긴 일입니다. 갈그미스 1차 전쟁을 마친 이집트의 바로느고가 어부지리로 유다를 먹은 셈이지요.

> 나라의 운명이 열강의 칼바람에 이리 휘청, 저리 휘청하기 시작합니다. 예레미야는 당시 이 모든 국제관계에 대해 정확한 이해를 해야만 지도자가 될 수 있었겠죠? 얼마나 하나님 앞에 엎드리며 기도했겠나 한번 생각해 보세요. 예레미야서를 읽기 전에 예레미야의 마음이 좀 전달되어야 하거든요.

다시 BC 605년 제2차 갈그미스 전투가 일어납니다. 이때는 나보폴라살의 아들 느부갓네살이 바로느고를 제압합니다. 바로느고한테 조공 바치며 형님, 형님 하던 유다의 여호야김은 당연히 바벨론의 휘하에 들어갈 수밖에 없게 된 거지요.

이집트의 바로느고를 추격해서 내려가다가 예루살렘까지 침공한 느부갓네살은 여호야김의 충성을 받아냅니다. 이집트의 눈치를 보던 여호야김이 이번에는 바벨론 눈치를 봐야하는 신세가 된 겁니다. 느부갓네살은 **이 때 다니엘을 포함한 포로들을 바벨론으로 잡아갑니다.** 그리고는 그 해 8월에 정식으로 바벨론에서 왕이 됩니다.

> 고래 싸움에 새우 같은 유다는 풍전등화의 어려운 시기를 지금 지나가고 있습니다. 이 때 하나님은 가만 계시지 않습니다. 백성들에게 하실 말씀이 있기 때문이지요. 중심부 예루살렘 성전 고관그룹에 선포할 말을 예레미야에게 주십니다. '하나님께 돌아오지 않으면 이제 망한다!' 였습니다. 고관들은 이런 망국발언을 한 예레미야를 체포합니다(렘 26장). 감옥에 갇힌 그는 모진 고생을 합니다. 이런 내용을 기록한 두루마리를 여호야김 왕은 불태워버립니다. 그러자 예레미야는 여호야김의 시체를 매장하지도 못할 정도로 처참한 죽음을 죽을 것이라고까지 예언합니다(렘 36장). 예레미야를 죽이려고 하는 대적들

로 인해 고난은 더욱 깊어집니다. 그의 기도에는 인생을 힘들어하는 아픔이 묻어있습니다.

(바로 이런 여호야김 상황에 하박국이 함께 있다고 생각하셔야 하구요.)

그런데 여호야김은 바벨론을 배반합니다. 친이집트 정책을 쓴 거죠(왕하 24:1). 느부갓네살은 자기 군대뿐만 아니라 시리아(아람), 모압, 암몬 군대 등 동맹군을 파병해 버립니다(왕하 24:2). 이 전쟁으로 여호야김은 동맹군 파병군대에 의해서 이미 전쟁으로 죽은 것입니다(왕하 24:6). 예레미야의 예언이 맞아떨어진 거죠.

(사실 이렇게 예언이 맞아떨어지면 두려워할 줄 알아야 했는데 더 강팍해져 갔으니……)

그러나 이집트 군대가 만만치 않았습니다. 계속 반바벨론 세력이 강하게 도전해 오는 겁니다. 그러자 느부갓네살이 직접 다시 서쪽으로 대원정을 결정합니다. 그래서 제2차 느부갓네살의 예루살렘 침공도 생긴 거구요.

메소포타미아에서 볼 때 서쪽 방향인 이집트로 느부갓네살 군대가 몰려오고 있는 동안 예루살렘은 큰일이 났습니다. 왕이 죽었으니 말입니다. 백성들은 얼른 18살 된 그의 아들 **여호야긴**을 왕으로 옹립합니다. 여호야긴이 3개월 동안 왕 노릇을 합니다

(솔직히 18살짜리가 무슨 정치를 하겠어요? 다 여호야김 때 고관으로 있던 사람들이 정권을 쥐고 있는 것이지. 안 그렇겠습니까?) 예레미야는 여호야긴을 두고도 그 미래를 예언합니다. 어머니와 함께 잡혀가고 말거라고……(렘 13:18-19).

드디어 느부갓네살의 원정 군대가 BC 597년 3월에 예루살렘에 도착합니다. 예루살렘을 쑥대밭으로 또 만들어버리는 거지요. 여호야긴은 결국 왕이 된 지 3개월 만에 어머니(여호야김의 아내)와 지도자들과, 수많은 보물들과 함께 바벨론으로 끌려갑니다(왕하 24:11-16). 이 때 함께 잡혀간 사람 중 한 사람이 바로 **에스겔**이구요.

(에스겔은 함께 잡혀온 여호야긴 왕의 바벨론 유수 해를 기점으로 포로기 예언 기

록 원년을 삼습니다. 에스겔에 나오는 연대가 그거랍니다. 바벨론은 이미 잡혀간 다니엘에게 영향을 받아서 여호야긴을 예우해 준 것 같습니다(왕하 25:27-30). 유대에서는 아직 나라가 완전히 망하지 않은 상황인데 바벨론에서는 잡혀간 유대인들이 이미 나름대로 살고 있구나 하고 생각해야 합니다. 에고^^~ 성경 복잡하다! 그렇지만 예수 믿는 일은 공부하는 일입니다. 아하자!).

느부갓네살은 여호야긴을 묶어 바벨론을 향해 떠나기 전, 요시야의 셋째 아들(여호야긴의 삼촌) **시드기야**를 왕으로 앉혀놓습니다. 역시 충성을 맹세받았을 거 아닙니까? 시드기야는 백성들이 인정하지 않는 왕이었던지 반역과 불안으로 점철되는 정치를 합니다. 마지막 왕이었지요(왕하 24:17).

예레미야는 이 때 상황에 대해 정보를 많이 줍니다. 이 때에는 강력한 반바벨론 세력이 급등했어요. 다시 이집트에 도움을 청하라는 압력이 대단했구요. 더군다나 에돔, 암몬, 베니게 등 동맹군이 친이집트파 성격으로 새로 결성되었으니(렘 27:1-3), 이 전략에 가담해야 한다는 압박을 받은 거지요. 이런 와중에 거짓 선지자들이 횡횡했어요. 영향력이 점점 커진 일단의 선지자 그룹들은 2년 내에 유대인 포로들이 다시 예루살렘에 돌아올 것이라고 예언을 하는 거예요(렘 28:2-4). 예레미야는 그건 거짓말이라고 항변합니다(렘 27:1-22). 그전부터 얘기해 온 '70년'이 걸려야 돌아온다고 말입니다. 예레미야는 초지일관 바벨론의 통치를 인정하라고 설득합니다. 투항하라고 합니다. 하나님의 벌이니 받아들이고 항복하라는 겁니다. 포로로 잡혀가도 걱정 말라는 겁니다. 거기서 편안하게 잘 살 수 있게 해준다고 말입니다(다니엘 같은 고위 공직자를 미리 포석해 놓으셨잖아요. 하나님이……). 그러면 70년 있다가 다시 돌아오게 해준다는 겁니다. 시드기야는 처음에 얼마 동안은 예레미야의 말을 듣습니다. 그러나 결국은 친이집트파 쪽으로 기울었습니다(렘 27-28장).

그 결과 BC 586년, 신바벨론의 느부갓네살은 또다시 서쪽으로 대원정을 시작합니다. 예루살렘 3차 침공입니다. 드디어 예루살렘을 포위했어요.

이 포위는 동맹국에 대한 명예를 지키려고 이집트가 개입하면서 일시적으로 풀리기도 했습니다(렘 37:5). 그러나 결국 예루살렘성은 무너집니다. 시드기야는 도망치려고 했지만 느부갓네살 사령부 진으로 끌려가 그가 보는 앞에서 아들이 처형됩니다. 시드기야도 두 눈이 뽑힙니다. 400년 전 솔로몬이 지었던 성전도 완전히 파괴되었습니다(렘 39:1-8).

이제 나라는 망했습니다. 느부갓네살의 신하 느부사라단 장군은 폐허가 된 정복국가 유다를 단도리해야 했습니다. 그래서 일단 지도자를 세웁니다. 임시정부 같은 체제가 있어야 하니까요. 그래서 일종의 **총독**을 책임자로 세웁니다. 이름은 **그달랴**. 그달랴는 수도 예루살렘성이 무너졌기 때문에 거기서 약 8마일 떨어진 **미스바에 수도를 정합니다.** 웬만한 똑똑한 젊은이, 쓸 만한 장병들은 다 잡아갔기 때문에 대부분 가난하고 힘 없는 백성들을 다스리게 됩니다. 땅을 경작해서 산물을 생산해 내는 데 필요한 인력으로 남겨놓은 사람들이었습니다. 느부사라단은 예레미야에게 바벨론 망명을 권유하지만 남아있는 백성들과 고난을 함께 할 작정입니다(렘 39:9-40:6).

바로 이 즈음에 예레미야애가를 기록했을 겁니다(애 1:1). 멸망한 예루살렘을 보고 우는 모습을 보십시오. 신명기 뒤에서 모세가 결국 멸망할 이스라엘을 바라보면서 슬픈 노래를 불렀던 생각이 나셔야 합니다.

그런데 그달랴마저도 암살당합니다. 2개월 동안밖에 일을 못했어요. 이스마엘이라는 사람이 습격해서 그달랴와 바벨론 수비병들을 죽인 겁니다. 이스마엘은 분명히 친이집트파 쪽 리더였을 겁니다. 그후 이스마엘은 급히 암몬으로 도망합니다. 암몬은 동맹국이니 안전한 거죠. 그때 그달랴의 신하였던 **요하난**이라는 사람이 등장합니다. 이스마엘의 행태를 발견하고는 그 세력을 쫓아버립니다 (렘40:7−41장).

그러나 이 때 백성들은 무서워합니다. 총독을 암살하고 바벨론 병사들을 죽인 것을 바벨론 사람들이 알면 보복당할 것 같아서입니다. 일이 이렇게 되자 요하난과 그 부하들은 미스바로 끌려와 있던 예레미야에게 어떻게 하면 좋을지 신탁을 의뢰합니다. 이집트로 도망하는 것이 좋겠는데 하나님은 무어라 말씀하시는지 알고 싶다는 겁니다. 예레미야는 계속 이렇게 멸망 이후에도 팔레스타인 본국에 남아서 활동을 한다 이 말이지요. 그들은 맹세합니다. 하나님이 말씀하시는 대로 하겠다고……. 예레미야는 열흘 후에 하나님으로부터 응답을 받습니다. 대답은 한결같았습니다. **이집트를 의지하지 말라.** 가지 말라. 그러나 그들은 그 말씀을 어깁니다.

이집트로 가려고 준비하는 사람들은 의외로 눈덩이처럼 불어났습니다. 일찍이 예루살렘이 정복당할 때 주변 여러 나라로 망명하고 도망했던 사람들이 모여들었기 때문입니다. **그러나 예레미야는 이집트도 바벨론에 의해서 결국은 멸망할 것이라고 예언을 합니다(이사야 예언에도 나왔었죠?).** 그들은 이집트행을 감행합니다. 예레미야도 끌어갔습니다. **다시 한 무리가 이집트로 들어가 살아갑니다.** 거기 가서도 이 남은 유대인들이 뭘하는지 아십니까? 우상을 섬긴답니다. 기가 막힌 얘기지 않습니까?(렘42−44장)

여기까지가 예레미야 이야기입니다.

자, 이제 이 긴 이야기를 성경을 읽으면서 확인해야 합니다. 열왕기하의 요시야 왕 때부터 예루살렘이 멸망할 때까지의 정보와 예레미야서 정보를 왔다갔다 하면서 끼워맞춰 읽어야 합니다. 그것도 요시야, 여호아하스, 여호야김, 여호야긴, 시드기야 왕 순서로 말입니다. 우선 전체를 아래에 정리해 놓을 테니 이사야 때처럼 역시 이리로 돌아와서 또 확인하고, 또 확인하면서 차례차례 읽는 겁니다. 지금까지 우리는 예레미야서가 잘 읽어지지 않았습니다. 이번에는 정복합시다. 아하자! 아하자!

[역사 순서에 의한 예레미야서 본문 재배치]

1. 요시야 왕 때
- 사역 초기 : 렘 1-6장, 렘 11-12장
- 예루살렘 성전 설교 : 렘 7-10장

2. 여호아하스 왕 시기를 배경으로 예언한 말씀들 : 렘 21:11-22:19
여호아하스가 3개월 동안 왕위에 있다가, 1차 갈그미스 전투 후 퇴진하는 바로 느고에 의해 이집트로 잡혀가 거기서 죽을 것을 예언한다(왕하 23:34).

3. 여호야김 왕 때
- 여호야김 초기 : 렘 26장
- 이 즈음의 설교들 : 렘 14-20장
- 여호야김 초기 : 렘 35장
- 여호야김 4년 : 렘 46:1-51:58
  렘 36:1-32, 렘 45:1-5, 렘 25장

4. 여호야긴 왕 시기를 배경으로 나타난 예언들과 상황
- 여호야긴 왕이 바벨론에 잡혀갈 것을 미리 예언함 : 렘 13장, 22:20-30
- 여호야긴 왕에 대한 예언과 연결된 메시아 예언 : 렘 23장
- 여호야긴 왕이 바벨론에 잡혀 간 이후에 나타난 이상 : 렘 24장
  여호야긴도 18살 때 3개월 동안 왕위에 있다가, BC 597년 느부갓네살이 예루

살렘을 침공했을 때 1만 명 이상의 포로들과 함께 잡혀가 바벨론 왕궁에서 살게 된다(왕하 25:27-30).

5. 시드기야 왕 때

- 초기 상황 : 여호야긴 왕이 잡혀간 이후: **렘 29-31장**
- 초기 예언과 상황 : **렘 27장, 렘 49:34-39**
- 시드기야 4년 5월 : **렘 28장**
- 시드기야 4년, 바벨론도 결국은 멸망한다는 예언 : **렘 50:1-51:58**
  바벨론에 예언 두루마리를 전함 : **렘 51:59-64**
- 바벨론이 예루살렘을 포위하기 시작하는 상황 : **렘 37-38장, 렘 21:1-10,**
- 시드기야 10년, 바벨론이 예루살렘을 포위한 이후 : **렘 32-34장**

6. 멸망 그 이후 임시정부 때

- 예루살렘 멸망 그 이후 : **렘 39장, 52장**
- 예레미야가 밝히는 예루살렘 멸망 이후의 실제역사 : **렘 40-44장**

여기서,
예레미야 사역이 시작되는
열왕기하 실제역사 요시야 왕 시대를
다시 읽어봅시다

왕하 21:19-23:30 [요시야 왕 때]

☞ *우리는 나훔서를 읽기 시작할 때부터 요시야 왕을 배경으로 두었다. 그리고 스바냐서도 그 배경으로 읽었다. 그런데 예레미야도 그 때를 배경으로 활동을 시작하기 때문에 예레미야서를 읽으려고 준비 중이었다. 워낙 예레미야서가 복잡해서 워밍업이 길었다. 앞에서 나훔을 읽을 때 이 본문을 읽었었지만 다시 한 번 이런 전체적인 것을 기억하면서 요시야 실제 왕사를 다시 한 번 읽어보자.*

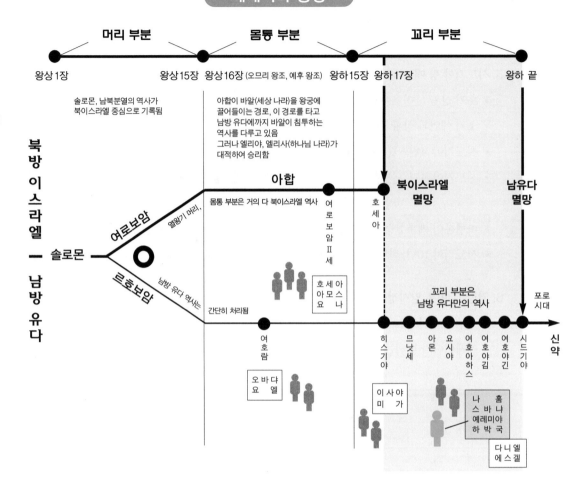

예레미야 등장

머리 부분	몸통 부분	꼬리 부분
왕상 1장	왕상 15장　왕상 16장 (오므리 왕조, 예후 왕조)　왕하 15장　왕하 17장	왕하 끝

솔로몬, 남북분열의 역사가
북이스라엘 중심으로 기록됨

아합이 바알(세상 나라)을 왕궁에
끌어들이는 경로, 이 경로를 타고
남방 유다에까지 바알이 침투하는
역사를 다루고 있음
그러나 엘리야, 엘리사(하나님 나라)가
대적하여 승리함

북방 이스라엘

솔로몬 ― 남방 유다

여로보암

르호보암

열왕기 머리,

남방 유다 역사는

간단히 처리됨

몸통 부분은 거의 다 북이스라엘 역사

아합

북이스라엘
멸망

남유다
멸망

여로보암 II 세

호세아

여로보암

히스기야

므낫세

아몬

요시야

여호아하스

여호야김

여호야긴

시드기야

신약

여호람

포로 시대

꼬리 부분은
남방 유다만의 역사

오바댜
요엘

호세아
아모스
요나

이사야
미가

나훔
스바냐
예레미야
하박국

다니엘
에스겔

요시야 왕 배경의
예레미야 예언으로 들어갑시다

(예레미야) 끼워 읽기　　　－ 1. 요시야 왕 때 －

　예레미야는 선지자 마을 아나돗에서 소명을 받습니다. 그리고 초기 사역에 들어갑니다. **요시야 왕** 때라고 했죠? 므낫세의 혹독한 우상문화를 개혁한 왕이라고 했습니다. **나훔**과 **스바냐** 같은 선지자들도 일어났으니 으싸으싸 개혁하는 분위기가 느껴져야 합니다. 그 개혁을 이끌어갈 때 나타난 메시지들을 읽어봅시다. 우상을 척결해야 한다는 말씀들입니다. 당연하겠죠? 므낫세 보이시죠? 앞에서 요시야 왕이 우상들을 진멸하는 장면도 생각나시죠? 성전을 청소하다가 나온 율법책도 기억나시죠? 훌다에게 찾아갔던 이야기도 생각나시죠?

이 초기 사역은 아마 예레미야에게 재미있었을 거예요. 하나님의 나라가 회복되기 때문이지요. 아나돗에서 선지자 수업을 받고 자라났지만 예루살렘을 여러 번 방문해서 예루살렘 성전 설교를 합니다. 예수님이 생각나지 않습니까? 나사렛 시골 청년이 예루살렘 성전에 나타나 개혁을 하는 이야기 말입니다. 성전에서 설교를 한다는 것은 중앙부에서 활약한다는 뜻이지요. **예레미야의 예루살렘 성전 설교**를 읽을 때는 그런 분위기를 감지하셔야 합니다.

예레미야의 탁월성 때문인지 **아나돗 고향 사람들은 예레미야를 시기하고 반목, 음모하게 됩니다.** 모름지기 이 세력이 커져서 나중에 예레미야를 거역하는 반대 예언을 하는 선지자들이 일어났을 것 같습니다.

1. 요시야 왕 때

(렘 1-6장)

예레미야의 사역 시작

- (렘 1장) : **요시야 왕 13년에 소명을 받는 예레미야.** 앞으로 일할 사역 방향을 예견해 보라. 왠지 바울 생각이 날 것이다. 열방을 위해 부르신다(5, 10절).
- (렘 2:1-3:5) : **시골 사람 예레미야가 예루살렘 거민에게 선포한 개혁의 메시지**
- (렘 3:6-6장) : 북이스라엘과 남방 유다를 다 통틀어서 평가하는 메시지들. 이미 멸망한 북이스라엘을 회고하며 경고한다. **이스라엘, 에브라임, 사마리아, 언니** 등은 북이스라엘을 지칭하는 것이고, **예루살렘, 유다, 아우, 동생** 등은 아직 망하지 않은 유다를 가리키는 말이다.

(렘 11-12장)

예레미야의 사역은 신명기 신학이 기초

- (렘 11:1-17) : 예레미야가 사명을 자각할 수 있도록 영향을 준 신학을 보라. 이 본문을 그 옛 날 모세와 언약을 맺었던 신명기 끝의 상황과 연결해서 보라. 예레미야는 모세의 이스라 엘 멸망 예언에 클릭되었던 것을 알 수 있다. 요시야 왕도 그랬다.
- (렘 11:18-23) : 아나돗 사람들의 음모를 알게 하심

(렘 7-10장)

예루살렘 성전 설교

☞ 그토록 많이 앞에서 설명했는데 그것과 연결하지 않고 또 그냥 무턱대고 읽으면 안 된다. 요시야 왕 초기에 한창 개혁할 때 했던 예루살렘 성전 설교라 생각해 보라. 우리에게 이런 정보가 있다는 것이 얼마나 대단한가?

예루살렘 성전 문에 서서 한 설교를 읽어보자. 아나돗에서 자라나면서 이스라엘의 역사, 유대 역사를 빠삭하게 연구하지 않았다면 할 수 없는 설교들이다. 예언자들은 학자요, 평론가요, 기도 의 사람이요, 애국자들이다. 하나님과 대면하며 씨름했던 흔적들을 캐내 보라.

내 노트 ▌깊. 이. 새. 내. 기.

- **깊**이 깨닫고 나니 다른 사람과 나누고 싶은 내용

- **이**해가 되지 않는 부분

- **새**로 배운 내용

- **내**가 실천하고 싶은 원리

- **기**도제목

성경방 나눔터

- 예레미야서가 정말 읽어지는지에 대해서 나눠보자. 어떤 부분이 재미있었는지 나눠보자.

- 예레미야는 흔히 눈물의 선지자로 알려져 있다. 자신의 민족을 위해 운 사람이었다. 이 땅에 수 많은 주의 종들이 이 민족을 위해 우는 사람들이 되도록 기도하자. 이 땅을 위해 우는 사람들이 많으면 많을수록 이 땅은 소망이 있다. 당신의 눈에도 눈물 자국이 있는가?

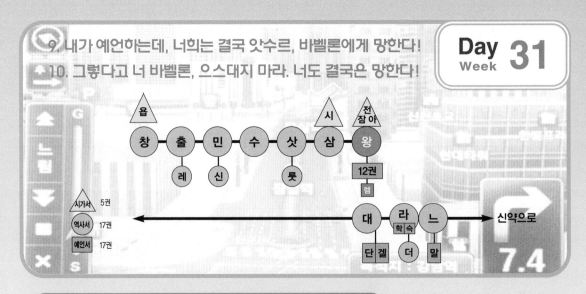

9. 내가 예언하는데, 너희는 결국 앗수르, 바벨론에게 망한다!
10. 그렇다고 너 바벨론, 으스대지 마라. 너도 결국은 망한다!

OVERVIEW
왕하 23:31-24:5, (렘 읽기: 아래 항목 참고)

열왕기하로 돌아가서 요시야 왕을 잇는 여호아하스 왕과 여호야김 왕의 통치를 읽습니다. 그리고 이 왕들을 배경으로 나타나는 예레미야서를 역시 끼워 읽습니다. 읽을 분량이 순서대로 되어있지 않아 복잡합니다. 읽기 항목을 따라 설명을 들어가며 읽습니다. 내비게이션 설명을 읽지 않고 본문을 읽으면 표류합니다.

여기서,
열왕기하 실제역사인 요시야 왕 이후
여호아하스 왕 시대로 이어집니다

왕하 23:31-34 [여호아하스 왕 때]

이집트의 바로느고가 요시야를 죽이자 백성들이 여호아하스를 왕으로 옹립한다. 그러나 바로느고는 여호아하스를 폐위한다. 그리고 여호야김을 왕으로 앉힌 뒤 조공을 바치도록 한다. 여호아하스는 이집트로 끌려가 거기서 죽는다.

여호아하스 왕 배경의
예레미야 예언으로 들어갑시다

(예레미야) 끼워 읽기   – 2. 여호아하스 왕 때 –

여호아하스와 연관된 예레미야의 기록입니다. 찬찬히 상황을 기억하면서 읽으면 재미있고, 생각 없이 읽으면 정말 짜증날 수 있는 범위입니다. 정신 차리고 읽읍시다. 여호아하스는 워낙 짧은 기간인 3개월 간 왕위에 있었습니다. 그렇기 때문에 이 때 무슨 일이 일어날 수가 없고 다만 3개월 만에 폐위되었다는 것뿐입니다. 그러나 여호아하스 왕의 상황을 배경으로 한 예레미야의 언급이 있기 때문에 우리는 여기서 그것을 읽어보자~ 이 말입니다.

2. 여호아하스 왕 때

(렘 22:10-19)

유다 왕실(여호아하스, 여호야김)에 대한 말씀

예레미야는 여호아하스가 잡혀갈 것을 예언한다. 죽은 왕(10절, 요시야) 때문에 울지 말고, 오히려 잡혀간 왕, 살룸(일명 여호아하스) 때문에 울라고 한다. 또한 여호야김의 최후에 대해서도 예언한다. 그의 죽음이 비참할 것을 여기서 벌써 예레미야는 예언했다.

**다시,
열왕기하 실제역사인 여호아하스 왕 이후
여호야김 왕 시대로 이어집니다**

왕하 23:35-24:5 [여호야김 왕 때]

- 왕하 23:35-37 : 능력도 없는 여호야김이(여호아하스에 비해서) 25살에 왕이 되어서 이집트 왕의 손아귀에 잡혀있다. 백성들은 이집트에 조공을 바치기 위해서 금, 은을 내놔야 했다.
- 왕하 24:1-5 : 제2차 갈그미스 전투가 벌어졌다. 이집트의 바로와 신흥 바벨론의 느부갓네살 간의 고래싸움이다. 이번에는 느부갓네살이 이겼다. 여호야김은 바로를 추격해 내려오

는 바벨론의 느부갓네살에게 종속될 수밖에 없는 상황이 된다. 그러나 3년이 지나자 바벨론을 배반한다. 아무래도 이집트 쪽이 이길 것 같아서 주사위를 그쪽으로 던진 것이다. 느부갓네살은 바벨론 군대뿐 아니라 아람(시리아), 모압, 암몬 동맹국 파병부대를 보내서 여호야김을 제거하게 한다.

여호야김은 11년 간 비운의 사나이로 왕 노릇을 했다. 36살에 죽은 셈이다.

자,

여호야김 왕의 이 간단한 기록을 염두에 두고
예레미야의 예언으로 들어갑니다. 얼마나 자세하게
이때의 정보를 주는지 살펴봅시다

(예레미야) 끼워 읽기   – 3. 여호야김 왕 때 –

여호야김 왕은 11년을 치리합니다. 그런데 이 때를 함께 살아간 예레미야는 여호야김이 막 왕이 되었을 때 하나님으로부터 말씀을 받아 선포합니다. 여호야김이 막 왕이 되었을 때라는 말은 이집트의 바로느고가 여호아하스 대신 자기를 왕으로 세워 놓고 막 떠났을 때라는 뜻입니다. **이집트에 조공을 바치기 위해서 금 은을 거둬야 하는 상황이었을 때겠죠.** 이 때를 중심으로 해서 나타난 말씀을 읽어보겠습니다.

그리고 나서는 여호야김이 왕이 된 지 4년이 되었을 때 일어난 일, 또 5년에 일어난 사건들을 우리에게 알려줍니다. 이 때는 어느 때이겠습니까? **이집트를 이긴 느부갓네살이 여호야김에게 충성을 맹세시킨 때입니다.** 이제는 이집트의 눈치를 보는 게 아니라 바벨론의 눈치를 봐야 하는 때입니다. 예레미야가 기록하지 않았더라면 여호야김 왕 때 이런 일이 있었다는 것은 아무도 모를 뻔한 거지요.

어떤 일이 일어났을까요? 이제 또 읽어봅시다.

앗! 여기서 꼭 생각할 게 있습니다. 다니엘입니다. 바로 이 때 느부갓네살이 잡아 간 사람들 중에 다니엘이 있었습니다. 우리는 지금 왕사를 타고 멸망을 향해 흘러가고 있는 중에 여호야김 왕 때에 머물고 있습니다. 아직 완전히 망하지 않은 상

태에서 예레미야가 어떤 사역을 하는지 보고 있는 중이었습니다.

그런데 다니엘은 이즈음에 이미 바벨론에 가 있다는 것입니다(단 1:1-2). 이것을 꼭 생각하고 있어야 합니다.

무대가 두 개라는 뜻입니다. '바벨론'과 '예루살렘'입니다. 다니엘은 바벨론 느부갓네살 왕국 아래에서 포로생활을 하고 있습니다. 예레미야는 여호야김, 여호야긴, 시드기야 왕들과 함께 멸망해 가는 예루살렘에서 고생하고 있습니다.

자! 이런 두 무대를 꼭 기억하고 본국 예루살렘의 예레미야가 여호야김 왕 때 어떤 일을 경험했는지 읽어봅시다.

3. 여호야김 왕 때

(렘 26장)

여호야김 초기 때(이집트를 섬기며 바로느고에게 조공 바칠 때)

● 멸망의 메시지 선포

이 때도 유다의 모든 성읍으로부터 성전에 경배하러 오는 사람들이 많았다. 제사 드리러 오는 사람들인데 그들이 혹시 회개할지 모르니 외치라는 것이다. 만약 회개하지 않으면 '이 성전을 실로(이스라엘이 처음으로 법궤를 두고 제사했던 예배 처소. 북이스라엘이므로 지금은 무너져 버린)처럼 만들어 버린다.'는 말씀이다.

● 백성들과 제사장들의 반응

예레미야의 예언에 대한 당시 고관들과 제사장들과 지방 원로들의 반응을 한 번 잘 읽어보라.

(렘 14-20장)

여호야김 초기 때

26장과 연결해서 계속해서 그 분위기와 연이어 14-20장의 말씀을 읽어보자.

(렘 35장)

여호야김 초기

여호야김 왕 초기에 일어난 일이다. 하나님은 이드로의 후손 레갑족속을 부러워하신다. 끈질 긴 지조로 포도주를 마시지 않는 나실인 같은 전통이 부러우신 것이다. 레갑자손들처럼 나 만군 의 하나님께 순종하라는 말씀이다.

(렘 46:1-51:58)

여호야김 4년 : 2차 갈그미스 전투 후 바벨론이 이집트를 정복했을 때로 시작 해서 이어지는

세계 열방에 대한 구체적인 예언들 (49 : 34~51 : 58 까지는 뒤에서 한번 더 읽을 예정, 이부 분은 사실 정확한 시기를 명시하기 어렵다)

- (렘 46장) : **이집트가 결국 신바벨론에 항복하다(제2차 갈그미스 전투 : BC 605년)**

  예레미야서에 왜 **여호야김 4년**이 많이 나오는지를 우선 알아야 한다. 느부갓네살이 바로 느고를 이기고 남진해 오다가 유다의 여호야김 왕에게 충성을 다짐받는 순간이기 때문이 다. 역사의 큰 분기점이다. 지금까지 이집트에 조공을 바치던 여호야김은 이제 바벨론 느 부갓네살을 형님으로 모셔야 하는 상황이 된 시점임을 잊지 말자.

  오랫동안 접전했던 갈그미스 전투였는데, '**바벨론 승리**'라는 **결론이 났다. 작은 나라 남 방 유다의 한 예언자 예레미야가 바로 이 사실을 짚고 넘어가는 것이다.** 나의 하나님 여호 와는 역사를 주관하시는 우주의 왕이시다! 이렇게 외치고 있는 것이다.
- (렘 47:1-51:58) : **블레셋, 모압, 암몬, 에돔, 게달, 하솔도 다스리시는 왕 중의 왕 하나님**

  여호야김 4년에 '바벨론이 **이집트를 무너뜨릴 것이다.**' 이 예언을 시작으로 해서 열방의 **미래**가 어떻게 될지 줄줄이 이어지고 있다. 이집트뿐만 아니라 블레셋, 모압, 암몬, 에돔, 게달, 하솔 할 것 없이 당시 전세계 각국에 대한 예언을 해내는 예레미야를 보라. 얼마나 국제학자다운가? 최종 바벨론 멸망도 예레미야는 알고 있었다.

(렘 36:1-32)

여호야김 4년(5년 9월로 이어지는 부분이 있음) : 두루마리 사건

- 여호야김 4년에, 유다는 바벨론 느부갓네살 휘하에 들어갔다는 생각을 계속 하고 있어야 한다. 그동안 요시야 때로부터 지금까지 말씀하신 것을 두루마리에 기록하라는 명령을 받는다. 이때 예레미야는 감금되어 있다. 예레미야는 바룩에게 불러주어 기록하게 한다. 마치 모세가 신명기를 기록한 것처럼 문서화하는 작업이다.
- 그리고 바룩은 성전으로 가서 이 두루마리를 백성들에게 낭독했다.
- (그 이후 이어지는 이야기가 여호야김 5년 9개월째로 이어진다.)
- 이것이 효과가 있었는지 5년 9월에 금식이 선포되었다. 백성들 여론이 회개 쪽으로 기울어져간 것이다. 이 즈음에는 예레미야나 바룩이 다 자유의 몸으로 활동하고 있었던 듯하다.
- 그러자 고관들이 회의를 소집한다. 이 두루마리 효능이 대단했기 때문에 고관들은 두루마리를 들고 결국 **여호야김**에게로 가져간다. 그러나 **여호야김**은 읽어낸 부분마다 칼로 째서 난로 불에 던져 버린다. 우리가 망한다는 것을 어떻게 받아들이냐는 것이다.
- 왕은 바룩과 예레미야 체포령을 또 내린다.
- 하나님은 다시 두루마리에 말씀을 쓰라고 하신다. 기록으로 남기라는 뜻이다. 불에 태워버려진 내용을 다시 다 기록했을 뿐만 아니라 그 위에 첨가하는 내용이 있었다. '여호야김이 죽은 다음 시체가 나뒹굴어 아무도 손볼 수 없도록 처참한 결과를 맞이할 것'이라는 내용이다.

 (렘 45:1-5)

여호야김 4년, 위에 있는 내용이 겹치는 부분

 (렘 25장)

여호야김 4년

여호야김 4년, 느부갓네살 원년에 예레미야가 한 말씀이 여기 한 장 더 있다. 예레미야가 늘 하는 예언을 요약한 듯한 내용이다.

내 노트 ▌ 깊. 이. 새. 내. 기.

- **깊**이 깨닫고 나니 다른 사람과 나누고 싶은 내용

- **이**해가 되지 않는 부분

- **새**로 배운 내용

- **내**가 실천하고 싶은 원리

- **기**도제목

성경방 나눔터

– 거짓 예언자들은 자신들의 부와 안일을 추구했기 때문에 거짓 예언을 정당화하며 아무렇지도 않게 살 수 있었다. 우리의 신앙생활의 목적이 나의 안일과 부의 축적에 있다면, 거짓도 서슴없이 선택할 것이다. 이처럼 신앙생활의 목적과 동기가 중요하다. 요즘, 한국교회 성도들의 신앙생활의 동기에 대해 함께 이야기해 보자. 아니, 우리 자신들이 왜 신앙생활을 시작했고, 또 계속하고 있는지 그 이유에 대해 솔직히 이야기해 보자.

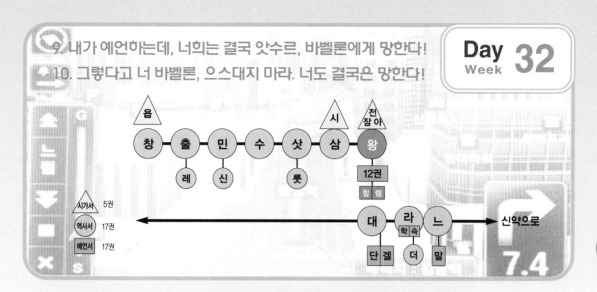

9. 내가 예언하는데, 너희는 결국 앗수르, 바벨론에게 망한다!

10. 그렇다고 너 바벨론, 으스대지 마라. 너도 결국은 망한다!

Day Week **32**

신약으로

7.4

32

(합 1-3장), 왕하 24:6-25:30, (렘 읽기: 아래 항목 참고)

여호야김 왕 때 나타나는 선지자가 예레미야 말고 또 있습니다. 하박국입니다. 그래서 여호야김 왕이 지나가기 전에 차례를 기다리느라고 저~기 서 계시는 하박국 선지자를 만나봅시다. 이어서 여호야김 왕의 아들 여호야긴, 그 다음 유다 마지막 왕 시드기야까지 실제역사를 열왕기로 돌아가 읽습니다. 그리고 이 왕들을 배경으로 예레미야서를 계속 끼워 읽습니다.

(하박국) 끼워 읽기

　여호야김 왕 때를 배경으로 나타난 예레미야서를 읽었는데요, 바로 이때 또 한 사람의 선지자를 기억해야 한답니다. **하박국**입니다. 하박국이 언제 활동했는지에 대해 예레미야서처럼 '요시야 왕 13년에……' 같은 정확한 정보가 없습니다. 그래서 하박국서 안에 있는 내용을 보고 내적인 증거를 찾는답니다. 바벨론 침공(합 1:6-10)이 임박해 있다는 예언이라든지, 완전히 유다가 멸망할 때가 언제인지 물었을때 하나님께서 하박국 시대에 임한다고 대답해 주신다든가(합 1:5) 하는 것이 그 증거입니다. 그렇다면 여호야김 왕 때가 가장 맞는 시기라고 학자들은 말합니다.

　그래서 우리도 **여호야김 시대를 배경으로 해서 예레미야서를 읽고 있는 이 시점에서 하박국도 읽어보려고 합니다.** 물론 예레미야서를 끝까지 다 읽은 다음에 읽어도 되겠지만 그 때는 이미 포로 시대로 접어들기 때문에 일단 여기서 읽는 게 좋겠습니다.

나훔과 스바냐, 예레미야가 요시야 왕 때 열심히 개혁자로 활동했는데 그 시대가 지나고 여호야김 왕이 왔을 때 하박국이 나타났다고 생각하세요. 아마 하박국은 예레미야와 함께 이 어려운 환경 속에서 동역하지 않았나 싶습니다.

한 가지 하박국에 대한 중요한 정보가 있습니다. 그것은 **하박국이 성전에서 노래하는 레위인이었을 것이라는 점입니다.** 합 3:19에 보면 "이 노래는 영장을 위하여 내 수금에 맞춘 것이니라"고 되어있기 때문이에요. 노래하는 자였다면 레위지파 중 노래하는 자였을 것입니다. 레위지파로 성전을 섬기면서도 선지자로 활동한 것입니다.

자, 여호야김 왕을 그려 놓으시고, 예레미야가 고생한 이야기도 그려 놓으시고, 그 위에 **하박국** 선지자도 그려 봅시다.

32

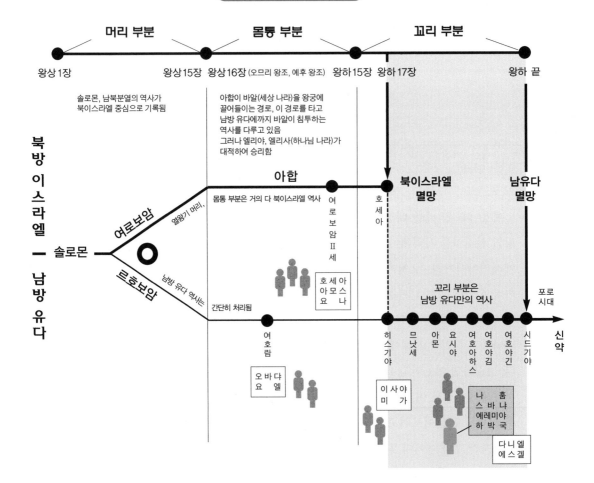

(합 1-3장)

바벨론이 침공하고 있는 상황을 배경으로 호소하는 기도와 응답

● (합 1:1-2:20)

하박국의 호소 : 왜 이런 폭력의 전쟁이……?

주님의 대답 : 바벨론 사람을 일으켜 포로로 잡혀가게 하리라.

하박국의 호소 : 그런데 왜 잔인하고 악한 바벨론을 도구로 해서 우리를 벌하십니까?

주님의 대답 : 때가 차면 이루어질 텐데, 교만한 바벨론도 파멸할 것이고, 오직 의인은 믿음으로 말미암아 살리라.

32

하박국은 전쟁 속에서 깊이 깨닫는다. 바벨론 같은 불의한 나라가 유다를 포로로 잡아가도 결국은 다시 돌아오게 하실 은혜의 하나님이라는 사실을……. 우선은 바벨론에 포로 잡혀가도 결국 그날이 오면 건지실 구원의 하나님임을 믿는 자들은 의인이라는 사실을……. 의인은 이 사실을 믿는 자들이다. 하나님의 구원을 믿는 자들이다. 오직 의인은 믿음으로 말미암아 살리라.

평생을 걸쳐 깨달은 내용을 3장에서 노래로 부른다고 생각해 보라. 제사 드리는 시간에 백성들과 함께 이 노래를 불렀다면 당시로서는 대단한 교육이 아니었겠나 싶다.

● (합 3장) 하박국이 제사 시간에 부른 노래 기도 : 무화과나무 잎이 마르고……

하박국의 영장에 맞춘 노래 기도 : 하나님의 영원한 승리를 기다리는 의인의 노래

☞ 이렇게 해서 여호야김 왕 시대에 나타난 예레미야 예언서 정보들과 하박국의 깨달음과 노래를 다 읽었다. 이제는 여호야김의 아들 여호야긴 시대로 들어가자.

자,

열왕기하 실제역사인 여호야김 왕 이후

여호야긴 왕 시대로 이어집니다

 왕하 24:6-24:17 [여호야긴 왕 때]

'여호야긴!' 하면, 얼른 '바벨론으로 잡혀갔다!' 이렇게 생각해야 한다.

여호야김이 파견군대에 의해서 비참하게 시체가 나뒹구는 죽음을 죽은 후 백성들은 또 혼돈 상태이다. 18살 난 그의 아들 여호야긴을 왕으로 세우는 것이 급선무였다. 밖으로는 바벨론 파견 군대가 포위하고 있는 상황이다. 그러는 동안 바벨론에서 출발한 느부갓네살과 그 병력이 드디어 예루살렘에 도착한다.

> ☞ 우리는 쉽게 읽지만, 사실 그 때 백성들은 얼마나 힘들었겠는지 생각해 보자. 전쟁이 할퀴고 지나는 소용돌이를 뚫고 남방 유다가 꼬리 부분을 지나가고 있기 때문이다. 하박국은 그래서 고뇌했던 것이다. 전쟁에 짓밟힌 농토, 무화과나무, 감람나무, 외양간…… 아무것도 소출이 없게 되는 이 상황이 얼마나 절망이었겠는지 생각해 봐야 한다. 이런 느낌이 우리에게 있어야 성경 속으로 내 심정이 얽혀들어가, 비로소 예언서도 자연스럽게 읽게 될 것이다.

느부갓네살은 18살 난 어린 여호야긴을 포로로 잡아가기로 결정한다. 이때 어머니와 부하들도 함께 끌고 간다. 또 솔로몬 성전 안에 있었던 온갖 보물들, 또 왕궁 안에 있는 보물들을 깨뜨려서 가져간다. 또 유능한 인력 만 명 이상을 다 휩쓸어 끌고 간다. 이 때 우리가 아는 에스겔도 잡혀간다.

여호야긴! 하면 얼른 어머니와 온갖 보물과 함께 바벨론으로 끌려간 18살 난 왕! 그리고 에스겔, 이런 생각이 나야 한다. 아하자!

짧은 3개월 동안 일어난 일이다.

**다시
여호야긴 왕을 배경으로 쓰여진
예레미야 책 속으로 들어갑니다**

(예레미야) 끼워 읽기　　　　－ 4. 여호야긴 왕 때 －

여호야긴이 왕으로 올라 있을 때는 3개월뿐입니다. 여호아하스 왕 때랑 마찬가지지요? 그러니 이 짧은 3개월 동안 무슨 치정기록이 있겠습니까?

그러다보니 예레미야서의 기록도 마찬가지입니다. 다만 여호야긴 왕을 배경으로 해서 나타난 예언이 조금 있을 뿐입니다. 우리는 그것을 찾아서 읽을 거예요.

우리가 앞에서 읽었던 **렘 22장**은 왕실에 대한 예언을 모아놓은 것입니다. 요시야, 여호아하스(살룸), 여호야김, **여호야긴**(여고냐) 순서대로 각각 왕이 어떻게 될지에 대한 예언을 기록하고 있습니다.

여호야긴(여고냐)은 다윗의 위에 앉을 자격이 없는 왕이라는 예레미야의 주장(렘 22:30)을 읽어보십시오. 성경의 흐름을 여러분들은 아시니까 '다윗의 위'라는 말을 이해하실 겁니다. 하나님의 나라를 이어갈 왕의 자격 말입니다. 그리고는 이어서 나오는 **렘 23장**을 보십시오. **진정한 목자**가 나온답니다. 양떼를 죽이고 흩어버리는 목자들이 아니라 목숨을 바쳐 양들을 지킬 왕이 나온다네요.

다윗에게서 의로운 가지 하나가 나오는데 공평과 정의를 실현할 왕이랍니다. '**주님은 우리의 구원이시다.**' 고 부를 이름이랍니다. 이런 날이 다가올 텐데 그것은 출애굽(출이집트) 때와 같은 구원이라는 겁니다. 그래서 앞으로는 이집트로부터의 출애굽이라 부르지 않겠고, **북쪽(바벨론)으로부터 구원해 내신 하나님**이라 불리실 것이랍니다. **제2의 출애굽이라는 위대한 사상입니다.** 왕들을 열거하는가 했더니(렘 22장), 참 왕을 기다리라고 하네요.

자, 예레미야가 보이십니까?
아하자!

4. 여호야긴 왕 시기를 배경으로 나타난 예언들과 상황

(렘 13장)

여호야긴이 어머니와 함께 잡혀갈 것을 예언함

특히 18, 19절을 유의하라. "너는 왕과 왕후에게 고하기를"라고 한 부분을 읽어보라. 이것은 여호야긴 왕과 그 어머니가 잡혀갈 것을 예언한 것이다.

(렘 22:20-30)

여호야긴 왕에 대한 예언

24-27절을 유의해서 읽어보라. 여고냐와 그의 어머니가 포로로 잡혀갈 예언이 역시 있다.

22장에서 유다 왕들을 죽 열거해 놓더니, 여호야긴 왕의 예언이 끝나자 다윗의 왕위에 앉지 못할 왕이라고 한다.

(렘 23장)

참 이스라엘 왕의 프로필

- **그러더니** 참 이스라엘의 목자가 나타난다고 한다. 양 떼를 죽이고 흩어버리는 목자들이 아니다. 하나도 잃어버리지 않는 목자다. **다윗의 의로운 가지에서 돋아나는 연한 순 같은 목자**다. 이 세상을 공평과 정의로 다스릴 왕이다. 사람들은 그의 이름을 '**주는 우리의 구원이시다.**'라고 부를 것이다(요한복음 10장을 함께 읽어보라. 예수님은 분명히 구약을 연구하고 있었던 당시 신학자들과 선생들 앞에서 깨달을 수 있도록 구약에 근거한 메시지들을 전하셨다.).

- 또한 거짓 선지자들도 예레미야 앞에서 악행을 하고 있다(역시 예수님 당시에도 거짓 선지자 같은 스승들이 이스라엘 백성들을 소경의 길로 인도한다고 말씀하신 것과 연결해 보자. 결국 예수님도 당시의 스승, 바리새파들, 제사장들 때문에 힘드셨다).

- 워드 플레이(word-play)로 설명하는 예레미야를 보라. 히브리어 '맛사'라는 단어는 '**말씀**'이라는 뜻도 있고 '**부담**'이라는 뜻도 있다고 한다. 말씀을 부담스럽게 여기고 있는 백성들을 두고 하는 워드 플레이인데 그 다음 24장과 연결해서 생각해 보자.

(렘 24장)

여호야긴 왕이 바벨론으로 잡혀간 이후 보여주신 환상

두 종류의 사람이 있다. 바벨론에게 망해서 포로로 잡혀가는 것이 하나님으로부터 나온 일인 줄 알고 회개하는 마음으로 **순응하는 자들**, 또 한 종류는 그 말을 **부담스럽게 여기고** 따르지 않고 이집트를 의지하며 바벨론에 반항하는 자들이다.

느부갓네살이 여호야긴 왕을 잡아가면서
마지막으로 세워놓은 시드기야 왕 실제역사로 들어갑니다

왕하 24:18-25:30 [시드기야 왕 때]

여호야긴은 잡혀가고 그의 삼촌 시드기야가 마지막 왕이 됨

▷ BC 597년 왕이 되어 586년 유다 멸망까지 11년을 지나면서 비운의 왕으로 기록되다

드디어 마지막 왕 시드기야까지 흘러왔다. 당시 세계전쟁이었던 이집트와 신바벨론의 세력다툼 중간에 끼어서 유다가 당한 전쟁과 포위당했던 세월과 포로로 잡혀가는 아픔의 세월이 몇 년이었던가? 요시야 왕 때로부터만 봐도 약 50년을 그러고 살지 않았는가? 백성들이 몇 십 년을 전쟁의 위협과 배고픔과 짓밟힘과 불안에 살았다고 생각해 보라. 얼마나 힘든 세월인가?

형 여호야김 왕이 3개월 전에 죽었고, 조카 여호야긴 왕이 잡혀가면서 시드기야는 왕위에 올랐다. 폐위된 조카는 그의 어머니와 함께 바벨론으로 잡혀갔다. 10,000명이 넘는 엘리트들, 병력, 기술자들과 성전 보물, 왕궁 보물들도 몰수이 빼앗겼다. 이런 것들을 다 빼앗긴 유다, 다스릴게 뭐 있겠냐만서도, 그래도 시드기야는 왕위에 올랐다.

열왕기하의 시드기야 인생과 그 이후는 아래처럼 간단히 요약할 수 있다.

"왕위에 올랐다가 느부갓네살을 반역했고, 그래서 느부갓네살이 다시 침공해서 성전을 붕괴시켰다. 나머지 백성들마저 거의 다 포로로 잡혀갔고, 망가진 예루살렘이나마 다스려야하니 **총독**으로 **그달랴**를 두었다. 그런데 그달랴마저 2개월 만에 이스마엘에 의해서 암살되었다. 그 후 남은 백성들은 바벨론을 두려워해서 이집트로 떠나 거기서 살았다. 포로로 잡혀간 여호야긴은 다행히 특사를 받아서 석방되어 남은 생애를 잘 살았다."

자, 시드기야 왕 이야기는 이쯤 읽고 예레미야서로 들어가 보자. 예레미야서는 엄청나게 자세한 정보를 위의 내용에 첨가하고 있다.

다시
시드기야 왕 배경으로 쓰여진
예레미야 책 속으로 들어갑니다. 마지막 부분입니다

유다 마지막 왕 시드기야 때! 하면 아, **여호야긴과 그의 어머니가 10,000명이나 되는 사람들, 성전 보물들과 함께 막 잡혀간 직후구나!** 하는 생각이 떠올라야 합니다.

자, 이 때 예레미야서는 어떤 이야기로 시작할까요? 지금 마지막 왕 시드기야 때의 어수선한 나라 분위기를 논평해 보라고 하면 두 종류의 분위기입니다. 우리가 31일째에 예레미야서에서 읽었던 것 생각나시죠? 두 종류의 사람이 있다는 거 말입니다. 맛사, **'부담'**이냐? 아니면 정말 **'말씀'**이냐? 바로 이것입니다.

한 종류의 사람은 포로잡힘이 하나님으로부터 나온 말씀인 줄 알고 '벌받아야지……' 하고 순응하는 자입니다. 하나님 말씀을 믿는 사람들이죠. 또 한 종류의 사람은 바벨론에 망하는 것을 받아들이지 못하는 사람들입니다. 얼핏보면 '바벨론에 망하지 않는다.'고 생각하는 것이 애국자 같아요. 망한다고 생각하는 예레미야나 그 말을 듣고 따르는 사람들은 매국노 같습니다. 그런데 우리가 여기서 알아야 할 것은 하나님의 입장입니다. 하나님은 이런 입장이십니다.

'누가 그거 모르냐?'

하나님은 당신의 나라를 창세기 12장부터 시작해 오셨습니다. 왜 이 나라를 세웠는지 처음부터 말씀해 오셨습니다. 너로 인하여 모든 민족이 복을 받기 원해서였다고……. 말뚝, 기억하시죠? 이 나라의 존재 의의, 기억하시죠? 우리도 그토록 모세오경할 때 많이 얘기했었는데, 기억하시죠?

그런데 지금은 도저히 그냥은 갈 수 없을 만큼 이스라엘은 이 사명을 감당하고 있지 못합니다. 우상의 나라로 만들었습니다. 그래서 **일단 정리하시겠다는 입장**이십니다.

우리가 예언서를 읽다보면 심판하시고, 벌 주시는 이야기만 너무 많은 것 같아 우리도 **부담**이 됩니다. 하나님은 늘 화만 내시는 것 같은 거예요. 사랑의 하나님 같지 않은 거예요. 이렇게 하나님은 회초리만 들고 계시는 무서운 하나님으로 나타나는 것처럼 오해받기 십상입니다. **구약의 하나님은 '심판의 하나님, 무서운 하나님'으로 오해받으실 수밖에 없다 이 말이지요. 그러나 그렇게 생각하면 안 됩니다. 지금은 특수한 유대 상황에 대한 예언을 하시는 중이십니다.**

실제로 나라가 멸망하고 무너지게 되는데 하나님이 조용~~하시다면 정말 유다의 하나님은 무능한 하나님이지 않습니까? 국제적으로 망신입니다. 이 상황에 대해 하나님은 누군가(예언자들)에게 입장을 밝히셔야 했던 겁니다. 망해가는 과정 속에서 하나하나, 자세히 미리미리 예언을 하셔야 이 나라의 신이 힘 없어 망하는 것 아님을 증명하는 것 아니겠습니까? 하나님의 입장은 **'내 백성은 벌받는 중'**이라는 것입니다.

예레미야의 설교를 듣고 바로 이 점을 깨달았어야 했습니다. 아직 본토 유대에 남아있는 사람들도 계속되는 예레미야 설교를 들으면서 그걸 깨달아야 했고, 또 포로로 잡혀가 있는 사람들도 당연히 그걸 깨달아야 했습니다.

사실 지금 저 바벨론에서는 **다니엘**이 유명해져 있습니다. 여호야김 때 잡혀간 다니엘이 등용되어 자리를 잡고 있거든요. 그러니 다니엘과 함께 잡혀가 있는 거류민단들도 다음과 같이 생각하고 있어야 한다 이거지요. **'아, 벌받는 중이구나. 그래, 맞아, 우리는 벌받는 중이야. 그러니 달게 벌을 받자. 벌로 끝나는 게 아니라 다시 용서해 주신다잖아. 돌아오게 해주신다잖아. 그러니 지금은 우리가 포로로 잡혀 와 있지만 예레미야 말대로 70년 있으면 조국으로 돌아갈 수 있을 거야. 여기서 편안하게 살 수 있도록 보장해 주신다잖아. 하나님을 믿자.'**

자, 그런데 그게 아니라 **'하나님 안 믿는'** 애국심에 불타는 리더들 그룹에서 사건을 터뜨립니다. 바벨론에 포로로 잡혀간 거류민단들 중에서 말입니다. **스마야** 편지 사건입니다.

> ☞ 미국의 한인사회에서도 보면 정치에 관심있던 사람들이 본국에서는 못하다가 '한인회'를 결성하면서 정치 비슷한 것을 하는 분들이 계시다. 그래서 본국에서 대통령이 오면 그 분들 중심으로 환영만찬회를 열곤한다. ^^

스마야는 바벨론에 붙잡혀 와 살면서 으싸으싸 열심히 애국심에 불타 있는 사람 중 대표격이었던 것 같습니다. 그런데 지금 이 사람이 화가 나 있는 거예요. 왜 그런지 아세요? **예레미야가 쓴 편지** 때문이었어요. 여호야긴과 그의 어머니가 막 바벨론으로 떠난 뒤, 바벨론 사절단 편에 보내진 편지였습니다. 그런데 이 편지를 읽은 스마야가 머리끝까지 화가 나 자기 이름을 걸고 답장을 써 보냈어요. 수신자는 당시 '제사장들 앞'이었습니다.

"당신들, 제사장으로서 저 예레미야같이 예언자 노릇하는 미친놈들을 다 붙잡아 목에 칼을 씌우겠다고 정책을 발표하더니 도대체 어떻게 된 거요? 아직도 70년을 운운하고 있는데도 가만 놔두다니 당신네들 지금 뭐 하는 거요? 예레미야가 뭐라고 편지 쓴 줄 알아요? 우리보고 아예 여기 바벨론에서 집 짓고, 과수원 만들고 농사 지으래! 계속 여기서 살라는 뜻 아니오? 아니, 이럴 수 있는 거요?"

여러분, 긴 이야기를 들었습니다. 이런 이야기가 여러분의 성경책에도 써 있답니다. 이제는 여러분이 성경을 읽으면서 확인할 차례입니다. 도대체 예레미야가 어떤 편지를 써 보냈길래 스마야가 이렇게 공적인 편지를 제사장들에게 보내왔는지 한 번 예레미야 29장에서 읽어볼까요?

예레미야서는 예언만 있는게 아니라 비하인드 스토리가 많습니다. 예레미야서, 어렵지 않습니다. 어떻게 하면 어려워하지 않고 재미있게 읽을 수 있을까 해서 이렇게 설명이 많습니다. 그렇지만 아하자!!!!!!

5. 시드기야 왕 때

(렘 29-31장)

여호야긴이 어머니와 함께 잡혀간 이후 (사실상 시드기야 왕 초기)

▷ 예레미야가 바벨론의 왕족, 리더들에게 편지를 보내다

편지 보낸 다음 어떤 일이 또……?

편지 사건을 읽었습니다. 그 다음에 이어지는 예레미야 정보를 이해하기는 그리 어렵지 않습니다. 자, 또 들어보세요.

바벨론에 70년 동안 지배받는다는 사실을 받아들이지 않겠다고 결국 시드기야는 결심합니다. 예레미야 편지를 바벨론에 전할 때는 막 여호야긴 왕이 포로로 떠난 때이고 느부갓네살이 자기를 왕으로 세워 놓았으니 당연히 친바벨론 입장일 수밖에 없

지요(렘 29:3). 그러나 시간이 지나면서 주변의 다른 예언자들, 정치인들이 계속 **반바벨론 정책** 쪽으로 밀어붙입니다.

우리가 다음에 읽으려고 하는 28장 상황은 시드기야 4년 5월인데 이때는 바벨론에 반역하려는 구체적인 움직임이 보입니다. 28장 앞에 보면 '같은 해' 라고 되어있으니 27장은 4년째 막 되었을 때인 듯합니다. **시드기야는 예루살렘에서 국제회의를 하려고 사절단들을 소집합니다.** 마치 오늘로 말하면 컨벤션센터 같은 데서 국제회의를 하듯이 말입니다. 에돔, 모압, 암몬, 두로, 시돈의 왕들이 보낸 사절들이 시드기야 왕을 만나려고 와 있습니다.

그런데 바로 이 사람들 앞에 예레미야가 "나는 유다의 예언자다!!!"—외국인 사절단들이 자기 나라 통념으로 볼 때 박수, 무당, 술객 같은 왕궁 미래학자—하고 등장한 겁니다. 그냥 등장한 게 아니라 이상한 행색을 하고 나타났습니다. 목에 포로들이나 죄수들이 쓰는 멍에를 메고 나타난 거예요. 하나님이 그렇게 하라고 시키신 겁니다. 당시에 예언자들이 이렇게 **행동예언**을 했거든요. '너희들이 아무리 국제회의를 해봤자 소용없다. 결국 요 모양 요 꼴이 된다!' 이거죠. 바벨론이 결국 모든 나라들을 제압하고 백성들은 이런 모습으로 포로 잡혀가게 된다는 것을 행동으로 보여준 것입니다. 자, 국제회의 장소에 찾아와 대표단들 앞에서 예언을 선포해 버렸으니 나중에 보면 여호와 하나님의 신탁(神託, 예언)이 진짜구나 하고 알게 되지 않겠습니까? **공적으로 행동예언을 한 겁니다.**

이 일 이후 약 5개월쯤 지난 듯한데(렘 28:1) **하나냐**라는 거짓 선지자가 부상합니다. 시드기야 왕은 이런 사람의 영향을 받아서 변심한 것으로 추측됩니다. 하나냐는 이렇게 주장합니다. "예레미야는 가짜다! 70년이 웬 말이냐? 2년이다, 2년! 내가 진짜 하나님으로부터 계시받았다!"

자, 이제 27장, 28장을 읽을 수 있겠죠?

(렘 27장)

시드기야 초기, 예레미야의 행동예언

바벨론이 열국을 점령하며 유다도 70년 동안 바벨론의 속국이 된다는 예언

시드기야 4년 5월 : 반바벨론 세력의 움직임

예레미야가 바벨론에 항복해야 한다는 정책을 주장하지만 하나냐 등 반바벨론파의 활동도 만만치 않다. 결국 시드기야가 바벨론을 배반한다. 그러나 하나냐는 거짓 예언을 하다가 벌받아 죽는다.

☞ 아래 내용은 28장 성경을 읽고 나서 읽어보자. ^^

에고~, 이런 일을 당하면 좀 예레미야 말씀이 맞는구나 하면서 예레미야의 예언에 귀를 귀울였어야 했는데, 아무리~ 아무리~ 이런 일들이 일어나도 하나님과 예레미야를 믿지 않는다. **강퍅**하다는 것이 이런 걸 두고 하는 말이다. 이렇게 하나님이 애를 쓰셔도 안 믿는 자들을 두고 설명하는 성경의 해석이 있다. **'돌이켜 사함을 받지 못하게 해야 할 정도의 사람들이 이런 사람들'**(사 6:9, 10 ; 마 13:14-15)이라는 것이다. 오죽하면 이런 표현을 쓰시겠는가? 더 이상 할 수 없을 만큼 하셨다는 말이 아니겠는가? 우리가 지금까지 여러 예언서를 읽어왔듯이 정말 끈질기게 하나님은 돌아오기를 촉구하셨다. 이토록 애 쓰시는 하나님이 아무려면 믿지 못하게 하는 장본인이겠는가 말이다.

우리는 예수님이 **"너희가 듣기는 들어도 깨닫지 못할 것이요, 보기는 보아도 알아보지 못할 것이다. 이 백성의 마음이 무디어지고 귀가 먹고 눈이 감기어 있다. 이는 그들로 하여금 눈으로 보지 못하게 하고 귀로 듣지 못하게 하고 마음으로 깨닫지 못하게 하고 돌아서지 못하게 하여, 내가 그들을 고쳐주지 않으려는 것이다."**와 같은 말씀을 하실 때 이해하기가 힘들었다(마 13:14-15). 왜 예수님께서 그런 말씀을 하실까?

그들이야말로 하나님을 무시하는 자들이기 때문이다. 즉 하나냐 같은 사람들이 거짓 예언을 하다가 즉사해도 그냥 우연이겠지 하고 또 마음이 무뎌지기 때문이다. 그리고는 하나님을 여전히 또 거역한다. **이런 사람들은 하나님이라는 분이 계신 것을 알면서도 정말 하나님을 무시하는 사람들이다.** 이 때 하나님의 입장은 이렇다는 것이다. '너희들이 암만 그래도 다 내 손 안에 있다. 너희들이 암만 그래도 내 주권을 따라 역사는 흘러간다. 다 내 손 안에 있다.'

조직신학에서는 이런 하나님의 상황에 대해 **'하나님의 허용'**이라는 말을 쓴다. 이 말이 성경에서 표현될 때 **'하나님이 바로의 마음을 강퍅케 하시다.'**식으로 표현되는 것이다(출 9:35, 10:27). 강퍅한 사람의 전형이 그래서 이집트의 바로 왕이다. 9번이나 재앙을 당하고도 항복하지 않는다. 증거가 있는데도 고집을 꺾지 않는다. 열 번째 재앙에 할 수 없이 항복하고도 또 이스라엘 일행을 추격한다. 홍해까지 쫓아오는 것을 보라. 이런 사람이 **강퍅**한 사람이다.

지금 우리는 시드기야 즈음의 유다 왕국을 들여다보고 있는데, 영락없는 그 모양새 아닌가?

'강퍅' 한 사람들이 보이는가? 당신도 지금까지 성경을 읽어오고 있는데, '나야말로 강퍅한 사람이 아닌가?' 하는 생각이 혹 드는가? 아니면 아무리 읽어도 그냥 그런가?

(렘 49:34-39)

시드기야 때 나타난 엘람에 대한 예언

시드기야 왕 때를 배경으로 해서 나타난 예레미야의 예언 설교가 있다. 엘람에 대한 신탁이다.

엘람은 바벨론 이후 나타날 페르시아 변방에 있는 종족이다. 메대 바사뿐만 아니라 엘람이라는 이름으로 티그리스강 바로 동편에 있었다. 바벨론을 멸망시킬 종족에 대한 예언으로 보인다. 멀리는 메시아 왕국의 출현을 보고 있다.

계속 좀 들어보세요.

그런데 렘 49:34-39 본문의 위치가 눈에 들어오십니까? 앞에서 우리가 읽었던 여호야김 4년(제2차 갈그미스전투 때 바벨론이 이집트 바로느고에게 승리한 해)에 이집트가 망할거라고 예언한 46장을 서두로 해서 블레셋, 모압, 암몬, 에돔, 다메섹(시리아), 게달과 하솔 등의 나라들에 대한 예언이 죽~ 흘러오다가, 50장의 바벨론 멸망 예언 바로 직전에 놓여 있는 거 보이시죠? (어렵지만 쪼끔만 참고 들으세요.^^ 여기서 생각을 놔 버리면 안 되요. 아하자!! 자, 지금 설명하고 있는 성경본문을 찾아서 넘겨가며 이해해 보세요. 예언서가 읽어진다는 게 어디 그리 쉽겠습니까? ^^) 즉 47장, 48장을 이어 열국의 미래를 예언한 내용의 끝부분에 놓여 있다는 말입니다. 그렇죠?

이 엘람 예언 다음에 이어지는 50장은 **마지막 예언**입니다. 그게 뭔지 아십니까? 이집트, 블레셋, 모압, 암몬, 에돔, 시리아, 게달과 하솔을 멸망시킨 **바벨론도 멸망할 거라는 예언**입니다. 우리는 지금까지 여러 예언서를 읽어오면서 결국 바벨론도 망한다는 예언을 이미 읽었습니다.

특히 이사야서 45장부터 시작되는 고레스 등장, 기억나십니까? 고레스가 나타나면서 시작되는 바벨론 심판장면이 장관이었지요? 바벨론 심판이 나타나면서 이루실 이스라엘의 회복을 읽었습니다. 열방 족속들이 새예루살렘 성에서 고난받는 종(사 53장)의 통치를 받을 것도 읽었습니다.

그렇습니다. 100년 전 이사야의 그 예언이 역시 예레미야에게도 임했습니다. 예레미야도 그 얘기를 하고 있는 겁니다. **바벨론 멸망예언이 예레미야 예언의 종국인 셈인 거죠. 바벨론도 하나님의 도구였을 뿐이라는 것이 예레미야가 받은 말씀의 결론입니다.** 하나님은 왕 중의 왕이라는 사실을 천하만민에게 전하고 싶은 겁니다. 하나님은 왕이시다! 성경 전체의 관점이라고 했던 것 기억나시죠?

자, 엘람 예언에 이어서 예레미야 50장, 열국 심판 예언의 마무리 부분을 읽겠습니다.

(렘 50:1-51:58)

열국의 미래과 바벨론 멸망에 대한 예언

'바벨론 멸망 예언'으로 예레미야서가 최종 정리되는 것을 기억하자. 오늘날도 논문 한 편이 정리된다는 것이 엄청난 작업이다. 예레미야 역시 자기 인생을 지나면서 결론지을 논문의 내용이 있었는데 바벨론 멸망이었다. 예레미야 자신 내부에서 먼저 이 열국의 예언들이 정리되어야만 한다. 그가 깨닫고 정리된 것만 기록할 수 있기 때문이다. 완벽한 문서로 정리할 수 있을 만큼 내면에서 소화한 내용이라고 생각해 보자. **바벨론이 열국을 삼키지만 바벨론 역시 멸망하게 될 것이라는** 예레미야 예언의 대미를 오늘 우리가 읽는다. 이런 글을 우리가 읽을 수 있는 것은 그의 살을 깎는 것 같은 학문활동과 고뇌와 기도와 수고 때문이다. 그런 것 생각하면 한 번 진지하게 못 읽을 게 무어란 말인가? 고마움으로 읽자.

(렘 51:59-64)

바벨론 멸망 예언이 기록된 두루마리를 바벨론에 전함

자, 여기서 읽을 본문이 어디에 연결되어야 하는지 지금까지 흘러온 시드기야 이야기를 다시 한 번 정리해 보자.

초창기에는 시드기야가 바벨론에 잘 복종하는 듯하더니 후에는 정책을 바꿨다. 급기야는 주변의 에돔, 모압, 암몬, 두로, 시돈 왕들과 동맹을 꾀했다. 이 사실을 느부갓네살이 모를 리 없다. 이 즈음 느부갓네살은 시드기야에게 경고하기 위해서 **바벨론으로 소환한 것 같다.** 그래서 시드기야는 지금 우리가 읽을 본문에서 부하들과 함께 바벨론 행을 준비하는데 예레미야는 이 찬스를 놓치지 않는다(렘 51:59-60). 바벨론에 대한 예언을 기록해서 바벨론에 전하려고 하는 것이다 (출판하는 것이다 ^^).

여호야김 왕 때 바룩을 시켜서 기록했듯이 꼭 그런 식이다. 이번 여행에서 왕을 보좌할 바룩의 형제 **스라야**(렘 32:12)와 예레미야는 내통을 한다. 그는 예레미야와 동지였던 것 같다. 예레미야는 이 두루마리를 바벨론에 가서 읽은 다음 돌에 매달아 유프라테스 강물에 던지라고 지시한다. **"유다의 하나님 여호와의 예언이다! 바벨론, 너도 망한다!"**라고 선포해야 나중에 메대 바사에 의해서 바벨론이 정말 멸망할 때 우리 하나님은 열방의 하나님으로 증명되기 때문이다.

☞ *이런 사정을 염두에 두고 렘 51:59-64까지를 읽어보자. 두루마리 내용이 무엇이었을까? 바로 51장에서 바벨론 멸망을 읽은 그 내용이었을 것이라는 것, 생각하기 어렵지 않다.*

내 노트 | 깊. 이. 새. 내. 기.

- **깊**이 깨닫고 나니 다른 사람과 나누고 싶은 내용

  _____

- **이**해가 되지 않는 부분

  _____

- **새**로 배운 내용

  _____

- **내**가 실천하고 싶은 원리

  _____

- **기**도제목

  _____

성경방 나눔터

- 긴긴 역사의 뜨거운 감자, '바벨론이 이길 것' 을 예언하는 예레미야는 오늘날로 말하면 이라크 전쟁의 결과를 예언하고, 월남전을 예언하고, 경제 쓰나미를 예언하는 것과 같다.
  당신이 믿고 있는 하나님은 이런 하나님 맞는가? 그렇다면 당신이 지금 염려하는 것은 무엇인가?

- 하박국처럼 아무것도 없는데 여호와로만 즐거워할 수 있을까?

- 비록 바벨론이 이길 것이지만, 마지막에는 바벨론도 심판하신다는 것을 예언했다. 이 세상에 영원한 초강대국은 없다. 우리 시대에 강대국이었던 미국도 서서히 그 막이 내려가고 있다고 한다. 한편에서는 중국이 떠오르고 있다. 이런 현실에서 우리는 다시 한 번 영원한 나라를 분명히 바라볼 필요가 있다. 그 나라가 오기 전까지는 이 땅에 그때 그때마다 강대국이 있을 것이다. 만일 중국이 앞으로 강대국이 될 것이라면, 그 나라가 지금보다는 보다 더 하나님을 아는 나라가 되게 해달라고 기도하자. 중국의 기독교인 숫자는 적게는 몇 천만 명에서 많게는 1억 명이 넘는다고 한다. 그들이 복음을 알고, 그래서 중국이 진정한 복음적 국가가 되게 해달라고 함께 기도하자. 그리고 그 나라가 세계에 긍정적인 영향을 끼치는 나라가 되게 해달라고 간구하자.

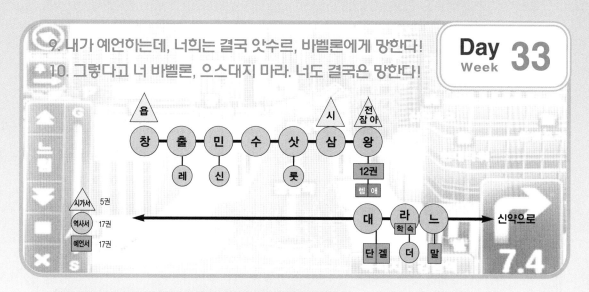

9. 내가 예언하는데, 너희는 결국 앗수르, 바벨론에게 망한다!
10. 그렇다고 너 바벨론, 으스대지 마라. 너도 결국은 망한다!

Day 33
Week

7.4

33

(렘 읽기: 아래 항목 참고), (애 1-5장)

OVERVIEW

마지막 왕 시드기야 때를 배경으로 예레미야 나머지 부분을 다 읽습니다. 결국은 망해버린 예루살렘을 바라보며 눈물 흘리며 예레미야는 슬픈 노래를 부릅니다. 예레미야애가입니다.

자, 그 다음 이야기는?

렘 37-38장과 21: 1-10, 그리고 32-34장입니다.

바벨론(갈대아) 군대가 예루살렘을 포위하고 있습니다. 그런데 이집트 바로 군대가 출동했다는 소식을 듣고는 바벨론 군대가 퇴각합니다. 무슨 뜻이겠습니까?

시드기야가 바벨론에 소환되어서 뭔가 경고를 받고 왔을 텐데 여전히 바벨론에 저항하고 말을 안 들었다는 뜻입니다. 에돔, 암몬 등 친이집트파 나라들이 동맹을 맺고 똘똘 뭉쳐있으니까 시드기야도 어쩔 수 없었겠죠. 느부갓네살은 단안을 내립니다. 세 번째 대원정을 하는 수밖에 없다고……. **느부갓네살 3차 침공입니다.** 예루살렘 성이 완전히 함락되기 약 1년 6개월 전입니다(렘 39:1-2). 그러니까 **마지막 멸망하기 전까지 1년 6개월을 포위당한 채 버틴 셈입니다.**

바벨론 군대는 시드기야 제9년 10월에 예루살렘 성을 포위하기 시작했습니다(렘 39:1). 그러자 친이집트 노선을 걷고 있었던 시드기야를 도우러 이집트의 바로 군대가 출동을 한 것이죠. 바벨론 군대는 "앗, 안 되겠다!" 하며 포위를 풀고 일단 퇴각합니다. 그러자 바벨론은 전열을 가다듬어 다시 공격합니다. 엎치락 뒤치락입니다. 고래싸움에 새우등이 터지는 상황, 맞죠?

이 때 시드기야의 심정은 어떻습니까? 두려움으로 초조합니다. 예레미야에게 우리가 점령당하지 않도록 해달라고 간절한 기도를 요청합니다. 그러나 **예레미야는 단호합니다.** 점령당한다는 겁니다. 그도 그럴 것이, 도대체 얼마나 오랫동안 예언해 온 내용입니까? **바벨론에 투항하라.** 그러면 목숨은 부지할 것이다. 그러나 계속 반항하면 도성은 불바다가 된다고 대답할 뿐입니다.

자, 이런 상황을 알면 그 이후 성경본문을 읽을 수 있을 겁니다.

 (렘 37-38장), (렘 21:1-10)

시드기야가 바벨론을 배신하자 느부갓네살이 3차 침공, 예루살렘 포위당하다
그러나 이집트의 바로 군대가 출동해서 바벨론 군대 퇴각하다

줄다리기 외교상황이다. 시드기야는 예레미야에게 기도를 해달라고 한다. 이 즈음 예레미야는 고향에 가서 재산을 상속받을 일이 생긴다. 그러나 예루살렘을 떠나 고향 베냐민 땅을 향해 가다가 체포당한다. 시드기야는 불안해서 갇혀있는 예레미야에게 들락거리며 하나님이 뭐라 하시냐고 묻는다. 예레미야의 대답은 초지 일관!

바벨론 거류민단의 스마야도 예레미야를 잡아 죽이라고 압력을 넣고, 본국의 고위 공직자들도 예레미야를 사형시키라고 항의하자, 시드기야는 그만 자포자기한다. 왕궁 정치인들은 예레미야를 죽이기로 결정한다. 물 웅덩이 속에 떨어뜨린다.

시드기야는 예레미야를 구출하는 척하면서 속마음을 털어놓는다. 바벨론에 투항하려고 해도 그러면 유대인들이 자기를 학대할 것 같다는 것이다. 그러나 예레미야는 괜찮다고 투항하라고 한다. 시드기야는 이런 식의 상담내용을 절대로 발설하지 말라고 예레미야에게 겁을 준다. '예레미야가 시드기야 왕에게 구출해 달라고 청탁해서 예레미야를 만나 준 것이지, 시드기야가 예레미야에게 상담했다고는 말하지 말라.' 는 식이다. 시드기야는 초조하다. 그러나 치사하다.

이런 줄거리를 미리 염두에 두고 읽어보자.

(렘 32-34장)

시드기야 10년째 상황, 예루살렘 멸망 직전 상황

계속 예루살렘 멸망 직전이다. 베냐민 땅 아나돗 고향의 땅 문제 때문에 이동하다가 체포된 채 갇혀있는 상황인데 하나님은 끈질기게 이 일을 성사시키라는 명령을 하신다.

이 일이 무슨 뜻일까? 일종의 행동예언으로 나타난 것이다. 땅을 매수한다는 것은 그 땅에서 계속 살아갈 것을 전제한 것이다. 희망적이다. 70년 만에 돌아올 것이 확실하다는 뜻이다.

지금은 이집트 군대가 철수하고 다시 바벨론이 예루살렘을 포위하고 있는 상황이다. 웬만한 성읍은 다 점령당했다. 라기스와 아세가 요새만 남았으니 말이다(렘 34:7). 그런데 땅을 사라시니……

최후 순간까지 예레미야는 일관된 예언을 한다. 참 예레미야도 끈질기다.

6. '멸망 그 이후 임시정부 때'

(렘 39장, 52장)

예루살렘 성이 정말로 바벨론에 의해서 함락되다
예루살렘 성벽이 뚫리고 함락되다. 마지막 포로들이 잡혀가다

시드기야는 도망치려고 했지만 느부갓네살 사령부 진으로 끌려가 그가 보는 앞에서 아들이 처형된다. 시드기야는 두 눈이 뽑힌다.

(렘 40-44장)

살아남은 유대 공동체에서 일어난 그 이후 스토리

● 예레미야 석방되다

느부갓네살의 사령관 느부사라단이 예레미야를 석방하고 망명을 종용하나 거절한다.

● 임시정부(?) 총독으로 그달랴가 임명되나 피살되다

그달랴는 느부사라단에 의해서 총독이 된다. 남은 사람들과 함께 과수원과 땅을 다시 관리하게 하기 위해서이다. 그러나 재위 2개월 만에 죽는다. 친이집트파 쪽 리더였던 **이스마엘**에게 당한다.

● 새 리더 요하난이 등장하다

그러나 그달랴의 부하 요하난이 이스마엘 일당을 암몬으로 쫓아 버린다. 그러나 요하난 새 리더와 남은 백성들은 바벨론을 두려워한다. 보복당할 것 같아서다. 이때 예레미야는 다시 선지자로서 사역하게 된다. **예레미야는 이렇게 멸망 이후에도 본국에 남아서 활동을 하는 셈이다. "이집트를 의지하지 말라." 그의 대답은 여전했다.** 그러나 그들은 바벨론을 두려워해서 이집트로 이주하고 만다.

● 이집트에 도망가서도 우상을 섬기는 유대인들

살아남은 자들 역시 끝까지 말 안 듣고 결국은 이집트로 간다(**이렇게 예언이 맞아도, 강퍅!**). 그리고 이집트에 가서도 우상을 찾는다. 극한 절망 속에서도 여호와 하나님을 찾지 않는 유대인들을 보라. 이렇게 **렘 44장이 예레미야 스토리의 마지막 무대다.** 참 슬프다.

> ☞ *예레미야서가 끝났다. 지금까지 예레미야가 읽어졌다면, 예레미야애가와 다니엘, 에스겔서도 읽어질 것이다. 예레미야서가 이해되어야 그 이후 포로로 잡혀가 있는 다니엘, 에스겔도 보이기 때문이다.*

(예레미야애가) 끼워 읽기

아! 예루살렘이 완전히 망했습니다. 그리고 예레미야는 슬픈 노래를 부릅니다.
모세가 신명기에서 이스라엘의 종국이 어떻게 될지 하나님으로부터 비밀을 들었습니다(신 31:16-30). **결국은 배반한다는 사실이었습니다.** 그래도 하나님은 그들을 위하여 노래를 지어 부르라고 모세에게 명령하셨습니다. 얼마나 슬픈 노래입니까? 그 슬픈 노래 때문에 다시 돌아올 자들을 기다리시는 하나님의 심정이 보이십니까?

남은 자들은 그 음성이 들립니다. 모세의 슬픈 노래, 회개를 촉구하는 노래가 들린다는 것입니다. 어디 그것이 모세의 노래겠습니까? 사실은 하나님의 노래입니다. 구슬픈 노래, 슬픔의 노래, 애가(哀歌)입니다. 예레미야는 이 사실을 알았습니다. 신명기를 공부하면서……

자신이 바로 그 슬픈 종말의 선지자라는 것을! 사실은 요시야가 성전에서 발견한 율법책도 바로 이 부분에 속한 내용이었습니다. 결국은 배반할 내 백성, 그들을 심판하리라 하신 말씀을 읽고 가슴을 찢었던 것입니다.

예레미야의 마지막 슬픈 노래, '예레미야애가'를 들어봅시다.

(애 1-5장)

유다의 멸망 앞에서 예레미야가 흐느낌

무대 뒤로 사라지는 예레미야

유다 말기의 큰 선지자 예레미야도 이제 무대 뒤로 퇴장하는군요.

나라는 망했고, 예레미야도 사라졌는데~

이제 어떤 이야기가 이어질까요?

내일을 기대해 보십시오.

내 노트 | 깊. 이. 새. 내. 기.

- **깊**이 깨닫고 나니 다른 사람과 나누고 싶은 내용

  _____

- **이**해가 되지 않는 부분

  _____

- **새**로 배운 내용

  _____

- **내**가 실천하고 싶은 원리

  _____

- **기**도제목

  _____

성경방 나눔터

- 예레미야서에는 역사가 많이 기록되어 있다. 새로 배운 내용들을 서로 나눠보자.

- 예레미야애가는 슬픈 이야기이지만, 슬픔 속에서도 희망을 잃지 않는다. 여호와의 자비와 긍휼이 아침마다 새롭기 때문에 희망을 잃지 않는다(애 3:22-23). 당신이 경험한 '자비와 긍휼'을 서로 나누어보자.

- 말씀이 분명히 방향을 가리키고 있는데도 환경 때문에 순종하지 못하는 시드기야를 한번 인터뷰해 보자. 왜 그러셨냐고? 그러면 아마 시드기야가 이렇게 반문할 것 같다. "당신은 안 그럽니까?"

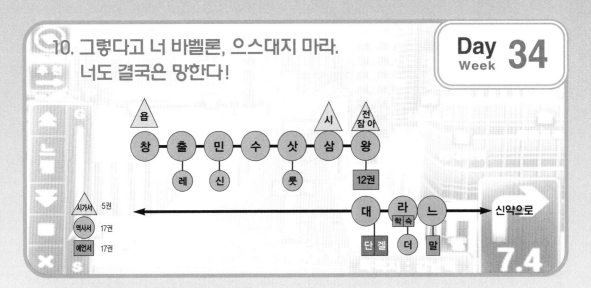

10. 그렇다고 너 바벨론, 으스대지 마라. 너도 결국은 망한다!

(단 1-12장), (겔 1-7장)

OVERVIEW

예레미야 스토리가 한창 진행 중인 동안에(무대A) 다니엘과 에스겔은 바벨론에 가 있습니다.(무대B) 여호
야김 왕 때부터 시드기야 왕 때입니다. 예레미야, 다니엘, 에스겔서 세 권을 동시에 읽지 못해서 문제지 사
실 이 선지자들은 동시대에 살았습니다. 예레미야서를 읽은 무드를 그대로 가슴에 간직한 채 바벨론으로
가서 다니엘을 만나봅시다. 바벨론 이후 페르시아 시대까지 살았던 다니엘을 다 읽고 나면 이어서 에스겔
서 1-7장까지 읽습니다.

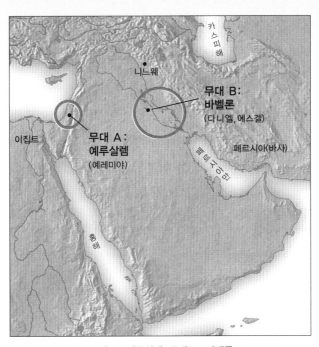

무대 A: 예루살렘, 무대 B: 바벨론

(다니엘)과 (에스겔) 끼워 읽기

여기는 바벨론! 무대 B입니다!

국민들이 이동해 있다는 사실을 감지해야 한다고 앞에서 생각했었습니다. 무대가 두 개라고 했던 것을 기억해야 합니다. 이제 예루살렘이 망했으니 무대를 바벨론으로 옮겨 야 합니다. 물론 이미 BC 605년경부터 유대인 포로들이 바벨론에서 살고 있습니다.

☞ *예레미야 스토리와 다니엘, 에스겔을 연결할 줄 아는 안목이 있어야!*

우리가 예레미야와 함께 예루살렘에서 지금까지 씨름한 이야기가 뭐였습니까? 본 국은 본국대로, 바벨론에 잡혀간 유대인 거류민들은 거류민들대로, '과연 예루살렘 이 회복되고 곧 포로귀환이 이뤄질 것인가?' 가 이슈였습니다. 예레미야 편지 사건 기억나시죠? **이미 거류민들 가운데 대표들도 있고, 시드기야 왕과 편지를 왕래했던 것도 생각나셔야 합니다.**

하나님이 잡혀간 국민들을 돌보시지 않을 리가 없습니다. **70년 만에 포로들을 되 돌리실 거라는 사실을 믿고 바벨론에 투항한 유대인들을 보호하셔야 할 것 아닙니 까?** 예레미야의 예언을 믿고 기다리는 사람들이 있지 않습니까? 그러니 그들을 진심 으로 인도할 유능한 지도자도 있어야 하지 않겠습니까? 바벨론에 가 있는 백성들을 중심으로 이제 뭔가 이야기가 있어야 하지 않겠습니까? 그렇습니다. 이리하여 '**포로 시대**' 라는 성경 목록의 시대가 시작되는 것입니다.

성경 흐름을 타고 여기까지 와 있는 우리도 이제 **생각 속에서 좌표 이동**을 시켜야 합니다. 성경이 바벨론에 가 있는 주인공들에게로 쫙! 서치라이트를 비춥니다. 그쪽 을 보라는 것입니다. 우리의 시선도 저~쪽 바벨론으로 옮겨서 거기에 누가 있는지 봅시다. '**다니엘뿐만 아니라 에스겔도 보여야 합니다.**' 다니엘과 에스겔은 예루살렘 성 함락 이전에 이미 바벨론에 잡혀가 있었습니다.

그러니까 예레미야 이야기를 하고 있었던 동안에, 저쪽 바벨론에서는 다니엘과 에스겔 이야기가 동시에 있어온 것이구나 하고 생각해야 합니다.

구약성경 목록을 들쳐봅시다. 우리가 지금까지 해 왔던 이야기, 열왕기하에 멈춰 있습니다. 그런데 다니엘, 에스겔을 펼쳐 보세요. 열왕기하 페이지에서 저 멀리에 떨 어져 있지요? 시가서도 지나고 예언서 동네에 가야 다니엘과 에스겔이 있습니다.

성경에서는 그렇게 머~얼리 떨어져 있습니다. 그러나 이야기 흐름상 유다가 멸망하는 시점에 이어지는 스토리는 다니엘과 에스겔서라는 사실을 잊어서는 안 됩니다. 비록 예언서지만 말입니다. 자, 그러면 다니엘과 에스겔서를 어떻게 읽어야 할까요? 예레미야서를 기본으로 해야 이것도 읽어진다고 했던 말 기억나시죠?

예레미야가 본토에서 지금까지 외쳤던 것이 무엇이었습니까? **"망하는 거 아니다! 벌을 받는 것뿐이다. 내 나라는 회복된다."** 이것이었습니다. 다니엘과 에스겔이 외치는 것도 마찬가지입니다. 다를 리가 없죠. **"망하는 거 아니다! 하나님 나라는 제국사 속에서도 영원하다!"** 한마디로 이겁니다. 똑같아요.

자! 예레미야가 외쳤던 국제적인 메시지와 다니엘, 에스겔의 국제적인 메시지가 얼마나 똑같은지 한 번 공부해 봅시다. 창세기 12:1-3의 모든 민족이 복을 받게 하려고 시작한 아브라함의 나라, 과연 모든 민족을 향해 흘러갈 것인가? 아니면 그냥 이렇게 망한 채로 흐지부지할 것인가? 모든 열방을 향해 초점을 맞추고 출발한 창세기 12장 이야기, 정말 하나님의 비전대로 흐를 것인가? 성경을 읽으면서 똑똑히 지켜봅시다.

다니엘은 누구인가?

다니엘은 누구입니까? 그는 분명히 왕족이나 귀족의 후손이었을 것입니다(단 1:3). 부모님의 신앙으로 어려서부터 잘 자라난 것 같습니다. 유대 말기 그 더럽고 혼돈스러운 사회 속에서 이런 맑은 샘물 같은 아이가 자라고 있었다니……. 이 아이가 느부갓네살 꿈을 해석한 것이 17살 즈음입니다. 10대입니다. 대단하죠?

우리 그 아이 얼굴을 익혀봅시다. BC 605년(10대 후반 추정) 바벨론 포로로 잡혀가서 느부갓네살에 의해 현인, 박수 장(단 4:9) 등을 위한 후보생으로 발탁되었습니다. 본래 **학문**에 능했고 **몽조**에도 능했기 때문입니다. 그러다가 느부갓네살 첫 꿈을 해석하는 바람에 바벨론 왕국의 행정가로 등용되어 약 69년 동안 고위 공직자로 활동했습니다(단 5:10-12). 여호야긴 왕이 18세에 바벨론에 잡혀왔을 때 느부갓네살을 계승한 에윌 므로닥 왕이 여호야긴을 명예롭게 대우해 준 것도 다니엘의 영향력이 아닌가 보여집니다(왕하 25:27-30).

바벨론은 약 90년 동안 세계를 호령하다가 망합니다. 이후 페르시아(바사)가 정복할 때는 다니엘의 나이가 약 80세쯤 됩니다. 그런데 이때도 역시 120개 지방장관을 감독하는 3명의 총리 중의 한 사람으로 임직이 됩니다(단 6:1-2). 이 사실을 보면 새 정부도 다니엘을 인정했다는 것을 알 수 있습니다. 그리고 고레스가 칙령을 내려 유대인들을 바벨론에서 해방시키는 명령을 내릴 때도 여전히 영향을 끼친 것으로 보입니다(단 9:1-19).

다니엘서의 구조는 간단합니다.

- 1-6장 : 구체적인 역사기록
- 7-12장 : 묵시

자, 이런 배경을 노자돈처럼 갖고 출발합시다. 다니엘서 아하자!!

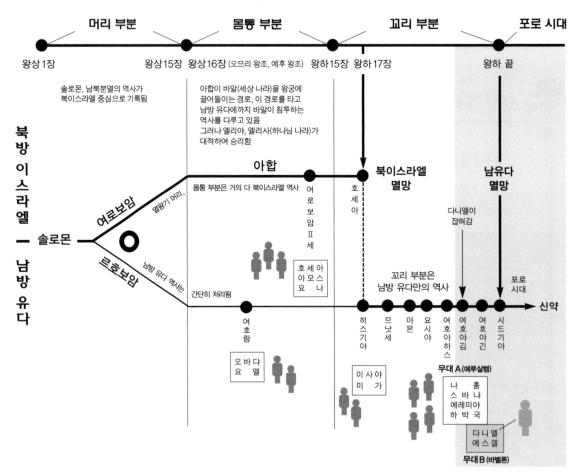

포로 시대, 다니엘 등장

(단 1-3장)

다니엘의 사명과 느부갓네살 신상 꿈

여호야김 왕 때를 배경으로 하고 있다는 사실을 놓치지 말자. 여호야김 왕 3년에 잡혀왔다고 말하고 있지 않은가? 우리가 예레미야서를 읽을 때 여호야김 왕 때, 즉 BC 605년에 다니엘이 잡혀갔다고 했다. 그때 '지금 다니엘은 바벨론에 있다!' 고 했었던 것 다시 기억이 나야 한다. 그 얘기를 그냥 귀 뒤로 날려보내지 말고 바로 여기 이 얘기라고 생각하자.

무대가 둘이다.

무대 A : 예루살렘
무대 B : 바벨론

여호야김 왕 때, 바벨론에서는 느부갓네살이 꿈을 꾸었다. 유대인들을 잡아갔던 그 영웅이 꿈을 꿨다. 이것이 다니엘 이야기의 시작이다. 무슨 뜻일까? 간단하다. '유다를 멸망시킨 느부갓네살! 네가 제국의 왕이냐? 아니다! 왕은 나야! 우주를 창조하고 역사를 주관하는 내가 왕이다! 앞으로 흘러갈 제국의 역사를 내가 네게 먼저 보여준다. 나라들이 망하고 생기고 망하고 생긴다. 그러나 내 나라는 영원할 것이다.'

이사야나 나훔, 하박국, 예레미야가 그토록 얘기했던 열방예언의 진수가 바로 이것이었다. 그 얘기를 그대로 하는 중이다. 이번에는 예언이 아니라 사건이다. 꿈을 꿨다. '신상, 그 꿈은 내가 준 것이다! 앞으로 흘러갈 세계사, 바벨론, 페르시아, 헬라, 로마제국의 역사는 내 손 안에 있다.'

느부갓네살이 엎드려 다니엘에게 절하며 다니엘의 신(여호와 하나님)을 경배한 장면(단 2:46)은 세상 나라가 하나님 나라 앞에 굴복하는 모습이다. 하나님은 왕이시다. 우리가 지금까지 성경을 읽었던 관점이다.

앞으로 나타나는 다니엘의 꿈 해몽을 유의해서 읽자. 그는 바벨론 제국 수뇌부의 정책 행정관으로서 여호와 하나님의 예언을 훑어내고 있는 중이다.

그러나 여전히 영적 싸움은 계속된다. 다니엘을 음해하려는 세력을 보라(3장). 이 와중에 3:19을 보라. **인자(人子)가 등장한다.** 사람의 손에 의하지 않은 뜨인 돌을 생각해 보라. 새 왕국의 출현을 기억하자.

하나님의 나라 유다를 정복했다고 해서 느부갓네살이 이긴 것이 아니다. 지금 여호야김 왕 때 유다의 하나님은 당신의 면모를 느부갓네살에게 이렇게 보이고 계신다. 다니엘은 영향력을 행사할 수 있는 위치에 이미 있었다. 그러니 "바벨론에 투항하고 편안히 와서 살아라!" 하는 말씀을 예레미야의 입에 넣어 주실 만하지 않으신가 말이다.

(단 4장)

느부갓네살이 또 나무 꿈을 꾸다

다니엘서는 일화 중심으로 기록되어 있다. 다니엘서에 있는 이야기가 다니엘에게 일어났던 모든 이야기는 아니다. 그는 바쁜 사람이었고 평생 여러 가지 일을 많이 했을 것이다. 그러나 여기 성경에 있는 내용은 대표적인 하나님의 역사만 기록한 것이다.

이번에도 다니엘이 행정가로서 느부갓네살을 모시고 있을 때 일어난 또 하나의 꿈 사건이다. 느부갓네살은 꿈도 많이 꿨다. 그런데 이번 꿈도 일상생활을 하지 못할 정도로 힘든 꿈이었다. 그 꿈을 해석해 보라는 왕궁 프로젝트다. 이번에도 역시 다니엘이 해몽한다.

그 꿈은 나무 꿈이었다. **7년 동안 광기를 일으키다가 다시 회복되어 왕위에 앉게 되는 사건이 있을 거라는 예언적 꿈이었다.** 다니엘은 이 꿈을 느부갓네살에게 해몽해 준다는 것이 당황스러웠다. 그러나 사실대로 꿈을 풀어주고 조언을 한다. 공의와 자비를 베풀라고……. 이 꿈과 관련된 사건을 기록하고 있다.

(단 5장)

신바벨론 최후의 날에 대한 예언과 성취

　▷　페르시아(메대 바사)에 의해 멸망당하는 바벨론

느부갓네살 → 에윌 므로닥(여호야긴 왕이 55세쯤 되었을 때 그를 석방시켜 주고 좋은 대접을 해준 느부갓네살 후임 왕) → 네리그릿살(느부갓네살 사위, 4년 재위) → 라보로소알코드(네리그릿살 아들, 저능아, 1년 재위) → 나보니두스 & 벨사살(바벨론 마지막 왕)로 이어지는 것이 바벨론 왕사다. 약 90년 간이었기 때문에 한 왕이 40년 정도만 다스렸다 쳐도 왕 두 명이면 되는 역사다. 그러나 1년, 4년 등 짧게 스치는 왕들이 있어서 길어 보인다.

5장에는 마지막 왕 벨사살(나보니두스와 겹치는 기간)이 페르시아의 다리오 왕에게 멸망당하는 순간이 기록되어 있다. 역시 다니엘이 이 사건에 대해 예언했고, 실제로 사건이 발생했다. 그러니 승자 페르시아 왕이 볼 때도 다니엘은 훌륭한 박수, 무당, 술객이었다(9절).

그는 이렇게 해서 **새 제국이 들어서는 데도 또 등용**될 수 있었던 것이다. 제국을 이어가면서 쓰임받았던 사람이 다니엘이다.

 (단 6장)

사자굴 속의 다니엘

▷ 메대 바사 정부도 다니엘을 인정하고 새 정부에 등용시키나 역시 대적들이 나타남

메대 바사, 페르시아 정부에서도 120명의 지방장관을 다스리는 3명의 정승 중 한 사람이 된다. 다니엘은 여전히 예루살렘을 향해 기도한다. 이전에 행하던 대로……

다니엘의 정적들(페르시아 사람들)은 여호와를 섬기며 꿈을 잘 해몽해 내는 다니엘을 시기한다. 계략을 세워 다니엘을 제거하려고 하나, 오히려 그들이 사자 굴에 던져지는 사건이 또 생긴다. 바벨론 시절 느부갓네살 때 있었던 일이랑 흡사하다.

26절에 유의하라. 페르시아 제국(메대)의 왕 다리오(고레스의 삼촌이다)가 살아계신 하나님이 영원한 왕이시라고 고백하는 이런 장면을 **성경 전체 관점과 견주어 읽어야 한다.** 앞에서 느부갓네살 때 읽었던 것과 같다. **이런 예언의 성취 장면이** 얼마나 중요한가 생각하며 읽자. 하나님은 왕이시다! 이 영원한 왕의 통치를 받고 있는 우리는 얼마나 영광인가!

28절을 보라. 다니엘은 고레스 왕의 외삼촌인 다리오 1세 때 등용되었을 뿐만 아니라 고레스 왕 때도 살아있었다. 이런 기록 때문에 다니엘이 **약 60~70년** 동안 사역했다고 말하는 것이다. 다니엘은 포로들이 **70년** 만에 돌아온다고 하는 예언을 자기의 일생으로 증명해 낸 사람이다. 이 기가 막힌 일치, 놀랍지 않은가!?

(단 7-9장)

다니엘이 본 묵시

세계 역사는 간단하다. 제국주의자들의 흥망 성쇠일 뿐이다. 결국 인자가 다스릴 영원한 나라를 향해 흘러가면서 흥했다 망했다 할 뿐이다!

눈여겨 봅시다!

지금 다니엘서 7, 8, 9, 10, 11, 12장의 앞부분만 눈여겨 살펴봅시다. 바벨론 벨사살 왕 원년, 벨사살 3년, 메대 다리오 원년, 바사 고레스 3년이라는 정확한 연대를 기록하고 있습니다. 그리고 각각 이어지는 내용이 바로 묵시입니다. 그리고 12장 결론은 세상 끝날에 완성될 하나님 나라에 대한 환상입니다.

단 1-6장까지 사건 중심의 일화를 우리는 앞에서 읽었습니다. 자, 이제 7-12장, 즉 **다니엘이 본 환상을 시간 순서대로 기록해서 모아놓은 이 부분을 읽읍시다.**

- **(단 7장) : 네 짐승 환상 - 인자(人子) 프로필 → 신약에 나타날 예수 그리스도**(계 7장 참조)

  바벨론의 마지막 왕 벨사살이 왕이 된 지 첫 해에 본 이상이다. 특히 9-14절은 **요한계시록에 나타나는 인자의 모습이다.** 이 나라의 권세는 영원하다. 그는 심판자이다. 책들이 펼쳐져 있다. 핍박당하는 성도들도 있다.

  7장에 나타나는 용어들도 보라. 연이어서 첫째, 둘째, 셋째 하며 나타나는 짐승, 뿔 등을 보라. 힘있는 나라, 제국들을 가리키며, 왕들을 가리키는 것이다.

  이 정도만 알아도 지금까지 이사야와 예레미야서를 읽은 우리는 이 환상이 무엇을 가리키는지 어렵지 않게 읽을 수 있다.

- **(단 8장) : 양과 염소 환상**

  다니엘도 양과 염소의 환상을 보고 무슨 뜻인지 몰라 궁금해 했다. 우리인들 이것을 읽으면 쉽겠는가? 그러나 쉽다. 왜? 인자 같은 이가 설명해 주기 때문이다. 세상 끝, 종말에 대한 환상이라고 하지 않는가(17절).

  그야말로 입신 상태에 있었던 다니엘은 병을 앓을 만큼 이 환상을 본다는 것이 힘들었던 것을 알 수 있다. 그도 상상치 못했던 광경을 자꾸 보게 되니까 어려워했다. 뜻도 이해하지 못했다고 고백한다.

선지자들은 학문을 열심히 공부하는 것을 기초로 하지만 이렇게 쏟아내리듯이 묵시를 볼 경우 자기도 무슨 뜻인지 알 수 없어 힘들어했던 것을 알 수 있다(27절).

● (단 9장) : 70년 포로기간을 이해하고 회개함 → 예레미야의 활동과 예언을 기억할 것

벨사살이 살해되고 메대의 다리오 1세가 다스리기 시작하던 해(페르시아 세력이 시작되는 해)에 다니엘은 다시 공부한다. 물론 이전에도 많이 공부했을 것이다. 그렇지 않으면 여호와 하나님을 알 리가 없다. 무슨 공부냐 하면 **예레미야 공부**였다.

벨사살이 죽고 새 제국이 들어서는 이 순간 다니엘의 뇌리를 스치면서 파고드는 것은 바로 예레미야였던 것이다. 그는 오랫동안 멸망해 가는 조국을 끌어안고 활동하다가 간 선배 아니는가? 이제 세월이 흘러 바벨론도 정말 망했다. 그의 말이 맞았다. 예레미야의 예언대로 70년 동안 예루살렘이 황폐한 것이다. 다니엘은 하나님의 사심을 영혼 깊숙이 경험하는 사람이었으니 얼마나 안타까웠겠는가? 이 멸망의 세월을 생각하며 회개의 눈물이 흐른다. 백성의 죄를 자기 죄로 알고 제사장적 중보기도를 하는 다니엘의 통찰을 보라.

그리고는 결론을 내린다! 성전을 복구시켜 주셔야 하지 않겠냐는 것이다(17, 20절).

성전재건과 관련된 예언을 가브리엘 천사로부터 받는 내용까지 읽어보자. 이것과 직결되어 있는 '기름 부음받은 왕이 살해되는' 예언에 대해 유의해 보자.

다니엘의 영향력 좀 보세요!

우리는 이 순간 연대적으로 꼭 기억해야 합니다. 단 9장 이후 고레스 원년(대하 1:1)에 포로귀환 칙령이 내려졌다는 사실을 말입니다. 다리오 1세(고레스 삼촌)를 이어 고레스가 왕이 된 첫 해에 포로귀환 명령이 떨어지게 한 공로자가 있었다면 분명히 다니엘일 것입니다. 그의 기도와 응답을 보십시오. 그리고 페르시아에서의 다니엘의 파워를 생각해 보십시오. 페르시아 정부가 그를 진정한 미래학자로 보고 있는데 다니엘의 하나님을 무시할 수 있겠습니까? 예언대로 포로들을 돌려보내야 하는 것은 당연한 처사 아니겠습니까? **'포로귀환 사건'** 배후에는 분명 다니엘이 있었을 것입니다.

(단 10-12장)

세상 끝날까지 이르는 세계 역사와 종말에 될 일들

(12: 3- 구약에 나타나 있는 부활 사상)

고레스 3년이다. 이미 고레스 원년에 포로귀환 칙령이 내려졌고 단 10-12장까지 이어지는 환상은 그 이후이다. 스룹바벨과 예수아 중심의 **1차 포로귀환 백성들이 예루살렘으로 돌아간**(라 1:1-2:2) **이후**에 받은 환상이라고 생각하고 읽어야 한다.

느부갓네살 왕 때 본 신상을 먼저 염두에 두자. 그 신상에 나오는 네 개의 나라가 있었다. 바벨론, 페르시아, 그리스, 로마제국으로 정리할 수 있다. 단 10-12장까지 이어지는 환상은 그 신상 환상을 더 자세하게 다룬 것이라고 생각하면 된다. 그리고 이 역사는 **신구약 중간사**를 내다 본 역사다. 구약 역사가 말라기에서 끝나면 그 다음 스토리가 이어질 텐데 그것이 어떤 것인지 우리는 예상할 수 있다. 페르시아가 지나가면 그리스, 로마제국이 나타난다는 것이다.

마지막 12장에 완성될 나라는 이런 제국들의 역사를 지나 나타날 영원한 하나님의 나라(천국)이다. 기록된 책, 영생, 심판, 인봉된 두루마리, 모시옷을 입고, 허리를 동이고, 빛난 주석 같은 몸, 얼굴이 빛이 나는 등의 프로필의 인자, 그의 음성, 인자를 본 자들이 쓰러짐, 그러나 다시 손으로 어루만지심, 마지막 때까지 간직할 내용, 숫자, 거룩한 백성이 핍박을 받고 있다는 것 등의 개념들이 요한계시록에 나타나는 주요 내용인데 다니엘서에서도 찾아보라.

에스겔은 누구인가?

자, 이제 에스겔 차례입니다. 에스겔은 부시의 아들로서 제사장 출신이에요. BC 597년에 포로로 잡혀갔는데(겔 33:21), 이 때는 이미 다니엘이 3년의 훈련 기간을 마치고 5년 동안 술객의 책임자로 일하고 있을 때였습니다. 하나님의 신이 임해서 환상을 보기 시작한 때는 잡혀온 지 5년째 되는 해라고 합니다. 이제 에스겔은 하나님이 환상으로 보여주신 사건을 중심으로 기록해 나가기 시작합니다. **여호야긴 왕이 잡혀온 지 5년에……**(겔 1:2), 이런 형식으로 정확한 날짜들을 명시하고 있습니다.

그 이후 중요한 사건이나 환상이 나타난 때도 마찬가지입니다. 제6년 여섯째 달 오일에~(겔 8:1), 제7년 다섯째 달 십 일에~(겔 20:1), 제9년 열째 달 십 일에~(겔 24:1), 제11년~(겔 26:1), 제10년~(겔 29:1), 제27년~(겔 29:17), 제11년~(겔 30:20, 31:1), 제12년~(겔 32:1), 제25년~(겔 40:1) 등입니다. 에스겔도 여호야긴 왕과 함께 잡혀왔기 때문에 앞으로 기록 연대의 기점을 **'여호야긴 왕이 포로로 잡혀온 지, 또는 우리가 포로로 잡혀온 지……년에'**, 이런 식으로 표현한다는 것을 잊지 마세요.

1만 명 정도의 포로 가운데 예언자들도 있었을 텐데 에스겔은 특별하게 쓰임받은 사람입니다. 에스겔의 활동 무대는 그발 강 유역입니다. 이 강은 바벨론의 운하가 있는 큰 강이라고 합니다. 이 근처 텔아비브에 그의 집이 있었고 아내가 있었습니다(겔 3:15). 그런데 9년째 되던 해에 아내가 죽습니다(겔 24:1. 15-18).

다니엘은 행정가로서 왕궁의 공무원으로 일하며 영향력을 끼친 데 반해, 에스겔은 전형적인 설교가였고 영적 지도자였습니다. 다니엘이 페르시아 시절까지 활동한 데 반해, 에스겔은 느부갓네살 통치가 끝나기 전에 죽은 것으로 보입니다.

에스겔은 영의 사람입니다. 그는 일곱 번이나 성령에 의해서 다른 곳으로 몸이 이동하는 신비한 체험을 했다고 말합니다. 이 정도의 체험은 그만큼 하나님의 뜻을 알고 있었을 뿐만 아니라 깊은 기도의 세계를 통해 하나님과 교감해 내는 영적 실력이 있었기 때문에 가능한 것입니다.

그는 거짓 예언자 현상에 대해 알고 있었습니다. 거짓 제사장들에 대해서도 알고 있었구요. 무엇보다 미래에 세워질 성전에 대해서 자세한 환상을 받은 것을 보면 제사장직에 대해 분명한 식견도 있었습니다. 뿐만 아니라 당시 자기가 살았던 세계에 대한 지식을 가진 사람입니다. 암몬, 모압, 에돔, 블레셋, 두로, 시돈, 이집트에 대하여 상당한 정보를 갖고 있었습니다. 25세 정도에 포로로 잡혀간 것으로 보이는데 잡혀가기 전부터 이런 지식이 있었다는 것은 놀랍습니다.

남방 유다가 멸망할 즈음 얼마나 퇴폐한 사회였는지 우리는 잘 알고 있습니다. 그러나 에스겔은 이런 정도로 실력있는 젊은이였습니다. 그래도 이런 이들이 남아있어서 하나님의 나라는 유지되어 왔던 것입니다. 남은 자입니다.

자, 에스겔이 잡혀가 살고 있는 그발 강가로 가봅시다. **시드기야 왕이 막~ 왕이 되던 해입니다.** 잡혀온 당시 포로들은 궁금한 게 있습니다. 무엇보다 유다의 미래가 과연 어떻게 될 것인가, 이거였지요. 예레미야가 본국에서 편지를 보내오기도 합니다.

스마야 같은 사람은 "예레미야 같은 거짓 선지자는 죽여라."고 주장하며 본국으로 답장을 보내기도 합니다. 이러는 어간에 거류민 포로들은 애가 탈 뿐입니다. 과연 예레미야 말대로 70년을 기다려야 하는 게 맞는 건지, 그래서 포도나무도 심고 하면서 아예 오랫동안 정착을 해야 할지, 아니면 보따리도 풀지 말고 그냥 잠깐 있다가 다시 본국으로 송환될 건지 결정하기가 어렵습니다. 게다가 느부갓네살이 변심한 시드기야 왕을 바벨론으로 소환하지를 않나~ 휴~ 포로들은 갈피를 잡지 못하는 거예요.

누군가에게 물어보기라도 하면 속이 시원할 텐데……. 앗, 그런데 지금 여기 바벨론 그발 강가 거류민들이 살고 있는 지역에 마침 에스겔이 있는 겁니다. 그러니 포로 공동체 리더들이 에스겔을 찾아와 얼마나 질문을 많이 했겠냐구요?

본국에서는 시드기야 왕이 뻔질나게 예레미야를 찾아다니면서 몰래몰래 미래를 점치고 싶어하고, 바벨론에서는 거류민 대표단들(장로들, 20:1)이 뻔질나게 에스겔을 찾아와서 "하나님이 뭐라 말씀하시더냐?"며 미래를 점치고 싶어합니다. 자, 이 포로들에게 이제는 여러분도 대답해 줄 수 있을 것 같지 않습니까? 우린 그동안 왕정 시대 예언서를 거의 다 읽었기 때문에 우리도 미래를 예언할 수 있지 않습니까? 그렇습니다. 그 대답이라 그래봤자 예레미야서 내용 그대로라 이 말이지요.

자, 이제 사실 여부를 확인만 하면 됩니다. 에스겔은 다음과 같이 세 부분으로 나누어 우리에게 이야기하고 있답니다.

- (겔 1-24장) : 예루살렘 성 멸망이 임박했다!
- (겔 25-32장) : 내 나라가 힘이 없어 망하는 것이 아니다. 너희 이방나라들도 결국은 다 망한다!
- (겔 33-48장) : 유다(이스라엘)의 예루살렘 성전은 결국 회복된다!

잡혀가 벌받고 있는 포로 백성들에게 에스겔을 통해서 말씀하고 싶으셨던 내용도 예레미야서 내용과 똑같죠? 다만 무대가 다를 뿐입니다. 다만 묵시형식이 있어서 좀 낯설 뿐이지, 그것도 간단합니다. 그냥 에스겔이 봤다는 대로 우리도 보면 되고, 환상의 세계로 끌어올려졌다는 대로 우리도 함께 가면 됩니다. 우리도 어차피 종말을 맞이할 거잖아요. 현실생활에 도움이 되는 내용에만 익숙하지 말고, 좀 묵시에도 젖으면 안 되겠습니까?^^ 다 필요하니 우리에게 하나님이 써 주신 것 아니겠습니까?^^

마지막 남을 **영원한 천국의 완성**을 예언하느라고 그렇구나, 그래서 요한계시록 같은 표현들이 있구나라고 생각하면서 다니엘서에 나타난 요한계시록적 용어들을 반복해서 확인하면 될 뿐입니다. 여기 나타나는 인자가 회복시킬 성전을 우리도 함께 건설하면 되구요.

요시야부터 시드기야 왕 때까지 마구 뒤섞여서 오랜 시간을 커버하는 예레미야서와는 달리 '포로로 잡혀 온 지 ~년'이라는 형식으로만 되어 있습니다. 그래서 비록 연대가 조금씩 왔다갔다 한다 해도 어렵지 않습니다. 그래서 구태여 시간대 별로 재배치하지 않고 그냥 에스겔 순서대로 읽으려고 합니다. 자자자, 읽어봅시다. 아하자!

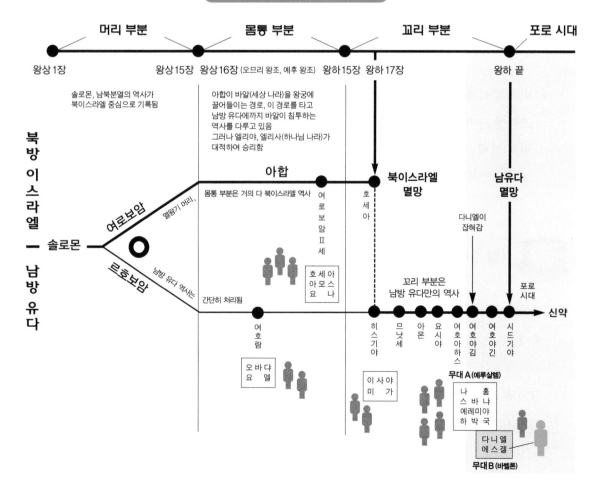

포로 시대, 에스겔 등장

(겔 1장)

권능에 사로잡힌 에스겔이 하늘에 계신 하나님의 보좌를 보다

- 우리가 에스겔서 서론에서 읽었던 상황을 염두에 두고 이 본문을 보자. 느부갓네살 보좌에 짓눌린 포로들에게 나타난 하나님의 보좌, 비교해 보라. 왜 이 보좌부터 보여주셨겠는가? 보좌는 왕의 좌소이다. 하나님은 우주적인 왕의 보좌에 앉으신 분이라는 사실이 우리 눈에도 보여야 한다.

- 그발 강, 잡혀온 지 제5년, 이런 정보를 꼭 짚어내자.

- 여기 표현된 생물의 모습을 이상하게 생각하지 말자. 요한계시록에도 등장하는 천사, 그 영물(靈物)을 가리키는구나……알면 된다.

- '사람 같은 이', '사람의 모습과 비슷한 형상', '사람의 모양', '인자 같은 이'라는 프로필을 주시하자. 엎드려 얼굴을 땅에 대다, 음성이 들리다, 이런 표현은 요한계시록에서 사도요한이 본 **인자**의 표현이다(계 4:3). **하나님의 모습**이다. 변화산에서 베드로, 요한, 야고보가 본 **인자**, **예수님의 모습**이다(마 17:1-8).

- 이 정도의 환상을 볼 영적 수준을 가진 이 사람은 선지자다. 학문에 능했을 뿐만 아니라 이스라엘 과거역사와 세계사를 통합할 줄 아는 식견을 가졌다. 깊은 기도의 경험으로 하나님의 임재 속에 살아가는 선지자다. 그래서 세계사와 그 종말을 내다볼 줄 아는 미래학자로 준비된 사람이다.

(겔 2-3장)

이런 에스겔을 뻔뻔한 이스라엘 족속에게 선지자로 파송하심

하나님은 반역하는 이스라엘에게 이런 선지자를 보내신다. 포로로 잡혀왔는데도 하나님 말씀을 듣지 않는 이 뻔뻔한 백성들에게 그래도 에스겔을 파송하신다.

그런데 하나님은 에스겔을 또 '인자'라고 지칭하신다. 1장에도 '사람 같은 이'가 있었는데…… 또 그 이름이다. 여기 2장부터 나타나는 '인자'(人子, son of man)라는 말은 에스겔서에 93번이나 나타난다. 연약한 인간의 프로필이다.

1장의 하나님의 모습으로 나타나는 인자, 2장의 연약한 사람으로 선지자 파송을 받는 인자, 이 프로필이 겹쳐져 보이는가? 왜 하나님은 이런 시도를 하시는가? 하나님이면서도 사람인 어떤 존재, 이런 존재에 합당한 이름이 무엇인가? 하나님의 아이디어가 있으니 바로 '인자'(人子)라 이 말이다. 하나님이신데도 사람인 이 존재의 이름, 신성(神性)과 인성(人性)을 가진 존재, 인자다. 사람 보고 사람의 아들이라고 하는 것은 당연하다. 사람인 존재에게 그런 이름을 독특하게 붙일 이유가 없다. 그러나 이 존재는 독특하다. 도저히 사람이라고 할 수 없는 존재다. 그런데 사람이다. 독생자(獨生子)다(요 1:14). '사람의 아들'이라고 차마 말할 수 없는데 할 수 없이 그렇게 붙여진 이름 같다.

열왕기하 왕정 시대 때도 그토록 많은 선지자들을 보내셨다. 그런데 이제 바벨론 제국에 압제받고 종살이하는 노예들과 함께 **거하면서** 살아가도록 또 파송하시는 이 선지자의 이름은 **인자**다. 임마누엘……하나님이 우리와 함께 계시다……뭔가 떠오르는가?

예수께서 십자가에 처형되기 전 당시 종교지도자들에게 터뜨리신 '포도원과 소작인의 비유'를 생각해 보라. 포도원 농부들은 종들을 잡아 죽였을 뿐만 아니라 아들까지 죽인다는 비유다(마 21:33-46).

자기가 **인자**라고 주장하는 거짓 스승들이 늘 역사 속에 있어왔다. 오늘도 이스라엘 사람들은 자기민족 전체가 '인자'라고 해석한다. 오늘도 누군가가 "나는 인자다!"라고 말한다면 그는 거짓 스승이다. **예수 그리스도 이외에 인자는 없다.**

에스겔은 선지자로 파송받는다. 에스겔의 소명이 어떻게 이뤄졌는지 정보를 준다. 에스겔은 포로들이 살고 있는 텔아비브로 간다. 거기서 하나님이 말씀하신다. 가서 사역하라고! 하나님의 백성으로서의 정체성을 갖고 하나님께 돌아오라고! 우상을 섬겼던 것 잘못한 것이니 이제는 돌아오라고! 다만 그 심정이시다. 회개해라. 날 믿어라. 와서 변론하자. 본국에서는 예레미야가 외치고 있고, 바벨론에서는 에스겔이 외치고 있다.

단 한 사람이라도 혹 회개할까 해서 이렇게 외치고 계신 하나님의 심정이 보이는가? 개중에 들을 사람은 들을 것이라는 하나님의 심정을 읽어보자. 하나님의 열심에 통곡이 북받쳐야 정상이다. 울자! 울어야 한다. 애통하는 자가 복이 있다.

우리는 예루살렘 멸망을 하도 많이 들어서 이 말에 약발이 없다. 그러나 당시 포로들의 입장이 되어 보라. 그들은 지금 걱정이다. 과연 우리가 금방 돌아갈 수 있을지……. 이 질문에 대한 대답으로 '**예루살렘은 멸망한다!**' 라는 사실은 대단한 정보였다. 믿지 않아서 탈이지…….

멸망할 때 어느 정도의 고통이 있을지를 행동예언으로 말한다. 왜 그들이 이렇게 고통을 당하며 망해야 하는지 이유를 정확하게 가르쳐 준다. 그동안 우상을 섬기며 음란한 이방종교 행태를 벌여온 사실들을 꼼꼼히 드러낸다. 아모스, 이사야, 예레미야가 밝힌 내용과 다르지 않다.

그날이 오면, 그날이 오면……심판의 날이 오면……아들을 잡아먹을 것이다(식량문제). 금 은에 걸려서 넘어질 것이다(보석이 똥이 된다). 제사장 리더들도 더 이상 판단력이 없어진다. 음란한 제의를 하던 상수리나무 밑에 시체들이 즐비할 것이다. **그날이 오면…….**

☞ 예언서를 지금까지 읽어온 당신은 이쯤에서 **그날이 오면……**이라는 표현에 익숙해질 때가 되었다. 신학과 이론으로만 들었던 용어들이 얼마나 살아있는 생생한 생명의 말씀인지 들려야 당신의 영혼에 생기가 돌고 마른 뼈에 살이 붙을 것이다.

내 노트 ┃ 깊. 이. 새. 내. 기.

- ■ **깊**이 깨닫고 나니 다른 사람과 나누고 싶은 내용

- ■ **이**해가 되지 않는 부분

- ■ **새**로 배운 내용

- ■ **내**가 실천하고 싶은 원리

- ■ **기**도제목

성경방 나눔터

- 바벨론의 교육정책에 대해서 나눠보자. 일찍부터 외국인 포로인재를 발탁해서 바벨론화한 교육 정책을 연구해 보자. 우리 자녀들도 어렸을 때부터 성경적 세계관을 가르쳐야 하지 않겠는가?

- '인자' 에 대해서 나눠보자.

- 보석이 오물이 되는 순간이 우리에게도 있을 수 있다. 당신의 종말이 가까워올 때 당신이 붙들고 있던 주식, 펀드가 정말 오물처럼 느껴질 것이다. 아직 선지자가 있음을 알리는 에스겔 시대처럼, 우리에게 아직은 하나님의 말씀이 선포될 때 두려움으로 우리나라를 복음으로 잘 건사해야 하지 않겠는가? 이에 대해 나눠보자.

- 우리 사회에는 다문화가정의 자녀들이 있다. 그들의 조국은 한국이고, 모국은 타국이다. 그들이 이 사회에서 다니엘처럼 훌륭한 교육을 받아, 우리나라의 인재가 될 뿐만 아니라 그들의 모국에 서도 다니엘 같은 인재가 되도록 해야 한다. 이 일을 위해 다문화학교 같은 것이 있어야 한다. 그들을 모아서 가르치는 일종의 대안학교가 설립되어 그들을 인재로 키우는 것이 하나님의 뜻임을 확신한다. 이 일을 위해 함께 갈 동역자들을 찾는다. 다애교회로 연락주시길 바란다.
www.alllovechurch.org

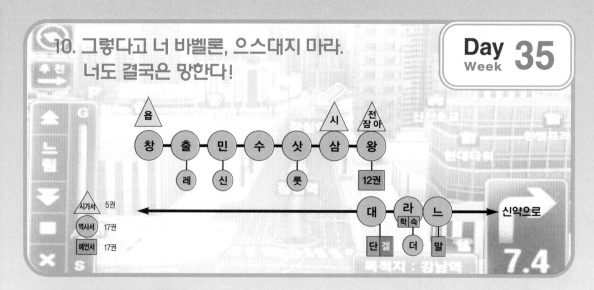

10. 그렇다고 너 바벨론, 으스대지 마라.
   너도 결국은 망한다!

 (겔 8-28장)
OVERVIEW

아직은 예루살렘이 망하지 않은 상황입니다. 에스겔은 임박한 예루살렘의 멸망을 예언합니다. 암몬과 모압, 에돔, 블레셋, 두로, 시돈의 멸망도 언급합니다. 이방 모든 나라들도 다 하나님께서 주관하신다는 사실을 예언한 내용을 읽습니다.

(겔 8:1-11:21)
Navigation

직접 보여주마! 지금 예루살렘 성에서 어떤 일들이 벌어지고 있는지……

포로사회의 리더(장로)들이 에스겔 집으로 찾아왔다. "하나님이 뭐라 말씀하시는지 좀 듣고 싶소!" 이런 의미다. 이들 앞에서 나타난 환상이라는 데 의의가 있다. 에스겔만을 위해서 보여준 것이 아니라 백성들에게 보여주셨다는 뜻이다.

주님의 영이 에스겔을 획~ 잡아 올리셔서 예루살렘 성으로 데려가신다. 에스겔은 지금 바벨론 그발 강 거류민단에서 살고 있다. 그런데 하나님의 능력이 그를 이끌어 본국 예루살렘 성전으로 데려다 놓으신다. 하나님은 당시 '예루살렘 성'을 '우상이 자리잡고 있는 곳'이라고 표현하신다.

북쪽 문 쪽을 봐라(겔 8:5-10:22), 동쪽 문 쪽을 봐라(11:1-21) 하시면서 예루살렘 성전을 보여주신다. 당시 포로들이 그토록 가고 싶어하는 예루살렘 성이 아닌가? 언제 돌아갈지 오매불망

35

그리워하는 곳이 아닌가?

그런데 지금 에스겔이 가서 대표로(?) 보고 있다. **에스겔에게만 보여주시려고 휙~ 잡아 올리셨겠는가? 포로 백성들도 함께 좀 알면 좋겠다는 뜻 아니겠는가?**

자, 거기에서 어떤 일들이 벌어지고 있는지 한 번 보라. 지금은 열왕기하 실제역사가 아직 끝나지 않은 상황이다. 시드기야 왕 때다. 열왕기하에는 이런 구체적인 묘사가 없다. 그러나 예레미야서에 그 정보가 있듯이 여기 에스겔서에도 예레미야가 활동하고 있는 본국 예루살렘 성에 대해 아주 자세하게 묘사하고 있다.

- (겔 8:5-18) : 북쪽 문 쪽에 제단이 있는데 우상이 있다. 담벽을 헐고 보니, 헉!~ 온갖 음란한 우상들이 사면 벽에 그려져 있고 이스라엘 장로들이 우상 앞에서 경배하고 있는 것이 아닌가? 여자들도 우상 앞에 절한다. 태양에게도 절을 한다.

- (겔 9:1-11:21) : 이런 예루살렘 사람들에게 심판하는 자들이 들이닥친다. **모시옷을 입은 자를 중심으로 부수는 연장을 든 사람들이 이 도성을 멸망시킨다. 리더들부터 죽인다. 모시옷을 입은 자는 그룹 사이에 거하는 자다.**
  드디어 동쪽 문으로 에스겔을 휙~ 잡아올리신다. 처참한 광경에 에스겔은 하나님께 항변한다. 이렇게 심판하면 예언자들의 말을 듣는 자들은 어떻게 하냐는 것이다. 하나님은 말씀하신다. **남은 자들과는 다시 새 언약을 체결하실 거라고**(렘 31: 32, 겔 36:26).

잠깐!! **한 번 더 부탁합니다!**

여러분은 지금까지 에스겔을 잘 읽지 못했습니다. 그런데 지금 마음을 다해 읽어보려고 합니다. 좀 시간이 걸려도 이 설명들을 읽고 나서 본문을 읽으면 좋겠습니다. 시간 걸린다고 이 설명들을 읽지 않고 그냥 본문을 읽어버리면 또 마찬가지입니다. 읽어지지 않습니다. 남는 게 없습니다. 그러니 이 어려워하던 에스겔서를 이렇게 자세히 설명해 줄 때 찬찬히 시간을 좀 들여서라도 이해해 가면서 읽어봅시다. 아하자!!!

(겔 11:22-25)

이 환상을 에스겔에게 보여주는 이유는
궁금해 하는 포로들에게 가서 말해주라고……

다시 획~ 하고 에스겔을 바벨론 그발 강가 포로 사회로 데려다 놓으신다. 에스겔은 지금까지 보았던 광경을 포로 백성들에게 전해준다. 왜? 돌아오라고……. 이런 메시지를 그래도 들을 사람들이 있기 때문이다. 앞에서 읽은 남은 자들이다. 회개하는 자는 구원이다.

 (겔 12-13장)

이토록 환상을 설명해도 귓등으로도 안 듣는 사람들,
왜 그런가 알고 봤더니 거짓 예언자들, 점치는 여자들 때문이다

계속 행동예언으로 에스겔의 환상이 사실임을 연출하는 사역이다. 포로로 끌려가는 보따리를 지는 행색, 두려움에 벌벌 떨면서 음식을 먹고 있는 모습(생각해 보라. 개도 먹을 때는 건드리지 않는데…… 개만도 못한 행색이 아닌가?)을 연출하라고 한다.

포로들은 이런 행동예언에 꼼짝도 안 한다. 그들의 반응은 이렇다는 것이다. "흥~, 환상치고 어디 제대로 이뤄진 적 있냐?" 그러나 에스겔은 주장한다. "지체하지 않고 이 일은 일어난다. 이 끔찍한 멸망이 온다."

이렇게 백성들이 비웃게 되는 요인이 있다. 거짓 예언자들 때문이다(예레미야 편지 사건, 스마야 등이 생각나는가?). 특히 여자들이 몇 줌의 보리와 빵 몇 조각을 복채로 받고는 점을 쳐주고 있다. 새 잡듯이 사람의 영혼을 사냥하는 이 여자들의 점괘가 맞는 줄 아냐? 에스겔의 심정이다.

 (겔 14-18장)

다시 이스라엘 장로들이 에스겔에게 찾아와 신탁을 요청함

다시 장로들이 에스겔 앞에 앉았다. 이 심판에 대해서 더 자세히 설명하는 에스겔의 강론을 들어보자. 이 일은 반드시 일어난다. 의인, 남은 자들이 있는데 어떡하냐고? 그들은 개인적으로 구원얻는 자들이다. 그러나 이스라엘 유다 공동체는 망한다.

- (겔 14장) : 돌이킬 수 없는 멸망이다. 그러나 오직 의인은 믿음으로 말미암아 살리라. 노아, 다니엘, 욥이 의인의 샘플로 등장한다. 창조 초기인류 사회의 대표 **노아**, 족장 시대 대표 **욥**, 또 자기와 동시대를 한 장소에서 살고 있는 **다니엘**까지 샘플링을 한다. 분명히 에스겔은 다니엘을 존경하고 있었다. 심판이 일어나는 현장에서도 구원얻는 자들이다. 철저한 개인구원을 말하고 있다(20절).

- (겔 15-16장) : 예루살렘 멸망의 이유는 음탕한 여자같이 바알과 아세라를 섬겼기 때문이다. 여기서도 자세한 예루살렘 성 현상을 묘사하고 있다. 예언서 전체에서 익히 보았던 내용이다. 그러나 종국에는 예루살렘이 회복된다는 이중구조의 예언을 살펴보자. 심판하시나 구원하신다.

- (겔 17장) : 독수리와 포도나무 비유, 그리고 그 해석

    친이집트파 쪽으로 붙지 말라. 바벨론이 이긴다.

- (겔 18장) : **이스라엘 족속의 구원문제에서 개인 구원문제로 초점이 전이되는 메시지가 계속 나타남**

북이스라엘뿐 아니라 남방 유다도 망하고 있는 시점에 **성경 전체의 신학사상이 발전하는 포인트**에 우리가 와 있다. 시내산언약, 모압언약, 다윗언약에 이어 선지서에 나타나는 새 언약의 개념이 있듯이 **민족적 구원**에서 **개인구원**이라는 전이를 우리가 읽어야 한다.

이스라엘이라는 유형국가는 이제 망한다. 이 때 하나님은 하나님을 믿는 자는 구원을 얻는다고 말씀하신다. '오직 의인은 믿음으로 말미암아 살리라.' 하박국의 사상이 생각난다. 에스겔이 깨달은 구원론이다. 이스라엘이라는 단체는 멸망이다. 철저히 개인구원이 중요하다고 한다. "아버지가 신포도를 먹으면 아들의 이가 시다."는 속담을 더 이상 하지 말라고 한다. 예를 들어가며 설명하시는 하나님의 의도가 보여야 한다. 선민 사상에 젖어있는 유대인들이 들어야 할 메시지다. 하나님의 나라는 다른 형태로 발전할 것이다. 우리는 이것이 교회공동체라는 것을 알고 있다. **각 나라와 족속과 백성 방언에서 모여들 거대한 우주적인 하나님의 나라가 도래할 것**을 암시한다.

모든 영혼이 다 하나님의 것이다. 아버지의 영혼이나 아들의 영혼이나 다 개인의 문제라는 것이다. 출애굽 이후 '민족적 구원'이라는 이스라엘의 의의가 막을 내린다. 마음과 영을 새롭게 하라고 한다. 각각……(겔 18:31, 32).

(겔 19장)

에스겔의 애가(유대 예루살렘에서 예레미야가 애가를 부르듯이……)

사람들이 이 '심판의 노래'를 부르고 또 불렀으니 에스겔의 메시지가 효과가 있었던 듯하다. 이들은 구원이다. 모세가 모압언약을 베풀 때 지어 불렀던 슬픈 노래(신 31:16-22, 31:30-32:44)가 생각난다. 예레미야의 슬픈 애가도 생각난다.

(겔 20-23장)

제7년 5월 10일, 장로들이 또 찾아와 앉아 있음
예루살렘 멸망 직전의 마지막 경고

장로들에게 과거 국사를 훑어 내리신다. 창, 출, 민, 수, 삿…… 그 이후 하나님을 배척하고 바알과 아세라를 섬긴 과거를 들추어 내시면서 아예 묻지도 말라고 하신다. 22장의 내용은 아모스, 이사야, 예레미야가 고발한 내용과 같다. 이상 국가, 제사장 나라, 복의 나라를 이루지 못한 상징으로 늘 말씀하시는 '사회정의' '이타적 사회' '복지사회'를 언급하신다. 고아와 과부, 나그네가 잘 사는 사회를 이루지 못했다는 그 말씀이 또 나온다.

근친상간, 청부살인, 고리 대금업 등 하나님 나라에서는 발생하면 안 되는 현상들을 고발한다. 이 모든 원인을 지도층에게 돌리는 안목도 사사 시대와 다를 바 없다.

언니 사마리아(북이스라엘)나, 동생 예루살렘(남유다)이나 똑같다.

(겔 24장)

제9년 10월 10일, 예루살렘이 함락되다
에스겔의 아내도 이 때 죽다   ⇨   상징이 되는 사건

BC 586년 드디어 느부갓네살이 3차로 예루살렘을 침공한다. 바벨론에서도 이 사실을 에스겔에게 말씀하신다. 아침에 이 사실을 백성들에게 선포했는데 **저녁에 에스겔의 아내가 죽는다.** 사랑하는 조국의 멸망을 에스겔은 자기 아내의 죽음으로 체휼했다. 참 기가 막힌 인생이다.

(겔 25-28장)

암몬, 모압, 에돔, 블레셋, 두로, 시돈도 망한다

(렘 46~50장과 동일한 친애굽파 국가들의 멸망예언)

예레미야가 받은 이방나라들에 대한 예언과 동일한 맥락이다.
도망한 친애굽파 동맹체들이라고 생각하면 쉽다.

내 노트 | 깊. 이. 새. 내. 기.

- **깊**이 깨닫고 나니 다른 사람과 나누고 싶은 내용

  _____

- **이**해가 되지 않는 부분

  _____

- **새**로 배운 내용

  _____

- **내**가 실천하고 싶은 원리

  _____

- **기**도제목

  _____

성경방 나눔터

- 에스겔의 가정, 아내 그 자체도 하나님의 뜻을 드러내는 데에 바쳐졌다. 아내의 죽음도 예언의 내용이 되었다. 쓰임받는 인생은 어떤 때는 여기까지 요구당한다. 세례요한도 목이 베이는 데까지 쓰임받았듯이……. 하나님의 영원한 나라가 도래한다는 사실을 믿지 않는다면 이런 인생을 과연 행복한 인생이라고 말할 수 있겠는가?

- 2007년, 탈레반에게 순교당한 S교회 단기 선교단 사건과 연결시켜 보자. '순교'를 나눠보자.

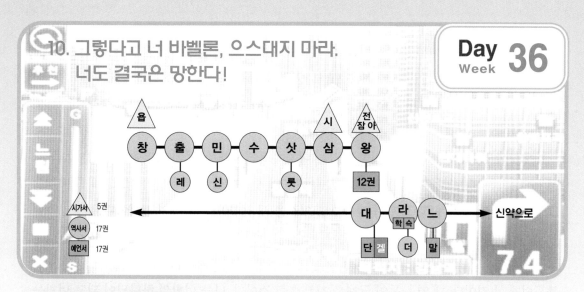

10. 그렇다고 너 바벨론, 으스대지 마라. 너도 결국은 망한다!

Day 36
Week

(겔 29-48장)

심판의 메시지가 끝나고 회복의 메시지로 전환합니다. 새 성전과 새 예배로 회복될 이스라엘을 예언하는 에스겔 마지막 부분까지 읽습니다.

(겔 29-32장)

이집트, 너도 망한다

예루살렘에 남아있는 사람들은 이집트를 의지하는데, 결코 그 나라가 유다의 안전보장이 되지 못한다. 역시 예레미야가 지금 본국에서 외치고 있는 상황과 같다. **본국에서는 예레미야가 이집트로 내려가려는 요하난의 백성들과 함께 씨름하고 있는 중일 것이다.** 바벨론에서도 똑같은 메시지가 선포되고 있다.

(겔 33-39장)

영원한 하나님의 나라 이스라엘만 완전한 승리를 거둔다

예루살렘이 함락되어 멸망해 버린 상황이다. 유다뿐 아니라 모든 이방의 나라들도 하나님의 왕권 앞에 엎드릴 것을 예언하는 내용이다. 이 부분도 예레미야서와 동일하다.

본국에서는 예레미야가, 바벨론에서는 에스겔이 똑같은 내용을 선포하고 있다고 생각하고 읽자.

이제 고국으로 돌아올 것을 예언하고 있는 대목에 유의하자. 참 목자가 흩어졌던 양떼들을 다시 목양할 것이다. 그 목자는 다윗이다. 그때에는 **"나 주가 그들의 하나님이 되고, 내 종 다윗은 그들의 왕이 될 것이다."라고 한다**(겔 34:23). **이것은 새 언약이다. 평화의 언약이다.**

성읍이 다시 건설될 것이다. 이스라엘을 정결케 하실 것이다. 새 마음을 주시고 새 영을 주어 부드럽게 할 것이다. 내 영을 두어 규례를 지키게 할 것이다. **나는 너희의 하나님이 되고 너희는 내 백성이 되리라**(언약 형식의 전형적인 문구, 출 19:5-6, 겔 37:23).

망가졌던 예루살렘으로 거룩한 제물을 들고 열방이 몰려들 것이다.

겔 37장을 앞의 말씀들에 잇대어 읽어보자. 하나님의 권능이 휙~ 에스겔을 사로잡아 뼈들이 널려있는 골짜기에 내려 놓으신다. 마른 뼈들이 생기를 얻어 큰 군대를 이룬다. 이런 날이 오고야 말리라. 남북이 통일왕국이 되어 하나님의 산에서 하나님을 섬기게 되리라. **나는 너희의 하나님이 되고 너희는 내 백성이 되리라.** 그 때에는 세계만민이 내가 이스라엘을 거룩하게 하는 여호와인 줄 알리라.

(겔 40-48장)

제25년, 예루살렘 성이 함락된 지 14년 1월 10일에
다시 하나님의 권능이 사로잡아 이스라엘 땅으로 데리고 가시다

제25년에 다시 하나님의 영이 휙~ 에스겔을 잡아 이끌어 예루살렘 성전으로 끌어가신다. 제6년에도 에스겔을 이끌어 예루살렘 성으로 데려가셔서 보여주신 적이 있었는데 약 20년만에 다시 환상을 본다. 전에는 **부수는 도구(심판)**를 들고 예루살렘 성을 깨뜨려버렸던 모시옷 입은 사람이 나타났었다. 그런데 지금도 **한 사람**이 나타난다. 이 사람은 놋쇠같이 빛나는 모습인데 손에

는 건설의 도구, **측량하는 막대기와 꼰 줄**을 들고 있다.

그가 이끄는 대로 다니면서 **성전이 재건되는 모습**을 본다. 에스겔서는 이렇게 성전 재건으로 끝난다.

마른 뼈들이 살아나서 군대를 이룬다! 국민 만들기를 새로 한다. 그들이 하나님의 군대가 되어 다시 성전을 재건하고 그 성전에서부터 하나님의 다스림이 나타난다. 제사장들은 일을 시작하고, 토지를 분배해서 백성들로 정착하게 한다. 새롭게 시작되는 하나님 나라 모습이다.

잠깐!! 그런데 우리는 역대상하를 읽으려고 합니다!

그러므로 그 다음 스토리는 당연히 성전재건의 역사가 실제로 일어나는 것일 수밖에 없습니다. 이토록 예언자들이 외쳤는데 만약 성전재건이 되지 않는다면 하나님의 예언은 틀린 것입니다. 앞으로 이어질 이야기는 스룹바벨과 예수아가 정말로 70년 만에 돌아와 성전을 재건하고 살아가는 내용이어야 하지 않겠습니까?

그런데 우리는 이 상황에서 역대상하를 읽으려고 합니다.

앗, 이게 무슨 뜻인가? 내일 알게 됩니다.

내 노트 ┃ 깊.이.새.내.기.

- ■ **깊**이 깨닫고 나니 다른 사람과 나누고 싶은 내용

  _____

- ■ **이**해가 되지 않는 부분

  _____

- ■ **새**로 배운 내용

  _____

- ■ **내**가 실천하고 싶은 원리

  _____

- ■ **기**도제목

  _____

성경방 나눔터

- 예언대로 되지 않는다고 코방귀 뀌는 당시 사람들이나, 오늘날 이 시대 크리스천들의 감각이나 똑같다고 생각하지 않는가? 예수가 재림한다 해도, 멸망이 온다 해도, 심판받는다 해도 꿈쩍도 안 한다. 당신은 어떤가?

- 이단들은 항상 세상의 종말을 주제로 들고 나온다. 분별력이 필요하다. 재림에 대해 무관심해도 큰일이지만, 너무 지나치게 비정상적으로 집중해도 문제가 된다. 재림의 날이 하나님을 대적하는 사람들에게는 심판의 날이지만, 우리에게는 구원의 날임을 믿는가? 그렇다면, 쉽게 동심하지 말고, 오늘날 나에게 주어진 사명의 길을 묵묵히 걸어가자.
  최근에 성행하는 이단 중에 종말론을 강조하는 이단들은 어떤 것들이 있는지 함께 이야기해 보자.

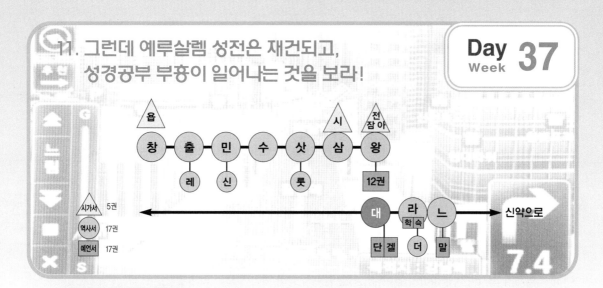

대상 1-9장

예언자들의 예언대로 바벨론이 망했습니다. 페르시아의 고레스가 포로귀환 칙령을 발표한 이후 돌아온 포로 공동체를 주인공으로 놓고 다시 쓴 '유다의 역사' 기록이 역대상하입니다. 그런데 그들의 뿌리는 아담에게까지 올라갑니다. 오늘 대상 1-9장까지 구약역사를 총정리하듯이 다시 읽어봅시다. 와~ 9장밖에 안되어서 좋으시죠? 좀 쉬어가십시다.^^

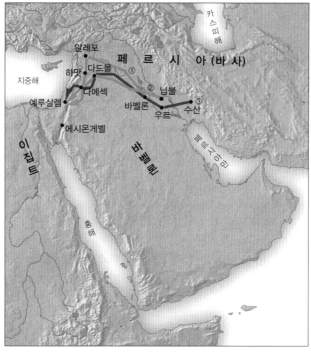

3차에 걸친 포로귀환 (① 1차 귀환 ② 2차 귀환 ③ 3차 귀환)

예레미야, 다니엘, 에스겔, 이런 예언자들의 예언대로 정말 70년이 지나니 바벨론도 망했습니다. 바사가 등장한 겁니다. 바사 왕 고레스는 원년에 조서를 내려서 포로들에게 유다로 돌아가도 좋다는 명령을 내립니다. 이 칙령이 발표되자(BC 538년) 고국으로 돌아가는 귀환 행렬이 시작되는데 스룹바벨과 예수아가 리더입니다. 이 때 돌아온 1차 귀환백성들은 성전을 재건하기 시작합니다. 예언대로 회복이 이뤄지는 겁니다. 구원입니다. 자유가 왔습니다.

이 스토리가 기록되어 있는 책이 바로 **에스라**입니다.

이렇게 성전을 재건하고 있는데 그만 방해꾼들이 나타납니다. 사마리아 사람들입니다. 이때 **학개**와 **스가랴**가 등장하게 됩니다. 성전, 멈추지 말고 계속 지으라고…….

자, 다니엘과 에스겔에 이어지는 속 내용은 이렇게 **에스라**로 이어지는데 **사실 이 부분과 연결되어 있는 성경목록들이 좀 복잡하답니다.** 왜냐하면 에스라서 시대와 관계있는 성경이 학개와 스가랴 말고도 또 있기 때문입니다.

☞ *우리는 이제 구약이 거의 끝나가는 고지가 바로 저~기 보이는 시점에 와 있다. 아직 남겨져 있는 성경목록이 **에스라, 학개, 스가랴, 에스더, 느헤미야, 역대상하, 말라기**이다. 그런데 이 모든 책들이 **에스라**를 중심으로 엮여있다. **이 사실을 이제 어떻게 이해하느냐가 앞으로 남은 성경을 읽을 수 있느냐 없느냐를 판가름하게 된다.** 성경, 글씨만 알면 읽기야 읽겠지만 지금 우리가 힘들여 이 작업을 하고 있는 이유는, 이제는 더 이상 그렇게 성경을 읽어서는 안 되겠다는 것 아니겠는가? 조금은 우리가 수고해야 한다. 약간은 어려워도 이해해 가면서 읽자는 것이다. 사실 우리 중고등학교 다닐 때 노력한 것의 1/100,000 노력만 기울여도 많이많이 이해할 수 있을 것이다. 아 하자!! 이제 조금만 더 참고 마지막 이 고비를 넘겨 보자.*

[에스라와 관련된 성경목록들 – 학개, 스가랴, 에스더, 역대상하, 느헤미야, 말라기]

● 에스라

포로로 잡혀갔다 돌아온 사람들이 성전을 재건한 이야기, 또 그 이후 그들의 역사기록이다. 에스라가 이들의 이야기를 사기(史記)로 정리한 것이다.

● **학개, 스가랴**

성전을 재건할 때 격려한 선지자들이다.

● **에스더**

성전재건을 완성하고 나니 저~기 페르시아에 남아있는 동족들에게 환란이 닥친다. 귀환하지 않은 동족들을 말살하려는 음모가 생겼기 때문이다. 이 사건 후 드디어 에스라가 돌아온다.

● **역대상하**

에스라가 예루살렘으로 돌아와서 포로귀환 백성들 대상으로 가르쳤던 **그들의 뿌리 이야기다. 에스라가 가르친 역사 교과서라고나 할까.** 너무 긴 이야기라서 족보형태로 압축해서 역사를 재정리했다. 아담 시대부터 시작해서 바사 왕 고레스 칙령까지가 범위다.

● **느헤미야**

에스라 시대에 함께 활동한 사람이다.

● **말라기**

에스라, 느헤미야 때 나타난 선지자다.

☞ 포로귀환 공동체의 역사를 기록한 에스라서와 관련된 성경목록을 정리했다. 자, 이제 이 목록들을 어떤 순서로 짜 맞춰 읽는 것이 좋을까? 에스겔서를 읽고 난 지금, 스토리 흐름상 성전재건 역사를 기록하고 있는 에스라서를 읽어야 한다. 그런데 구약목록 순서를 보면 **열왕기상하 다음에** 곧 에스라가 있는 것이 아니라 **역대상하**가 끼워있다. 한 번 더 왕사기록이 있다는 것이다. 이 내용은 포로귀환 공동체에게 에스라가 가르친 교과 내용인 셈이다. **그래서 우리는 이 자초지종을 염두에 둔 채 지금 에스라가 포로귀환 백성들에게 다시 그들의 역사를 가르치고 싶어서 기록해 놓은 역대상하를 먼저 읽어보려고 한다.** 왜 다시 왕사를 읽어야 할까 하지 말고, 포로로 잡혀갔다 돌아온 사람들이 배운 내용이라고 생각하고 우리도 다시 한 번 이 역사를 복습하는 의미로 정돈해 보자. 사실은 역사 흐름상 안 읽어도 되지만 한 번 더 읽는 것이다.

그러나 포로공동체가 신약 스토리를 이을 주인공들인 점을 감안할 때 다시 그들의 역사를 정돈하는 것은 의의가 있을 것이다. 재정돈한 포로공동체의 역사흐름 목록은 **대, 라, 느**이다.

역. 대. 상. 하.

여기부터 '대 라 느'의 역사가 시작됩니다.

성전은 재건되었지만 말씀을 잘 모르는 백성을 보며 에스라는 안타까웠습니다. 그들은 예루살렘이 멸망한 지 약 100~150년 후에 태어난 사람들이었어요. 그러니 제대로 성경을 배울 기회도 없었을 것입니다. 모세 시대(광야 2세대)처럼 조상들이 경험한 것을 잘 몰랐을 것입니다. 모세가 과거지사를 소상히 가르쳐서 '신명기'라는 교육서를 남겨준 것처럼 에스라도 그렇게 한 셈이지요. 그 책이 바로 '역대상하'다~ 이 말이에요.

내용인즉 이렇습니다. 약 130여 년 전 바벨론에 멸망한 '유다'라는 나라는 어떤 나라인가? 어쩌다가 이렇게 포로로 오게 되었는가? '유다' 나라는 언제부터 시작된 나라인가? 그 뿌리는 어디이며 무엇 때문에 이 나라가 시작되었는가? 유다의 왕은 누구신가? 이런 질문을 배선에 깔고 흐르는 이야기가 역대상하 줄기입니다. **'이 왕은 우주를 창조하신 하나님이시다. 아담을 지으신 분이시니 세계역사의 왕이시다. 왕 중의 왕이시다. 그의 나라는 다윗 왕조로 대표된다. 다윗이야말로 그 왕의 대리통치자다.'**

그렇습니다. 다윗의 길로 가기만 하면 하나님 나라 다윗 왕조는 영원할 것입니다. 다윗 왕에게 스포트라이트를 비춥니다. 다윗 왕 때는 **어떻게 예배했는지 포로귀환 백성들에게 가르쳐주고 싶어합니다.** 에스라는 당시 포로귀환 백성들을 영적으로 부흥시키고 싶었는데 꼭 다윗 왕 때처럼 예배가 회복되기를 바랐던 겁니다. 그는 제사장 겸 학자였기 때문입니다.

에스라는 그 때 가르친 내용을 역사서로 재정돈했습니다. 그 책이 바로 역대상하라는 얘기는 이제 우리가 다 압니다. 역대상하는 당시 포로들의 교과서인 셈이겠죠. 온 열방 가운데 남을 영원한 나라는 창조주의 나라라는 것입니다. 그래서 포로귀환 백성이 누구인가 그 정체성을 추적해 올라가다가 결국 뿌리를 찾아냅니다. 아담입니다. 여호와 이스라엘의 하나님은 우주적인 왕이시며, 유다 포로귀환 공동체는 그 나라의 백성이라는 겁니다.

에스라와 연결되어 있는 역대상하를 여기서 읽자는 겁니다. **역대하 맨끝(대하 36:22-23)과 에스라 맨앞(라 1:1-3)이 똑같습니다.** 우리는 그 의미를 알고 그렇게 읽을 것입니다. 역대상하와 에스라가 붙어있다고…….

역대상하는 크게 네 부분으로 구성되어 있습니다. 얼핏 보면 열왕기상하를 복습하는 것 같습니다. 그러나 다릅니다. 솔로몬 왕 이야기부터 바벨론 포로까지를 다루는 열왕기 기록에 비해, **창조부터 고레스 칙령까지라는 가장 긴 역사**를 다루고 있습니다. **또 북방 이스라엘 왕사는 다루지도 않습니다.** 진정한 왕사는 남방 유다라는 고집입니다. 지금 포로귀환해서 돌아와 성전재건하고 살아가는 이들이야말로 영원히 남을 하나님 나라의 백성이라는 것입니다.

1. 대상 1-9장 : **아담-포로귀환 백성까지의 족보** (창 출 민 수 삿 삼)
2. 대상 10-29장 : **다윗 왕의 역사** (사무엘상하)
3. 대하 1-9장 : **솔로몬의 역사** (열왕기상)
4. 대하 10-36장 : **유다 열왕의 역사, 고레스 칙령까지** (열왕기하, 에스라 1:1-3)

☞ *다윗 왕조를 부각시키는 역대상을 읽을 때 우리는 사무엘상하에서 남겨두었던 **다윗시편**을 끼워서 읽을 것이다. 그 때 성전에 올라가는 노래 부분은 **남겨놨었다.***

☞ *이미 사무엘상하의 역사를 읽었기 때문에 자세히 설명하지는 않는다.*

대상 1-9장　아담부터 포로귀환 백성까지의 족보

대상 1-9장

아담에서 포로귀환 백성까지의 족보

창조로부터 시작된 하나님의 사역을 분명히 하는 에스라를 보라. 포로귀환 백성의 정체성을 창조 시대 아담까지 이어붙이는 역사관을 보라. 그는 분명히 바벨론보다 뛰어난 하나님, 페르시아를 주관하는 하나님을 본 것이다.

특히 사울 왕의 족보까지 정돈해 놓은 치밀함을 보라. 앞으로 왕사를 정리해 나갈 것이라는 의도다. 아니나 다를까 내일 10장부터는 본격적으로 왕사가 시작된다.

내 노트 ▌ 깊. 이. 새. 내. 기.

- **깊**이 깨닫고 나니 다른 사람과 나누고 싶은 내용

_____

- **이**해가 되지 않는 부분

_____

- **새**로 배운 내용

_____

- **내**가 실천하고 싶은 원리

_____

- **기**도제목

_____

성경방 나눔터

– 에스라 같은 역사관을 갖자. 이런 정체성을 갖고 산다면 전쟁, 남북문제, 경제난 등이 어렵지 않다. '아하자, 아름다운 하나님의 자녀'의 정체성, 성도라는 정체성, 하나님의 백성이라는 정체성이 당신에게는 정말 가장 귀한가? 오늘날도 하나님 나라가 있음을 드러내주는 증거물이 무엇인가 묻는 사람에게 당신은 "바로 나다!"라고 외칠 수 있는가?

– 에스라의 역사이해는 성경공부에서 시작되었다. 모세오경에 능한 학자라고 했다. 당신도 에스라처럼 학사 겸 제사장 역할을 하는 귀인이 되고 싶은 욕구는 없는가? 그러려면 어느 정도로 공부해야 할지 한 번 구체적으로 나눠보자.

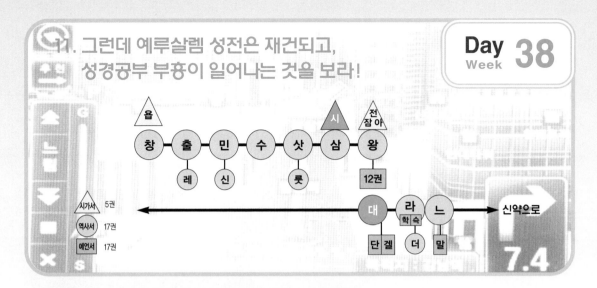

11. 그런데 예루살렘 성전은 재건되고, 성경공부 부흥이 일어나는 것을 보라!

Day Week 38

OVERVIEW 대상 10-16장, (시 105편), (시 73-89편)

포로시대 이후 유다역사를 재조명하는 중이라고 생각하며 역대상을 읽습니다. 다윗 왕궁이 건축되고 법궤를 옮겨오는 다윗의 전성시대에 맞춰 시편을 읽습니다. 사무엘상하 읽을 때 다 읽지 않고 남겨놨던 시편들입니다. 예배전문가 고라와 아삽의 시편들입니다.

대상 10-29장   다윗 이야기

우리는 이미 예레미야, 다니엘, 에스겔을 읽었습니다. 포로귀환 백성들이 주인공인 시대에 역대기를 읽는 만큼 우리에게 보이는 각도가 있죠? 역대기를 기록한 에스라가 무턱대고 왕사를 기록했겠습니까? 관점이 있었습니다. 다윗 왕에 대해서 기록한 것만 봐도 많은 부분을 생략하고 주로 **예배의 개혁**에 중점을 둡니다. 사사 시대를 지나오면서도 정리되지 않은 제사제도를 다윗이 확립했다고 부각시키는 거지요. 아마도 포로귀환 공동체가 이제 막 힘써야 되는 일이 **예배의 회복**이기 때문에 더 더욱 그런 것 같습니다.

다윗은 여호와 신앙이 가장 중요함을 하나님과 사람 앞에 고백합니다. 그래서 예루살렘을 통일 왕국의 수도로 정하고 언약궤를 옮겨왔습니다. 그토록 바라던 성전건축 준비를 모두 마치고 아들 솔로몬에게 넘어갑니다.

사무엘상하에서 이미 읽은 내용이기 때문에 우리는 잘 읽을 수 있습니다. 사울 왕부터 시작됩니다.

대상 10장

사울 왕 이야기

이스라엘의 첫 왕이요 다윗의 선왕이었으나 하나님 나라 왕의 모델이 아니었다. 연이어 다윗이 여호와께 기름부음을 받는다.

대상 11-14장

다윗의 전성 시대 시작

대상 15-16장

법궤를 옮겨옴

(시 105편)

법궤를 옮겨올 때 부른 찬송시

사무엘상하를 읽을 때 남겨 두었던 시편의 남은 부분을 여기서 마저 읽기 시작한다. 성전을 건축하고 싶어하는 다윗의 심정이 담겨있는 역대상부터 끼워 읽는다. **에스라 역시 다윗처럼 성전 예배문화를 잘 이뤄보고 싶어했겠구나** 생각하고, 돌아온 에스라의 심정과 다윗의 심정을 엮어 읽어보자.

(시 73-83편)

찬양과 경배를 위해 작사 작곡한 예배 전문가 아삽의 시편

(시 84-88편)

찬양과 경배를 위해 작사 작곡한 예배 전문가 고라자손의 시편

(시 89편)

마스길

다윗의 때, 아직은 예루살렘 성전이 완성되기 전인데 제사 소프트웨어를 이렇게 만들어 놓았다.

내 노트 | 깊. 이. 새. 내. 기.

- **깊**이 깨닫고 나니 다른 사람과 나누고 싶은 내용

  _____

- **이**해가 되지 않는 부분

  _____

- **새**로 배운 내용

  _____

- **내**가 실천하고 싶은 원리

  _____

- **기**도제목

  _____

성경방 나눔터

– 오늘 우리 시대에도 예배가 회복되면 좋겠다. 당신은 예배를 잘 드리는가? 무엇부터 고쳐야 할지 나눠보자.

– 예배의 회복은 예배자의 회복이다. 오늘날 예배의 회복을 새로운 찬양과 프로 수준의 밴드와 정확한 콘티 등에 둔다면 큰 오해이다. 예배자들, 즉 우리의 마음속에 예배의 정신이 회복되어야 한다. 그리고 우리의 예배의 대상이신 하나님을 더 깊이 알아가야 한다. 말씀보다는 찬양을 더 선호하는 다음 세대가 깊이 있는 말씀으로 참 예배자들이 되어서 우리 세대보다 더 받아들여지는 예배를 드리도록 하려면 우리가 어떻게 해야 할까?

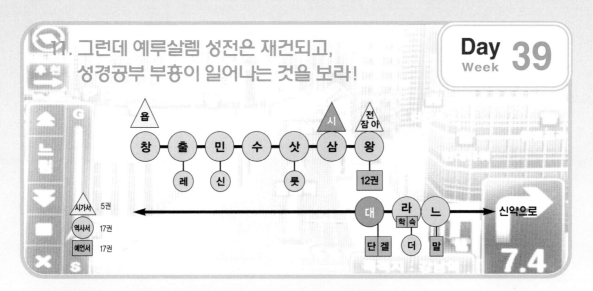

11. 그런데 예루살렘 성전은 재건되고, 성경공부 부흥이 일어나는 것을 보라!

대상 17:1-22:1, (시 90-104편), (시 106편)

계속 다윗의 전성시대가 이어집니다. 이 시기에 쓰여진 시편을 끼워서 함께 읽습니다.

대상 17:1-22:1

여기까지 다윗의 전성 시대

(시 90-104편), (시 106편)

내 노트 | 깊. 이. 새. 내. 기.

- **깊**이 깨닫고 나니 다른 사람과 나누고 싶은 내용

  _____

- **이**해가 되지 않는 부분

  _____

- **새**로 배운 내용

  _____

- **내**가 실천하고 싶은 원리

  _____

- **기**도제목

  _____

성경방 나눔터

- 다윗이 성전건축을 위해 준비한 동산(動産)에 대해서 나눠보자. 우리는 하나님 나라를 위해서 이렇게 정성껏 준비하고 바치는가? 옛 성도들은 전 재산 '소' 한 마리도 바쳤다는데…… 우리의 헌금 생활에 대해서 나눠보자. 십일조, 주일헌금, 감사헌금 등에 대해서 이번에 한 번 오픈하고 생각들을 나눠보자.

- '교회건축' 이라는 주제에 대해서 나눠보자.
  혹 당신이 섬기는 교회가 성전건축을 하는 중이라면, 진지하게 기도하면서 생각해 보자. 성전건축은 일생에 몇 번 안 되는 귀한 일이다. 물론 지나치게 화려하고 사치스러운 건축은 조심해야 한다. 하지만, 실용적이고, 적절한 건축은 하나님께서 기뻐하시는 것이다. 교회는 건물이 아니고 성도들이지만, 건물도 무시할 수는 없다. 예를 들어, 아무리 사이가 좋은 가족이라 해도 거처할 집이 없으면 불편하고 그 좋은 관계도 깨어질 수 있다. 환경이 중요하다는 뜻이다.

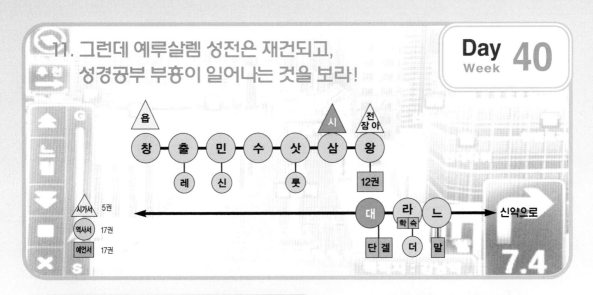

11. 그런데 예루살렘 성전은 재건되고, 성경공부 부흥이 일어나는 것을 보라!

대상 22:2-26장, (시 107-134편)

다윗에게 진정한 왕은 하나님이었음을 보여주는 본문입니다. 다윗은 성전건축 준비를 합니다. 하나님을 예배하기 위해 온갖 전략을 기획하고 실행합니다. 성전에서 제사장들이 할 일, 레위인들의 임무, 조직, 성전 찬양대, 성전 문지기, 성전 관리인 등을 조직합니다. 이에 맞춰 성전에 올라가는 노래의 시편들을 끼워서 읽습니다.

대상 22:2-26장

다윗은 성전건축 준비를 한다. 성전에서 부를 노래를 미리미리 준비하고 작사 작곡했다. 예배를 기획하며 하나님의 왕 되심을 인정하고 싶어했다. 성경역사가 무엇인가? '누가 왕이냐?'로 보자고 했다. 하나님의 왕권을 인정하는 대리 통치자 다윗은 '예배'를 기획하는 예배자로 준비되었다. 그리고 성전에서 제사장들이 할 일, 레위인들 임무 조직, 성전 찬양대, 성전 문지기, 성전 관리인 등을 미리미리 기획했다.

(시 107-134편)

성전에 올라가는 노래 등, 미리 준비해 놓은 다윗의 심정을 읽어보자.

내 노트 ┃ 깊. 이. 새. 내. 기.

■ **깊**이 깨닫고 나니 다른 사람과 나누고 싶은 내용

_____

■ **이**해가 되지 않는 부분

_____

■ **새**로 배운 내용

_____

■ **내**가 실천하고 싶은 원리

_____

■ **기**도제목

_____

성경방 나눔터

- 해외에 나가서 음악을 전공하는 크리스천 자녀들이 수없이 많은 시대이다. 한국의 기독교 음악을 발전시킬 수 있는 기회가 왔다. 클래식뿐만 아니라, 뮤지컬, 연극 등을 통해서 어떻게 섬기면 좋을지 한 번 나눠보자.

- 그들에게 시편의 시인처럼 영감을 배나 더하소서. 한국의 예배문화, 새 복을 주소서라고 기도도 해보자.

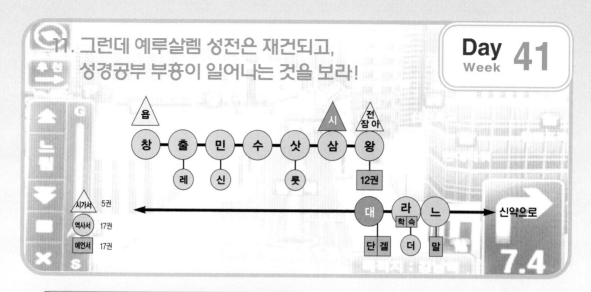

11. 그런데 예루살렘 성전은 재건되고, 성경공부 부흥이 일어나는 것을 보라!

Day 41
Week

 대상 27-29장, (시 135-150편)

다윗 정부 조직과 고위 공직자들 명단을 읽습니다. 다윗의 평생 소원이었던 성전건축 관련 문건을 읽으면서 다윗의 통치를 갈무리합니다. 남겨 있던 시편을 여기서 마저 다 읽습니다. 역대상과 시편이 끝납니다.

대상 27-29장

Navigation

계속 예루살렘 성전건축을 준비하는 다윗(대상 끝, 삼상 내용 끝)

예배 내용뿐만 아니라 실제로 예배드리는 장소도 마련해 놓는다. 성전 짓는 메뉴얼을 익숙하게 알고 있었다. 출애굽기에 나오는 성막 짓는 메뉴얼을 보고 연구했을 것이다.

여기까지 다윗 왕의 역사를 마치면서 역대상도 마친다.

 **잠깐!! 에스라의 설교를 들어봅시다.**

'지금 내가 왜 다윗을 읽고 있지?' 하면 안 됩니다. 지금 우리는 **에스라가 포로귀환 백성들에게 열심히 이런 내용을 설교하고 있는 중**이라고 생각하면서 읽어야 합니다. 아담부터 시작

한 이야기가 지금 다윗까지 온 것입니다. 성경목록에 이렇게 두 번 나와 있으니 우리도 두 번 읽는 것입니다. **에스라 상황에서 지금 다윗의 성전건축의 꿈을 읽는다고 생각하면 새로운 맛이 있지 않습니까?** 에스라 포로귀환 공동체 상황과 별개로 읽으면 역대상하 이야기는 표류합니다. 에스라 상황에 끈을 매어 두고 있어야 합니다.

 (시 135-150편)

시편도 150편을 끝으로 다윗의 찬양시를 마친다. 다윗 치정 말기를 읽으면서 배신도 당하고 역모도 경험하면서도 노래를 부른 다윗을 다시 만나자. 인생의 굽이굽이마다 하나님께 깊이 기도하며 찬양으로 승화시킨 신앙을 우리도 깊이깊이 느끼자!

내 노트 | 깊. 이. 새. 내. 기.

- **깊**이 깨닫고 나니 다른 사람과 나누고 싶은 내용

  _____

- **이**해가 되지 않는 부분

  _____

- **새**로 배운 내용

  _____

- **내**가 실천하고 싶은 원리

  _____

- **기**도제목

  _____

성경방 나눔터

– 다윗 생전의 동역자들을 열거한 내용을 읽었다. 오늘날로 말하면 함께 일하는 팀장들, 구역장들, 네트워킹 동지들일 게다. 당시 다윗도 팀원들이 있었다는 사실에 초점을 맞추고 우리가 읽어온 내용들 중 어느 부분이 그런 내용인지 또 오늘날로 말하면 어떤 이름으로 직책을 주면 될지 응용해 보자.

– 당신도 시편 한 편 정도 써 보라. 그리고 다음 주에 서로 내놓고 나눠보자.

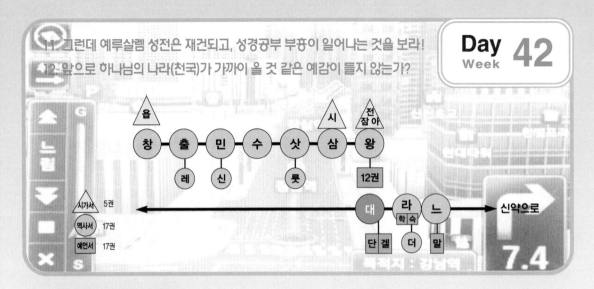

11. 그런데 예루살렘 성전은 재건되고, 성경공부 부흥이 일어나는 것을 보라!
12. 앞으로 하나님의 나라(천국)가 가까이 올 것 같은 예감이 들지 않는가?

대하 1-20장

OVERVIEW

오늘부터는 남방 유다 역사를 자세히 읽어갈 것입니다. 솔로몬, 르호보암, 아비야, 아사, 여호사밧 왕까지 읽습니다. 역대하에서는 공식적인 북이스라엘의 역사를 기록하지 않기 때문에 열왕기상하처럼 북이스라엘 왕들을 왔다갔다 하며 읽지 않습니다.

역대하 물고기 그림

머리 부분   몸통 부분   꼬리 부분

북방 이스라엘 ─ 남방 유다

아합이 바알(세상 나라)을 왕궁에
끌어들이는 경로, 이 경로를 타고
남방 유다에까지 바알이 침투하는
역사를 다루고 있음
그러나 엘리야, 엘리사(하나님 나라)가
대적하여 승리함

북이스라엘
멸망

남유다
멸망

여로보암

솔로몬

르호보암

아비야

아사

여호사밧

여호람

아하시야

아달랴여왕

요아스

아마샤

아사랴
(=웃시야)

요담

아하스

히스기야

므낫세

아몬

요시야

여호아하스

여호야김

여호야긴

시드기야

호세아
아모스
요나

꼬리 부분은
남방 유다만의 역사

포로
시대

신약

오바댜
요엘

이사야
미가

나훔
스바냐
예레미야
하박국

다니엘
에스겔

역. 대. 하.

우리는 이제 역대하에서 남방 유다 역사를 자세히 읽을 것입니다. 열왕기상에는 없는 정보가 아주 많이 있습니다. 각각 저자가 달라서 그렇습니다. 그러니 열왕기상에서 다 깨닫지 못했던 것을 여기서 마저 채웁시다. 북방 이스라엘에 초점을 맞췄던 왕사 사가, 특히 몸통 부분의 아합, 이세벨, 엘리야, 엘리사, 예후 등으로 이뤄지는 오므리 왕조와 예후 왕조 스토리가 여기에는 없습니다. 아주 간단히 남방 유다 여호사밧 왕과 연결된 전쟁이야기 정도만 건드리고 지나갑니다. 그래도 열왕기하에서 읽었던 아합 이야기를 배경으로 하면서 내용을 기억하고 최대한 연결시키면서 읽으셔야 합니다.

또, 역대하에서는 열왕기하가 배경처리하고 지나갔던 남방 유다 이야기를 얼마나 자세히 하는지 두 눈을 크게 뜨고 주시 합시다. 남방 유다 왕들만 얘기하면서도 한 왕 당 1장씩 할애하고 있으니 말입니다. 남방 유다 왕만 얘기한다는 것은 **다윗 가문만 이어져 나가는 왕사**라는 뜻임을 알고 계시죠? 역성 혁명이 딱 한 번 일어나긴 하는데 그 사건이 바로 아달랴(아합의 딸)와 연결됩니다. 앞으로 그런 부분들을 자세히 읽읍시다. 성경은 정말 빈틈없이 짝이 맞거든요. 저자들이 일부러 그렇게 기획한 것도 아닌데, **상황 속에서 왕사 사가는 아합 중심의 편중된 기록을 했고, 한편 에스라는 남방 유다 역사만 기록했습니다.** 그래서 오히려 더 풍성한 내용을 우리에게 주니 짝이 맞는다 이 말이지요.

42

대하 1-12장   머리 부분, 솔로몬, 분열 이야기

솔로몬의 통치 기사는 무려 여섯 장이나 성전건축과 관련되어 있습니다. 솔로몬의 치세 내용은 불과 세 장뿐이고요.

솔로몬이 죽자 남북 왕국이 분열합니다. 열왕기상에서는 북이스라엘 여로보암의 길에 초점을 맞추고 이야기가 흘렀습니다. 그런데 여기서는 남방 유다 르호보암을 따라 흐르는 다윗 가문만 이어진다는 것을 기억합시다.

대하 1-9장

솔로몬 왕의 역사　▷　(머리 부분)

☞ 우리는 열왕기상에서 이 부분을 잠언, 전도, 아가서와 함께 읽었다.

대하 10-16장

남북분열과 르호보암 왕의 역사　▷　(머리 부분)

☞ 분열왕국 이후 유다 왕의 역사–르호보암–만 나오는 것을 직접 확인하자. 또 열왕기상에는 없는 르호보암에 대한 정보를 캐 보자. 에스라가 유다의 역사를 스스로 연구하고 배울 때 썼던 자료들은 열왕기상하 기자와는 달랐던 것일 게다.

● 대하 10장 : **남북분열**

● 대하 11장 : **르호보암 왕 치정**

　하나님께서 북이스라엘과의 전쟁을 허락지 않으신다. 그러나 늘 다툰다. 르호보암은 요새를 만들어 국방을 수비한다. 북이스라엘에서 여호와 하나님의 사역을 하지 못하게 하는 여로보암을 피해 남방 유다로 망명하는 레위 제사장들 이야기가 있다.

● 대하 12장 : **하나님을 배반함. 이집트가 공격함.**

　솔로몬이 지었던 그 아름다운 성전의 보물이 다음 왕 르호보암 때 이렇게 몰수히 빼앗길 줄 누가 알았겠는가?

● 대하 13장 : **아비야(얌) 왕**

　북이스라엘 여로보암 사이에 전쟁이 일어남

● 대하 14-16장 : **아사 왕**

　아사가 왕일 때 이미 이방제단과 산당, 아세라 목상, 태양상을 섬겼었다. 이 가나안 땅이라는 데가 우상의 땅이 아니었던가. 정신 바짝 차리지 않으면 구별해서 산다는 것이 쉽지 않다. 다윗 이후 흐르는 남방 유다 왕사의 분위기를 느껴가며 읽어보자.

　아사 왕 때 이르니 제사장도 없었고, 율법도 없이 지나온 지 오래 된 듯한 분위기다. '아사랴' 선견자의 설교를 듣고 아사는 이것들을 파하고 종교개혁을 일으킨다. 다윗의 길로 간 선한 왕이라고 평가된다. 남방 유다는 그래도 이렇게 다윗의 길을 기준으로 평형감각을 잃지 않으려고 노력해 온 역사임을 보여준다.

대하 17−27장   몸통 부분, 남유다 이야기

아비야, 아사 왕을 지나 여호사밧이 왕위에 오릅니다. 그는 북방 이스라엘의 아합과 사돈지간이 됩니다. 남북이 이세벨의 피로 동맹관계가 되었습니다. 아합의 아내 이세벨의 피가 흐르는 아달랴를 자기 아들 여호람의 아내로 맞이하기 때문입니다. 하나님의 아들들이 사람의 딸들의 아름다움을 보고 섞인 것입니다(창 6:1−2). 바알이 이스라엘과 유다에 들어온 경위는 문자 그대로 **섞임을 통해서**였습니다. 결혼을 통한 피 섞임 말입니다. 이 사실을 역대기 사가는 그렇게 통탄하고 있습니다.

자, 지금 이 역대기 내용이 뭡니까? 에스라가 평생 연구해서 기록해 놓은 거라면, 포로공동체 백성들에게 가르치지 않을 리가 있겠습니까? 우상숭배 결과로 엄청난 재앙이 왔다는 것을 몸소 경험한 사람들 아닙니까? 이들 가운데 의식 있는 사람들이 이런 과거 왕사를 배우고 있다면 이 대목에서 아마 통탄해 마지 않았을 것입니다. 이세벨의 피가 아달랴를 거쳐 남방 유다로 들어와 이 나라에 망조가 들기 시작했다는 사실 때문에 말입니다. 여호사밧 왕이 하나님을 의뢰하면서 정치를 잘 했지만 아합과 사돈이 되어 전쟁을 하면서 얼마나 혼줄이 나는지 읽어봅시다.

대하 17−20장

여호사밧 왕(아합의 죽음)까지   ⇨   (남방 유다 역사에 해당하는 **몸통 부분**)

- 대하 17−20장 : **여호사밧 왕 −− 아합과 사돈을 맺다**

역대하에서는 여호사밧 왕에 대해 네 장이나 할애하며 그의 일생을 기록한다. 바로 이 시기 아합 왕 이야기를 열왕기 기자도 많이 다뤘듯이 말이다. 그는 아사 왕의 길을 따랐다. 아세라 목상도 없었고, 율법책으로 레위인들이 순회 교육을 할 수 있도록 했다. 요새도 건축해서 국방을 든든하게 했다. 경제적으로도 흥왕했다. 그러나 여호사밧은 아합의 딸을 자기 아들 여호람의 아내로 맞는다. 이것이 실수였다. 이 전쟁에서 아합도 죽었다. 여호사밧은 혼줄이 났다. 아합 왕 때 북이스라엘에는 엘리야, 엘리사가 있었듯이 남유다에도 선견자로 불리는 사람들이 활동하고 있었음에 유의하자.

아합과 연합해서 시리아와의 전쟁도 불사한 스토리가 왜 기록에 남을 정도로 중요할 수밖에 없었는지 생각해 보면서 읽자.

내 노트 | 깊. 이. 새. 내. 기.

- **깊**이 깨닫고 나니 다른 사람과 나누고 싶은 내용

  _____

- **이**해가 되지 않는 부분

  _____

- **새**로 배운 내용

  _____

- **내**가 실천하고 싶은 원리

  _____

- **기**도제목

  _____

성경방 나눔터

- 불신결혼에 대해서 나눠보자. 근본적으로 성경은 불신결혼의 정신을 반대한다. 그런데 현실적으로 한국은 크리스천 비율이 남성보다 여성이 월등하게 높다. 이 문제에 대해서 나눠보고 어떻게 하면 좋을지 나름대로 대안이 있는지 연구해 보자.

- 독신의 은사가 있는 사람은 독신을 선택해서 효과적으로 주님을 섬길 수 있다. 그런데 독신의 은사가 없는 사람이 환경에 의해 독신으로 산다면 대단히 힘들 것이다. 오늘날 한국교회 내에는 그런 자매들이 많은 것 같다. 그러나 비록 은사 때문이 아니고, 환경 때문에 독신으로 산다고 해도, 그 자매들이 주님의 은혜로 놀랍게 쓰임받는 삶을 살게 해달라고 중보기도를 하자.

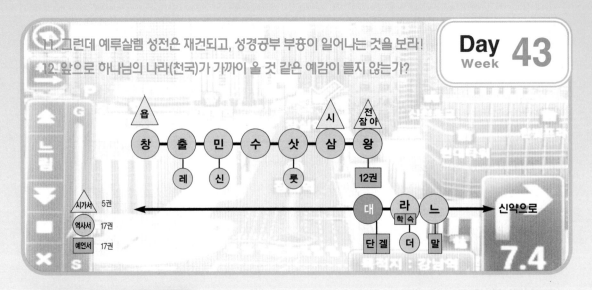

11. 그런데 예루살렘 성전은 재건되고, 성경공부 부흥이 일어나는 것을 보라!
12. 앞으로 하나님의 나라(천국)가 가까이 올 것 같은 예감이 들지 않는가?

대하 21:1-36:21

여호람 왕(아달랴의 남편)의 통치부터 아하시야, 아달랴, 요아스, 아마샤, 웃시야와 요담까지 읽습니다. 열왕기로 친다면, 물고기 그림 몸통 부분이지요. 그 이후 물고기 그림 꼬리 부분이 시작되는 아하스 왕 때로부터 시드기야 왕 때까지 읽습니다. 남유다가 망하는 이야기까지입니다.

역대하 물고기 그림

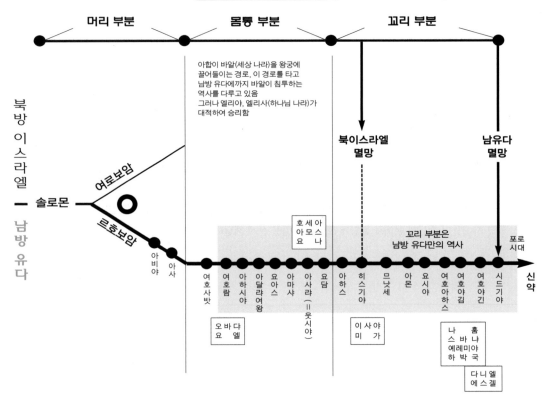

- 대하 21장 – **여호람 왕** ────▶ (오바댜, 요엘서가 끼어들어갔던 자리)

  아달랴의 남편이다. 계속 북방 이스라엘과 동맹 관계임을 기억하고 읽자. 여호람의 아내 아달랴가 다음 장(22장)에서 손자들을 몰살한다. 그런데 그 일이 있기 전 여호람이 사실 먼저 이런 짓을 한다. 자기 형제를 정적(政敵)으로 생각하여 몰살시킨다. 부부가 똑같은 짓을 하는 것으로 보아 아달랴의 영향, 이세벨의 영향, 바알과 아세라적 영향이 아닌가 싶다. 아합의 길로 갔다고 평가하는 것이 그것이다.

  이런 여호람에게 북방 이스라엘의 예언자 **엘리야가 편지를 보냈다는 사실**을 기억하자. 엘리야의 예언대로 된다. 어떻게 되나 읽어보자. 창자가 흘러나오는 중병에 걸려 죽는 예언이다. 이 즈음에 첫 예언서 오바댜, 요엘서가 기록되었다.

- 대하 22:1-9 – **아하시야 왕**

  여호람의 다른 아들들은 아라비아 침략군에게 다 학살당하고 아하시야가 왕위에 오른다. 42살에 왕이 되었으나 (왕하 8:26은 22세/필사지의 오기로 일반적으로 22세로 봄) 1년 다스리다가 죽는다. 아합 스토리에서 읽은 대로 예후 손에 의해서 아합 가문을 심판할 때 죽는다.

- 대하 22:10-23:15 – **아달랴 여왕**

  그러자 그의 어머니 여호람의 아내 아달랴가 왕이 된다. 이때가 다윗의 혈통이 아닌 왕이 다스리는 기간이다. 아달랴의 잔인한 행동을 보라. 바알과 아세라의 피라는 것을 증명하지 않는가? 다윗 왕조의 씨를 말리려 하나 여호야다의 개혁으로 위험한 순간을 모면하는 역사다.

- 대하 23:16-24:27 – **요아스 왕**

  구사일생으로 살아난 아하시야의 아들 요아스는 아달랴를 제거하고 다윗 왕조를 잇는 선한 왕으로 살아간다. 그러나 마지막에 여호야다 제사장의 아들 사가랴를 죽이도록 하는 오점을 남긴다. 예수님이 생각하신 마지막 순교자였다 (마 23:35).

- 대하 25장 – **아마샤 왕**

  에돔과의 전쟁, 이스라엘과의 전쟁을 중점적으로 기술하고 있다.

- 대하 26장 – **웃시야 왕** ────▶ (호세아, 아모스, 요나서가 끼어들어갔던 자리)

웃시야 때까지가 열왕기에서 보면 몸통 부분에 해당하는 예후 왕조까지의 기간이다. 웃시야는 아사랴라는 이름으로도 불린다. 아버지 아마샤와 섭정 기간이 있다. 또 그 아들 요담과도 섭정으로 다스려서 총 52년 동안 재위한다. 정치를 잘했다. 특히 블레셋 성읍들을 크게 도륙했다. 예루살렘 성에 망대들을 세워 요새화했다. 백성들의 영농산업에 힘쓰며 관개수로 사업에도 능했다. 병력도 강화한다.

52년 치정기간 중에 임의로 분향하려다가 하나님으로부터 재앙을 받는다. 이런 이적적인 하나님의 간섭을 경험한다는 것은 사실 은혜인 것 같다. 웃시야는 당시 백성들이 크게 의지하는 아버지 같은 왕이었다. 이 때 북방 이스라엘은 여로보암 2세가 왕으로 있었던 때였다. 남북이 공히 잘 사는 흥왕기였다. 그러다가 꼬리 부분인 망하는 시기가 찾아오지만…….

이 웃시야가 죽던 해에 이사야의 사역이 시작된다. 이때를 배경으로 나타난 예언서를 기억하자.

● **대하 27장 - 요담 왕** ⇨ **몸통 부분 끝**

웃시야(아사랴)가 요담과 함께 왕으로 있음 → **북방 이스라엘의 예후 왕조가 끝나는 지점**

(섭정이 끝나고 요담 단독으로 왕이 되는 기간도 있음)

대하 28-36장　꼬리 부분, 망하는 이야기

여기부터가 열왕기로 말하자면 꼬리 부분이 시작되는 때입니다. 이때부터 남방 유다도 본격적으로 앗시리아에 의해 영향을 받기 시작합니다.

히스기야 왕의 아버지 때로부터 므낫세, 아몬에 이르기까지는 앗시리아에게 시달리는 시기로 정리하자고 했습니다. 그러다가 앗시리아도 결국 신흥 바벨론에게 망한다고 했습니다. 바로 이 때 **이사야, 미가**가 활동합니다. 앗시리아가 쓰러져가니 이집트도 메소포타미아 쪽을 넘본다고 했습니다. 그래서 이집트와 신흥 바벨론 틈새에서 고통당할 때도 하나님은 선지자들과 말씀하시면서 하나님의 나라를 인도해 가셨습니다.

☞ *우리는 열왕기하 꼬리 부분을 얼마나 열심히 공부했는지 모른다. 실제역사와 예언서 사이를 왔다갔다 하면서 말이다. 그 내용을 다시 참고하면서 한 번 더 복습하듯이 꼬리 부분을*

읽어보자. 이 부분이 어려우니까 하나님의 섭리 가운데 한 번 더 읽도록 하신 것이라고 생각해 보자. 마태, 마가, 누가, 요한, 이 네 사람의 기록으로 예수님의 생애를 네 번이나 읽게 하시듯이 말이다.

- 대하 28장 – 아하스 왕 ▷ 꼬리 부분 시작 지점

  ⟶ (이사야, 미가가 활동하기 시작하는 자리)

  아하스는 자기 아들을 불태워 드릴 정도로 온갖 우상숭배를 자행한 왕이다. 이런 와중에 침략을 많이 받아 엄청난 손실을 당한다. **시리아**가 침략해서 약탈해 갔다. 뿐만 아니라 **이스라엘 왕 베가**도 침략해 와서 12만 명의 병력이 손실되었다. 또 20만 명이나 되는 포로와 노획물을 사마리아로 끌고갔다. 그러나 사마리아의 영적 지도자들이 나서서 동족 포로들을 사마리아로 들이지 못하게 한다.

  에돔이 쳐들어오기도 했다. **블레셋**이 유다 평지와 남방 성읍들을 치기도 했다. 아하스 왕은 그동안 친분을 유지했던 앗시리아(앗수르)의 디글랏빌레셀에게 사신을 보내어 도움을 요청한다. 그러나 오히려 보물만 빼앗기고 도움이 되지 못한다.

  그래도 아하스는 오히려 하나님을 배반하고 성전을 파괴하고 폐쇄해 버렸다. 앗시리아 신에게 잘 보이려는 전략이었을 것이다. 어쨌든 유다는 당시 강대국 앗시리아에게 조공을 바치며 섬겼다.

- 대하 29-32장 – 히스기야 왕

  아하스가 망쳐놓은 성전을 다시 열어 수리하며 성전을 강화하기 시작하면서 임기 첫 해를 맞는다. 유다는 이렇게 극과 극의 전략을 갖고 다스리는 왕들에 의해서 올라갔다 내려갔다 심한 널뛰기를 한다. 레위지파들이 나서서 성전을 성결케 했다. 다윗 왕 때처럼 예배를 회복시켰다. 오랫동안 유월절 규례도 지키지 못했기 때문에 성대하게 지키도록 어명을 내린다. 새롭게 하나님 문화가 꽃피는 시기가 찾아왔다. **다윗 수준의 종교개혁을 일으킨 큰 왕** 히스기야 배경에는 **이사야**가 있었다.

  히스기야나 이사야는 이미 무너진 북이스라엘까지 통합해서 재통일하려는 꿈을 갖고 있었다(사 9:1-7).

  앗시리아의 사르곤 왕이 통치하는 동안은 그래도 조공을 바치며 순복하던 히스기야가 그 후임 산헤립이 계승하자 앗시리아를 배반한다(왕하 18:7). 그러자 산헤립이 쳐들어와 예루살렘을 위협하는 이야기가 있다.

  하나님을 잘 섬긴 선왕으로 인정받는다.

- 대하 33:1-20 - 므낫세 왕

  55년을 다스리면서 종교적으로 배반했다. 또 널뛰기다. 히스기야 왕과 대조를 이루는 우상숭배의 사람이었다. 아하스, 히스기야 또다시 므낫세를 보라. 신앙을 계승해 간다는 것이 쉽지 않은 것 같다. 오르락 내리락……

- 대하 33:21-25 - 아몬 왕

- 대하 34-35장 - 요시야 왕   (예레미야 선지자 활동 시작)

  므낫세 시대의 종교를 또다시 개혁한다. 아하스, 히스기야, 므낫세 아몬, 요시야……엎치락 뒷치락하는 바알 신앙과 여호와 신앙의 널뛰기다. 이러면서 유다 말년 꼬리 부분을 향해 치닫고 있다. 요시야 역시 종교개혁을 일으킨 왕이었다. **예레미야**가 사역하기 시작한다. 세계적으로도 기류의 흐름이 바벨론 쪽으로 기우는 시기이다. 앗시리아가 무너지기 시작하고 신흥 바벨론이 올라온다.

- 대하 36:1-21 - 여호아하스, 여호야김, 여호야긴, 시드기야 왕

                                    ⟶ (스바냐, 하박국 끼어들어감)

  유다가 바벨론에게 망하고 포로로 잡혀가는 동안 나타난 왕들이다. 우리는 열왕기하에서 선지서들을 끼워 넣으면서 열심히 공부하며 읽었었다.

 **잠깐!!** 역대하 끝과 에스라서 앞은 정확하게 같은 내용!!

대하 36:21-22 사이는 70년입니다. 바벨론은 망했습니다. 바사의 고레스 칙령이 나오니 분명 포로로 잡혀갔다 온 이후죠?

우리가 (37일째 성경 읽기에서) 에스라서 이야기를 하면서 시작한 역대상하의 자초지종이 여기서 끝난 것입니다. 포로귀환 백성에게 에스라가 설교한 내용이라고도 볼 수 있다고 했습니다. 지금까지 우리는 복습하면서 한 번 더 구약을 정리한 셈입니다. 돌아온 포로들이 자기네들이 누구인지 에스라로부터 받은 교육이 바로 이런 내용이라고 볼 수 있다고 했습니다.

에스라는 예레미야의 예언대로 70년이 지난 후, 바사의 고레스 칙령까지의 역사를 역대하에서 정리합니다. 그리고는 곧 이어서 에스라 1:1-3에서 똑같은 문장으로 시작합니다. 그래서 역대하 끝과 에스라서 앞은 정확하게 같은 내용으로 붙어있습니다. '37일째 읽기'에서 정리한 '에스라서' 부분을 드디어 내일 읽게 됩니다.

43

내 노트 ┃ 깊. 이. 새. 내. 기.

- **깊**이 깨닫고 나니 다른 사람과 나누고 싶은 내용

_____

- **이**해가 되지 않는 부분

_____

- **새**로 배운 내용

_____

- **내**가 실천하고 싶은 원리

_____

- **기**도제목

_____

성경방 나눔터

- 무화과나무 잎이 마르고 포도 열매가 없으며…… 쫄딱 망했다. 생존이 불가능하다. 생산을 해 낼 수 없다. 악한 바벨론에 의해서 왜 이스라엘이 망해야 하는가? 하나님이 세상을 다스린다면 왜 의인이 고난을 당하고 악인이 흥하는가? 신정론(神正論)에 대해 나눠보자.

- 열왕기하에서도 읽었듯이 남방 유다가 망했다. 우상숭배 문화가 우세한 사회 속에서 어떻게 다니엘 같은 어린아이가 자라나게 되었는지 연구해 보자. 우리 아이들은 그렇게 될 수 없을까? 당신의 아이가 바로 그 아이면 안 될까?

- 신앙교육은 원래 부모의 책임이다. 신명기 6:4 이하와 에베소서 6:4은 모두 아버지에게 신앙교육의 책임을 돌린다. 우리 아이가 다니엘처럼 되기 원한다면 부모가, 그 중에서도 특히 아빠가 신앙교육을 시켜야 한다. 성경을 직접 가르치고, 기도와 봉사의 삶을 보여주고, 모델이 되어야 한다. 부모교사를 어떻게 하면 잘 할 수 있을지에 대해 서로 이야기하면서 정보를 주고 받자.

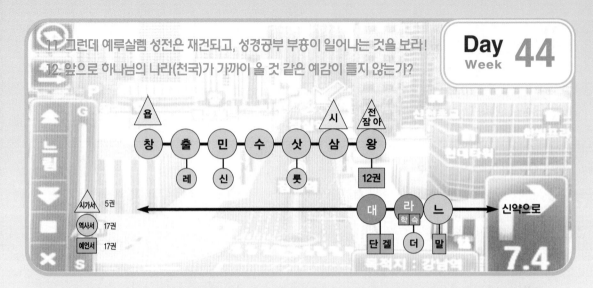

11 그런데 예루살렘 성전은 재건되고, 성경공부 부흥이 일어나는 것을 보라!
12 앞으로 하나님의 나라(천국)가 가까이 올 것 같은 예감이 들지 않는가?

🔍 **대하 36:22-23(라 1:1-3과 동일), 라 1-6장, (학 1-2장), (슥 1-8장)**

OVERVIEW

드디어 고레스칙령으로 돌아온 포로공동체를 중심에 놓고 역사를 재조명한 차원의 역대상하가 끝납니다. 그리고 이어지는 포로귀환 백성들의 실제생활을 기록한 에스라서를 읽습니다. 스룹바벨과 예수아가 지도한 1차 귀환 공동체의 성전재건까지입니다. 이 때를 배경으로 활동한 선지자 학개와 스가랴를 만나봅시다. 학개서는 다 읽고, 스가랴서는 중간지점까지 읽습니다.

☞ 자! 37일째에 읽었던 곳으로 다시 돌아가 보자. 다시 복습해 보자.
'에스라서에 대하여!' 뭐가 어떻게 되어가는 얘긴지 자초지종을 알고 읽어야 흐름이 잡히기 때문이다.

Navigation

대하 36:22-23

고레스 칙령 ⇨ (포로 이후 역사가 에스라에 연결될 부분)

　70년 포로생활이 끝났다. 고레스가 칙령을 내림으로써 귀환이 시작되었기 때문이다. 역대하에서는 이 내용을 기록하고 있다. 열왕기하와 다른 점이다. 페르시아 시대를 여기서 다루는 것이다. 바로 이 부분과 에스라 1:1-3이 동일하다.

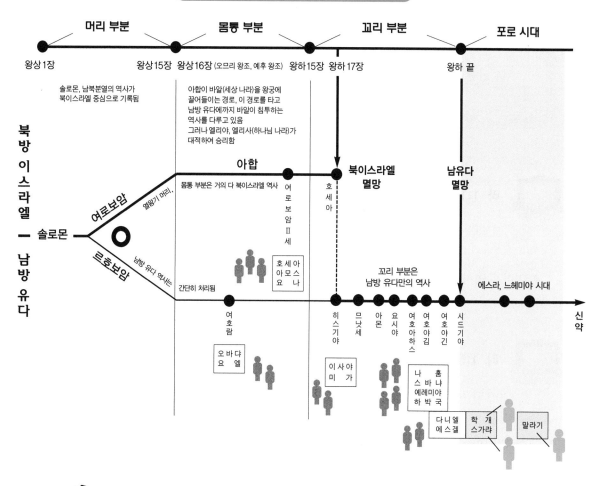

에. 스. 라.

44

예레미야, 다니엘, 에스겔, 이런 예언자들의 예언대로 정말 70년이 지나니 바벨론
이 망했습니다. 바사가 등장합니다. 바사 왕 고레스 원년에 조서를 내려서 포로들에게
유다로 돌아가도 좋다는 명령을 합니다. 이 칙령이 발표되자(BC 538년) 고국으로 돌아
가는 귀환행렬이 시작되었습니다.

이때 스룹바벨과 예수아가 리더가 되어 귀환합니다. 1차 귀환백성들은 성전을 재건합니다. 그런데 '예언대로 회복이다', '구원이다', '자유다'라는 스토리가 기록되어 있는 책이 바로 에스라서입니다. 이렇게 성전을 재건하고 있는데 그만 방해꾼이 나타났습니다. 사마리아 사람들입니다.

이때 학개와, 스가랴가 등장합니다. 성전을 계속 지으라고. 멈추지 말라고…….

오늘은 여기까지 읽을 것입니다.

자, 포로 시대 이후 실제역사가 문서로 정리된 에스라서가 있어줘서 참 고맙죠?

라 1:1-4

고레스 칙령

포로 이후 역사가 에스라서에 연결되는 부분이다.

라 1:5-2장

귀환한 백성들 명단

에스라가 연구해서 남긴 자료들이다. 이름 하나하나, 숫자가 에스라의 피땀 어린 수고로 기록된 것이니 지루해 하지 말고 열심히 읽어주자. 낮에는 백성들에게 역대상하 내용의 역사 설교를 하고, 밤에는 돌아와 당시 포로귀환 백성들의 자료를 정리해서 남겨놓은 것 아니겠는가? 아하자!

라 3-4장

귀환한 백성들이 와서 처음 한 활동은 성전재건이었다

그런데 사마리아 사람들이 방해하자 그만 중단하고 만다. 일찍이 BC 722년에 앗수르에 멸망

44

당했던 북이스라엘 사람들은 '사마리아 사람'이라는 이름으로 살아오고 있었다. 그곳도 때론 앗시리아의, 때론 바벨론의 침공을 받으며 살아왔지만 나름대로 그곳을 다스리는 총독도 있었고 북이스라엘 자체 리더들도 있어왔다. 성전을 함께 짓자고 했으나 귀환포로 백성들은 피가 섞인 그들과 함께 하기를 거절한다. 그러면서 생기는 갈등이 페르시아 정부에까지 파급되어 시끄러운 쟁점이 된다. 결국 성전재건이 중단되었다.

라 5-6장

학개와 스가랴의 활동으로 성전완공

바로 이때, 선지자 **학개**와 **스가랴**가 백성들에게 힘을 실어준다. 다시 고레스 칙령 공문서가 발견되면서 공사는 재개되고 성전재건이 다시 시작된다. 학개와 스가랴는 성전재건 때 나타난 선지자였다.

(학개)와 (스가랴) 끼워 읽기

이런 자초지종을 읽으면서 당시 학개와 스가랴는 어떤 말씀으로 활동했는지 읽어 봅시다.

에스라서를 읽다가 학개서를 읽으려면 성경책 저~~~ 뒤로 한참 가야 합니다. 에스라서는 역사 스토리에 연결된 이야기이고, 학개, 스가랴서는 예언서를 모아놓은 곳에 있어서 그렇습니다. 같은 이야기를 다루고 있는데도 이렇게 저~~ 멀리 떼어 놨으니 성경목록 그대로 읽으면 무슨 말을 하고 있는 것인지 모를 수밖에 없습니다.

학개나 스가랴나 거의 다리오 왕 2년에 말씀을 받습니다. 특히 스가랴서는 에스겔서 내용입니다.

'포로로 잡혀가 70년이 되었다는 상황, 예루살렘을 불쌍히 여기는 심정으로 다시 내 집을 짓겠다는 말씀, 다시 택한 도성이 될 것이라는 외침, **뿔 네 개**에 대한 언급, 측량줄을 손에 잡은 사람, 여호수아 대제사장을 깨끗게 함, 일곱 눈을 가진 돌, 올리브나무 두 그루와 가지 두 개, 두루마리, 에바(뒤주) 속의 여인과 바벨론, 연한 순 새 싹이라 불리는 여호수아 대제사장의 승귀, 그날이 오면, 그날이 오면, 온 세상의 왕이

되실 오직 한 분 그의 이름을 높이게 된다…….'

이것이 내용입니다. **이사야, 예레미야의 예언에 에스겔 내용이 첨가된 것입니다.** 예루살렘 성전이 깨끗게 되어 온 나라와 민족이 하나님의 통치를 받을 것이라는 말씀이지요. 결국 **요한계시록 컨텐츠**입니다.

자, 실제역사 에스라서를 읽다가 거기에 등장하는 선지자 학개, 스가랴의 육성담긴 설교를 직접 들어볼까요?

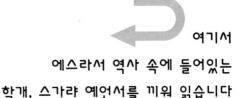

여기서
에스라서 역사 속에 들어있는
학개, 스가랴 예언서를 끼워 읽습니다

(학 1-2장)

성전건축을 격려하는 학개

스룹바벨과 예수아(여호수아)가 중심인물이었음을 여기서도 알 수 있다. 스룹바벨은 총독 직책으로 귀환했고, 예수아는 대제사장 이름으로 활동하고 있음을 알 수 있다(1:2).

13절, "내가 너희와 함께 있겠다"고 하신 말의 의미를 생각해 보자. 거하시는 하나님, 함께 들어와 계시는 하나님, 임마누엘 하나님……. 출애굽 때 시내산에서 성막을 건축하라는 프로젝트를 주셨을 때 주신 여호와 하나님의 이름이 갖고 있는 뜻이었다. 인도하시는 하나님, 언약 관계에 들어와 내재하시는 하나님의 이름이다.

이사야, 예레미야, 다니엘, 에스겔이 다 지나간 때다. 엄청난 예언들을 우리가 읽었는데 그것이 여기서 **가시적으로 성취**되어야 한다. **성전재건**이 되어야 예언이 성취되는 것이다. 그들이 외친 '하나님 나라', 그 회복으로서의 성전재건이다. 그런데 당시 백성들은 시큰둥했다. 우리는 시큰둥 하게 읽으면 안 된다. 말씀의 성취는 위대하기 때문이다.

역시 말씀을 맡은 선지자들이 열심히 설명을 해주니까 백성들이 힘을 내어 재건에 성공한다. 그러나 백성들은 이 과정을 지나오는 것이 쉽지만은 않았다.

다니엘, 에스겔서에 예언된 영원한 하나님의 나라가 여기서 또 나타난다. 우리가 경험할 하나님 나라의 완성, 교회공동체의 완성을 기대하며 읽자. 신약 **요한계시록** 분위기도 맛볼 수 있다. 성전재건은 종말에 가서 완성될 영원한 하나님 나라를 예표하는 프로젝트이기 때문이다. 바알과 아세라, 세상 나라를 상징하는 바벨론의 멸망, 새로 나타날 영원한 제사장, 영원한 왕을 기대하는 것을 보라. 우리가 왕사 꼬리 부분에서 공부했던 내용과 똑같은 내용이다.

- **(슥 1장) : 스가랴를 부르시는 음성 :** 조상들을 본받지 말고 너희들은 돌아오라
  스가랴에게 보이신 환상 : 화석류나무 사이에 선 사람, **네 뿔**(이스라엘을 무너뜨린 나라들)과 **네 대장장이**(네 뿔을 꺾으려고 온 사람들)
- **(슥 2장) :** 측량줄을 손에 잡은 사람(겔 40:3)
- **(슥 3장) :** 여호수아(예수아, 예수) 대제사장이 상징하는 연한 순, 새싹, 일곱 눈(계 1:4-5)
- **(슥 4장) :** 순금 등잔대와 두 올리브나무
- **(슥 5장) :** 두루마리(겔 2:9), 에바(뒤주) 속의 여인
- **(슥 6장) :** 병거 네 대, 여호수아에게 왕관을 씌우라는 명령
- **(슥 7-8장) :** 예루살렘이 회복됨

☞ 사실, 이런 설교들이 베풀어진 이후에 가서야 에스라가 바벨론 땅에서 돌아온다. 지금까지는 에스라가 돌아오기 전에 이미 먼저 예루살렘에서 있었던 일이다. 에스라가 돌아와서 영적 재건을 일으키기 전, 이미 예루살렘 본토에서는 왕사 끝에 나타났던 이사야적 메시지가 베풀어지고 있었던 것이다. 영원한 하나님 나라 완성의 메시지 말이다. 성전을 재건하느라 한 손에 망치를 들고 있지만 어떤 이유로 이 프로젝트를 하고 있는 것인지 하나님께서 가르쳐 주신 것이다. 에스겔서를 읽을 때 손에 측량줄을 들고 있었던 '사람의 아들', 인자가 생각나야 한다.

학개와 스가랴는 실제로 성전재건에 쓰임받았지만 이 일은 에스겔을 통해 이미 자세하고 깊이 있게 예언되었던 일이다. 아! 성경이 얼마나 주도면밀한가?

44

내 노트 ┃ 깊. 이. 새. 내. 기.

■ **깊**이 깨닫고 나니 다른 사람과 나누고 싶은 내용

_____

■ **이**해가 되지 않는 부분

_____

■ **새**로 배운 내용

_____

■ **내**가 실천하고 싶은 원리

_____

■ **기**도제목

_____

성경방 나눔터

- 에스겔서에 쓰여진 일들이 학개와 스가랴를 통해 정말로 이뤄진다. 나는 1대, 내 시대만 보고 있지는 않은가? 적어도 1세기를 내다보는 안경을 쓰고 있다면 당신의 눈에는 무엇이 보이는가? 남북문제, 경제문제, 국제관계 속의 한국이 보이는가? 크리스천으로서의 미래가 어떻게 보이는가? 예측이 되는가?

- 한국교회는 미래 한국사회를 준비하는 교회가 되어야 한다. 그러기 위해서는 통일 이후의 한국사회를 위해 구체적으로 행동해야 하고, 또 다문화사회를 위해 준비해야 한다. 통일에 대한 준비는 비교적 하고 있는 편이지만, 아직 다문화사회/다인종사회에 대한 준비는 미진하다. 이 문제에 대해 교회가 어떻게 준비해야 하는지 지혜를 모아보자.

11. 그런데 예루살렘 성전은 재건되고, 성경공부 부흥이 일어나는 것을 보라!

12. 앞으로 하나님의 나라(천국)가 가까이 올 것 같은 예감이 들지 않는가?

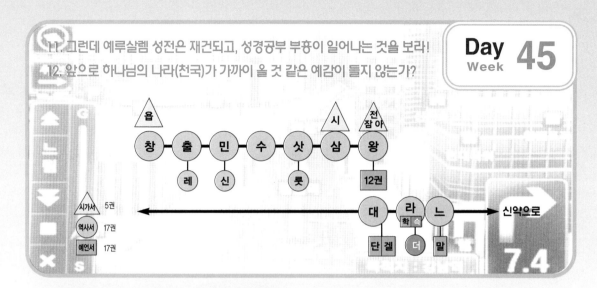

(슥 9-14장), (더 1-10장)

포로귀환 이후의 실제역사를 기록해 놓은 에스라서를 배경으로 놓고, 오늘은 스가랴서 남은 부분을 마저 읽습니다. 그리고 성전재건 이후 저~기 바벨론 땅(지금은 페르시아 제국임)에서 발생한 에스더 사건을 읽습니다.

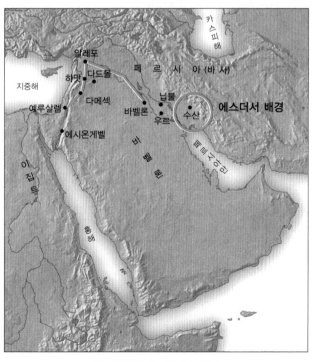

1차 포로귀환과 에스더서 배경

(슥 9-14장)

이사야, 예레미야, 에스겔서에서 읽었던 내용들이다. 죽죽 읽을 수 있을 것이다.

이제 곧 세상 여러 나라에서 수많은 민족들이 몰려올(8:20-22) '우주적인 하나님 나라' 의 왕은 누구인가? **어린 나귀새끼를 타고 들어오는 평화의 왕**이다. 도성 예루살렘이 재건되는 상황에서 연결해 보라. 무기를 들이대고 백성들의 피를 흘려 세워지는 세상 나라는 무너질 것이다. 자기 피로 백성의 생명을 얻는 이 평화의 왕이 영원할 것이다. 이 왕에게 항복하라! 엎드려 절하며 호산나, 호산나, 다윗의 자손이여! 부르짖으라는 것이다.

특히 12:9-13장까지를 유의해서 읽어보라. '나, 곧 그들이 찔러 죽인 그를 바라보고서 외아들을 잃고 슬피 울며, 맏아들을 잃고 슬퍼하듯이 슬퍼할 것이다.'

그날이 오면……그날이 오면 여인들이 슬피 울 것이다. 그날이 오면 예루살렘의 죄악을 씻어 줄 것이다. 그날이 오면……그날이 오면 더 이상은 약대털옷을 입은 예언자들이 나타나지 않을 것이다. 그날이 오면……그날이 오면 이사야서에 나타난 예언이 그대로 반복되는 것을 유의하며 읽자. 또 신약의 메시아 도래를 바라보며 읽자.

에스더서 발생

☞ 성전재건이 완성된 후에 에스더 사건이 발생하기 때문에 여기서는 발생목록 표시가 수평으로 되어있다.

(에스더) 끼워 읽기

에스라서에서 다루고 있는 포로귀환 백성들의 실제 스토리를 배경으로 해서 학개와 스가라서를 읽었습니다. 이제 예루살렘 본토에 성전이 완성되었습니다. 그러는 동안에 포로귀환 백성들은 학개, 스가랴와 같은 지도자의 메시지를 들으면서 살고 있습니다.

자, 그런데 이제 우리는 여기서 무대를 옮겨야 한답니다.

저~ 쪽, 바벨론 땅(지금은 고레스 칙령 이후 페르시아 제국 상황이지만)에서 엄청난 사건 이 일어나기 때문입니다. 페르시아 제국 아래서 종살이하며 포로로 살아가고 있던 동 족들에게 환란이 닥친 거예요. 얼마 전만 해도 다니엘 덕분에 꽤 안정적인 보장을 받 으며 살았었는데(약 BC 600-530년대의 70년 포로생활), 이제 세월이 흘러 포로들도 귀 환하고(BC 538년), 다니엘도 죽고 나니 유대인들을 말살하려는 음모가 생긴 겁니다. **에스더 이야기** 말입니다.

그래서 우리는 학개, 스가랴의 설교가 써 있는 예언서 동네(빨간색 이었죠?)에서 역 대상하, 에스라, 느헤미야, 에스더가 모여있는 역사서 동네(초록색이었구요.)로 가 봐 야 합니다. 귀환하지 못하고 여전히 페르시아에 남아있던 유대인들이 어떤 정황에서 살고 있는지 엿보기 위해서 말입니다. '다니엘 이후 페르시아에 남아서 살던 유대인 들에게 이런 일들이 있었구나.' 하고 알 수 있습니다.

자, 그럼 가 봅시다. 때는 페르시아의 아하수에로 왕이 다스릴 때이고요, 12년 (Xerxes, 크세르크세스 BC 483-471년) 간 일어난 기록입니다. 그러니까 삼촌 다리오(메 대), 고레스, 다리오 대왕(학개, 스가랴 때), 아하수에로로 이어지는 흐름 중에 아하수 에로 때입니다. 이때는 인도에서 에티오피아까지 영토를 넓혀 127개의 큰 행정구역 을 갖고 있을 만큼 페르시아 왕국이 거대해진 상황입니다. 이런 무대를 셋팅하고 우 리도 부지런히 페르시아 수산 궁으로 가 봅시다.

유대 여인 에스더가 아하수에로 왕후로 뽑히는 재미있는 이야기로 시작되는 BC 478년입니다. 내용은 어렵지 않습니다. 그냥 읽으시면 됩니다. 다만 에스더 사건으로 부림절이라는 명절이 유대인들 가운데 생겼다는 것을 기억하면 됩니다. 또 포로기의 페르시아 형편에 대한 정보로서 큰 의의가 있다는 것 하구요.

☞ 우리는 에스더를 '더'로 약자 표기하고, 에스라를 '라'로 약자 표기합니다.
   표준 새번역을 따랐습니다.

포로 시대 실제역사 에스라서 기간 동안 생긴
에스더서로 무대를 옮겨 갑니다

(더 1-2장)

베냐민지파 모르드개가 에스더를 키워 왕후가 되게 함

(더 3장)

하만의 유대인 말살 음모

(더 4장)

죽으면 죽으리라

(더 5-7장)

하만의 음모와 몰락

(더 8-10장)

모르드개 등극과 유대인의 승리(부림절의 유래)

☞ 에스라가 포로귀환한 백성들의 역사를 기록으로 남겼다면, 모르드개는 페르시아 땅에 남아있던 유대 공동체의 상황을 기록(더 9:20)해 두지 않았나 싶다.

45

내 노트 | 깊. 이. 새. 내. 기.

- ■ **깊**이 깨닫고 나니 다른 사람과 나누고 싶은 내용

  _____

- ■ **이**해가 되지 않는 부분

  _____

- ■ **새**로 배운 내용

  _____

- ■ **내**가 실천하고 싶은 원리

  _____

- ■ **기**도제목

  _____

성경방 나눔터

- 일사각오, 죽으면 죽으리라의 정신이 아직도 우리 크리스천들에게 있을까? 당신은 어떤가?

- 에스더와 같은 딸들이 지금 해외 180여 개국에서 자라나고 있다. 통계에 의하면 세계 180여 개국에 한인교회가 약 5,500여 개 존재하고 있고, 그 안에 수많은 한국의 딸들이 자라나고 있다. 그들이 그 땅에서 에스더와 같이 신앙의 사람, 용기의 사람들이 되도록 기도하자. 그 나라를 위기에서 구하는 영향력 있는 이 시대의 에스더들이 되도록 기도하자.

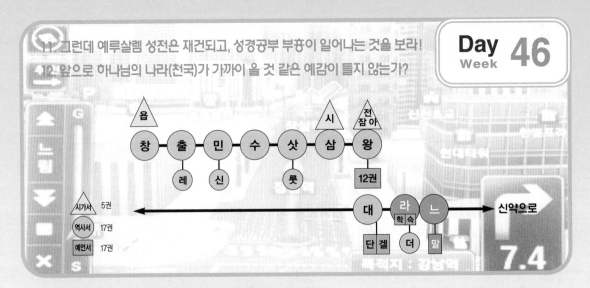

11. 그런데 예루살렘 성전은 재건되고, 성경공부 부흥이 일어나는 것을 보라!
12. 앞으로 하나님의 나라(천국)가 가까이 올 것 같은 예감이 들지 않는가?

신약으로

7.4

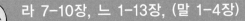

라 7-10장, 느 1-13장, (말 1-4장)

다시 포로귀환 백성들의 실제 역사 속으로 들어갑니다. 마치 열왕기하를 읽다가 예언서로 가고, 또다시 열왕기하 실제역사를 읽곤 했었던 것처럼 말입니다. 이 에스라서를 기록한 에스라가 드디어 돌아오는 장면 (2차 포로귀환), 그리고 돌아온 이후 그의 사역을 읽습니다. 그리고 3차로 귀환해서 성벽을 재건하는 느헤미야서를 역사서로 읽습니다. 이 때 함께 활동했던 구약 마지막 선지자 말라기를 만납니다. 예언서로 끼워읽기입니다.

다시 에스라서를 읽어요!

에스더서를 읽고 나서 무엇을 읽을 것인가? 그 다음 성경의 역사적 흐름은 '에스라'와 함께 예루살렘으로 돌아오는 2차 포로귀환입니다. BC 458년경입니다. 페르시아 땅에서 민족적 위기를 모면한 이후 약 30년이 경과한 때지요? 분명 에스라는 이 사건을 페르시아에서 경험했을 것입니다.

우리는 '에스라서'를 다 읽지 못했습니다. 44일째 읽기의 '6장, 성전재건부분'까지만 읽었습니다.

성전재건이라는 실제역사를 읽은 다음 그 배경 속에서 학개, 스가랴서를 읽기 위해서 학개와 스가랴서가 놓여있는 예언서 동네로 이동했기 때문이었지요. 이 두 권을 읽고 나서 드디어 성전이 완공되자 '한~ 편~!' 하면서 **무대를 또 옮겼었습니다.** 에스더 때문이었습니다. 그런데 바로 그 에스더 무대도 끝나고 오늘은 다시 못 다 읽은 **에스라 실제역사 책**으로 돌아온다 이 말이에요. 에고~~ 복잡하죠? 그렇지만 알면 쉬워요.

자! 이제 드디어 에스라가 예루살렘으로 귀환합니다. 성전재건 완성 이후 약 58년쯤 됐을 때네요. 이때는 아닥사스다 왕 7년경(아하수에로 왕 이후)입니다. 모름지기 에스더서에서 발생한 부림절의 으싸으싸 하는 격앙 무드 속에서 조국애가 더 살아나지 않았나 싶습니다.

'에스라'는 왕으로부터 법적인 허락을 받아 공식적인 관리로서 떠나게 됩니다. 에스라는 매우 치밀하게 사전 계획을 세워서 이 큰 사역을 이뤄냅니다. 우리는 그가 예루살렘으로 돌아와 백성들에게 모세오경을 가르치고, 당시 포로귀환 역사를 기록으로 남겼다는 사실을 이미 공부해서 알고 있습니다. 정말인지 이제 읽으면서 확인해 보는 일만 남았네요. 에스라 자신이 예루살렘으로 귀환하기 위해 어떤 사전전략이 있었는지, 얼마나 치밀한 조직력과 준비가 있었는지 살펴보면 돼요. 굉장히 재미있답니다. 그는 대단한 신학자요, 정치가요, 사회운동가였습니다.

에스라 7장부터입니다.

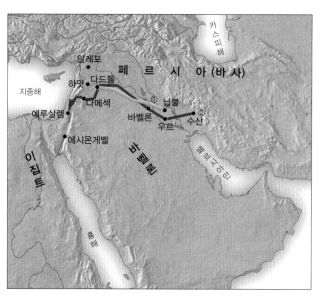

2차, 3차 포로귀환 지도 (① 2차 포로귀환, ② 3차 포로귀환)

다시,
포로 시대 실제역사 에스라 속으로 들어갑니다

라 7:1-10

에스라 드디어 '에스라서' 안에서 등장!

우리가 알아야 할 것은 에스라는 자기가 아직 등장하지 않았던 1-6장까지의 일도 담담하게 기록한다는 사실이다. 마치 모세가 경험하지 못했던 창세기 1-50장을 기록했듯이 말이다.

에스라는 7장, 즉 성전이 다 완공된 다음에야 드디어 에스라서에 등장한다.

라 7:11-28

아닥사스다 칙령 전문, 에스라의 신앙과 활동

라 8:1-14

에스라와 함께 올라온(2차 포로귀환) 사람의 명단

이런 명단이 남아있다는 것은 에스라가 그만큼 치밀하게 조직적으로 일했다는 뜻이다.

> ☞ 지겹다고 생각하지 말고 에스라의 노고를 생각해 보라. 그 치밀한 조직이 만들어지기까지 어떻게 활동했는지 페르시아 땅 (바벨론 땅이라고도 표기) 아하와 강가로 우리도 같이 가 보자.

라 8:15-20

예루살렘으로 귀환할 사람은 등록하라

아하와 강에 천막을 쳐 놓고(?) 웅성대는 무리들이 보이는가? 예루살렘으로 귀환할 사람을 접수받는 중이다.

46

라 8:21-23

등록을 다 받은 다음, 금식을 선포!

많은 재산을 갖고 이동해야 하는데 안전이 문제였다. 실제적인 문제 앞에서 백성들을 기도하게 하고 이끌어가는 영적인 리더의 모습을 보라. 페르시아 왕에게는 여호와 우리 하나님이 지켜주시니 안전을 위한 병력 따위는 필요없다고 큰소리 쳐 놓고는 그래도 걱정되니까 기도하는 이 사나이! 그는 조직력, 영력, 정치력을 고루 갖춘, 그러나 지극히 평범한 인간 지도자였다.

라 8:24-30

왕, 보좌관, 유대인들이 헌물한 예물 리스트

아마 에스더 사건 이후 페르시아 분위기는 더 더욱 친유대적이지 않았나 싶다. 그들이 돌아가는 에스라 편에 여호와 신에게 예물을 바쳤다. 당시 황제가 아닌가! 과거 바벨론 느부갓네살, 페르시아 고레스, 아닥사스다, 이들은 공히 황제들이 아닌가! 이들이 다 엎드려 여호와께 경배하고 예물을 드림을 보라. 하나님은 왕이시다! 예언의 내용들을 기억해 보라.

라 8:31-36

예루살렘 도착! 성전예물을 먼저 인계하고 나서야 제사드림

이미 스룹바벨 성전이 완성된 상황이다. 그 성전 안에 들어가 헌물을 바치고 제사드리는 상황이다. 헌금 계수를 정확히 하는 에스라의 모습은 현재 우리와 절대로 다르지 않다. 성전 건물이 완성된 시점에 성전문화를 이어가고 예배하고 교육이 중요하다는 사실을 안 에스라는 이를 위해 필요한 것이 무엇인지 정확하게 계산할 줄 알았던 전략가였다. 레위인이 필요해서 바벨론 땅에서 수소문해서 찾아왔다. 마치 바나바가 바울을 찾아냈듯이 팀워크를 위해 필요한 인력을 준비했다. 또한 이 일을 경영하기 위해 필요한 재정도 철저히 준비했다.

46

귀환 후 활동 : 에스라의 영적, 사회적 부흥운동

9장부터는 돌아와서 활동한 내용이다. 여전히 레위지파들은 섞여 살고 있다. 온전한 제사장 역할을 감당하고 있지도 않다. 영적, 사회적 타락이 여전한 상황인 것을 알 수 있다. 학개, 스가랴의 메시지를 들은 사람들이 아닌가? 그런데도 이 모양이다.

에스라는 이방인들과 또 섞여 살기 시작하면 바알과 아세라의 나라가 될까봐 무서운 개혁을 단행한다. 부부를 갈라놓을 정도의 엄청난 사회개혁! 섞여 산 사람들 명단을 일일이 공개하고 기록으로 남겨 오늘 우리에게까지 폭로하는 것을 보라. 세계 역사상 이런 민족주의가 있을까 싶을 정도이다. 그러나 혈통적 민족주의 자체가 아니라 우상숭배로 섞이면 끝이기 때문에 그런 것이다. 하나님 나라는 섞이면 안 된다. 가인 계열과 셋 계열이 섞이면 안 된다. 가인 계열을 회개시켜서 하나님께로 귀속시키라. 그럴 힘이 없다면 적어도 섞이지는 말라. 에스라는 이 사실을 분명히 안 사람이다.

돌아온 유대인들을 창세기 아담에게까지 그 뿌리를 갖다 대는 하나님 나라 백성의 정체성 의식을 보라. 창세기 1-11장까지의 역사, 아담-셋-에노스-노아-셈, 하면서 그들에게 설교한 것을 우리가 이미 역대상하에서 읽었다.

에스라는 돌아온 포로공동체의 족보, 혈통, 정체성을 지키려는 피눈물 나는 사명감을 갖고 활동했다.

느. 헤. 미. 야.

이런 에스라의 정황이 영화처럼 보이는 사람은 느헤미야를 읽기가 쉽습니다. 말라기도 마찬가지입니다. 쉽습니다. 다 그 때 활동했으니까요. 다만 느헤미야는 역사적인 활동가로 평가받는다면 말라기는 예언자로 평가받을 뿐 무대는 같다는 거지요. 즉 에스라, 느헤미야, 말라기는 같은 무대 배우(?)인 셈이에요.

느헤미야는 에스라 이후 14년쯤 지나 또 귀환백성을 모집해서 예루살렘에 도착합니다. 그래서 제3차 포로귀환이라고 흔히들 말하는 것입니다. 1차는 스룹바벨, 예수아와 함께 돌아온 포로귀환(BC 538년)이고, 2차는 에스라 귀환(BC 458년)이고, 3차가 느헤미야 귀환(아닥사스다 20년경, BC 444년)입니다.

3차 때 돌아온 유대인의 숫자에 대해서는 성경에 언급이 없습니다. 느헤미야는 기록의 은사(?)는 없어 보입니다(그래서인지 히브리 사본에는 '에스라 2서'라는 이름으로 에스라서와 붙어있습니다. 사실은 느헤미야서도 에스라가 기록한 것 아니냐고 말하는 이유가 거기 있답니다.).

느헤미야는 호위병들을 페르시아 정부로부터 따냅니다. '군대장관과 마병'이 호송해서 예루살렘까지 온 것을 보면 황제로부터 적잖은 예산을 받아낸 듯합니다. 그는 돌아와서 성벽을 복구합니다. 1차 포로귀환 때로부터 따지면 100년 가까이 되도록 누구하나 성벽을 복구할 생각을 하지 못할 정도로 낙후한 상황이었던 겁니다. 비록 술 관원 직의 업무를 보는 환관 내시였지만 포로역사 기록에 남을 업적을 이뤄냈습니다. 정식 총독의 이름으로 성벽을 개축한 거예요. 국방을 견고하게 한 셈입니다. 뿐만 아니라 백성들을 다스렸습니다. 개혁운동을 하던 에스라와 동역하는 장면도 볼 수 있습니다.

자! 이런 정황을 염두에 두고 에스라의 무대와 연결해서 느헤미야를 읽읍시다. 에스라서를 읽던 때를 회상하면서 그런 감각으로 읽으면 당신 스스로도 많은 것을 찾아낼 수 있을 것입니다.

포로 시대 실제역사
느헤미야로 이동합니다

느 1장

예루살렘 성의 형편에 마음이 가 있던 느헤미야

마치 다니엘이 예레미야를 묵상하며 회개했던 장면 같다.

느 2:1-10

왕의 공식 허락을 받아냄

애국자다.

느 2:11-6:19

예루살렘 성벽 개축

느헤미야는 3일 동안 야밤에 나가 성을 정탐한다. 사전 지식을 위해서다. 구체적인 정보를 갖고 예루살렘 지도자들과 함께 의논한다. 좋은 반응이 나왔다. 구체적으로 노동지역을 할당해서 건축을 하기 시작한다. 그런데 웬걸?! 에스라 때처럼 사마리아 권, 아라비아 사람, 아스돗 사람 등이 합세해서 대적을 하는 게 아닌가? 페르시아 왕에게까지 송사하겠다고 협박한다. 이런 상황에서 밤과 낮으로 수고해서 52일이라는 짧은 기간에 드디어 예루살렘 성 개축이 완성된다.

느 7-12장

성벽을 완성한 후의 사역

- **느 7장 : 보안을 위해서 전략을 세우다**

  성벽 공사가 끝났으니 성문을 지켜야 한다. 어떻게 성문을 여닫아야 할지 경비를 뽑고 관리하도록 했다. 돌아온 사람들 명단이 기록되어 있다.

- **느 8장 : 초막절 축제를 열고 율법을 낭독하게 함** (이 사역은 에스라와 함께 함)

  7장에 기록되어 있는 많은 사람들이 수문 앞 광장에 모여 대회를 갖는다. 모세가 제정해 주었던 신명기 상황의 규례다. 7년에 한 번씩 초막절에 온 백성이 모여 이 율법책을 읽으라고 명령하셨는데(신 30:9-13) 그대로 했다. 감격스러워 한다.

- **느 9장 : 은혜의 강물이 흐르다. 회개가 터지다**

  말씀대로 하다 보니 은혜가 임했다. 선언문을 공고할 수 있을 정도로, 논문 한편을 써 낼 정도로 정리된 회개를 했다. 역사를 훑어내야만 깨닫고 나서 회개할 수 있는 내용이었다. 창, 출, 민, 수, 삿, 삼, 왕, 포로 시대를 정확하게 흐르면서 낱낱이 회개했다. 백성들은 역대상하 공부를 했기 때문에 이런 회개가 가능했을 것이다.

- 느 10–11장 : **구체적으로 적용하기로 사인하고 서명하다**

  신명기에서 기대하던 그 일이 터졌다. 하나님께서 모세를 통해 광야 2세대에게 모든 말씀을 해주시고 나서, 할 테냐 안 할 테냐 물으셨던 그 내용 말이다. 요단강 건너기 전 구체적인 적용을 요청하신 모압언약 말이다. 우리가 신명기 27–30장에서 읽을 때 했던 얘기다. 한마디로 이렇게 표현하신 셈이라고 했다. YES?(축복), NO?(저주), 둘 중의 하나일 뿐이다. 결단하라! 이제는 너희들이 반응할 차례다! '구원을 택하겠는가?, 심판을 택하겠는가?' 였다. 그들은 말씀 앞에 결단한다.

  이방인과 결혼하지 않는다. 안식일에 영업하지 않는다. 희년을 지켜서 땅을 잃은 자들의 빚을 탕감해 준다. 성전 관리비 조로 성전세를 내서 성전 경영을 하게 한다. 성전에 땔 나무를 바칠 순서를 정한다. 만물과 첫 열매를 바쳐서 레위지파들의 생활을 보장한다. 성전을 깨끗하게 조직적으로 잘 경영한다 등등.

- 느 12장 : **봉헌식을 한 후, 서명하고 결심한 대로 헌금하다**

  성벽 봉헌예배를 드린다. 어디나 이럴 때는 음악이 있다. 레위인들이 예식을 올렸다. 두 편으로 찬양팀을 나눠서 행진하며 영광을 올렸다. 얼마나 감격스러웠을까. 그들이 한 손에는 무기를 들고, 한 손에는 농기구를 들고 완성한 것이니 말이다. 그 위를 지금 걷고 있다. 찬양하면서…….

  이날 드린 헌물들이 많았다. 관리인을 세운다. 보관해야 하기 때문이다. 성전을 경영하기 위해서 필요한 유지비를 잘 활용할 수 있는 시스템이 갖춰졌고 그대로 행한다. 이것을 에스라가 그토록 하고 싶어서 페르시아로부터 돌아오지 않았던가. 느헤미야 역시…….

☞ 여기까지 일하고 느헤미야는 페르시아로 돌아간다. 구약이 마무리되는 마지막 무대에 서니 우리는 행복하다. 느헤미야와 에스라의 이 사역 때문이다. 개혁을 이뤄낸 사역이다. 모세오경의 마지막, 신명기에서 그리던 그 기대치였다. 하나님이 얼마나 기쁘셨을까? 느헤미야와 에스라의 사역은 유다 말기 예언자들의 눈물어린 처절한 고통의 열매였다. 예언이 응한 것이다. 하나님의 말씀이 응했다는 것은 최고 가치이다.

46

느 13장

1-2년 후 다시 예루살렘으로 돌아와 2차 사역을 함

13:6을 보라. 느헤미야가 아닥사스다 왕 32년에 바벨론 땅으로 다시 돌아갔다고 말한다. 그 사이 일어난 사건이 도비야 사건이다. 성전방을 관리하는 엘리아십이라는 제사장이 친분이 있다고 도비야에게 방을 내준 것이다. 또, 레위사람들이 월급(?)을 못받고 있었다. 그러다 보니 레위인들은 먹고 살 수가 없어서 성전을 버려두고 고향으로 가 버렸다. 그래서 다시 그들을 불러다 성전을 관리하며 일하도록 했다. 십일조를 바쳐야 레위인들이 일을 하기 때문에 다시 이 일을 경영하기 시작했다(여러분도 십일조 꼭 하세요. 그래야 교회가 유지되는 겁니다요.^^).

성전뿐 아니라 사람이 살아가는 것도 마찬가지다. 안식일에 일을 한다. 물건을 팔고사며 안식일을 범한다. 또 이방사람들과 섞여살기 시작한다. 되풀이……

(말라기) 끼워 읽기

말라기서는 이제 아무 설명 없어도 잘 읽으실 수 있을 것 같아요. 지금까지 느헤미야를 읽어왔기 때문입니다. 바로 그 똑같은 무대 저기 한 쪽에 서서 말라기가 말씀을 선포하고 있기 때문입니다. 그런데 성경 페이지를 좀 보세요. 느헤미야서를 읽다가 말라기서를 찾으려면 700페이지나 건너 뛰어야 되니 말입니다. 바로 옆에 있어야 할 판인데 성경 페이지로 볼 때 느헤미야와 말라기는 정말 멀리 떨어져 있네요.

말라기서를 읽을 때 나오는 제사장들, 외국인과의 혼합결혼, 성전부양을 위해서 드려야 할 십일조를 경시하는 내용들을 느헤미야와 척~ 연결해서 읽으십시오.

결국 레위 제사장들에게 일차 책임이 있다는 것을 얼마나 심하게 강조하는지 모릅니다. 그렇습니다. 성경의 내용은 일관성이 있습니다. 레위지파에게 말씀을 맡긴 이래로 하나님의 나라는 그들이 하는 여하에 따라 발전하기도 하고 쇠퇴하기도 했습니다. 사사 시대를 지나 여기에 오기까지 말씀 맡은 자들이 잘 해줘야 했습니다. 이제 하나님은 온전한 레위지파의 사역을 기대하십니다. 열방백성들이 깨끗한 예배를 드릴 때

46

가 온다고 합니다. 예루살렘에서 드려질 온전한 예배를 위해 여호와의 사자가 나타난답니다.

'크고 두려운 여호와의 날이 이르기 전에…….' 그 때가 어느 때인가? 엘리야가 먼저 와서 그 길을 예비하게 되는 때라고 합니다. 말라기는 세례요한을 기다리며 큰 커튼을 닫습니다.

(말 1-2장)

제사장들을 꾸짖음

제사장들의 죄악상을 고발하는 사이사이에 진정한 제사장들의 모습을 찾아보라. 이스라엘은 더러운 제사를 드리고 있지만 열방에서 모여들 이방인들은 깨끗한 제물을 바칠 것이라고 한다. 이때 레위와 세운 언약을 기억하셔서 여호와의 사자(특사)를 보내시겠다고 한다.

(말 3장)

참 제사를 드릴 사자를 기다림, 그 날을 기다림

그 날이 올 것이다. 특사가 오면 레위자손을 깨끗하게 하실 것이다. 진정한 제사가 드려질 것이다. 성전을 청결케 하실 것이다.

(말 4장)

그날이 오기 전에 먼저 엘리야를 보내겠다

신약의 시작은 엘리야의 재림이어야 하겠구나! 알 수 있다. 세례요한의 출현을 내다보며 구약의 문이 닫힌다는 것을 알 수 있다.

46

우리는 '창, 출, 민, 수, 삿, 삼, 왕' 까지를 큰 단원으로 통합했고, 그 이후 신약으로 이어지는 구약의 마지막 무대 '대 라 느' 의 역사를 살펴보았습니다.

그렇습니다. 구약의 마지막 무대는 에스라, 느헤미야, 말라기의 무대라고 할 수 있습니다. 포로로 잡혀갔다 돌아온 하나님의 백성들에게 그래도 하나님이 하실 말씀이 있으셨다는 것은 사실 희망입니다. 성경은 구약 이후 앞으로 흘러갈 스토리의 방향을 잡아 놓았습니다. 엘리야의 재림입니다.

열왕기 시대에 예언자의 모델이 누구였습니까? 열왕기 시대에 승천했던 선지자가 누구였습니까? 바알과 아세라와 싸운 하나님 나라의 전투사가 누구였습니까? 죽음을 보지 않고 승천했던 남은 자가 누구였습니까? 그가 엘리야입니다. 선지자의 전형! 선지자는 누구입니까? 크고 두려운 여호와의 날이 이르기 전 그의 길을 예비하는 역할을 하는 사람이라는 사실을 우리는 여기서 분명히 알 수 있습니다. 역사적 실제상황으로나 신학적으로도 그것을 증명해 냅니다.

구약은 그렇게 긴~ 커튼을 닫으면서 엘리야의 재림을 기다립니다. 신약은 엘리야의 출현부터일 수밖에 없습니다. 세례요한입니다.

46

내 노트 | 깊. 이. 새. 내. 기.

- **깊**이 깨닫고 나니 다른 사람과 나누고 싶은 내용

  _____

- **이**해가 되지 않는 부분

  _____

- **새**로 배운 내용

  _____

- **내**가 실천하고 싶은 원리

  _____

- **기**도제목

  _____

성경방 나눔터

- 느헤미야는 애국자였다. 내시(환관)로 살면서 가정의 행복을 누리지 못한 어찌 보면 불행한 사람이었다. 그러나 그런 사람도 하나님이 쓰셨다. 당신의 환경은 워낙 불우해서 하나님의 손에 쓰임받기 어렵다고 혹 생각하고 있지는 않은가?

- 에스라, 느헤미야, 말라기 시대 역시 개혁이 요청되는 시대였다. 개혁을 하며 도장을 찍고 결심을 하기도 했다. 또한 레위자손들, 리더들이 문제여서 늘 성경은 그들에 대해 불만이다. 우리나라는 지금 어떤가? 살아있는 회개운동과 말씀운동이 일어나기를 기도해야 하지 않겠는가? 교계지도자들이 때때로 어떤 이슈 때문에 서명하는 모습도 본다. 신문에 게재되기도 한다. 서명을 위한 서명이 아니라 에스라적 회개가 실제로 일어나야 하지 않겠는가? 그냥 그렇거니 하지 말고 우리도 진지하게 이런 교계에서 일어나는 일들에 대해 관심을 갖고 나눠보자. 그리고 진심으로 기도해 보자.

- 우리는 지금 성경의 주인공들을 따라가고 있다. 외국 땅에서 살고 있는 사람 이야기를 하는 중이다. 그러다 보니 현재 우리나라 상황에서는 다문화가정의 자녀들을 외면하지 않을 수 없다. 오늘날 교회가 그들을 위해서 어떻게 교육하고, 준비시켜야 하는지 서로 이야기해 보자. 당신의 교회 안에 그런 자녀들이 있는가? 당신은 그 아이들이 어떻게 보이는가? 그 아이들을 위해 무엇을 해주고 있는가?

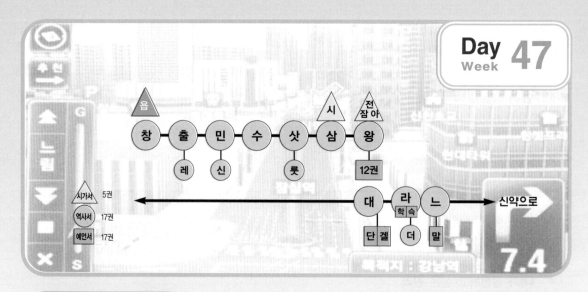

(욥 1-21장)

우리는 어제까지 구약을 역사 순서대로 다 읽었습니다. 우리가 읽어온 역사적인 흐름을 타고 일독하다 보니 욥기가 들어갈 자리가 없었습니다. 그래서 구약을 다 끝내고 이제야 읽습니다(아니면 아브라함 족장시대 때 이미 읽으신 분도 계실 겁니다). 사탄이 욥을 시험하는 것으로 시작해서 세 친구와의 논쟁 부분을 읽습니다. 이 논쟁은 3라운드까지 가는데 그 중 2라운드까지만 읽습니다.

(욥기) 따로 읽기

역사적인 흐름을 타고(성경 읽기표), 일맥상통하는 주제(하나님 나라)를 따라 성경을 읽다 보니 **욥기는 설 자리가 없었습니다.** 아무도 택해 주지 않아서 맨마지막에 덩그러니 혼자 남아있는 사람처럼, 그렇게 남아있는 책입니다.

왜냐? 욥기는 아브라함, 이삭, 야곱이 살던 족장 시대를 배경으로 해서 쓰여진 책인데도 아브라함, 이삭, 야곱의 스토리와는 관계가 없으므로 그 속에 들어가지 못했기 때문입니다. 그렇지만 이미 아브라함 스토리를 읽다가 욥이랑 오버랩해서 의미를 사색하고 싶은 분은 이 부분을 먼저 읽으실 거구요(읽으셨을 거구요. ^^).

'욥기'라는 책은 참 어렵습니다. 읽기는 읽어도 이해가 안 되는 것이 레위기, 이사야, 에스겔 같은 책과는 또 달라요. 욥기만의 성격이 좀 있어요.

구약은 역사가 흐르는 거잖아요. 우리는 그 이야기를 따라 흘러왔습니다. 그런데 욥기는 뭐랄까, 신앙의 본질을 철학적으로 심오하게 정돈하고 있습니다. 이런 책이 오갈데 없이 여기 있다는 것이 사실 대단한 섭리인 것 같습니다. 왜냐하면 욥이 여기 남아서 외치는 울부짖음이 가히 우주적이기 때문입니다. 천상천하를 오가며 영(靈)계와 땅의 비밀을 물감처럼 풀어내기 때문입니다. 하나님의 어전(이사야, 에스겔, 다니엘, 요한계시록 등을 떠 올려보라)이 무대입니다. 욥의 일상도 무대입니다.

욥을 자랑하시는 하나님 때문에 그에게 고통이 찾아옵니다. 사실, 영문도 모른채……. 하늘과 땅을 오가며 진행되는 이 스토리는 신인관계의 중요한 원리들을 질문합니다. 때로는 친구들(그동안 교제해 왔던 욥 수준의 친구들이다. 인생을 논하고, 철학을 논하는 수준이다.)과의 대화 속에서, 때로는 하나님 앞에 대면하면서 아래 주제들을 다루고 있습니다.

이런 주제는 세계종교의 주제들입니다. 욥이 주인공으로서 이런 고뇌를 한다는 것은 그가 대단한 철학적인 사람임을 말해 줍니다. 당대의 철학자였습니다.

욥은 문학적 형식을 빌려서 이 어려운 주제를 담아내고 있습니다.

- **과연 인간은 대가를 바라지 않고 신을 섬길 수 있는가?** → 기복신앙(祈福信仰) 문제
- **하나님이 세상을 다스린다면 왜 의인이 고통을 받아야 하는가?** → 신정론(神正論) 문제
- **인과응보(因果應報)를 뛰어넘는 은혜의 신인관계를 깨달아야 한다.** → 죄와 벌의 관계, 율법이냐 은혜냐의 문제

이뿐 아닙니다.

하나님께서 사탄과 대화한다는 셋팅 자체도 어려운 주제입니다. 천상세계에서 일어나는 일들을 이 땅 아래로 내려다 놨으니 얼마나 힘듭니까? 이해하기 어렵습니다. 무엇보다 '아니, 사탄은 왜 있는 건가?' 라는 질문부터 떠오르기 때문입니다.

하나님은 이 순간 우리에게 이렇게 반문하신다는 거예요. "뭐 일일이 물어보지 마라. 나는 창조주요 너희들은 피조물이다. 유한함을 인정해라!" "내가 왜 욥에게 북두칠성, 오리온 별자리, 우박, 천둥, 번개, 나일강이 범람할 것을 아는 따오기, 악어, 들소,

47

타조 등에 대해 질문한 줄 아느냐? 나는 창조주다. 그러니 네 수준에서 이해할 수 있는 것은 제한되어 있다. 그렇게 생각하지 않느냐?"

바로 이때 우리는 욥처럼 이렇게 대답해야 할 것입니다. "가죽! 이 썩을 가죽 바깥에서 하나님을 뵈옵겠습니다!"라고.

자, 이제 우리 욥기만 읽으면 구약이 끝나네요. 여러분의 이해를 돕기 위해서 설명을 좀 많이 합니다. 어쨌든, 창세기, 그러니까 '창조'로 구약을 읽기 시작했는데 다시 '창조'로 끝난다는 것, 재미있지 않으세요?

☞ 욥기 개관을 먼저 정리하자.

1. 서문 : 욥의 서문 (욥 1-2장)

2. 세 친구와의 논쟁 (욥 3-31장)

　　논쟁의 제1 라운드 : (욥 3-14장)

　　논쟁의 제2 라운드 : (욥 15-21장)

　　논쟁의 제3 라운드 : (욥 22-31장)

3. 엘리후의 연설 (욥 32-37장)

　　첫 번째 연설 : 욥 어른, 하나님께 대들지 마시오(욥 32-33장)

　　두 번째 연설 : 세 친구들이여, 하나님의 공의와 지혜를 기억하시오(욥 34장)

　　세 번째 연설 : 욥 어른, 하나님의 위대함을 더 배우셔야 합니다 -1(욥 35장)

　　네 번째 연설 : 욥 어른, 하나님의 위대함을 더 배우셔야 합니다 -2(욥 36-37장)

4. 하나님의 연설 (욥 38:1-42:6)

　　첫 번째 연설 : 창조에 선포된 하나님의 전능하심 VS 욥의 고백(욥 38:1-40:5)

　　두 번째 연설 : 하나님 VS 인간 , 욥의 겸손(욥 40:6-42:6)

5. 마지막 무대: 결론-욥을 회복시키심(욥 42:7-17)

(욥 1-2장)

서문 : 사탄이 욥을 시험하므로 욥기 시작되다

이 서문을 읽을 때 우선 전제하고 있어야 할 것이 있다. **욥의 신앙 수준**이다. 욥은 당시 동방의 거부였다. 그런데 그런 거부가 신앙의 거인이기도 했다. 흠이 없고, 정직하고, 하나님을 경외하고, 악을 멀리하는 사람이었다.

그런데 그 신앙의 거인도 신앙이 더 성장해야 할 여지가 있었다. **인과응보, 즉 심은 대로 거둔다는 원리에 입각하여 하나님을 믿었기 때문이다.** 다른 말로 하면, 하나님은 이 세상을 다스리실 때 '심은 대로 거둔다.'는 원리로 다스리신다고 믿었던 것이다. 그 증거가 자녀들이 모여서 잔치를 벌인 그 다음날, 혹시 범죄했을까봐 자녀들의 수대로 번제를 드린 데서 찾을 수 있다. 흔히 교회 다니면서도 '하나님을 믿는다는 것'은 '착하게 살기' 정도로 생각하는 것과 다르지 않을 것이다.

그 다음에 주의를 기울여야 하는 것은, 하나님과 사탄과의 대화이다. 물론 천상에서 이루어진 대화로서 욥은 들을 수 없었다. 사실은 그 대화가 욥의 고난의 시작이었다. 이 대화 속에서도 욥의 신앙에 대한 이야기가 나온다. **하나님께서 보시는 욥의 신앙은 '대가를 바라지 않는 신앙'이고, 사탄이 볼 때는 '대가를 바라는 신앙'이었다.** 보통 인간이 왜 신을 섬기는가? 모든 이방 종교의 핵심이 무엇인가? 복받기 위해서다. 잘 되기 위해서다. 신의 힘을 빌려서 자기가 잘 되면 끝이다. 사탄은 소위 인간이 갖고 있다는 '신앙'의 정곡을 건드린 것이다. 우리가 구약을 읽어온 바알과 아세라 종교의 핵심이 바로 그것이었다.

시험에 반응하는 욥의 태도를 눈여겨 보아야 한다. 그는 이어지는 시험에도 하나님을 원망하지 않는다. 그래서 결국 하나님이 이기셨다!
자, 욥을 만나러 가 보자.

세 친구와의 긴 논쟁

이제 3장부터 31장까지는 서문 이후 큰 덩어리입니다. 2장까지 읽고 나니 하나님이 이기셨는데 왜 이야기가 또 계속되는가? 하나님이 이기셨으니 어찌보면 욥기는 여기서 끝나야 할 것 같습니다. 더 이상 얘기가 필요할 것 같지 않습니다. 그런데 안 끝납니다. 여기 보니 세 친구가 등장합니다. 그래서 일어나는 일들이 **무려 40장에 걸쳐서 나타납니다.**

왜 그럴까요? 욥은 인간입니다. 욥은 하나님 앞에서 이런 태도를 견지했지만 인간으로서 고뇌하는 겁니다. 이 과정을 통해서 욥은 신앙의 깊은 경지로 들어갑니다. 고통 때문에 인생을 배우기 시작하는 것입니다. 자 이제 이 사람들의 논쟁 제목이 무엇인지 좀 보십시다. 무엇을 갖고 그렇게들 얘기하는지 아십니까?

세 친구들의 요지는 이겁니다. "욥, 자네 고난당하는 것은 이해하네만, 그래도 그만한 잘못을 했길래 그런 것 아닌가?" ──────→ 인과응보!

그런데 욥의 입장은 이겁니다. "아닐세, 내가 지금 받고 있는 벌에 해당하는 것만큼은 죄를 짓지 않았다는 걸세, 아무리 생각해도……" ──────→ '인과응보' 잣대로 재 봐도 안 맞는다!

자, 이쯤이면 우리도 이들의 대화 속으로 들어갈 수 있을 것 같지 않습니까?

(욥 3-14장)

논쟁의 제1 라운드

크게 세 번의 논쟁이 있다. 세 친구들이 나이 순으로 돌아가면서 욥과 논쟁을 한다. 데만 사람 엘리바스가 최고 연장자였고, 제일 먼저 발언한다. 요지는 욥 4:7이다. "잘 생각해 보아라. 죄 없는 사람이 망한 일이 있더냐? 정직한 사람이 멸망한 일이 있더냐?" 이 말은 욥의 고난이 욥의 죄 때문에 왔다는 것이다. 이에 대해 욥은 "어디, 알아듣게 말 좀 해 보아라. 내가 귀 기울여 듣겠다. 내 잘못이 무엇인지 말해 보아라"(6:24)고 답변하면서 자신의 무고함을 주장한다.

빌닷 역시 같은 세계관을 가지고 욥을 공박한다. 하나님은 죄 지은 자를 벌하시고, 의인을 복 주신다는 원리를 갖고 욥의 고난을 해석한다. "네 자식들이 주께 죄를 지으면, 주께서 그들을 벌하시는 것은 당연한 일이 아니냐?"(8:4) 하고 말하는 것을 보면 알 수 있다. 이에 대해 욥은 "그것이 사실이라는 것은 나도 잘 알고 있다"(9:2)고 답하면서도 한편, 자신이 이렇게 고난당하는 이유를 충분히 납득할 수 없음을 토로한다. "나도 모를 이유로 나에게 많은 상처를 입히시는데" (9:17)라는 말이 그 말이다.

세 번째로 등장한 나아마 사람 소발도 같은 입장에서 욥을 비판한다. "너는 하나님이 네게 내리시는 벌이, 네 죄보다 가볍다는 것을 알아야 한다"(11:6). 즉, 욥의 고난이 욥의 죄에서 온 것이라고 주장한다.

이런 세 친구의 동일한 말을 번갈아 가며 들은 욥은 그들이 잘못된 진단을 한 의사와 같다고 비판한다. "너희는 무식을 거짓말로 때우는 사람들이다. 너희는 모두가 돌팔이 의사나 다름없다"(13:4). 그리고 욥은 이어서 대단히 놀라운 발언을 한다. "내게는, 내가 죄가 없다는 확신이 있다!"(13:18). 참 놀라운 확신이지 않은가?

자, 이제 이쯤의 정보를 갖고 3장-14장을 읽어보자.

(욥 15-21장)

논쟁의 제2 라운드

제1 라운드 논쟁에서 욥을 꺾는 데 실패한 세 친구는 포기하지 않고 재차 도전한다. 가장 연장자인 엘리바스는 자신이 욥의 아버지와 같은 연배인 것을 은근히 주장하면서(15:10), 자신의 지혜는 조상 적부터 전해져 내려오는 것임을 강조한다(15:18). 그 지혜의 내용은 다음과 같다. "악한 일만 저지른 자들은 평생동안 분노 속에서 고통을 받으며, 잔인하게 살아온 자들도 죽는 날까지 같은 형벌을 받는다……하나님을 두려워하지 않는 무리는 이렇게 메마르고, 뇌물로 지은 장막은 불에 탈 것이다"(15:20, 34). 요약하면, 욥은 악한 일을 저지른 사람이고, 뇌물로 집을 세운 사람이었기에 그런 형벌을 하나님께 받았다는 것이다.

욥은 수긍하지 않고, 여전히 반박한다. 그의 주장을 '헛된 소리'(16:3)라고 일축하며 차라리 죽기를 희망한다(17:13). 그러면서도 한편, 하나님께 눈을 돌려 억울함을 호소하며 구원을 요청한다. "주님, 주님께서 친히 내 보증이 되어 주십시오. 내 보증이 되실 분은 주님밖에는 아무도 없습니다"(17:3).

47

다시 등장한 수아 사람 빌닷은 여전히 같은 논리로 욥을 몰아붙인다. "결국 악한 자의 빛은 꺼지게 마련이고, 그 불꽃도 빛을 잃고 마는 법이다. 그의 집안을 밝히던 빛은 점점 희미해지고, 환하게 비추어 주던 등불도 꺼질 것이다"(18:5-6). 욥은 여전히 동의하지 않는다. 오히려 자신의 억울함을 밝혀줄 구원자를 바라보며 유명한 고백을 한다. **"그러나 나는 확신한다. 내 구원자가 살아 계신다. 나를 돌보시는 그가 땅위에 우뚝 서실 날이 반드시 오고야 말 것이다"**(19:25).

나아마 사람 소발이 이어서 두 번째 발언을 하는데, 여전히 인과응보의 원리로 욥을 비판한다. 욥이 받는 고난은 악한 사람이 하나님께 받는 몫(20:29)이라고 한다. 이에 대해 욥은 이제 **새로운 문제 제기를 하며 반박한다. 그 새로운 문제란, '악한 사람들이 벌을 받는 것이 아니라, 오히려 더 잘 산다.'**는 것이다.

"어찌하여 악한 자들이 잘 사느냐? 어찌하여 그들이 늙도록 오래 살면서 번영을 누리느냐?"(21:7). 이것은 욥이 처음부터 제기한 문제가 아니라, 세 친구들과 논쟁하면서 생각하게 된 **새로운 주제**라고 할 수 있다. 자신의 고난 속에서 새로운 차원의 명제를 찾아내서 인생을 관조하기 시작한다. 이것은 어떤 면에서 욥의 신앙 이해가 깊어지는 새로운 단계라고 볼 수 있다.

자신의 고난을 인과응보의 관점에서 비판하는 세 친구의 이야기를 들으면서, 욥은 그들의 말대로 자신의 고난을 인과응보의 관점에서 이해하려고 애를 썼을 것이다. 그런데 아무리 생각해도 자신은 그런 고난을 당할 만큼 죄를 짓지 않고 의롭게 살아왔음을 확신한다. 그리고 다시 생각해 보니, 세상에는 죄를 짓고 사는데도 평안히 살다가 평안히 죽는 사람들이 있음을 새롭게 발견한다. 그리고는 그 친구들에게 새로운 문제를 제기하게 된 것이다.

☞ *자, 또 가 보자. 당신이 만약 여기까지 읽고 욥기 본문으로 들어가려는 사람이라면, 깊어질 것이다. 성경이라는 책은 어떤 얘기를 하고 싶어하는지를 알게 될 것이다.*

47

내 노트 ▌ 깊. 이. 새. 내. 기.

- **깊**이 깨닫고 나니 다른 사람과 나누고 싶은 내용

  _____

- **이**해가 되지 않는 부분

  _____

- **새**로 배운 내용

  _____

- **내**가 실천하고 싶은 원리

  _____

- **기**도제목

  _____

성경방 나눔터

- 세상의 모든 종교가 '인과응보'라는 도덕의 잣대를 쓰고 있는 것에 대해서 나눠보자. 왜 그들에게는 이것 이상의 기준이 없는지 나눠보자. '부모 자식지간'이라는 관계 설정 안에서는 왜 '인과응보'가 절대기준이 될 수 없는지 알아보자. 성경에서는 왜 하나님을 '아버지'라고 부르는지와 연관지어 생각해 보자.

- 우리가 늘 흔히 부르는 '아버지'라는 말이 얼~ ~ 마나 깊은 의미가 있는지 이런 욥기 상황에서 묵상해 보자.

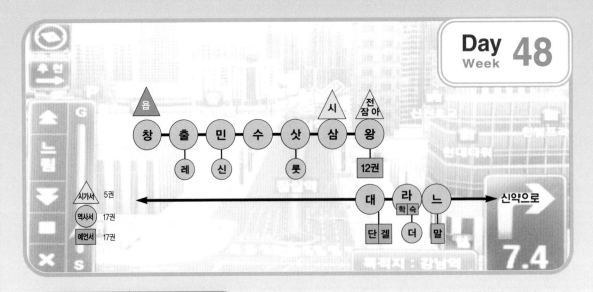

Day 48 Week

(욥 22-42장)

OVERVIEW

드디어 구약읽기 마지막 날입니다. 욥기 나머지를 다 읽습니다. '욥과 세 친구와의 논쟁' 중 3라운드부터 읽기 시작합니다. 그리고 나머지 '엘리후의 연설'과 '하나님의 연설'을 읽습니다. 여기까지 오신 것, 축하합니다! 당신은 해냈습니다.(족장 시대 때 읽으시는 분들은 욥기의 깊은 논제를 품고 아브라함 시대 때 이미 이런 신학이 있었다는 사실을 유념하며 읽어가십시오.)

(욥 22-31장)

Navigation

논쟁의 제3 라운드

3라운드에 들어와서도 엘리바스를 비롯한 세 친구의 인과응보라는 세계관은 변하지 않는다. 여전히 욥이 고난당하는 것은 그가 '까닭 없이 친족의 재산을 압류하고, 옷을 빼앗아 헐벗게 하고, 목마른 사람에게 마실 물 한 모금도 주지 않고, 배고픈 사람에게 먹을 것도 주지 않았기 때문'이라고 한다(22:6-7).

이 때 욥은 얼마나 속이 답답했을까? 세 친구들은 욥이 새롭게 제기한 문제 즉, '왜 죄인들이 평안히 살다 평안히 죽는가?'에 대해서는 아직 귀 기울여 들을 여유가 없었다. 벽창호 같은 세 친구는 끈질기게도 욥을 몰아붙인다. '심은 대로 거둔다.'라고.

욥은, 그래서 하나님께 호소할 길을 찾는다. "아, 그 분이 계신 곳을 알 수만 있다면, 그 분의 보좌까지 내가 이를 수만 있다면, 그 분 앞에서 내 사정을 아뢰련만. 내가 정당함을 입이 닳도록 변론하련만"(23:3-4). 이처럼 자신의 의로움을 지속적으로 주장하는 욥을 못마땅하게 여긴 수아사람 빌닷이 말한다. "어찌 사람이 하나님 앞에서 의롭다고 하겠으며, 여자에게서 태어난 사람이 어찌 깨끗하다고 하겠는가?"(25:4).

욥도 이제는 가만히 있지 않는다. 자신의 선행을 조목조목 열거하면서 무죄를 주장한다. 자신은 도덕적으로 의롭게 살아왔으며(31:1-12), 사회적으로도 의롭게 살아왔으며(31:13-23), 종교적으로도 하나님 외에 그 어떤 것도 의지하지 않고 바르게 살아왔다고(31:24-28) 주장한다. **하나님께 소송장을 내는 셈이다.**

 (욥 32-37장)

엘리후의 연설

엘리후는 가장 연소했기 때문인지 조용히 듣고만 있다가 마침내 입을 열어 욥과 세 친구 모두를 반박하며 이론(異論)을 제기한다. 나름대로 자기가 하나님을 얼마나 신앙하는 사람인지 은근히 주장한다. 다른 사람들을 책망하는 이유가 각기 다르다.

- **(욥 32-33장) : 첫 번째 연설 – 욥 어른, 하나님께 대들지 마시오**
  욥을 책망하는 이유는 그가 하나님께 무례하게 대들었기 때문이라고 말한다. "그러나 내가 욥 어른께 감히 말합니다. 어른은 잘못하셨습니다. 하나님은 어떤 사람보다도 크십니다. 그런데 어찌하여 어른께서는 하나님께 불평하며 대드시는 겁니까?"(33:13 참조).

- **(욥 34장) : 두 번째 연설 : 세 친구들이여, 하나님의 공의와 지혜를 기억하시오**
  하나님은 의롭고, 공의로우신 분이심을 강조한다. "욥 어른은 아직도 의로우신 하나님을 비난하십니까? 하나님이 정의를 싫어하신다고 생각하십니까?"(34:17 참조). 그러면서 다시 한 번 욥의 하나님께 대한 불경한 태도를 비판한다. "욥 어른은 자신이 지은 죄에다가 반역까지 더하였으며, 우리가 보는 앞에서도 하나님을 모독하였습니다"(34:37 참조).

- **(욥 35장) : 세 번째 연설 : 욥 어른, 하나님의 위대함을 더 배우셔야 합니다 –1**

엘리후는 욥이 한 말을 인용하면서 욥의 무지를 지적한다(35:2-3, 16). 그리고 욥이 하나님께 제출한 소송장에 대해 하나님께서 답변하실 것이라고 한다(35:14).

● (욥 36-37장) : 네 번째 연설 : 욥 어른, 하나님의 위대함을 더 배우셔야 합니다 -2

　　엘리후는 하나님의 업적을 찬양하면서 욥도 하나님을 찬양해야 한다고 강변한다(36:24).

(욥 38:1-42:6)

하나님의 연설

　　드디어 침묵 속에 계시던 하나님께서 입을 여신다. 그런데 그 내용은 다소 동문서답 같다. 그 동문서답식의 말씀 속에 깊은 뜻이 숨어있다. 자신의 고난의 이유에 대해 질문한 욥에게 하나님은 답을 주시는 대신, 역으로 욥에게 질문을 하신다. 그런데 그 질문이 고난에 대한 것들이 아니라 생뚱맞게도 자연계에 대한 것들이다.

● (욥 38:1-40:5) : 첫 번째 연설 – 창조에 선포된 하나님의 전능하심 VS 욥의 고백

　　땅의 기초에 대해서, 별자리에 대해서, 바닷물에 대해서, 눈과 비에 대해서, 사자와 까마귀, 염소, 들 사슴, 들 나귀, 타조, 말, 독수리 등에 대해 하나님은 욥에게 질문을 던지신다. 이에 대해 욥은 자신의 무지를 인정한다. 그리고 손으로 입을 막는다고 한다.

● (욥 40:6-42:6) : 두 번째 연설 – 하나님 VS 인간, 욥의 겸손

　　욥이 손으로 입을 막고 패배를 시인했음에도 불구하고, 하나님께서는 질문을 멈추지 않으신다. '베헤못'과 '리워야단'에 대하여 질문을 하신다. 이때 욥은 완전 항복을 선언한다. 그는 자신이 잘 알지 못하면서 함부로 말을 했다고 공식적으로 하나님께 잘못을 시인한다. 이때 그 유명한 말을 한다. "주님이 어떤 분이시라는 것을 지금까지는 제가 귀로만 들었습니다. 그러나 이제는 제가 제 눈으로 주님을 뵙습니다"(42:5).

　　욥의 '하나님에 대한 인식'이 귀의 수준에서 눈의 수준으로 향상된 것을 의미한다. 구체적으로 어떤 의미일까? 지금까지 욥도 그 세 친구들처럼 하나님은 세상을 다스리실 때 '심은 대로 거두는 원리'(즉, 인과응보, 도덕)로 다스린다고 믿었다. 그래서 '악인들을 벌 주시고, 의인들을 상

48

주시는 분'으로 알고 있었다. 그런데 새로 깨달은 '하나님'은 이렇다. '그 인과응보의 원리를 뛰어 넘으셔서 때로는 의인들에게도 고난을 주시는 분이시고, 악인들에게도 은혜를 베푸시는 하나님'으로 인식하게 되었다는 것이다. 이것은 사실, 복음이다. 죄인들도 은혜의 원리에 의하여 심판을 면하고 구원을 받을 수 있다는 것이다. 그런 점에서 욥기는 복음서 원리를 머금고 있다.

(욥 42:7-17)

욥을 회복시키심

하나님은 인과응보의 원리로 세상을 다스리신다고 고집스럽게 주장했던 욥의 세 친구들을 책망하신다(42:7). 욥의 중보기도를 통해서 용서받도록 하신다.

이렇게 '욥의 말년에 이전보다 더 많은 복을 주신다. 해피앤드~'로 끝나는 것이 욥기다. 그러나 이것을 권선징악의 차원으로 보면 지금까지 욥을 읽어온 것이 허사다. 한 인간의 여정 속에 복음을 깨닫는 것이 최고 가치라는 것으로 끝나야 한다. 고난과 역경을 통해 결국 '진리, 복음'을 손에 쥔 자만 진정한 승리자라는 것이다. 행위로 말미암지 않고, 은혜의 하나님을 깨닫는 것이 신앙이다.

내 노트 ┃ 깊.이.새.내.기.

- **깊**이 깨닫고 나니 다른 사람과 나누고 싶은 내용

  _____

- **이**해가 되지 않는 부분

  _____

- **새**로 배운 내용

  _____

- **내**가 실천하고 싶은 원리

  _____

- **기**도제목

  _____

성경방 나눔터

- 진짜 양심껏 생각해 보라. 지금 당신이 당하고 있는 고난이 무고한데 당하고 있는 것인가? 아니면 당신 죄 때문에 당하는 고난인가? 그렇다면 억울하다, 힘들다 할 것이 아니다. 치유가 아니다. 회개이다. 이런 내용으로 나눠보자.

- 그런데 만약, 당신의 고난이 정말 무고한데 당하고 있는가? 그렇다면 욥의 인생이 정말 당신에게 도움이 되는가?

- 우리가 무고히 고난당할 때 'why me?' 하지 말고, 복음도 생각해 보자. 당신 같은 사람을 구원하시는 하나님도 불공평하지 않은가? 정말 당신이 이렇게 외쳐야 하지 않는가, 'why me?' 라고……

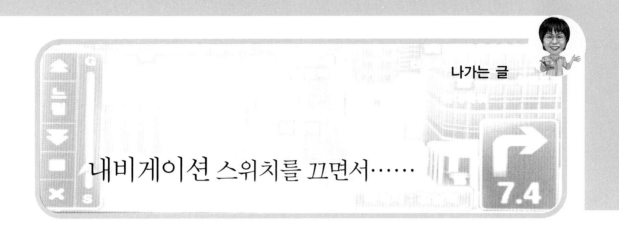

내비게이션 스위치를 끄면서……

7.4

자, 여러분 너무너무 수고하셨습니다! 구약읽기를 '**욥기 복음**' (?)으로 끝나는 것이 참 감격스럽지 않습니까?

우리는 창조 이야기부터 지금까지 긴~ 긴~ 이야기를 읽었습니다. 하나님은 창조주이시기 때문에 그는 왕이십니다. 하나님은 세상을 어떻게 통치하시는가? '하나님이 **창조주임을 믿고 그분의 통치를 받는 하나님 나라 백성이 되는 것은 축복**이고 아니면 **저주**'라는 내용이었습니다. 축복이냐, 저주냐, 또 **구원**이냐, **심판**이냐라는 큰 내용이었습니다.

이 주제를 '**하나님 나라**'와 '**세상 나라**'라는 큰 틀을 갖고 **세계사** 속에서 읽어봤습니다. 세계 역사를 이런 식으로 통치해 오신 크신 하나님을 우리는 그동안 많이많이 만났습니다. 그런데 그 크신 하나님은 또한 **한 개인 욥의 인생 속에 들어오셔서** 함께 고뇌하시는 자상한 분이심을 배웠습니다. 아니 욥뿐만 아니라 구약 속에서 만났던 수많은 사람, 사람, 사람들의 인생살이 속에서 함께 일하고 계셨던 하나님의 얼굴이 이제는 보입니다. 하나님은 우주 만물을 창조하시고, 세계사를 주관하시는 크신 하나님이시면서도 그 과정 속에서 한 인간이 깨달아야 할 진리를 가르치시는 하나님을 보았습니다. 그들의 인생살이 속에서 가르치셨습니다.

지금까지 우리도 '**심은 대로 거둔다는 원리**'(즉, 인과응보)로 하나님을 무서워하고 있었습니다. 그래서 구약을 읽으면서 늘 의로우신 하나님을 두려워했습니다. 예언서가 늘 심판을 말하고 있는 것 같아서 그랬습니다. 그러나 이제 구약을 다 읽은 우리는 욥처럼 새로운 경지로 들어가면 좋겠습니다. '인과응보의 원리를 뛰어넘으셔서 때로는 의인들에게도 고난을 주시는 분이시고, 악인들에게도 은혜를 베푸시는 하나님' 말입니다. '심판하시나(인과응보) 구원하시는(은혜) 하나님'이십니다.

이것은 사실, 복음입니다. 죄인들도 은혜의 원리에 의하여 심판을 면하고 구원받을 수 있다는 것, 얼마나 좋은 소식입니까? 복음 아닙니까?

자! 구약을 끝내면서 한번 기다려 봅시다. 말라기에서 선지자의 전형, 엘리야를 기다리라고 하니 기다려 봅시다! 신약 시대에 들어서서 엘리야가 세례요한으로 나타나 외칠 수밖에 없었던 내용이 있었다면 그것은 '회개하라! 그렇지 않으면 심판이 임한다!'일 수밖에 없습니다. 왠지 이 메시지가 익숙하게 느껴지지 않으십니까? 신약이 시작될 때는 회개의 메시지로 시작되어야만 합니다. 예언자들이 외쳤던 메시지가 한마디로 이것이었습니다.

그런데 그 많은 예언자들이 대망하고 있는 인자(人子)가 오면 외칠 메시지는 그것과 다를 수밖에 없습니다. '하나님의 나라(천국, 구원, 은혜)가 가까웠느니라!' '천국 복음'입니다.

자, 이제 오실 인자(人子)를 기다리며 긴~ 구약의 커튼을 내리겠습니다. 결국 구약은 오실 그분을 기록한 책이었습니다.

"너희가 열심히 성경(당시로서는 구약)을 상고하거니와 이 성경이 곧 나에 대하여 증거하는 것이다"(요 5:39 참조). 하나님 나라 만세!

사단법인 생터성경사역원 설립배경

- 2001년 1월 11일, 미국의 볼티모어 벧엘교회에서 성경일독학교 첫 강의가 이뤄진 이후,

- 2003년도에 "어? 성경이 읽어지네!" 책자가 발간되었습니다.

- 2006년부터 수강생들과 독자들의 요청에 의해 한국에 본부를 두고 강사 양성에 들어간 이후 국내외 5천여 명이 훈련을 받았고 전 세계에서 매해 1천명 이상의 성경일독학교 전문 강사가 배출되고 있습니다.

- 2014년부터 국내외 지부가 설립되어 국내 40여개, 해외 20여개의 사역 공동체가 활동 중이며

- 2016년 10월 7일 법인이 되었습니다.

생터정신 <Vision & Spirit>

공동체 안에 성경일독학교를 세운다
성경일독학교 지원 시스템 (System/Process)

각 공동체에 성경일독학교를 세워 성경의 사람을 세우는 것이 사역원의 첫 번째 목적입니다. 가정, 학교, 일터, 교회, 선교지 안에 성경을 읽을 수 있는 시스템이 세워지도록 지원할 뿐 아니라 그 시스템을 전문적으로 운영할 수 있는 인적 자원을 양성, 지원하는 것입니다. 배출된 인적 자원들이 각 공동체의 성경일독학교 설립과 운영에 헌신함으로, 신앙공동체의 건강과 재생산을 돕도록 하는 것이 사역원의 비전입니다.

성경 세대를 깨운다
권서인/롤라드 운동 (movement)

초창기 한국교회는 전국 방방곡곡에 쪽복음을 전했던 권서인(매서인)들과 밀접한 관련이 있습니다. 그들에게 성경을 받아 읽은 사람들에 의해 믿음의 공동체가 시작된 것입니다. 16세기 유럽에서는 존 위클리프에게 성경을 배운 롤라드들이 그와 같은 역할을 했습니다. 사역원은 21세기 권서인, 롤라드를 일으켜 조국과 열방에 성경을 전하는 선교적 사명을 감당할 수 있도록 돕습니다.

사역 <Ministry>

성경일독학교(성경방)
전국 40여개 지부에 속한 전문강사들이 가정, 교회, 학교, 직장 등에서 성경방을 열어 성경일독학교를 활발하게 진행하고 있습니다(구약13주, 신약12주).

전문강사스쿨
성경방을 열어 성경일독학교를 진행할 수 있는 전문 강사를 훈련하는 과정입니다. 매년 9월부터 6개월간 성경일독학교 강사가 되기 위한 집중훈련과정입니다.

콤팩트(compact) 전문강사스쿨
해외거주 한인 목회자 및 선교사들을 위한 전문강사스쿨 과정입니다(on/off라인과정).

다음세대 사역

▶ Kids 사역(어린이)
'어성경이 읽어지네 콘텐츠'로 어린이들에게 잘 맞도록 구성한 교재를 제작 및 보급합니다. 이를 위해 VBS 강습회 및 캠프를 운영하고 있습니다. 또한 Kids 사역 중 음악 영역을 감당하는 생터 Kids 쇼콰이어가 있습니다. 뮤직 디렉터가 직접 VBS 음원을 제작하여, 쇼콰이어를 통해 국내뿐 아니라 전 세계에 전하는 사역을 합니다.

▶ YRG 사역(청소년)
사역 대상은 청소년입니다. YRG는 'Young Remnant Generation' 의 줄임말로 '젊은 남은 자들의 세대'란 의미를 가지고 있습니다. 청소년들을 성경 말씀으로 시대의 남은 자로 양육하는 사역을 담당합니다. 주 사역으로는 YRG 캠프사역, 고3-Pearl 브릿지 사역, YRG 성경방 사역, YRG 전문강사스쿨 사역이 있습니다.

▶ Pearl 사역(청년)
생터성경사역원에서는 청년들을 'Pearl, 진주'라 부릅니다. 오직 '진주'만이 생명을 통해서 만들어 지는 가장 값진 보석이기 때문입니다. '진주'같은 청년들이 주의 말씀 앞에 바른 가치관을 가지고 새 시대를 이끌 주역이 되길 바라는 마음으로 청년/대학생 말씀 사역을 하고 있습니다. 구체적인 사역으로는 Pearl 페스티발(말씀축제)과 Pearl성경방, Pearl 전문강사 스쿨이 있습니다.

교육과정 로드맵
TRAINING COURSE ROAD MAP

1단계
저자사경회 or 성경방을 통해
구·신약을 배우는 과정

A
저자강의

| 구약사경회 5일 | 구약읽기 50~100일 | 신약사경회 5일 | 신약읽기 15~30일 |

B
전문강사 강의

| 구약성경방 13주 | 구약읽기 50~100일 | 신약성경방 12주 | 신약읽기 15~30일 |

2단계
주제들을 깊게 풀어 배우는 과정

▶ 인도자 컨퍼런스 동영상 20시간 ▶

3단계
성경일독학교 전문강사 양성과정 (1·2단계 수료 후 지원 가능)

▶ 전문강사스쿨 6개월

생장점이 터지는
(사) 샘터 성경사역원
Life Place Bible Ministries